"十四五"职业教育国家规划教材

# 路面施工技术
## （第2版）

主　编　丁烈梅
副主编　郭超祥
参　编　圣小艳　田国芝　姚海星
　　　　安　静　马俊龙　姚志华
主　审　张美珍　王志强

北京理工大学出版社
BEIJING INSTITUTE OF TECHNOLOGY PRESS

## 内容提要

本书为"十四五"职业教育国家规划教材。全书根据高职教育教学改革的需要，依据路面工程施工最新标准规范进行编写。全书按照道路与桥梁技术专业对路面构造设计与施工的要求，共分为4个教学单元，有针对性地设计了12个项目，主要包括路面结构设计、路面施工准备、天然砂砾垫层施工、级配碎（砾）石结构层施工、水泥稳定材料结构层施工、石灰稳定材料结构层施工、综合稳定材料结构层施工、其他类型基层施工、沥青混凝土面层施工、其他沥青面层施工、普通水泥混凝土面层施工、其他水泥混凝土面层施工等内容。全书编写体例新颖、教材内容丰富、教学资源多样，配套省级职业教育精品在线开放课程，专业性、实用性强。

本书可作为高等院校道路与桥梁工程技术及其他相关专业的教材，也可供道路与桥梁工程项目施工现场相关技术和管理人员工作时参考使用。

**版权专有　侵权必究**

**图书在版编目(CIP)数据**

路面施工技术 / 丁烈梅主编.—2版.—北京：北京理工大学出版社，2023.7重印
ISBN 978-7-5682-7968-0

Ⅰ.①路… Ⅱ.①丁… Ⅲ.①路面施工—高等学校—教材 Ⅳ.①U416.2

中国版本图书馆CIP数据核字（2019）第253433号

| | |
|---|---|
| 出版发行 / | 北京理工大学出版社有限责任公司 |
| 社　　址 / | 北京市丰台区四合庄路6号院 |
| 邮　　编 / | 100070 |
| 电　　话 / | （010）68914775（总编室） |
| | （010）82562903（教材售后服务热线） |
| | （010）68944723（其他图书服务热线） |
| 网　　址 / | http://www.bitpress.com.cn |
| 经　　销 / | 全国各地新华书店 |
| 印　　刷 / | 北京紫瑞利印刷有限公司 |
| 开　　本 / | 787毫米×1092毫米　1/16 |
| 印　　张 / | 20 |
| 字　　数 / | 506千字 |
| 版　　次 / | 2023年7月第2版第4次印刷 |
| 定　　价 / | 49.90元 |

责任编辑 / 李玉昌
文案编辑 / 李玉昌
责任校对 / 周瑞红
责任印制 / 边心超

图书出现印装质量问题，请拨打售后服务热线，本社负责调换

# 第2版前言

党的二十大报告中指出："全面建设社会主义现代化国家，是一项伟大而艰巨的事业，前途光明，任重道远。""高质量发展是全面建设社会主义现代化国家的首要任务。""建设现代化产业体系。坚持把发展经济的着力点放在实体经济上，推进新型工业化，加快建设制造强国、质量强国、航天强国、交通强国、网络强国、数字中国。实施产业基础再造工程和重大技术装备攻关工程，支持专精特新企业发展，推动制造业高端化、智能化、绿色化发展。"公路建筑作为"交通强国"的一部分，在全面建设社会主义现代化国家的进程中不可或缺。

本教材第1版在2017年出版，随着公路行业逐步转型升级，教材内容也需要及时进行更新，增加与新技术、新工艺、新材料、新设备相适应的内容，以便与工程应用紧密对接。第2版教材于2019年11月出版，获评"十三五"职业教育国家规划教材。2023年6月，本教材获评"十四五"职业教育国家规划教材。本次修订沿用了第1版的编写体例，以公路路面施工过程为主线，共设置了路面施工基础、路面基（垫）层施工、沥青面层施工、水泥混凝土面层施工4个教学单元、12个项目、37个任务。在内容编排上，以路面不同结构层施工过程为主线，根据能力训练要求以及可持续发展的需要安排了必要的专业理论知识。为紧跟新时代要求，践行"绿色发展"理念，追踪路面新材料、新技术、新工艺，满足信息化教学改革的需要，突出学生专业能力的培养，编者坚持"知识够用、加强技能、突出能力培养"的原则，设置了单元简介、项目描述、项目载体、任务内容、主题讨论、拓展训练、拓展学习、学习检测、能力提升等栏目，并建成省级精品在线课程"路面施工技术"，方便开展线上线下混合式教学。教材编写中力求体现以下特色：

**1. 课程思政的协同性**

深入挖掘思政元素，在具体任务中以主题讨论形式，适当融入教材，通过树立核心价值观念，厚植大国工匠精神，体会道路科技工作者的专业思维与专业情怀，激发学生科技报国的家国情怀和使命担当，树立安全环保施工意识、工程质量意识，促进思政教育与专业教育的有机融合、协调统一。

**2. 教材内容的先进性**

紧扣《高速公路标准化施工指南》（路面分册）中的相关要求，结合新规范、标准的颁布实施，并顺应新时代对资源节约、环境保护的要求，扩充了建筑垃圾、工业固废在公路中的利用、路面再生技术、特殊路面等路面新技术，使教材内容与工程应用更贴近。

**3. 专业能力的拓展性**

对接一级、二级建造师职业资格考试，精选近两年的建造师执业资格考试"公路工程管理与实务"科目的部分真题，对教学单元后的能力提升题进行优化，帮助学生直通职考，针对性地训练，促进课证融通，践行精准育人。

**4. 教材资源的多样性**

编制了大量的参考图文、视频、动画、案例等学习资源，并通过二维码的方式嵌入教材中，可供学生扫码学习。制作了44个微课视频、44个教学课件，题（卷）库，对教材中拓展训练、学习检测、能力提升题编制了参考答案，教师可联系出版社索取，用于教学参考。

**5. 配套省级精品在线课程**

为推进线上线下混合式教学，本书在"学银在线"（www.xueyinonline.com）平台配套开设了"路面施工技术"省级职业教育精品在线课程，读者可扫右侧的二维码或登录"学银在线"网站，搜索"路面施工技术"课程进行学习。

本书由山西工程科技职业大学（原山西交通职业技术学院，下同）丁烈梅担任主编；由山西工程科技职业大学郭超祥担任副主编；山西工程科技职业大学圣小艳、姚海星和安静，山东交通职业学院田国芝，山西路桥第一工程有限责任公司马俊龙和姚志华参与编写。具体编写分工为：丁烈梅编写项目一、项目二及附录，郭超祥编写项目十一、项目十二，圣小艳编写项目九，田国芝编写项目十，姚海星编写项目五，安静编写项目四，马俊龙编写项目三、项目六，姚志华编写项目七、项目八。全书由丁烈梅统稿，山西工程科技职业大学张美珍教授、山西省交通建设工程质量检测中心（有限公司）王志强正高级工程师主审，书中二维码数字资源内容主要由丁烈梅、郭超祥共同整理完成。

教材修订过程中，得到了山西工程科技职业大学马国峰、齐秀廷、李永琴、贾军等老师的大力支持。山西交通规划勘察设计院有限公司檀慧蓉正高级工程师、山西运城路桥有限责任公司马西芳总工程师、喜跃发国际环保新材料股份有限公司赵永飞总工程师为本书编写提供了大量生产一线的资料。此外，修订过程中还参阅了大量规范、专业教材、专著和论文，浏览了多个网站，参考并引用了附于书末的参考文献中作者的部分成果以及网站文章，在此谨向有关作者和网站工作人员以及出版社编辑表示由衷的感谢。

限于编者水平，书中有不当之处，诚挚希望广大读者在学习使用过程中及时将发现的问题告知编者，以便进一步修改和补充。

编　者

# 第1版前言

路面施工技术是依据《道路桥梁工程技术专业教学标准》中"道路桥梁工程技术专业工作任务与职业能力分析表"的要求设置的专业核心课程，其目的是培养学生合理选择施工方法、准确应用施工技术的能力，养成诚实、守信、善于沟通与合作、吃苦耐劳的职业素养；使学生能达到路面施工技术员应有的技能要求，能完成路面工程施工测量、组织管理、质量评定、工程计量等工作。

本书以公路路面施工过程为主线，共设置了路面施工基础、路面基（垫）层施工、沥青面层施工、水泥混凝土面层施工4个教学单元、12个学习项目、37个学习任务。在内容编排上，以路面结构层施工过程为主线，根据能力训练要求以及可持续发展的需要安排了必要的专业理论知识。

本书编写过程中，更新了原有的陈旧内容，引用了最新出版的《公路工程技术标准》（JTG B01—2014）、《公路沥青路面设计规范》（JTG D50—2017）、《公路路面基层施工技术细则》（JTG/T F20—2015）、《公路水泥混凝土路面设计规范》（JTG D40—2011）、《公路水泥混凝土路面施工技术细则》（JTG/T F30—2014），融入了《公路工程质量检验评定标准》（JTG F80/1—2004）的修订内容及《高速公路标准化施工指南（路面分册）》中的相关要求。

本书由山西交通职业技术学院丁烈梅担任主编并负责统稿，山西交通职业技术学院郭超祥担任副主编，山西路桥第一工程有限责任公司马俊龙和姚志华、山西交通职业技术学院圣小艳、山东交通职业学院田国芝参与本书部分项目的编写。具体编写分工为：丁烈梅编写项目一、项目二及附录，马俊龙编写项目三、项目四、项目六，姚志华编写项目五、项目七、项目八，圣小艳编写项目九，田国芝编写项目十，郭超祥编写项目十一、项目十二。本书由山西交通职业技术学院张美珍、山西交通科学研究院王志强主审。另外，本书在内容构建期间，得到了山西交通职业技术学院马国峰、齐秀廷、何雄刚、薛培权、胡晓辉等老师的大力支持；编写过程中，参考并引用了附于书末的参考文献中作者的部分成果，在此一并致以诚挚谢意。

限于编者水平，书中不当乃至错误之处在所难免，诚挚希望广大读者在学习使用过程中及时将发现的问题告知编者，以便进一步修改和补充。

编　者

# 目录 CONTENTS

## 教学单元一　路面施工基础

**项目一　路面结构设计** ····················································· 2
　任务1　认知路面结构 ························································ 2
　任务2　沥青路面设计 ······················································· 11
　任务3　水泥混凝土路面设计 ··············································· 43
　任务4　路面排水设计 ······················································· 68

**项目二　路面施工准备** ···················································· 80
　任务1　路面施工准备内容 ·················································· 80
　任务2　路面施工放样 ······················································· 85

## 教学单元二　路面基（垫）层施工

**项目三　天然砂砾垫层施工** ··············································· 93
　任务1　认知天然砂砾垫层 ·················································· 94
　任务2　天然砂砾垫层施工 ·················································· 95

## 项目四 级配碎（砾）石结构层施工 ·········· 100
### 任务1 认知级配碎（砾）石结构层 ·········· 101
### 任务2 级配碎（砾）石结构层施工 ·········· 104
### 任务3 碎（砾）石结构层质量评定与工程计量 ·········· 109
### 任务4 编制碎（砾）石结构层施工方案 ·········· 112

## 项目五 水泥稳定材料结构层施工 ·········· 117
### 任务1 认知水泥稳定材料结构层 ·········· 118
### 任务2 水泥稳定材料结构层施工 ·········· 128
### 任务3 水泥稳定材料结构层质量评定与工程计量 ·········· 139

## 项目六 石灰稳定材料结构层施工 ·········· 144
### 任务1 认知石灰稳定材料结构层 ·········· 145
### 任务2 石灰稳定材料结构层施工 ·········· 148
### 任务3 石灰稳定材料结构层质量评定与工程计量 ·········· 152

## 项目七 综合稳定材料结构层施工 ·········· 156
### 任务1 认知二灰稳定材料结构层 ·········· 157
### 任务2 二灰稳定材料结构层施工 ·········· 161
### 任务3 二灰稳定材料结构层质量评定与工程计量 ·········· 163
### 任务4 编制半刚性结构层施工方案 ·········· 166

## 项目八 其他类型基层施工 ·········· 169
### 任务1 沥青稳定碎石基层施工 ·········· 169
### 任务2 贫混凝土基层施工 ·········· 172

## 教学单元三　沥青面层施工

### 项目九　沥青混凝土面层施工 ······ 180
#### 任务1　识读沥青路面结构图 ······ 181
#### 任务2　沥青混凝土面层施工 ······ 187
#### 任务3　沥青混凝土面层质量评定与工程计量 ······ 208
#### 任务4　编制沥青混凝土面层施工方案 ······ 211

### 项目十　其他沥青面层施工 ······ 214
#### 任务1　SMA面层施工 ······ 214
#### 任务2　功能结构层施工 ······ 218
#### 任务3　沥青表面处治与沥青贯入式施工 ······ 225

## 教学单元四　水泥混凝土面层施工

### 项目十一　普通水泥混凝土面层施工 ······ 239
#### 任务1　识读普通水泥混凝土路面结构图 ······ 240
#### 任务2　普通水泥混凝土面层施工 ······ 249
#### 任务3　普通水泥混凝土面层质量评定与工程计量 ······ 278
#### 任务4　编制普通水泥混凝土面层施工方案 ······ 282

### 项目十二　其他水泥混凝土面层施工 ······ 284
#### 任务1　钢筋混凝土面层施工 ······ 285
#### 任务2　钢纤维混凝土面层施工 ······ 291

附录1 特殊路面 ·················································································· 298
附录2 路面工程安全生产与文明施工 ····················································· 304

**参考文献** ························································································ 307

# 教学单元一　路面施工基础

• **单元简介**

　　路面是公路的重要组成部分，直接承受车轮荷载的作用及自然因素的长期影响，其施工质量的好坏直接影响公路的使用性能。学习路面施工技术，首先应对路面有充分的认识，如路面的概念、基本要求、结构层次划分、路面类型以及工程划分、并了解路面的发展情况，尤其是新技术、新工艺、新材料及新设备的应用情况；其次，还应结合设计规范掌握一定的路面设计理论，便于读懂施工图纸；再次，由于路面结构层次划分较细，每个层次又有不同的材料要求，施工方法也有所区别，因此，路面的施工准备工作也显得非常重要。路面施工前，应做好组织准备、物质准备、技术准备以及施工现场的准备等各项准备工作。

　　本教学单元设2个项目，即路面结构设计、路面施工准备。

# 项目一　路面结构设计

### 项目描述

路面施工前,首先应掌握路面的基本知识,如路面的概念、公路对路面的基本要求、路面的结构组成、路拱形式及路面类型等;其次应掌握我国现行的路面设计理论与设计方法,并能读懂设计图纸。学习本项目,旨在让学生准确掌握路面的基本知识,能绘制路面结构层次图,并确定其类型,分析对路面各层次的要求,同时掌握沥青路面和水泥混凝土路面设计理论与设计方法,能利用路面专用设计程序完成路面结构设计计算,能完成路面排水设计。

本项目包括认知路面结构、沥青路面设计、水泥混凝土路面设计、路面排水设计4个任务。

## 任务1　认知路面结构

### 任务描述

通过学习本任务,学生应能准确掌握路面的概念、类型、路拱形式,理解公路对路面的基本要求,绘制路面结构层次,并了解各结构层次的基本应用,为进一步学习路面结构设计及各结构层次的施工奠定基础。同时,感受古代道路文化及劳动人民的智慧,体会新时代道路科技工作者的科技创新精神及社会责任意识。

### 知识引入

路面是指用各种筑路材料铺筑在公路路基上供车辆行驶的构造物,是道路工程的一个重要组成部分。最早修建公路和铺筑路面的历史可追溯到古巴比伦和埃及,但最为宏伟的工程应属古罗马。古罗马时的路面概念是在有一定强度的地基上摆放大石块,再在上面用小石块和青石杂填隙,类似于现在的骨架结构,这就是公路的原始概念。后来,为了在沼泽地等软土地区方便行走,又采用圆木和厚木板拼砌成类似于木筏的结构,这也是早期路面的概念。较早时的简易公路主要考虑了以下几个方面:①路面设计要体现路基情况;②采用"新"材料,如碎石;③有效的排水;④基层的设置等。到19世纪后20年,城市路面开始使用水泥和沥青等材料,路面设计开始考虑环境因素、路面抗滑和舒适等方面,但对于路面的功能和结构却没有更深入的认识。近年来,在路面结构设计、路面材料和施工机械及工艺等方面都有了更深入的研究和认识,特别是新材料、新工艺、新技术的广泛应用,使得路面有了长足的发展。

请思考:1.路面的基本要求有哪些?具体如何理解?

2.路面结构层次如何划分?各层次有何要求?

3.路面设置路拱的目的是什么?有哪些具体要求?

4.路面的类型有哪些?各有何特点?应用如何?

## 一、我国道路及路面的发展概况

### (一) 我国道路的发展概况

自从人类诞生后,就开始了路的历史。道路伴随人类活动而产生,又促进社会的进步和发展,是历史文明的科学进步的标志。原始的道路是由人践踏而形成的小径。东汉训诂书《释名》解释道路为"道,蹈也;路,露也。人所践蹈而露见也"。距今4000年前的新石器晚期,中国有记载役使牛马为人类运输而形成驮运道,并出现了原始的临时性的简单桥梁。相传中华民族的始祖黄帝,因看见蓬草随风吹转,而发明了车轮,于是以"横木为轩,直木为辕"制造出车辆,对交通运输做出了伟大贡献,故尊称黄帝为"轩辕氏"。随着车辆的出现产生了车行道,人类陆上交通出现了新局面。

商朝已经懂得夯土筑路,并利用石灰稳定土壤。战国时期车战频仍,交往繁忙,道路的作用显得日益重要。当时在山势险峻之处凿石成孔,插木为梁,上铺木板,旁置栏杆,称为栈道,是中国古代道路建设的一大特色。秦始皇统一中国后,修建了以首都咸阳为中心、通向全国的驰道网,可与罗马的道路网媲美。西汉王朝派张骞两次出使西域,主要路线起自长安(今西安),沿河西走廊,到达敦煌,为沟通中国和中东与欧洲各国的经济和文化,开创了举世闻名的"丝绸之路"。唐朝是封建王朝的鼎盛时期,开始实行道路日常养护,保持道路的畅通无阻。唐朝不但郊外的道路畅通,而且城市道路建设也很突出,道路两侧有排水沟和行道树,布置井然,气度宏伟,不但为中国以后的城市道路建设树立了榜样,而且影响远及日本。宋朝、元朝、明朝均在过去道路建设的基础上有所提高,尤其是元朝地域辽阔,自大都(今北京)通往全国有7条主干道,形成一个宏大的道路网。清朝在筑路与养路方面也规定得很具体,在低洼地段出现路基的"叠道",软土用秫秸铺底筑路法,犹如现在的土工织物,对道路建设的发展也有不少贡献。清末,开始出现一些在原有驿道上修建的简陋公路。

尽管我国曾经创造了领先于世界的古代道路文化,但由于长期的封建制度统治与帝国主义列强的入侵,束缚了生产力的发展,通行汽车的公路直到20世纪初才开始兴建,而且在旧中国发展也十分缓慢。

中华民国时期,公路有了初步发展,先后共修建了13万公里。这些公路大多标准很低,设施简陋,路况很差。到1949年能够维持通车的仅有8万公里,全国有1/3的县不通公路,西藏地区没有一条公路。

1949年新中国建立以来,我国公路交通事业得到了迅速发展。特别是1978年改革开放以后,我国公路建设开创了崭新的局面。20世纪80年代中期,我国开始兴建高速公路,30多年来,已经形成了连接重要城市及地区的高速公路通道,横跨东西、连接南北的高速公路干线网络正在形成。截至2022年年底,全国公路总里程535万千米,高速公路以17.7万千米的通车里程高居世界之首。高速公路的建设和使用,为汽车快速、高效、安全、舒适地运行提供了良好的条件,标志着我国的公路运输事业和科学技术水平进入了一个崭新的时代。

道路交通发展也是城市或农村发展进步的标志。2013年,为了促进农村经济的发展,我国出台了"村村通"政策,5年之内,我国所有村庄都通上了沥青路面或水泥路面,打破了农村经济发展的交通瓶颈,解决了超过9亿农民的出行难题。

### (二) 我国公路路面的发展概况

公路路面直接承受行驶车辆和环境的作用,是道路工程的重要组成部分。我国古代曾以条石、块石或石板等铺筑道路路面,以供人、畜以及人力车、畜力车通行。近几十年来,我国广大道路科技工作者从我国实际和建设需要出发,引进国外先进技术,刻苦钻研、反复实践,在路面工程建设领域中,取得了许多突破性的系列成果。这里简要概述如下:

**1. 沥青路面结构**

20世纪60年代初，随着我国石油资源的大规模开发，揭开了用国产沥青筑路的序幕。早期的沥青路面主要是铺设在现有中级路面上的薄层表面处治层，以改善其行车条件。20世纪70年代末，逐步形成了以贯入式路面为主的沥青路面承重结构。20世纪80年代末，开始兴建高速公路，沥青路面成为主要的路面形式。通过长期的科学研究，形成了适合我国实际的沥青路面设计、施工及管理整套技术，包括沥青及改性沥青材料的生产工艺、装备，沥青及改性沥青材料的技术指标与标准、试验设备及方法，沥青混合料的技术指标与标准、混合料设计技术、混合料性能检测设备及方法，高性能沥青混合料组成设计方法与材料性能，长寿命沥青路面结构与材料，沥青路面现代化施工成套设备施工技术与施工管理等。

**2. 水泥混凝土路面结构**

20世纪70年代中期，交通运输发展加快，部分干线公路城市道路及厂矿道路为提高承载能力，相继采用水泥混凝土路面结构。随后，针对水泥混凝土路面存在的主要问题开展了系统而具有相当规模的科学研究，从而形成了我国水泥混凝土路面结构与材料的成套技术，包括道路水泥的性能、指标标准以及生产工艺，水泥混凝土路面基层结构与材料性能要求、水泥混凝土路面结构性能与设计方法，接缝构造及设计方法，聚合物改性水泥混凝土、纤维增强混凝土路面结构与材料，水泥混凝土路面小规模施工和大规模现代化施工成套装备及施工方法、施工组织管理等。

**3. 半刚性基层沥青路面结构**

利用石灰、水泥、工业废料等无机结合料修筑半刚性路面始于20世纪60年代初，五十多年间，对半刚性路面的强度发展规律、强度机理、路用性能等进行了广泛的研究。由于这种路面结构具有很多优势，目前广泛用于高等级公路与城市道路，成为一种主要的结构形式。近年来对它的长期使用性能、耐久性能、疲劳性能、抗裂性及变形规律等问题进行了深入的研究，此外对于半刚性基层改良技术，如添加柔性纤维、乳化沥青改善半刚性基层韧性和提高抗裂性能等方面进行研究。

**4. 绿色道路路面建设技术**

众所周知，沥青路面修筑的过程是一个高能耗、高污染的过程，不但消耗了大量石材、石油等资源，也产生了大量有害的气体和粉尘，其原材料弃置不善、利用不好也会对环境造成严重污染。同时大量的建筑垃圾、废旧轮胎等也对环境造成了大量破坏。而绿色交通是21世纪资源节约型交通建设的主题。近年来，围绕温拌技术，开展了温拌沥青路面设计与施工技术、温拌橡胶沥青的设计与施工等系列技术研究，以减少热拌沥青混凝土施工过程中对能源的消耗。围绕再生技术，进行了沥青路面厂拌热再生和厂拌冷再生技术、沥青路面就地热再生和就地冷再生技术，全厚式再生技术等系列再生技术的应用研究；结合水泥混凝土路面旧路改造，进行了水泥混凝土路面就地碎石化技术和水泥混凝土路面材料再生利用等技术研究；围绕建筑垃圾的再利用，开展了建筑垃圾在公路路面基层中的利用研究，围绕废旧轮胎的再利用，进行了废旧轮胎在（低噪声）橡胶沥青路面中的应用技术研究，形成了成套的绿色路面建养技术。

【主题讨论】 请结合以下素材，查阅资料，谈谈新时代道路科技工作者应如何传承与弘扬"两路精神"？

敢问路从何来，路从筑路人汗中来。每一段路、每一座桥或许只是过往路人的一处风景，但却是筑路者人生旅途中一段抹不掉的回忆。

2014年8月6日，习近平总书记就川藏、青藏公路建成通车60周年作出重要批示：60年来，在建设和养护公路的过程中，形成和发扬了一不怕苦、二不怕死，顽强拼搏、甘当路石，军民一家、民族团结的"两路"精神。

60余年前,面对极为苛刻的自然环境、极端困难的物质条件,"两路"精神玉汝于成;8年前,习近平总书记首次概括提炼"两路"精神,为其承上启下,一脉相传注入新时代的不竭动力;今天,一代代交通人团结于"两路"精神的心灵高地,传承坚守,不断丰富发展其时代内涵,创造出一个又一个新奇迹。

新时代的征程已开启。昔日铁凿已为盾构所代替,肩头扁担换成了大型起重机,落后工具不,取而代之的是大国重器。港珠澳大桥跨越如虹,联通三地;中国路、中国桥、中国港、中国高铁声名济济……"两路"精神在新时代焕发了新的生机,为交通运输事业永注发展动力,为加快建设交通强国永蓄精神源泉。

## 二、路面的概念

路面是在路基顶面的行车部分用各种筑路材料或混合料分层铺筑的层状结构物。

从横断面方向看,高速、一级公路的表面一般是由行车道、中间带、硬路肩和土路肩组成的,二、三、四级公路不含中间带。路面的横断面形式通常分为槽式横断面和全铺式横断面,如图 1-1 所示。

路基填挖到设计标高位置后,在路基上按路面设计宽度范围将路基挖成与路面厚度相同的浅槽;或路基填筑到路床顶面位置后,按路面设计宽度范围在两侧的路肩部位培土(压实)形成与路面厚度相同的浅槽;也可采用半挖半培的方法形成浅槽,然后在浅槽内铺筑路面。一般公路路面都采用槽式横断面,如图 1-1(a)所示。

全铺式横断面是在路基全部宽度内都铺筑路面。在高等级公路建设中,有时为了将路面结构内部的水分迅速排出,在全宽范围内铺筑基层材料,保证水分由横向排入边沟。有时考虑到道路交通的迅速增长,为适应扩建的需要,将硬路肩及土路肩的位置全部按行车道标准铺筑面层。在盛产石料的山区或较窄的路基上,也可全宽铺筑砂石路面。全铺式路面横断面形式如图 1-1(b)所示。

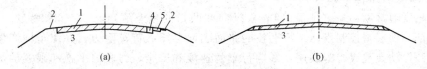

**图 1-1 路面横断面形式**
(a)槽式横断面;(b)全铺式横断面
1—路面;2—土路肩;3—路基;4—路缘石;5—硬路肩

坚固且稳定的路基为路面结构长期承受汽车荷载作用提供了重要的保证;路面结构层对路基起保护作用,使路基不会直接承受车轮荷载和大气的破坏作用,保持稳定状态。路基和路面实际上是不可分割的整体。

路面工程是一种线形工程,有的公路延续数十公里至数百公里。由于公路沿线地形起伏,地质、地貌、气象特征多变,因此,路面工程具有复杂多变的特点。路面工程还具有工程数量大和造价高的特点,路面工程造价一般占公路工程总造价的 30% 左右,有些公路甚至更高一些。

现代化的公路运输,既要求公路能全天候通行车辆,又要求车辆能以一定的速度,安全、舒适、经济地运行。因此,精心设计,精心施工,使路基路面能长期具备良好的使用性能,对于节约投资,提高运输效益,具有十分重要的意义。

## 三、公路对路面的基本要求

为了保证汽车能全天候地在路面上安全、快速、舒适行驶,对路面提出如下基本要求。

**1. 具有足够的承载能力**

路面结构的承载能力包括强度和刚度两个方面。路面结构的强度是指抵抗车轮荷载引起的各个部位的各种应力(如压应力、拉应力、剪应力等),保证不发生压碎、拉断、剪切等各种破坏的能力。路面结构的刚度是指抵抗车轮荷载作用下引起的变形,保证不发生过量的变形,不发生沉陷、波浪或车辙等病害的能力。

需强调的是,这里的强度应包括修建路面的原材料(如砂石、水泥等)以及复合材料(如水泥混凝土、沥青混凝土)和路面结构的强度。

**2. 具有足够的稳定性**

路面结构的稳定性是指路面结构在水和温度等自然因素的作用下,能较好地保持其设计要求的几何形态及物理、力学性能的能力。路面结构的稳定性主要包括温度稳定性(高温稳定性和低温抗裂性)、水稳定性、沥青路面的大气稳定性等。

(1)高温稳定性:高温季节沥青路面软化,在车轮荷载作用下会产生较大的变形。水泥混凝土路面面板在高温季节会翘曲变形,在车轮荷载的反复作用下,则易产生裂缝或造成断板。

(2)低温抗裂性:北方在低温冰冻季节,沥青路面、水泥混凝土路面、半刚性基层由于低温会产生大量收缩裂缝。

(3)水稳定性:大气降水会使路面结构内部的湿度状态发生变化。如水泥混凝土路面,如果不能及时将水分排出结构层,会发生唧泥现象;水泥混凝土路面接缝渗入的水,在车轮荷载的反复作用下,会冲刷基层,导致结构层提前破坏。沥青混凝土路面,由于水分的侵蚀,会引起沥青结构层剥落或松散。砂石路面,在雨季会因雨水冲刷和渗入结构层而导致强度下降,产生沉陷、松散等病害。

(4)大气稳定性:太阳的照射、空气中氧气的氧化作用等都会对沥青路面材料和结构产生作用,如果没有足够的抵抗大气破坏的能力,沥青材料则会出现老化而失去原有的技术品质,导致沥青路面开裂、剥落,甚至出现大面积松散破坏。

**3. 具有足够的表面平整度**

表面平整度通常以不平整度值(即表面纵向凹凸量的偏差值)作为指标来衡量。相对来说,表面平整度是一项宏观控制指标。不平整的路面表面会增大行车阻力,并使车辆产生附加的振动作用。这种振动会造成行车颠簸,影响行车的速度和安全、驾驶的平稳和乘客的舒适感。同时,振动作用还会对路面施加冲击力,从而加剧路面和汽车机件的损坏以及轮胎的磨损,并增大燃油的消耗。另外,不平整的路面还会积滞雨水,加速路面的破坏。因此,要求路面具有与公路等级相应的足够的平整度。

**4. 具有足够的表面抗滑性能**

路面表面抗滑性能又称粗糙度,是指路面能够提供汽车车轮在其上安全行驶所需要的足够附着力(或称摩擦力)的性能。通常用摩擦系数或构造深度来表示。

路面表面要求平整,但不能光滑。汽车在光滑的路面上行驶,车轮与路面之间缺乏足够的附着力(或称摩擦力)。雨天高速行车、紧急制动或突然起动、爬坡或转弯时,车轮易产生空转或打滑,致使行车速度降低,燃料消耗增加,甚至引起交通事故。

路面表面的抗滑能力可以通过采用坚硬、耐磨、表面粗糙的粒料修筑路面表层来实现,也可采用一些工艺性措施(如水泥混凝土路面的刷毛或刻槽等)来实现。另外,路面上的积雪或污泥等也会降低路面的抗滑性,必须及时予以清除。

**5. 具有足够的耐久性**

通常所说的耐久性主要是指路面在设计规定的年限内满足各级公路相应的承载能力、行车速度、舒适性、安全性的性能。路面结构在行车荷载和冷热、干湿气候因素的多次重复作用下,路面材料的性能产生老化衰变,路面使用性能将逐步降低,从而逐渐产生疲劳破坏和塑性形变累积,缩短路面的使用年限。因此,路面结构必须具备足够的抗疲劳强度以及抗老化和抗累积形变的能力,以保持或延长路面的使用寿命。

**6. 具有尽可能低的扬尘性和噪声**

汽车在砂石路面上或灰尘较多的其他路面上行驶时,车身后面所产生的真空吸引力会将面层表面或其中较细的颗粒吸出而飞扬尘土,甚至导致路面松散、脱落和坑洞等破坏。路面扬尘会加速汽车机件的损坏,影响行车视距,降低行车速度,而且对乘客和沿线居民的环境卫生以及货物和路旁农作物都带来不良影响。因此,要求路面在行车过程中尽量减少扬尘。

汽车在路面上行驶时,除发动机等噪声外,路面不平整引起车身的振动也是噪声的来源。为降低噪声,也应提高路面施工的平整度工艺。另外,路面材料组成不同,汽车在路面上行驶时引起的噪声也不同,采用开级配沥青混合料可以实现降噪功能,形成低噪声路面。

路面的基本要求

**7. 满足规范要求**

路面断面形式及尺寸必须符合《公路工程技术标准》(JTG B01—2014)的有关规定。

## 四、路面结构层次

行车荷载和自然因素对路面的影响,随深度的增加而逐渐减弱。因此,对路面材料的强度、抗变形能力和稳定性的要求也随深度的增加而逐渐降低。为了适应这一特点,路面结构通常是分层铺筑的,即按照使用要求、受力状况、土基支承条件和自然因素影响程度的不同,分成若干层次。按照各个层次功能的不同,沥青路面结构层一般可划分为面层、基层、底基层和垫层等;水泥混凝土路面结构层一般划分为面层、基层和垫层三个层次,如图1-2所示。

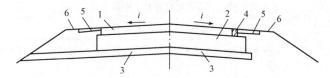

**图 1-2 路面结构层次示意图**
1—面层;2—基层(有时包括底基层);3—垫层;4—路缘石;5—硬路肩;6—土路肩
$i$—路拱横坡度

**1. 面层**

面层是直接承受车轮荷载反复作用和自然因素影响的结构层,它承受较大的行车荷载的垂直力、水平力和冲击力的作用,同时还受到降水的侵蚀和气温变化的影响。

面层应具备较高的强度、刚度,较好的水稳定性和温度稳定性,而且应当耐磨、不透水(透水路面除外),其表面还应有良好的抗滑性和平整度。常用的路面面层的材料类型及适用范围见表1-1。

**表 1-1 面层类型及适用范围**

| 面层类型 | 适用范围 |
| --- | --- |
| 沥青混凝土 | 高速公路、一级公路、二级公路、三级公路、四级公路 |
| 水泥混凝土 | 高速公路、一级公路、二级公路、三级公路、四级公路 |
| 沥青碎石、沥青贯入式、沥青表面处治 | 三级公路、四级公路 |
| 砂石路面 | 四级公路 |

沥青路面的面层可为单层、双层或三层。双层结构自上而下分别称为表面层(上面层)、下

面层;三层结构自上而下分别称为表面层(上面层)、中面层、下面层。如高速公路沥青面层总厚度达 18~20 cm,可分为上、中、下三层铺筑,并根据各分层的要求采用不同的级配组成。厚度不超过 3 cm 的沥青表面处治层,在结构计算时不能作为一个独立的层次。

水泥混凝土面层一般为单层式。水泥混凝土路面上加铺沥青混凝土形成复合式结构也是常见的。

**2. 基层与底基层**

基层是直接位于沥青路面面层下的主要承重层,或直接位于水泥混凝土面板下的结构层;底基层是在沥青路面基层下铺筑的次要承重层,或在水泥混凝土路面基层下铺筑的辅助层。

基层承受由面层传递下来的车轮荷载的反复作用(主要是垂直力作用),并将其传递到下面的底基层或垫层和土基中。在沥青路面结构中,基层是主要承重层,它应具有良好的稳定性、耐久性和较高的承载能力,并具有良好的应力扩散能力;底基层是次要承重层,对底基层材料质量的要求较低,可使用当地材料来修筑。在水泥混凝土路面结构中,基层承受的垂直力作用较小,但应具有足够的抗冲刷能力和一定的刚度。

基层、底基层遭受自然因素的影响虽然比面层小,仍然有可能经受地下水和通过面层渗入的雨水浸湿,所以,基层、底基层结构应具有足够的水稳定性。基层表面虽不直接与车轮接触,为了保证面层的平整性,其表面应有较好的平整度。

修筑基层、底基层的材料主要有无机结合料(如水泥、石灰、二灰等)、稳定集料或土类、天然砂砾、各种碎石或砾石、沥青混合料、贫水泥混凝土等,常用的基层、底基层类型见表 1-2。

基层或底基层可为单层或双层。基层为双层时,可分别称为上基层、下基层;底基层为双层时,可分别称为上底基层、下底基层。

**表 1-2　各种常用基层、底基层类型**

| | | |
|---|---|---|
| 无机结合料稳定类 | 水泥稳定类 | 水泥稳定碎石、水泥稳定砂砾、水泥土等 |
| | 石灰稳定类 | 石灰碎石土、石灰砾石土、石灰土等 |
| | 综合稳定类 | 石灰粉煤灰(以下简称"二灰")、二灰土、二灰碎石、二灰砂砾、水泥粉煤灰稳定碎石等 |
| 粒料类 | 嵌锁型 | 填隙碎石等 |
| | 级配型 | 级配碎石、级配砾石、级配砂砾等 |
| 沥青稳定类 | | 沥青稳定碎石、排水式沥青碎石等 |
| 水泥混凝土类 | | 碾压混凝土、贫混凝土等 |

**3. 垫层**

通常情况下,垫层是设置在基层(或底基层)和土基之间的结构层,主要作用是加强土基、改善基层或底基层的工作条件,具有排水、隔水、防冻等功能。由于传统意义上的垫层具有多方面的功能,不同功能垫层的厚度和材料要求有一定差异,不予以区分易引起设计和应用上的混淆。因此,《公路沥青路面设计规范》(JTG D50—2017)对其进行了区分,将为提高路基顶面回弹模量或改善路基湿度状态而设置的粒料层或无机结合料稳定层归入路基,称为路基改善层;将置于路面结构底部分别起防冻、排水作用的功能层归入路面,分别称为防冻层、排水层。

路面结构层次

应当指出,不是任何路面结构都需要上述几个层次,各级公路应根据具体情况设置必要的结构层。

## 五、功能结构层

为加强沥青路面各结构层的层间接触,避免层间产生滑动位移,保持路面结构的整体性而设置的沥青或沥青混合料联结层,称为功能结构层,包括透层、黏层、封层三种。这些功能结构层不作为路面力学计算模型中的结构层,在路面厚度计算中不计其厚度。另外,用于排除路面结构内部水的排水层以及路面结构中按防冻要求设置的防冻层,也称为功能结构层。

### 1. 透层

用于非沥青类材料层上,能透入表面一定深度,增强非沥青类材料层与沥青混合料层整体性的功能层,称为透层,也称为透层沥青或透层油。

沥青类面层下的级配砂砾、级配碎石基层及无机结合料稳定土或粒料的半刚性基层上必须浇洒透层沥青。基层上设置下封层时,透层油不宜省略。

### 2. 黏层

路面结构中起粘结作用的功能层,称为黏层,也称为黏层沥青或黏层油。

黏层是加强面层间结合的一种措施。符合下列情况之一时,必须喷洒黏层油:

(1)双层式或三层式热拌热铺沥青混合料路面的沥青层之间。
(2)水泥混凝土路面、沥青稳定碎石基层或旧沥青路面上加铺沥青层。
(3)路缘石、雨水口、检查井等构造物与新铺沥青混合料接触的侧面。

### 3. 封层

路面结构中用以阻止水下渗的功能层,称为封层。其中,铺筑在沥青面层表面的封层称为上封层,铺筑在沥青面层下面、基层表面的封层称为下封层。当前广泛使用的封层有稀浆封层和微表处两种类型。

稀浆封层是指用适当级配的石屑或砂、填料(水泥、石灰、粉煤灰、石粉等)与乳化沥青、外掺剂和水,按一定比例拌和而成的流动状态的沥青混合料,将其均匀地摊铺在路面上形成的沥青封层;微表处是指采用适当级配的石屑或砂、填料(水泥、石灰、粉煤灰、石粉等)与聚合物改性乳化沥青、外掺剂和水按一定比例拌和而成的流动状态的沥青混合料,将其均匀地摊铺在路面上形成的沥青封层。

路面功能结构层

各种封层还适用于加铺薄层罩面、磨耗层、水泥混凝土路面上的应力缓冲层、各种防水层、预防性养护罩面层。

## 六、路拱及路拱横坡度

为了保证路面上雨水及时排出,减少雨水对路面的浸润和渗透,从而保证路面结构强度,路面表面做成中间高、两侧低的形状,称之为路拱。在横断面上路拱形式常采用直线形(直线-直线)和直线抛物线组合线形(直线-抛物线-直线)两种形式。

路面表面的高差与水平距离的百分比称为路拱横坡度。质量高的路面,平整度和水稳定性较好,透水性也小,通常采用直线形路拱和较小的路拱横坡度。质量低的路面,为了有利于迅速排除路表积水,一般采用直线抛物线形路拱和较大的路拱横坡度。表1-3列出了各种不同类型路面的路拱平均横坡度参考值。

表 1-3 各种不同类型路面的路拱平均横坡度

| 路面类型 | 沥青混凝土、水泥混凝土 | 其他沥青路面 | 碎石、砾石等粒料路面 |
| --- | --- | --- | --- |
| 路拱平均横坡度/% | 1~2 | 1.5~2.5 | 3~4 |

选择路拱横坡度，应充分考虑有利于行车平稳和有利于横向排水两个方面的要求。在干旱和有积雪、浮冰地区，应采用低值；多雨地区应采用高值。当道路纵坡较大或路面较宽，或行车速度较高，或交通量和车辆载重较大，或常有拖挂汽车行驶时，应采用低值；反之，则应取用高值。

高速、一级公路设有中央分隔带，通常采用两种方式布置路拱横断面。若分隔带未设置排水设施，路面表面则做成中间高、两侧低，由单向横坡向路肩方向排水；若分隔带设置排水设施，则两侧路面分别单独做成中间高、两侧低的路拱，向中间排水设施和路肩两个方向排水。

路肩横坡度一般较路面横坡度大1%。但是，高速、一级公路的硬路肩采用与路面行车道相同的结构时，应采用与路面行车道相等的路面横坡度。

## 七、路面的类型

路面类型可以从不同角度来划分，一般都按面层所用的材料区分，如水泥混凝土路面、沥青路面、砂石路面等。但是在工程设计中，主要从路面结构的力学特性的相似性出发，可以将路面结构划分为沥青混凝土路面、复合式路面和水泥混凝土路面（也称刚性路面）三类。根据基层材料类型及组合的不同，又将沥青混凝土路面划分为柔性基层沥青路面、半刚性基层沥青路面、组合式基层沥青路面、刚性基层沥青路面。国外一般将水泥混凝土路面和沥青混凝土路面称为有铺装路面；沥青表面处治路面、沥青贯入式路面称为简易铺装路面；砂石路面等归入未铺装路面。砂石路面是以砂、石为骨料，以土、水、灰为结合料，通过一定的配合比铺筑而成的路面，包括级配砂（砾）石路面、泥结碎石路面、水结碎石路面、填隙碎石路面及其他粒料路面。

刚柔并济的路面——半柔性路面

(1)柔性基层沥青路面。柔性基层沥青路面主要包括各种未经处理的粒料基层和各类沥青层组成的路面结构。柔性基层沥青路面的总体结构刚度较小，在车辆荷载作用之下产生的表面变形较半刚性基层沥青路面大。虽然路面结构某层的抗拉强度较低，但通过合理的结构组合和厚度设计，可以保证路面结构整体具有很强的抵抗荷载作用的能力。同时通过各结构层将车辆荷载传递给路基，可使路基承受的压应力控制在一定的范围内。路基路面结构主要靠抗压强度和抗剪强度承受车辆荷载的作用。

(2)半刚性基层沥青路面。用水泥、石灰等无机结合料处治的土或碎（砾）石及含有水硬性结合料的工业废渣修筑的基层称为无机结合料类基层，在前期具有柔性基层的力学性质，而后期的强度和刚度均有较大幅度的增长，但最终的强度和刚度仍小于水泥混凝土。由于这种材料的刚度处于柔性基层与刚性基层之间，因此把这种基层和铺筑在它上面的沥青面层也称为半刚性基层沥青路面。

(3)组合式基层沥青路面。沥青路面的基层含有无机结合料稳定材料、水泥混凝土材料等刚度较大或相对较大的材料，但是在沥青层与刚度相对较大的材料之间夹有柔性材料，如沥青混凝土层＋级配碎石＋无机结合料稳定材料层的路面结构、沥青混凝土层＋级配碎石＋普通水泥混凝土材料层的路面结构、沥青混凝土层+级配碎石+碾压式水泥混凝土材料层的路面结构等。

(4)刚性基层沥青路面。刚性基层沥青路面是用水泥混凝土(包括普通混凝土、钢筋混凝土、连续配筋混凝土、钢纤维混凝土、预应力混凝土、装配式混凝土、碾压混凝土)做基层,沥青混凝土做面层的路面结构,也称为复合式路面。水泥混凝土具有强度高、稳定性好等特点,沥青混凝土具有行车舒适、噪声小等特点,这种复合式路面可以避免各自的缺点,具有良好的使用性能和耐久性。对于普通混凝土、钢筋混凝土基层沥青路面,由于接缝处的反射裂缝,对使用性能有一定的影响,而连续配筋混凝土基层沥青混凝土路面,由于连续的配筋将水泥混凝土的裂缝宽度约束在一定的范围内(一般要求小于 1 mm),因此具有良好的使用性能和耐久性,但必须采取措施保证沥青层与沥青层、沥青层与水泥混凝土层之间有良好的粘结状态。

(5)水泥混凝土路面。水泥混凝土路面主要指用水泥混凝土(包括普通混凝土、钢筋混凝土、连续配筋混凝土、钢纤维混凝土、预应力混凝土、装配式混凝土、碾压混凝土)做面层的路面结构。水泥混凝土的强度高,与其他筑路材料相比,抗弯拉强度高,并且有较高的弹性模量,故呈现出较大的刚性。在车辆荷载作用下,水泥混凝土结构层处于板体工作状态,竖向弯沉较小,路面结构主要靠水泥混凝土板的抗弯拉强度承受车辆荷载,通过板体的扩散分布作用,传递给路基上的单位压力较柔性路面小得多。

## 八、路面工程的划分

路面工程大面积开展施工前,首先要及时并正确地划分单位工程、分部工程、分项工程,以便于依据划分情况进行质检资料的整理,进一步完成质检后的质量评定。相比路基工程而言,路面工程的划分非常简单,具体详见表1-4。

表 1-4 路面工程的划分

| 单位工程 | 分部工程 | 分项工程 |
| --- | --- | --- |
| 路面工程(每 10 km 或每标段) | 路面工程(1~3 km 路段) | 垫层,底基层,基层,面层,路缘石,路肩等 |

注:按路段长度划分的分部工程,高速、一级公路宜取低值,二级及二级以下公路可取高值。

# 任务 2　沥青路面设计

**任务描述**

沥青路面是我国大多数公路普遍采用的路面类型,掌握沥青路面设计理论与方法对路面施工有重要的意义。通过学习本任务,学生应能具备完成沥青路面结构层次拟定,并进行厚度设计计算与验算的能力,能利用路面设计程序完成沥青路面结构设计。同时,感受我国道路科技工作者为完善沥青路面设计理论所做的坚持不懈的努力,体会道路科技工作者的专业情怀和专业精神。

## 一、沥青路面概述

### (一)基本概念

广义上的沥青路面指的是用沥青材料做结合料粘结矿料修筑面层与各类基层和垫层所形成的路面结构;狭义上的沥青路面指的是在柔性基层、半刚性基层上铺筑一定厚度的沥青混合料做面层的路面结构。由于沥青面层使用了粘结力较强的沥青材料,使集料间的粘结力大大增强,因而提高了沥青路面的强度与稳定性,使路面的行驶质量和耐久性都得到提高。按沥青路面的技术特性,沥青面层可分为沥青混凝土、热拌沥青碎石、乳化沥青碎石、沥青贯入式、沥青表面处治等类型。另外,近年来,新型的沥青玛蹄脂碎石面层、开级配排水式抗滑磨耗层在我国也得到了广泛应用。

沥青混合料及沥青路面的类型

### (二)沥青路面的特点

与水泥混凝土路面相比,沥青路面具有表面平整、无接缝、行车平稳、振动小、噪声低、施工期短、养护方便等优点,也比较适用于分期修建。而且,混合料中的沥青使得混合料较为致密,尤其是密级配的沥青混合料路面,其透水性更小,能防止雨水等路表水进入基层和路基,提高了路面结构的整体强度和稳定性。沥青路面一般采用机械化施工,厂拌沥青混合料的质量容易得到保证,而且施工速度快,无论新建还是维修沥青路面,其开放交通都快。

但是,沥青路面也有一些缺点,如对温度敏感性较强,夏季容易发软,冬季容易开裂,而且在低温季节和雨季,热拌沥青混合料基本不能施工。由于各种原因,沥青路面很难避免水分进入基层和路基,且这部分水分也很难排出去,在行车荷载的作用下,将导致路面破坏。另外,在温度低的地区,为防止土基不均匀冻胀而使沥青路面产生损坏,需考虑设置防冻层的要求。

## 二、路面设计资料的收集

路面设计工作的具体任务包括:①交通量实测、分析与预测;②公路沿线自然因素(地质、水文、气象等)调查;③选择路面结构层原材料;④路面组成材料配合比设计;⑤路面材料设计参数的测试与确定;⑥路面结构组合设计与厚度计算;⑦路面排水系统设计和其他路面工程设计等;⑧路面结构方案的技术经济综合比选,提出推荐方案;⑨绘制路面结构图。

为确保路面设计质量,在路面设计之前,应进行专门的外业调查,收集相关资料,以作为路面设计工作的依据。在外业调查时需收集的资料有:①交通量及交通组成情况;②工程地质和水文地质条件;③天然土的湿度和水文资料;④气象资料;⑤路面材料产地和供应情况;⑥当地路面使用经验和其他情况;⑦工程投资情况;⑧施工单位的技术力量、机具设备、劳动力组成情况;⑨原有路基路面状况。

这里主要介绍交通资料的收集、公路自然区划的确定、土质路基湿度状况的确定等资料的分析与收集。

### (一)交通资料的收集

**1. 交通组成及车辆荷载对路面的作用**

(1)车辆的分类。公路上通行的汽车车辆主要分为客车与货车两大类。客车又分为小客车、中客车与大客车。小客车自身质量与满载总质量都比较轻,但车速高,一般可达120 km/h,有的高档小客车可达200 km/h以上;中客车一般是指6~20个座位的中型客车;大客车一般是指20个座位以上的大型客车(包括铰接车和双层客车),主要用于长途客运。

货车又可分为整车、牵引式挂车和牵引式半挂车。整车的货厢与汽车发动机为一整体；牵引式挂车的牵引车与挂车是分离的，牵引车提供动力，牵引后挂的挂车，有时可以拖挂两辆以上的挂车；牵引式半挂车的牵引车与挂车也是分离的，但是通过铰接相互连接，牵引车的后轴也担负部分货车的质量，货车车厢的后部有轮轴系统，而前部通过铰接悬挂在牵引车上。货车总的发展趋势是向大吨位发展，特别是集装箱运输水陆联运业务开展之后，货车最大吨位已超过 50 t。

汽车的总质量通过车轴与车轮传递给路面，所以路面结构的设计主要以轴重作为荷载标准。对于公路上行驶的多种车辆组合，路面结构设计时，重型货车与大客车起决定作用，轻型货车与中、小客车影响很小，有时可以忽略不计。但是在考虑路面表面特性要求时，如平整性、抗滑性等，以小汽车为主要对象，因为小汽车的行驶速度高，在高速行车条件下应具有良好的平稳性与安全性。

（2）路面设计使用的汽车参数。无论是客车还是货车，车身的全部重力都通过车轴上的车轮传递给路面，对于路面结构设计而言，应更加重视汽车的轴重。由于轴重的大小直接关系到路面结构的设计承载力与结构强度，为了统一设计标准和便于交通管理，各个国家对于轴重的最大限度均有明确的规定。我国公路与城市道路路面设计规范中均以 100 kN 作为设计标准轴重。

目前，在我国公路上行驶的货车的后轴轴载，一般为 60~130 kN，大部分在 100 kN 以下。路面专用设计软件中给出了公路上行驶的各种汽车的参数。

（3）汽车荷载对路面的作用。汽车在路面上行驶，使路面产生应力、应变和位移，这是促使路面损坏的重要因素。但不同的车型对路面产生的损坏作用不同。汽车在路面上有停驻、行驶、制动、转向等状态，随着汽车在路面上运动状态的变化，车轮荷载的作用方向和作用力大小也有所改变。汽车在不平整的路面上行驶时，车轮对路面还将产生振动力和冲击力。

另外，车轮接触面形状、单位压力和当量圆半径，交通量及交通组成等也是非常重要的影响因素。

### 2. 车型分类

车辆轴型可根据表 1-5 的规定，按轮组和轴组类型分为 7 类。

表 1-5 轴型分类

| 编号 | 轴型说明 | 编号 | 轴型说明 |
| --- | --- | --- | --- |
| 1 | 单轴（每侧单轮胎） | 5 | 双联轴（每侧双轮胎） |
| 2 | 单轴（每侧双轮胎） | 6 | 三联轴（每侧单轮胎） |
| 3 | 双联轴（每侧单轮胎） | 7 | 三联轴（每侧双轮胎） |
| 4 | 双联轴（每侧各一单轮胎、双轮胎） | | |

车辆类型可按轴型组合分为 11 类，并按轴载谱对不同轴重区间统计轴重分布，以更加准确地分析交通参数。1 类车型为对路面破坏较小的小轿车或载重量较轻的小货车，路面设计时不予考虑；2 类车型为大客车，对路面有一定破坏作用，路面设计时需考虑；除 1 类、2 类以外的其他车型都对路面有显著作用的货车。为便于表述，将除 1 类车以外的 2 类~11 类车统称为大型客车和货车。

车型分类

### 3. 交通数据调查

交通数据调查应包括交通量及增长率、方向系数、车道系数、车辆类型组成、轴组组成和轴质量的调查。

交通量的调查方法主要有两种：一种是人工登记车辆法；另一种是利用仪器（轴重仪）检测法。目前，轴重仪用得比较少。我国公路部门的交通量观测站观测的交通量资料不是按不同轴载严格分类记录的,而是按交通工具和车型分为十一大类进行记录。这些观测站的交通量资料在交通规划时被公路主管部门引用,以确定修建方案和道路等级,取得道路宽度和通行车道数,或在交通工程问题中采用。用于公路的路面结构设计与计算时,难以准确地确定交通量参数。为了使交通量参数比较准确,应将各类混合行驶的车辆进行不同轴载的具体分类,分别进行实测记录。在路面设计过程中,为了充分利用交通观测站的调查资料,需要对交通量、交通组成进行补充调查。对行驶车辆要分方向、分车型、分轴型以及分空载、满载和超载等情况分别登记。

公路初期交通量和其他参数可参考可行性研究报告等有关交通量预测资料,结合当地交通观测站的观测和统计资料,或通过实地设立站点进行观测和统计。

交通量的年平均增长率可依据公路等级和功能以及地区经济和交通发展情况等,通过交通调查分析确定。

方向系数根据不同方向上实测的交通量计算,无实测数据时,可在 0.5~0.6 范围内选取。

车道系数为设计车道上大型客车和货车数量占该方向上大型客车和货车数量的比例。车道系数可按三个水平确定:改建公路采用水平一;新建公路采用水平二或水平三。

水平一:根据现场交通量观测资料统计设计方向不同车道上车辆的数量;水平二:采用当地的经验值;水平三:采用表 1-6 推荐值。

表 1-6　车道系数

| 单向车道数 | 1 | 2 | 3 | ≥4 |
|---|---|---|---|---|
| 高速公路 | — | 0.70~0.85 | 0.45~0.60 | 0.40~0.50 |
| 其他等级公路 | 1.00 | 0.50~0.75 | 0.45~0.75 | — |

注:交通受非机动车和行人影响严重时取低限,反之取高限。

断面交通量乘以方向系数和车道系数即为设计车道交通量。

车辆类型分布系数为某一类车型数量占 2 类~11 类车辆总数的百分比,其是反映交通组成的重要参数。货车类型分布系数 TTC 为反映车辆组成中整体货车和半挂货车所占比例的参数。车辆类型分布系数可按下列三个水平确定:改建公路应采用水平一;新建公路可采用水平二或水平三。

水平一:根据交通观测资料分析 2 类~11 类车型所占的百分比,得到车辆类型分布系数。

水平二:根据交通历史数据或经验数据按表 1-7 确定公路 TTC 分类,采用该 TTC 分类车辆类型分布系数当地经验值。

水平三:根据交通历史数据或经验数据按表 1-7 确定公路 TTC 分类,采用表 1-8 规定的车辆类型分布系数。

交通数据调查中的几个术语

表 1-7　公路 TTC 分类标准　　　　　　　　　%

| TTC 分类 | 整体货车比例 | 半挂货车比例 |
|---|---|---|
| TTC1 | <40 | >50 |
| TTC2 | <40 | <50 |
| TTC3 | 40~70 | >20 |
| TTC4 | 40~70 | <20 |
| TTC5 | >70 | — |

注:表中整体式货车为 3 类~6 类车,半挂式货车为 7 类~10 类车。

表 1-8 不同 TTC 分类的车辆类型分布系数(%)

| 车辆类型 | 2类 | 3类 | 4类 | 5类 | 6类 | 7类 | 8类 | 9类 | 10类 | 11类 |
|---|---|---|---|---|---|---|---|---|---|---|
| TTC1 | 6.4 | 15.3 | 1.4 | 0.0 | 11.9 | 3.1 | 16.3 | 20.4 | 25.2 | 0.0 |
| TTC2 | 22.0 | 23.3 | 2.7 | 0.0 | 8.3 | 7.5 | 17.1 | 8.5 | 10.6 | 0.0 |
| TTC3 | 17.8 | 33.1 | 3.4 | 0.0 | 12.5 | 4.4 | 9.1 | 10.6 | 8.5 | 0.7 |
| TTC4 | 28.9 | 43.9 | 5.5 | 0.0 | 9.4 | 2.0 | 4.6 | 3.4 | 2.3 | 0.1 |
| TTC5 | 9.9 | 42.3 | 14.8 | 0.0 | 22.7 | 2.0 | 2.3 | 3.2 | 2.5 | 0.2 |

### (二) 公路自然区划的确定

**1. 公路自然区划的目的和意义**

我国各地气候、地形、地貌、水文地质等自然条件相差很大,而这些自然条件与公路建设密切相关。为区分不同地区地理区域自然条件对公路工程影响的差异性,并在路基路面的设计、施工和养护中采取适当的技术措施和采用合适的设计参数,以体现各地公路设计与施工的特点,侧重必须解决的问题,更有利于保证公路的质量和经济合理性,特制定公路自然区划。

**2. 我国公路自然区划的划分**

为使自然区划便于在实践中应用,结合我国地理、气候特点,将全国的公路自然区划分为三个等级。

(1)一级区划。首先将全国划分为多年冻土、季节冻土和全年不冻土三大地带;然后根据水热平衡和地理位置,划分为冻土、温润、干湿过渡、湿热、潮暖、干旱和高寒七个大区:Ⅰ区——北部多年冻土区;Ⅱ区——东部温润季冻区;Ⅲ区——黄土高原干湿过渡区;Ⅳ区——东南湿热区;Ⅴ区——西南潮暖区;Ⅵ区——西北干旱区;Ⅶ区——青藏高寒区。

**公路自然区划**

七个一级自然区的路面结构设计注重的特点各有不同,根据各地区经验,可大致归纳如下:

Ⅰ区——北部多年冻土区。该区北部为连续分布的多年冻土,南部为岛状分布的多年冻土。对于泥沼地多年冻土层,最重要的道路设计原则是保温,不得轻易挖去覆盖层,应使路堤下保持冻结状态,若冻土层受大气热量影响融化,则后患无穷。对于非多年冻土层的处理方法则不同,需将泥炭层全部或局部挖去,排干水分,然后填筑路堤。对于该区的林区山地道路,因表土湿度大,地面径流大,最易翻浆,应采取换土、稳定土、砂垫层等处理方法。

Ⅱ区——东部温润季冻区。该区路面结构突出的问题是防止翻浆和冻胀。翻浆的轻重程度取决于路基的潮湿状态,可根据不同的路基潮湿状态采取措施。该区缺乏砂石材料,采用稳定土基层已取得一定的经验。

Ⅲ区——黄土高原干湿过渡区。该区的特点是黄土对水分的敏感性,干燥的土质路基强度高、稳定性好。在河谷盆地的潮湿路段以及灌区耕地,土基稳定性差,强度低,必须认真处理。

Ⅳ区——东南湿热区。该区雨量充足集中,雨型季节性强,台风暴雨多,水毁、冲刷、滑坡是道路的主要病害,路面结构应结合排水系统进行设计。该区水稻田多,土基湿软、强度低,必须认真对待。由于气温高、热季长,要注意沥青类面层材料的热稳定性和防透水性。

Ⅴ区——西南潮暖区。该区山多,筑路材料丰富,应充分利用当地材料筑路。对于水文不良路段,必须采取措施,稳定路基。

Ⅵ区——西北干旱区。该区大部分地下水水位很低,虽然冻深多在 1.0~1.5 m 以上,但一般道路冻害较轻。个别地区,如河套灌区、内蒙古草原洼地,地下水水位高,翻浆严重。丘陵区 1.5 m 以上的路堑冬季积雪厚,雪水浸入路面造成危害,所以,沥青面层材料应具有良好的防透水性，路肩也应作防水处理。由于气候干燥，砂石路面经常出现松散、搓板和波浪现象。

Ⅶ区——青藏高寒区。该区局部路段有多年冻土，须按保温原则设计。由于地处高原，气候寒冷，昼夜气温相差很大，日照时间长，所以沥青老化很快，又因为年平均气温相对偏低，路面易遭受冬季雪水渗入而破坏。

（2）二级区划。二级区划是仍以气候和地形为主导因素，以潮湿系数 $K$ 为主的一个标志体系。潮湿系数 $K$ 值为年降水量与年蒸发量之比。根据二级区划的主导因素与标志，在全国七个一级自然区划内又分为33个二级区和19个副区（亚区），共有52个二级自然区。它们的名称见表1-9。各二级区的区界、自然条件对工程的影响详见有关标准。

**表1-9　公路自然区划名称**

| | |
|---|---|
| Ⅰ 北部多年冻土区<br>　Ⅰ$_1$ 连续多年冻土<br>　Ⅰ$_2$ 岛状多年冻土区 | Ⅴ 西南潮湿区<br>　Ⅴ$_1$ 秦巴山地润湿区<br>　Ⅴ$_2$ 四川盆地中湿区<br>　　Ⅴ$_{2a}$ 雅安、乐山过湿副区<br>　Ⅴ$_3$ 三西、贵州山地过湿区<br>　　Ⅴ$_{3a}$ 滇南、桂西润湿副区<br>　Ⅴ$_4$ 川、滇、黔高原干湿交替区<br>　Ⅴ$_5$ 滇西横断山地区<br>　　Ⅴ$_{5a}$ 大理副区 |
| Ⅱ 东部温润季冻区<br>　Ⅱ$_1$ 东北东部山地润湿冻区<br>　　Ⅱ$_{1a}$ 三江平原副区<br>　Ⅱ$_2$ 东北中部山前平原重冻区<br>　　Ⅱ$_{2a}$ 辽河平原冻融交替副区<br>　Ⅱ$_3$ 东北西部润干冻区<br>　Ⅱ$_4$ 海滦中冻区<br>　　Ⅱ$_{4a}$ 冀北山地副区<br>　　Ⅱ$_{4b}$ 旅大丘陵副区<br>　Ⅱ$_5$ 鲁豫轻冻区<br>　　Ⅱ$_{5a}$ 山东丘陵副区 | |
| | Ⅵ 西北干旱区<br>　Ⅵ$_1$ 内蒙古草原中干区<br>　　Ⅵ$_{1a}$ 河套副区<br>　Ⅵ$_2$ 绿洲-荒漠区<br>　Ⅵ$_3$ 阿尔泰山地冻土区<br>　Ⅵ$_4$ 天山-界山山地区<br>　　Ⅵ$_{4a}$ 塔城副区<br>　　Ⅵ$_{4b}$ 伊犁河谷副区 |
| Ⅲ 黄土高原干湿过渡区<br>　Ⅲ$_1$ 山西山地、盆地中冻区<br>　　Ⅲ$_{1a}$ 雁北张宣副区<br>　Ⅲ$_2$ 陕北典型黄土高原中冻区<br>　　Ⅲ$_{2a}$ 榆林副区<br>　Ⅲ$_3$ 甘东黄土山地区<br>　Ⅲ$_4$ 黄渭间山地、盆地轻冻区 | |
| | Ⅶ 青藏高寒区<br>　Ⅶ$_1$ 祁连-昆仑山地区<br>　Ⅶ$_2$ 柴达木荒漠区<br>　Ⅶ$_3$ 河源山原草甸区<br>　Ⅶ$_4$ 羌塘高原冻土区<br>　Ⅶ$_5$ 川藏高山峡谷区<br>　Ⅶ$_6$ 藏南高山台地区<br>　　Ⅶ$_{6a}$ 拉萨副区 |
| Ⅳ 东南湿热区<br>　Ⅳ$_1$ 长江下游平原润湿区<br>　　Ⅳ$_{1a}$ 盐城副区<br>　Ⅳ$_2$ 江淮丘陵、山地湿润区<br>　Ⅳ$_3$ 长江中游平原中湿区<br>　Ⅳ$_4$ 浙闽沿海山地中湿区<br>　Ⅳ$_5$ 江南丘陵过湿区<br>　Ⅳ$_6$ 武夷南岭山地过湿区<br>　　Ⅳ$_{6a}$ 武夷副区<br>　Ⅳ$_7$ 华南沿海台风区<br>　　Ⅳ$_{7a}$ 台湾山地副区<br>　　Ⅳ$_{7b}$ 海南岛西部润干副区<br>　　Ⅳ$_{7c}$ 南海诸岛副区 | |

一、二级区划的具体位置与界限，详见《公路自然区划标准》(JTJ 003)所附"中华人民共和国公路自然区划图"。

(3)三级区划。三级区划是二级区划的进一步划分。三级区划的方法有两种：一种是按照地貌、水文和土质类型将二级自然区进一步划分为若干类型单元；另一种是继续以水热、地理和地貌等为标志将二级区划细分为若干区划。各地可根据当地的具体情况选用。

**3. 公路自然区划的应用**

公路路面设计人员通过查"公路自然区划图"可以得到所设计的公路路面位于哪一个二级区划中；再通过查表的方式获取所设计公路路面的主要病害形式、着重解决的问题和相关设计参数等。

### (三)土质路基的湿度状况的确定

导致路基湿度变化的水源有大气降水、地面水、地下水和凝结水等，如图 1-3 所示。

(1)大气降水。大气降水通过路面、路肩和边坡渗入路基。

(2)地面水。边沟水及排水不良时的地表积水，以毛细水的形式渗入。

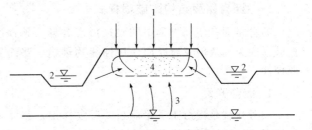

图 1-3　路基湿度来源示意图
1—大气降水；2—地面水；3—毛细水；4—凝结水

(3)地下水。靠近地面的地下水，通过毛细管作用上升到路基内部。

(4)凝结水。在土颗粒空隙中流动的水蒸气，遇冷凝结为水。

路基的湿度状况是指路基在工作时，路基土所处的含水状态。其直接影响着路基的强度与稳定性，并在很大程度上影响路面结构设计。为此，路面设计时应严格区分路基的湿度类型。

路基平衡湿度是指公路建成通车后，路基在地下水、降雨、蒸发、冻结和融化等因素的作用下，湿度达到相对稳定的平衡状态，此时的湿度称为平衡湿度。

《公路路基设计规范》(JTG D30—2015)规定，路基平衡湿度状况可依据路基的湿度来源分为潮湿、中湿、干燥三类，并按下列条件判别路基湿度状态：

(1)地下水或地表长期积水的水位高，路基工作区均处于地下水毛细润湿影响范围内，路基平衡湿度由地下水或地表长期积水的水位升降所控制，路基湿度状态可定为潮湿类路基。

(2)地下水水位很低，路基工作区处于地下水毛细润湿面之上，路基平衡湿度由气候因素所控制，路基湿度状态可定为干燥类路基。

(3)中湿类路基的湿度兼受地下水和气候因素影响，路基工作区被地下水毛细润湿面分为上、下两部分，下部受地下水毛细润湿的影响，上部则受气候因素影响，如图1-4所示。

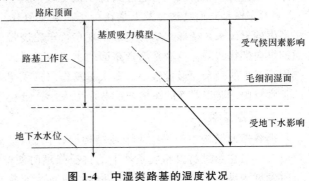

图 1-4　中湿类路基的湿度状况

## 三、沥青路面设计理论概况

沥青路面设计方法可分为经验法和理论法。经验法主要是通过试验路或使用性能调查、分析而得；理论法实际上是理论与经验相结合的半经验半理论法，多数是以弹性层状体系理论为基础并通过实践验证而提出的，也有用理论分析法与经验相结合方法。我国现行的《公路沥青路面设计规范》(JTG D50—2017)采用的是理论法。

由不同材料的路面结构层和土基组成的沥青路面结构整体，在车辆荷载作用下产生的应力、应变关系一般表现为非线性特性，准确地说，沥青路面在力学性质上属于非线性的弹-粘-塑性体。考虑到行驶的车辆荷载具有瞬时性(仅百分之几秒)，在沥青路面结构中产生的粘-塑性变形数量很小，对于厚度较大、强度较高的沥青路面，将其简化为线形弹性体是可行的，并用弹性层状体系理论分析计算。

弹性层状体系由若干个弹性层组成，上面各层具有一定的厚度，最下面为弹性半空间体。我国现行的《公路沥青路面设计规范》(JTG D50—2017)规定，沥青路面设计采用双圆垂直均布荷载作用下的多层弹性连续体系理论。

### (一)沥青路面结构的破损模式

沥青路面在使用过程中的破损形态各异，破损的原因是错综复杂的，根据破损现象的成因及对路面使用性能的影响，路面的破损可分为以下几种主要模式。

沥青路面的主要
破损模式

**1. 疲劳开裂**

疲劳开裂是指由于车轮荷载的反复作用，路面材料在低于极限抗拉强度的情况下，结构层经受重复拉应力或拉应变而最终导致开裂。疲劳开裂的特点表现为：路表无显著的永久变形，开始阶段多数是细而短的横向开裂，并逐渐发展为网状开裂，开裂的宽度和范围不断扩大。产生疲劳开裂的主要原因是：结构整体强度不足或在车轮荷载反复作用下，沥青结构层底面或半刚性基层底面产生的拉应力(或拉应变)超过材料的疲劳强度，底面便产生开裂，并逐渐扩展延伸到表面。

结构层达到临界疲劳状态时所承受的车轮荷载重复作用次数称为疲劳寿命。

**2. 永久变形**

永久变形包括路面沉陷与路面车辙。

(1)沉陷是路面在车轮荷载作用下，其表面产生的较大凹陷变形，有时凹陷两侧伴有隆起现象。当沉陷严重超过了结构的变形能力时，在结构层受拉区产生开裂而形成纵裂，并有可能逐渐发展成网裂。引起路面沉陷的主要原因是路基土的压缩。当路基土的承载能力较低，从路面传递到路床顶面的车轮荷载压力超过其抗压强度时，就会产生沉陷并导致路面的开裂、变形和破坏。

(2)车辙是路面结构层及土基在行车荷载重复作用下的补充压实，以及结构层材料的侧向位移产生的累计永久变形。这种变形出现在行车轮迹带处，特别是在渠化交通的情况下容易形成路面的纵向带状凹陷。车辙是沥青路面的主要破损形式。对于沥青路面而言，即使每一次行车荷载作用下产生的残余变形量很小，多次重复作用累积起来的残余变形总和将会较大，足以影响车辆的正常行驶。沥青路面的车辙与荷载应力大小、重复作用次数以及路面结构层和土基的性质有关。

**3. 低温缩裂**

沥青路面结构中的一些半刚性结构层在低温(负温度)时由于材料收缩受限制而产生较大的拉应力，当它超过材料相应条件下的抗拉强度时便产生横向间隔性的(间距为5～8 m)裂缝，严重时发展为纵向裂缝(因为路面的纵向约束远大于横向约束)。在冰冻地区的冬季，沥青面层及半刚性基层都可能出现这种裂缝。低温裂缝的产生与荷载无关。

### (二)沥青路面设计的控制指标

结合以上分析，应当根据沥青路面在行车荷载和自然因素作用下所产生的应力、应变和位移量不超过路面任一结构层中材料的允许应力、应变和位移量来确定沥青路面结构层的组合和厚度，以达到防止或减少各种路面破损现象的发生，保证在设计使用年限内汽车能够在路面上安全、迅速、舒适地行驶。

我国现行的《公路沥青路面设计规范》(JTG D50—2017)规定，沥青路面设计应控制沥青混合料层疲劳开裂损坏、无机结合料稳定层疲劳开裂损坏、沥青混合料层永久变形量、路基顶面竖向压应变，以及季节性冻土地区的路面低温开裂。

### 四、沥青路面设计标准

#### (一)可靠度

可靠度是指路面结构在规定时间内和规定的条件下完成预定功能的概率。要求设计结构达到的可靠度，称为目标可靠度。可靠指标是指度量路面结构可靠度的数值指标。路面结构设计依据的可靠指标，称为目标可靠指标。各级公路路面结构的目标可靠度和目标可靠度指标不应低于表 1-10 的规定。

表 1-10　目标可靠度和目标可靠度指标

| 公路等级 | 高速公路 | 一级公路 | 二级公路 | 三级公路 | 四级公路 |
| --- | --- | --- | --- | --- | --- |
| 目标可靠度/% | 95 | 90 | 85 | 80 | 70 |
| 目标可靠指标 $\beta$ | 1.65 | 1.28 | 1.04 | 0.84 | 0.52 |

#### (二)设计使用年限

路面设计使用年限指的是在正常设计、施工、使用和养护条件下，路面不需结构性维修的预定使用年限。沥青路面的设计使用年限应根据公路等级、经济、交通荷载等级等因素综合确定。新建沥青路面结构设计使用年限不宜低于表 1-11 的要求。改建路面结构设计可根据工程实际情况选取适宜的设计使用年限。

表 1-11　各级公路的沥青路面设计年限

| 公路等级 | 高速公路、一级公路 | 二级公路 | 三级公路 | 四级公路 |
| --- | --- | --- | --- | --- |
| 设计年限/年 | 15 | 12 | 10 | 8 |

#### (三)设计轴载及其参数

汽车的总重分布于轴上，而轴重又分布于轮上。车轮对路面的作用力是通过轮胎与路面的接触来传递的，因此，车轮对路面的作用力并不是集中荷载，而是分布荷载。

车轮与路面的实际接触面积，称为轮印面积。轮印的形状一般近似椭圆形，对于重载车辆，轮印的形状一般近似矩形。因轮胎表面做有各式花纹，故中间有很多空隙。目前，在沥青路面设计中，为计算方便将其转化为等面积的圆形，简称为当量圆。当量圆的面积与轮重、轮胎尺寸、轮胎内压等因素有关。汽车的后轮轴每侧一般为双轮，将双轮轮印的面积相加化为一个等值当量圆，称为单圆图式；将双轮的每个轮印分别化为一个小圆，并且认为两个小圆面积是相等的，称为双圆图式，如图 1-5 所示。显然双圆图式比单圆图式更接近于实际情况。我国现行的《公路沥青路面设计规范》(JTG D50—2017)中规定采用双圆荷载计算图式。

在公路沥青路面设计中，需要确定轮印当量圆的直径。假定单个轮重 $P$ 的作用力是均匀分布在接触面上各点，则轮胎内压就是汽车荷载对路面的均布荷载。对单圆图式而言，若当量圆的面积为 $A$，则轮印当量圆的直径 $D$ 为

$$D=\sqrt{\frac{4A}{\pi}}=\sqrt{\frac{4\times 2P}{\pi p}} \tag{1-1}$$

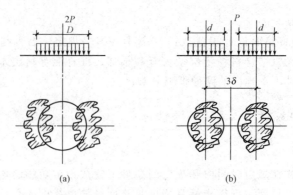

**图 1-5 车轮轮印及其简化图式**
(a)单圆图式；(b)双圆图式

对于双圆图式而言，当量圆的面积为 $A$，轮印当量圆的直径 $d$ 为

$$d=\sqrt{\frac{4A}{\pi}}=\sqrt{\frac{4P}{\pi p}} \tag{1-2}$$

式中 $p$——轮胎压强(kPa)；

$P$——作用在车轮上的荷载(kN)；

$d$，$D$——轮印(轮胎接触面)当量圆直径(m)。

公路上行驶的车辆种类繁杂，不同车型(轴型和轴重)和不同的作用次数对路面影响不同，沥青路面设计时，为便于设计与计算，应将各种轴载的作用次数换算成某种统一轴载的当量轴次。这种作为轴次换算的统一轴载，称为设计轴载(或标准轴载)。我国沥青路面设计采用双轮组单轴轴重 100 kN 为设计轴载，以 BZZ—100 表示。设计轴载的计算参数按表 1-12 确定。对于运煤或运建筑材料等大型载重车为主的公路，经论证单独选用设计计算参数。

表 1-12 标准轴载计算参数

| 标准轴载 $P$ /kN | 轮胎接地压强 $p$ /MPa | 单轮传压面当量圆直径 $d$ /mm | 单轮传压面当量圆半径 $\delta$ /mm | 两轮中心距 /mm |
|---|---|---|---|---|
| 100 | 0.70 | 213.0 | 106.5 | 319.5 |

**(四)车辆当量设计轴载换算与设计车道上的累计当量轴次**

沥青路面的设计交通量，应在实测各类相关车型轴载谱(各种车辆不同轴重的概率分布)的基础上，参照项目可行性研究报告等有关交通量预测资料，考虑未来各种车型的组成，论证地确定各种车型(代表轴载)在路面使用初始年设计车道的双向年平均日交通量。

**1. 车辆当量设计轴载换算系数**

按当量损坏原则，将不同轴载的作用次数换算为设计轴载的当量作用次数称为当量轴次。

新建公路各类车辆当量设计轴载换算系数按式(1-3)确定。其中，非满载车和满载车以车辆总重标准划分，小于或等于车辆总重标准的车辆为非满载车，否则为满载车。当车辆各轴对应的轴重标准之和与该车对应车辆总重标准不一致时，以较小者作为非满载车和满载车的分界标准。对客车(2类车)的划分标准是将39座(含)以下的客车称为非满载车，39座以上的客车称为满载车。非满载车和满载车的比例和当量设计轴载换算系数取当地经验值或取表 1-13 和表 1-14 所列的全国经验值。

$$EALF_m = EALF_{ml} \times PER_{ml} + EALF_{mh} \times PER_{mh} \tag{1-3}$$

式中 $EALF_{ml}$——$m$ 类车辆中非满载车的当量设计轴载换算系数;
$EALF_{mh}$——$m$ 类车辆中满载车的当量设计轴载换算系数;
$PER_{ml}$——$m$ 类车辆中非满载车所占的百分比;
$PER_{mh}$——$m$ 类车辆中满载车所占的百分比。

表 1-13　2 类～11 类车辆非满载车与满载车的比例

| 车型 | 非满载比例 | 满载比例 |
| --- | --- | --- |
| 2 类 | 0.80～0.90 | 0.10～0.20 |
| 3 类 | 0.85～0.95 | 0.05～0.15 |
| 4 类 | 0.60～0.70 | 0.30～0.40 |
| 5 类 | 0.70～0.80 | 0.20～0.30 |
| 6 类 | 0.50～0.60 | 0.40～0.50 |
| 7 类 | 0.65～0.75 | 0.25～0.35 |
| 8 类 | 0.40～0.50 | 0.50～0.60 |
| 9 类 | 0.55～0.65 | 0.35～0.45 |
| 10 类 | 0.50～0.60 | 0.40～0.50 |
| 11 类 | 0.60～0.70 | 0.30～0.40 |

表 1-14　2 类～11 类车辆当量设计轴载换算系数

| 车型 | 沥青混合料层层底拉应变、沥青混合料层永久变形量 | | 无机结合料稳定层层底拉应力 | | 路基顶面竖向压应变 | |
| --- | --- | --- | --- | --- | --- | --- |
| | 非满载车 | 满载车 | 非满载车 | 满载车 | 非满载车 | 满载车 |
| 2 类 | 0.8 | 2.8 | 0.5 | 35.5 | 0.6 | 2.9 |
| 3 类 | 0.4 | 4.1 | 1.3 | 314.2 | 0.4 | 5.6 |
| 4 类 | 0.7 | 4.2 | 0.3 | 137.6 | 0.9 | 8.8 |
| 5 类 | 0.6 | 6.3 | 0.6 | 72.9 | 0.7 | 12.4 |
| 6 类 | 1.3 | 7.9 | 10.2 | 1 505.7 | 1.6 | 17.1 |
| 7 类 | 1.4 | 6.0 | 7.8 | 553.0 | 1.9 | 11.7 |
| 8 类 | 1.4 | 6.7 | 16.4 | 713.5 | 1.8 | 12.5 |
| 9 类 | 1.5 | 5.1 | 0.7 | 204.3 | 2.8 | 12.5 |
| 10 类 | 2.4 | 7.0 | 37.8 | 426.8 | 3.7 | 13.3 |
| 11 类 | 1.5 | 12.1 | 2.5 | 985.4 | 1.6 | 20.8 |

**2. 设计车道上的当量设计轴载累计作用次数**

根据确定的车辆当量设计轴载换算系数,按式(1-4)确定初始年设计车道日平均当量轴次 $N_1$:

$$N_1 = AADTT \times DDF \times LDF \times \sum_{m=2}^{11}(VCDF_m \times EALF_m) \quad (1-4)$$

式中 $AADTT$——2 轴 6 轮及以上车辆的双向年平均日交通量(辆/d);
$DDF$——方向系数;
$LDF$——车道系数;
$m$——车辆类型编号;
$VCDF_m$——$m$ 类车辆类型分布系数;
$EALF_m$——$m$ 类车辆的当量设计轴载换算系数。

在设计使用年限内，设计车道上当量轴次的总和称为当量设计轴载累计作用次数。根据初始年设计车道日平均当量轴次 $N_1$、设计使用年限等，按式(1-5)计算设计期内设计车道上的当量设计轴载累计作用次数 $N_e$：

$$N_e = \frac{[(1+\gamma)^t - 1] \times 365}{\gamma} N_1 \qquad (1-5)$$

式中 $N_e$——设计使用年限内设计车道上的当量设计轴载累计作用次数(次)；

$t$——设计使用年限(年)；

$\gamma$——设计使用年限内交通量的年平均增长率(%)；

$N_1$——初始年设计车道日平均当量轴次(次/d)。

### (五)交通荷载等级

沥青路面结构设计采用多项设计指标，不同设计指标分别采用不同的轴载换算参数，从而对应不同的当量设计轴载累计作用次数。如采用当量设计轴载累计作用次数划分交通荷载等级，需针对各设计指标分别提出划分标准，应用不便。此外，不同等级公路设计使用年限不同，日平均交通量无法反映设计使用年限内累计交通量。因此，沥青路面以设计使用年限内累计大型客车和货车交通量之和划分交通荷载等级，分为轻交通、中等交通、重交通、特重交通、极重交通五个等级，见表1-15。

表1-15 设计交通荷载等级分级

| 交通荷载等级 | 极重 | 特重 | 重 | 中等 | 轻 |
|---|---|---|---|---|---|
| 设计使用年限内设计车道累计大型客车和货车交通量/($1\times10^6$,辆) | ≥50.0 | 50.0~19.0 | 19.0~8.0 | 8.0~4.0 | <4.0 |

注：大型客车与货车为《公路沥青路面设计规范》(JTG D50—2017)附录A中表A.1.2所列的2类~11类车。

### (六)路面使用性能设计指标

路面使用性能设计指标应满足下列要求：

(1)沥青混合料层和无机结合料稳定层的疲劳开裂寿命均不应小于设计使用年限内当量设计轴载累计作用次数。

(2)沥青混合料层永久变形量不应大于表1-16所列容许永久变形量。

路面车辙包括沥青混合料层永久变形、其他结构层和路基的永久变形。对无机结合料稳定类基层、水泥混凝土基层和底基层为无机结合料稳定类的沥青混合料基层沥青路面，无机结合料稳定层、水泥混凝土层和路基可认为不产生永久变形，路面车辙主要由沥青混合料层永久变形产生，因此，沥青混合料层容许永久变形量与路面容许车辙深度相同。对其他结构，包括粒料类基层和底基层为粒料的沥青结合料类基层沥青路面，路面车辙除包括沥青混合料层永久变形量外，粒料层和路基的永久变形也是重要组成部分，因此，这些结构的沥青混合料层容许永久变形量小于路面容许车辙深度。

表1-16 沥青层容许永久变形量

| 基层类型 | 沥青层容许永久变形量/mm | |
|---|---|---|
| | 高速、一级公路 | 二级、三级公路 |
| 无机结合料稳定类基层、水泥混凝土基层和底基层为无机结合料稳定类的沥青混合料基层 | 15 | 20 |
| 其他基层 | 10 | 15 |

(3)路基顶面竖向压应变不应大于容许值。

(4)季节性冻土地区沥青面层低温开裂指数不宜大于表1-17所列数值。低温开裂指数是表征沥青面层低温收缩开裂程度的指标。该低温开裂指数要求是路面竣工的验收标准,只计入路面低温缩裂产生的裂缝,不包含反射裂缝和纵向裂缝。

表1-17 低温缩裂指数要求

| 公路等级 | 高速、一级公路 | 二级公路 | 三级、四级公路 |
|---|---|---|---|
| 低温缩裂指数 CI,不大于 | 3 | 5 | 7 |

注:低温缩裂指数 CI——竣工验收时100 m调查单元内横向裂缝条数,贯穿全幅的裂缝按1条计,未贯穿且长度超过一个车道宽度的裂缝按0.5条计,不超过一个车道宽度的裂缝不计入。

(5)高速公路、一级公路以及山岭重丘区的二级和三级公路的路面在交工验收时,其抗滑技术指标应满足表1-18的技术要求。

表1-18 抗滑技术要求

| 年平均降雨量/mm | 交工检测指标值 ||
|---|---|---|
|  | 横向力系数 SFC60[①] | 构造深度 TD[②]/mm |
| >1 000 | ≥54 | ≥0.55 |
| 500~1 000 | ≥50 | ≥0.50 |
| 250~500 | ≥45 | ≥0.45 |

① 横向力系数 SFC60——用横向力系数测试车,在60 km/h±1 km/h车速下测得的横向力系数。
② 构造深度 TD——用铺砂法测定。

## 五、沥青路面结构组合

**1. 路面结构层**

路面结构可由面层、基层、底基层和必要的功能层组合而成。面层以表面功能为主;基层以承载为主;底基层是基层与路基间的过渡;功能层包括透层、黏层、封层、排水层、防冻层等。

**2. 路面结构组合原则与应用**

路面结构组合应根据交通荷载等级和路基状况等因素,结合路面材料特性和结构特性,选择适宜的路面结构类型。各种路面结构类型的适用条件如下:

(1)无机结合料稳定类基层沥青路面适用于各种交通荷载等级。

(2)粒料类基层沥青路面适用于重及以下交通荷载等级。

(3)沥青混合料类基层沥青路面适用于各种交通荷载等级。

(4)水泥混凝土基层沥青路面适用于重及以上交通荷载等级。

路面结构组合设计应在结构层内采取黏层、封层和透层等层间结合措施。沥青结合料类材料层间应设置黏层;在沥青结合料类材料层与其他材料层间应设置封层,宜设置透层。

路基湿度状态为中湿和潮湿时,宜采用粒料类底基层或设置粒料类路基改善层。

多雨地区无机结合料稳定类基层和水泥混凝土基层沥青路面应采取措施控制唧泥、脱空等水损坏。

无机结合料基层沥青路面可采取一种或多种措施减少基层收缩开裂和路面反射裂缝:

(1)选用抗裂性好的无机结合料稳定类基层。

(2)增加沥青混合料层厚度,或在无机结合料稳定类基层上设置沥青碎石层或级配碎石层。

(3)在无机结合料基层上设置改性沥青应力吸收层或敷设土工合成材料。

在设计使用年限内，路面结构应不发生由于疲劳导致的结构破坏，面层可进行表面功能性修复。

**3. 沥青路面结构组合方案**

对于不同交通荷载等级，沥青路面结构层厚度组合可参考表1-19～表1-24选用，也可根据当地工程经验确定。结构层厚度应根据交通荷载等级、路基承载能力等因素选择。交通荷载等级高、路基承载能力弱时宜靠近高限的厚度取值或参照高一个交通荷载等级的路面厚度范围；反之，可靠近低限的厚度取值或参照低一个交通荷载等级的路面厚度范围。

表1-19 无机结合料稳定类基层(粒料类底基层)路面厚度范围　　　　mm

| 交通荷载等级 | 极重、特重 | 重 | 中等 | 轻 |
| --- | --- | --- | --- | --- |
| 面层 | 250～150 | 250～150 | 200～100 | 150～20 |
| 基层(无机结合料稳定类) | 600～350 | 550～300 | 500～250 | 450～150 |
| 底基层(粒料类) | 200～150 | | | |

表1-20 无机结合料稳定类基层(无机结合料稳定类底基层)路面厚度范围　　　　mm

| 交通荷载等级 | 极重、特重 | 重 | 中等 | 轻 |
| --- | --- | --- | --- | --- |
| 面层 | 250～120 | 250～100 | 200～100 | 150～20 |
| 基层(无机结合料稳定类) | 500～250 | 450～200 | 400～150 | 500～200 |
| 底基层(无机结合料稳定类) | 200～150 | | | — |

表1-21 粒料类基层(粒料类底基层)路面厚度范围　　　　mm

| 交通荷载等级 | 重 | 中等 | 轻 |
| --- | --- | --- | --- |
| 面层 | 350～200 | 300～150 | 200～100 |
| 基层(粒料类) | 450～350 | 400～300 | 350～250 |
| 底基层(粒料类) | 200～150 | | |

表1-22 沥青结合料类基层(粒料类底基层)路面厚度范围　　　　mm

| 交通荷载等级 | 重 | 中等 | 轻 |
| --- | --- | --- | --- |
| 面层 | 150～120 | 120～100 | 80～40 |
| 基层(沥青结合料类) | 250～200 | 220～180 | 200～120 |
| 底基层(粒料类) | 400～300 | 400～300 | 350～250 |

表1-23 沥青结合料类基层(无机结合料稳定类底基层)路面厚度范围　　　　mm

| 交通荷载等级 | 极重、特重 | 重 | 中等 | 轻 |
| --- | --- | --- | --- | --- |
| 面层 | 120～100 | 120～100 | 100～80 | 80～40 |
| 基层(沥青结合料类) | 180～120 | 150～100 | 150～100 | 100～80 |
| 底基层(无机结合料稳定类) | 600～300 | 600～300 | 550～250 | 450～200 |

表1-24 沥青结合料类基层(粒料+无机结合料底基层)路面厚度范围　　　　mm

| 交通荷载等级 | 极重、特重 | 重 | 中等 | 轻 |
| --- | --- | --- | --- | --- |
| 面层 | 120～100 | 120～100 | 100～80 | 80～40 |
| 基层(沥青结合料类) | 240～160 | 180～120 | 160～100 | 100～80 |
| 底基层(粒料类) | 200～150 | 200～150 | 200～150 | 200～150 |
| 底基层(无机结合料稳定类) | 400～200 | 400～200 | 350～200 | 250～150 |

**4. 路基**

(1) 路基应稳定、密实和均匀,具有足够的承载能力。

(2) 多雨地区土质路堑和强风化岩石路段,应加强填挖交界处及路堑段的排水设计,改善路基水文状况。

(3) 岩石或填石路基顶面应铺设整平层,厚度宜为 200～300 mm。

(4) 新建公路路床应处于干燥或中湿状态,并应采取措施防止地表水和地下水侵入路基。潮湿状态的路基应在其表层设置改善层,宜采用换填砂、砂砾、碎石等透水性材料,或掺入石灰等材料稳定,或设置土工合成材料等进行处治。

**5. 基层**

基层和底基层应具有足够的承载能力、抗疲劳开裂性能、足够的耐久性和水稳定性。沥青结合料类和粒料类基层尚应具有足够的抗永久变形能力。基层和底基层的材料类型可参照表 1-25 选用。

表 1-25　基层材料的适用交通荷载等级和层位

| 类型 | 材料类型 | 适用交通荷载等级和层位 |
|---|---|---|
| 无机结合料稳定类 | 水泥稳定级配碎石或砾石<br>水泥粉煤灰稳定级配碎石或砾石<br>石灰粉煤灰稳定级配碎石或砾石 | 各交通荷载等级的基层和底基层 |
| | 水泥稳定未筛分碎石或砾石<br>石灰粉煤灰稳定未筛分碎石或砾石<br>石灰稳定未筛分碎石或砾石 | 轻交通的基层、<br>各交通荷载等级的底基层 |
| | 水泥稳定土<br>石灰稳定土<br>石灰粉煤灰稳定土 | 轻交通的基层、<br>各交通荷载等级的底基层 |
| 沥青混合料类 | 密级配沥青碎石<br>半开级配沥青碎石<br>开级配沥青碎石 | 极重、特重和重交通荷载等级的基层 |
| | 沥青贯入碎石 | 重及重以下交通荷载等级的基层 |
| 粒料类 | 级配碎石 | 重及重以下交通荷载等级的基层、<br>各交通荷载等级的底基层 |
| | 级配砾石<br>未筛分碎石、天然砂砾<br>填隙碎石 | 中等和轻交通荷载等级的基层、<br>各交通荷载等级的底基层 |
| 水泥混凝土 | 水泥混凝土或贫混凝土 | 极重或特重交通荷载等级的基层 |

再生沥青混合料和再生无机结合料稳定材料可用于各交通荷载等级的基层和底基层,厂拌热再生沥青混合料宜用于极重、特重和重交通荷载等级的基层。

无机结合料稳定层与沥青结合料类材料层间可设置级配碎石、半开级配或开级配沥青碎石层。

考虑集料的粒径和施工设备的压实能力,不同材料基层和底基层的厚度宜符合表 1-26 的规定。

表 1-26　不同材料基层和底基层的厚度

| 材料种类 | 集料公称最大粒径/mm | 厚度/mm，不小于 |
|---|---|---|
| 密级配沥青碎石<br>半开级配沥青碎石<br>开级配沥青碎石 | 19.0 | 50 |
| | 26.5 | 80 |
| | 31.5 | 100 |
| | 37.5 | 120 |
| 沥青贯入碎石 | — | 40 |
| 贫混凝土 | 31.5 | 120 |
| 无机结合料稳定类 | 19.0、26.5、31.5、37.5 | 150 |
| | 53.0 | 180 |
| 级配碎石 | 19.0、26.5 | 100 |
| 未筛分碎石 | 31.5 | |
| 级配砾石、级配碎砾石 | 31.5 | |
| 填隙碎石 | 53（基层），63（底基层） | 100 |

**6. 面层**

面层应具有平整、抗车辙、抗疲劳开裂、抗低温开裂和抗水损害等性能，表面层还应具有抗滑和耐磨损性能，密级配沥青混合料表面层应具有低透水性能。

面层材料类型宜参照表 1-27 选用。

表 1-27　面层材料的适用条件

| 材料类型 | 适用条件 |
|---|---|
| 连续级配沥青混合料 | 各交通荷载等级的表面层、中面层和下面层 |
| 沥青玛琋脂碎石混合料 | 极重、特重交通和重交通荷载等级的表面层，对抗滑有特殊要求的表面层 |
| 厂拌热再生沥青混合料 | 重、中等和轻交通荷载等级的表面层、中面层和下面层，极重、特重交通等级的中面层和下面层 |
| 上拌下贯沥青碎石 | 中等、轻交通荷载等级的面层 |
| 沥青表面处治 | 中等、轻交通荷载等级的表面层 |

对抗滑、排水和降噪有特殊要求的表面层可采用开级配沥青混合料，表面层下应设置防水层，防水层可采用改性乳化沥青或改性沥青等。

不同粒径沥青混合料的层厚应符合表 1-28 的规定。连续级配沥青混合料和沥青玛琋脂碎石混合料的结构层厚度不宜小于集料公称最大粒径的 2.5 倍。开级配沥青混合料的结构层厚度不宜小于集料公称最大粒径的 2.0 倍。

沥青贯入碎石层的厚度宜为 40～80 mm，乳化沥青贯入式路面的厚度不宜超过 50 mm。上拌下贯式路面的拌合层厚度不宜小于 25 mm。

沥青表面处治可分为单层、双层和三层。单层表处厚度为 10~15 mm；双层表处厚度为 15~25 mm；三层表处厚度为 25~30 mm。

表 1-28　不同粒径沥青混合料层厚　　　　　　　　　　　　　　mm

| 沥青混合料类型 | 以下集料公称最大粒径沥青混合料的层厚/mm，不小于 | | | | | |
| --- | --- | --- | --- | --- | --- | --- |
|  | 4.75 | 9.5 | 13.2 | 16.0 | 19.0 | 26.5 |
| 连续级配沥青混合料 | 15 | 25 | 35 | 40 | 50 | 75 |
| 沥青玛琋脂碎石 | — | 30 | 40 | 50 | 60 | — |
| 开级配沥青混合料 | — | 20 | 25 | 30 | — | — |

**7. 功能层**

(1)防冻层：季节性冻土地区路面厚度不满足防冻要求时，应设置防冻层。防冻层宜采用粗砂、砂砾和碎石等粒料类材料。

(2)排水层：地下水水位高、排水不良路段，有裂隙水、泉眼等水文条件不良岩石挖方路段，基层和底基层为非粒料类材料时，可在基层或底基层与路床间设置粒料层。粒料层应与路基边缘或与边沟下渗沟相连接，厚度不小于 150 mm。

(3)透层：粒料类基层和无机结合料稳定类基层顶面宜设置透层，透层沥青应具有良好的渗透性，可选用稀释沥青和乳化沥青等。

(4)黏层：极重、特重交通和重交通荷载等级路面的黏层宜采用改性乳化沥青、道路石油沥青或改性沥青。中等和轻交通荷载等级路面的黏层可选用乳化沥青；水泥混凝土板与沥青面层间的黏层宜采用改性沥青。

(5)封层：无机结合料类或冷再生类材料结构层与沥青结合料类结构层之间宜设置封层。封层可采用单层沥青表面处治或稀浆封层等。当设置改性沥青应力吸收层时，可不设封层。单层表面处治封层的结合料可采用改性沥青、道路石油沥青或乳化沥青。改性沥青应力吸收层宜采用橡胶沥青。

**8. 路肩**

路肩结构组合和材料选用应与行车道路面相协调，不应影响路面结构中水的排出。极重、特重和重交通荷载等级公路及冻土地区，硬路肩基层、底基层材料和厚度应与行车道路面相同。三级和四级公路硬路肩可采用沥青结合料材料或粒料。

路面排水要求见本项目任务 4。

## 六、路面结构层材料参数

路面材料应根据公路等级、交通荷载等级、气候条件、各结构层功能要求和当地材料特性等，在技术经济论证基础上进行设计并确定材料设计参数。

路面结构层材料设计参数的确定可分为三个水平：水平一，通过室内试验实测确定；水平二，利用已有经验关系式确定；水平三，参照典型数值确定。

高速公路和一级公路的施工图设计阶段宜采用水平一，其他设计阶段可采用水平二或水平三；二级及二级以下公路可采用水平二或水平三。

**1. 路基**

路面结构设计时，采用的路基强度指标为路基顶面回弹模量。路基顶面回弹模量的确定应符合《公路路基设计规范》(JTG D30—2015)的有关规定。路基顶面回弹模量应符合表 1-29 的规定。不满足要求时，应采取改变填料、设置粒料层或无机结合料稳定类路基改善层，或采用石灰或水泥处理等措施提高路基顶面回弹模量。

表 1-29　路基顶面回弹模量　　　　　　　　　　　　　　　　　　　　　　MPa

| 交通荷载等级 | 极重 | 特重 | 重 | 中等、轻 |
|---|---|---|---|---|
| 回弹模量，不小于 | 70 | 60 | 50 | 40 |

### 2. 粒料类材料

粒料层的回弹模量在结构验算时，应采用粒料回弹模量乘以湿度调整系数后得到，湿度调整系数可在 1.6～2.0 范围内选取。粒料回弹模量应取用最佳含水率与压实度要求相应的干密度条件下的试验值。最佳含水率与压实度要求相应的干密度条件下的粒料回弹模量依据相应的水平要求确定。

水平一：采用重复加载三轴压缩试验测定，取回弹模量试验结果的平均值。

水平三：按粒料类型和层位参照表 1-30 确定粒料回弹模量取值。

表 1-30　粒料回弹模量取值范围　　　　　　　　　　　　　　　　　　　　MPa

| 材料类型和层位 | 最佳含水率与压实度要求相应的干密度条件下 | 经湿度调整后 |
|---|---|---|
| 级配碎石基层 | 200～400 | 300～700 |
| 级配碎石底基层 | 180～250 | 190～440 |
| 级配砾石基层 | 150～300 | 250～600 |
| 级配砾石底基层 | 150～220 | 160～380 |
| 未筛分碎石层 | 180～220 | 200～400 |
| 天然砂砾层 | 105～135 | 130～240 |

注：材料性能好、级配好或压实度大时取高值，反之取低值。

### 3. 无机结合料稳定类材料

无机结合料稳定类材料的弯拉强度和弹性模量依据相应的水平要求确定。

水平一：按《公路沥青路面设计规范》(JTG D50—2017)附录 E，采用中间段法单轴压缩试验测定，弯拉强度和弹性模量的测定应符合现行《公路工程无机结合料稳定材料试验规程》(JTG E51—2009)中 T0851 的有关规定。测试时，水泥稳定类、水泥粉煤灰稳定类材料试件龄期为 90 d，石灰稳定类、石灰粉煤灰稳定类材料试件龄期为 180 d。弯拉强度和弹性模量的取值用测试数据的平均值。

水平三：参照表 1-31 确定弯拉强度和弹性模量。

表 1-31　无机结合料稳定类材料弯拉强度和弹性模量取值范围　　　　　　　MPa

| 材　料 | 弯拉强度 | 弹性模量 |
|---|---|---|
| 水泥稳定粒料、水泥粉煤灰稳定粒料、石灰粉煤灰稳定粒料 | 1.5～2.0 | 18 000～28 000 |
| | 0.9～1.5 | 14 000～20 000 |
| 水泥稳定土、水泥粉煤灰稳定土、石灰粉煤灰稳定土 | 0.6～1.0 | 5 000～7 000 |
| 石灰土 | 0.3～0.7 | 3 000～5 000 |

注：结合料用量高、材料性能好、级配好或压实度大时取高值，反之取低值。

结构验算时，无机结合料稳定类结构层弹性模量值，由表 1-31 的弹性模量乘以结构层调整系数 0.5 得到。

**4. 沥青结合料类材料**

沥青混合料的动态模量按相应水平要求确定。

水平一：沥青混合料的动态模量按照《公路工程沥青及沥青混合料试验规程》(JTG E20—2011) 中 T0738 的有关规定进行测定，取平均值。试验温度选用 20 ℃，面层沥青混合料加载频率采用 10 Hz，基层沥青混合料加载频率采用 5 Hz。

水平二：采用经验公式计算确定，适用于道路石油沥青和常规级配的沥青混合料。

水平三：参考表 1-32 确定回弹模量。

表 1-32 常用沥青混合料 20 ℃ 条件下动态模量取值范围　　　　　　　　　　　MPa

| 沥青混合料类型 | 沥青种类 | | | |
|---|---|---|---|---|
| | 70 号道路石油沥青 | 90 号道路石油沥青 | 110 号道路石油沥青 | SBS 改性沥青 |
| SMA10、SMA13、SMA16 | — | — | — | 7 500～12 000 |
| AC10、AC13 | 8 000～12 000 | 7 500～11 500 | 7 000～10 500 | 8 500～12 500 |
| AC16、AC20、AC25 | 9 000～13 500 | 8 500～13 000 | 7 500～12 000 | 9 000～13 500 |
| ATB25 | 7 000～11 000 | — | — | — |

注：1. ATB25 为 5 Hz 条件下动态压缩模量，其他沥青混合料为 10 Hz 条件下动态压缩模量。
　　2. 沥青黏度大、级配好或空隙率小时取高值，反之取低值。

**5. 泊松比**

各类材料的泊松比应按表 1-33 确定。

表 1-33 泊松比取值

| 材料类别 | 路基 | 粒料 | 无机结合料稳定材料 | 密级配沥青混合料 | 开级配沥青混合料、半开级配沥青混合料 |
|---|---|---|---|---|---|
| 泊松比 | 0.40 | 0.35 | 0.25 | 0.25 | 0.40 |

### 七、温度调整系数和等效温度

气温条件是影响路面性能的重要外部因素。尤其是沥青混合料，其模量对温度具有典型的依赖性。而我国当前沥青路面结构设计中，路面结构验算时，沥青混合料结构层模量取用的是 20 ℃ 标准试验温度条件下的固定值。为了考虑温度的影响，我国《公路沥青路面设计规范》(JTGD 50) 根据所在地区的气温条件路面结构类型和结构层厚度，采用温度调整系数表征不同地区气候条件对路面结构层疲劳开裂和路基顶面竖向压应变的影响，根据所在地区的气候条件采用等效温度表征对沥青混合料层永久变形的影响。

温度调整系数和等效温度的确定一般分两个步骤：第一步，确定基准路面结构温度调整系数和等效温度；第二步，进行结构层厚度和模量修正，得到不同结构路面的温度调整系数和等效温度。

基准路面结构是指面层、基层与路基组成的三层路面结构，一般分为粒料基层沥青路面和无机结合料稳定类基层沥青路面两种结构形式，结构层的标准厚度和模量参数如下：沥青面层

厚度 $h_a = 180$ mm，粒料基层或无机结合料稳定类基层厚度 $h_b = 400$ mm。沥青混合料动态模量 $E_a = 8\ 000$ MPa，粒料层回弹模量 $E_b = 400$ MPa，无机结合料稳定层弹性模量 $E_b = 7\ 000$ MPa，路基回弹模量 $E_0 = 100$ MPa。

不同气温状况下基准路面结构的损坏，转换成标准温度(20 ℃)条件下基准路面结构的等效破坏，得到基准路面结构温度调整系数。部分地区各类路面结构设计指标的基准结构温度调整系数以及沥青混合料层的等效温度，可参照表 1-34 取用。其他地区的基准结构温度调整系数和沥青混合料层的等效温度，可按气温条件相近地区的系数值取用，气温资料取连续 10 年的平均值。

表 1-34 各地气温统计资料及相应的基准路面结构温度调整系数和等效温度

| 地名 | 省(自治区、直辖市) | 最热月平均气温/℃ | 最冷月平均气温/℃ | 年平均气温/℃ | 温度调整系数 沥青混合料层层底拉应变、无机结合料稳定层层底拉应力 | 路基顶面竖向压应变 | 基准等效温度/℃ |
|---|---|---|---|---|---|---|---|
| 北京 | 北京 | 26.9 | -2.7 | 13.1 | 1.23 | 1.09 | 20.1 |
| 济南 | 山东 | 28.0 | 0.2 | 15.1 | 1.32 | 1.17 | 21.8 |
| 日照 | 山东 | 26.0 | -2.0 | 12.7 | 1.21 | 1.06 | 19.4 |
| 太原 | 山西 | 23.9 | -5.2 | 10.5 | 1.12 | 0.98 | 17.3 |
| 大同 | 山西 | 22.5 | -10.4 | 7.5 | 1.01 | 0.89 | 15.0 |
| 侯马 | 山西 | 26.8 | -2.3 | 13.0 | 1.23 | 1.08 | 19.9 |
| 西安 | 陕西 | 27.5 | 0.1 | 14.3 | 1.28 | 1.13 | 20.9 |
| 延安 | 陕西 | 23.9 | -5.3 | 10.5 | 1.12 | 0.98 | 17.3 |
| 安康 | 陕西 | 27.3 | 3.7 | 15.9 | 1.35 | 1.19 | 21.7 |
| 上海 | 上海 | 28.0 | 4.7 | 16.7 | 1.38 | 1.23 | 22.5 |
| 天津 | 天津 | 26.9 | -3.4 | 12.8 | 1.22 | 1.08 | 20.0 |
| 重庆 | 重庆 | 28.3 | 7.8 | 18.4 | 1.46 | 1.31 | 23.6 |
| 台州 | 浙江 | 27.7 | 6.9 | 17.5 | 1.42 | 1.26 | 22.8 |
| 杭州 | 浙江 | 28.4 | 4.5 | 16.9 | 1.40 | 1.25 | 22.8 |
| 合肥 | 安徽 | 28.5 | 2.9 | 16.3 | 1.37 | 1.22 | 22.6 |
| 黄山 | 安徽 | 27.5 | 4.4 | 16.6 | 1.38 | 1.23 | 22.3 |
| 福州 | 福建 | 28.9 | 11.3 | 20.2 | 1.55 | 1.40 | 24.9 |
| 建瓯 | 福建 | 28.2 | 8.9 | 19.1 | 1.49 | 1.35 | 24.1 |
| 敦煌 | 甘肃 | 25.1 | -8.0 | 9.9 | 1.10 | 0.97 | 17.6 |
| 兰州 | 甘肃 | 22.9 | -4.7 | 10.5 | 1.12 | 0.98 | 17.0 |
| 酒泉 | 甘肃 | 22.2 | -9.1 | 7.8 | 1.02 | 0.90 | 15.0 |
| 广州 | 广东 | 28.7 | 14.0 | 22.4 | 1.66 | 1.52 | 26.5 |
| 汕头 | 广东 | 28.6 | 14.4 | 22.1 | 1.64 | 1.50 | 26.1 |
| 韶关 | 广东 | 28.5 | 10.3 | 20.4 | 1.56 | 1.42 | 25.2 |
| 河源 | 广东 | 28.4 | 13.1 | 21.9 | 1.63 | 1.49 | 26.1 |
| 连州 | 广东 | 27.6 | 11.0 | 20.3 | 1.55 | 1.40 | 24.8 |

续表

| 地名 | 省(自治区、直辖市) | 最热月平均气温/℃ | 最冷月平均气温/℃ | 年平均气温/℃ | 温度调整系数 | | 基准等效温度/℃ |
|---|---|---|---|---|---|---|---|
| | | | | | 沥青混合料层层底拉应变、无机结合料稳定层层底拉应力 | 路基顶面竖向压应变 | |
| 南宁 | 广西 | 28.4 | 13.2 | 22.1 | 1.64 | 1.51 | 26.3 |
| 桂林 | 广西 | 28.0 | 8.1 | 19.1 | 1.49 | 1.35 | 24.2 |
| 贵阳 | 贵州 | 23.7 | 4.7 | 15.3 | 1.31 | 1.15 | 20.1 |
| 郑州 | 河南 | 27.4 | 0.6 | 14.7 | 1.30 | 1.15 | 21.2 |
| 南阳 | 河南 | 27.3 | 1.7 | 15.2 | 1.32 | 1.17 | 21.4 |
| 固始 | 河南 | 28.1 | 2.6 | 16.0 | 1.36 | 1.21 | 22.3 |
| 黑河 | 黑龙江 | 21.5 | −22.5 | 1.0 | 0.80 | 0.77 | 10.7 |
| 漠河 | 黑龙江 | 18.6 | −28.7 | −3.9 | 0.67 | 0.73 | 6.4 |
| 齐齐哈尔 | 黑龙江 | 23.0 | −19.7 | 3.5 | 0.88 | 0.81 | 13.0 |
| 沈阳 | 辽宁 | 24.9 | −11.2 | 8.6 | 1.06 | 0.94 | 16.9 |
| 大连 | 辽宁 | 24.8 | −3.2 | 11.6 | 1.16 | 1.02 | 18.2 |
| 朝阳 | 辽宁 | 25.4 | −8.7 | 9.8 | 1.10 | 0.97 | 17.7 |
| 二连浩特 | 内蒙古 | 24.0 | −17.7 | 4.8 | 0.92 | 0.84 | 14.2 |
| 东胜 | 内蒙古 | 21.7 | −10.1 | 6.9 | 0.98 | 0.87 | 14.2 |
| 额济纳旗 | 内蒙古 | 27.4 | −10.3 | 9.5 | 1.10 | 0.97 | 18.2 |
| 海拉尔 | 内蒙古 | 20.5 | −24.1 | 0.0 | 0.77 | 0.76 | 9.8 |
| 科右前旗 | 内蒙古 | 20.8 | −16.7 | 3.0 | 0.86 | 0.79 | 11.4 |
| 通辽 | 内蒙古 | 24.3 | −12.5 | 7.3 | 1.01 | 0.90 | 15.7 |
| 锡林浩特 | 内蒙古 | 21.5 | −18.5 | 3.3 | 0.87 | 0.80 | 12.2 |
| 石家庄 | 河北 | 26.9 | −2.4 | 13.3 | 1.24 | 1.10 | 20.3 |
| 承德 | 河北 | 24.4 | −9.1 | 9.1 | 1.07 | 0.95 | 16.8 |
| 邯郸 | 河北 | 26.9 | −2.3 | 13.5 | 1.25 | 1.10 | 20.5 |
| 武汉 | 湖北 | 28.9 | 4.2 | 17.2 | 1.41 | 1.27 | 23.3 |
| 宜昌 | 湖北 | 27.5 | 5.0 | 17.1 | 1.40 | 1.25 | 22.7 |
| 长沙 | 湖南 | 28.5 | 5.0 | 17.2 | 1.41 | 1.26 | 23.1 |
| 常宁 | 湖南 | 29.1 | 6.0 | 18.1 | 1.45 | 1.31 | 23.9 |
| 湘西 | 湖南 | 27.2 | 5.3 | 16.9 | 1.39 | 1.24 | 22.4 |
| 长春 | 吉林 | 23.6 | −14.5 | 6.3 | 0.97 | 0.87 | 14.9 |
| 延吉 | 吉林 | 22.2 | −13.1 | 5.9 | 0.95 | 0.86 | 13.9 |
| 南京 | 江苏 | 28.1 | 2.6 | 15.9 | 1.35 | 1.20 | 22.1 |
| 南通 | 江苏 | 26.8 | 3.6 | 15.5 | 1.33 | 1.17 | 21.2 |
| 南昌 | 江西 | 28.8 | 5.5 | 18.0 | 1.45 | 1.30 | 23.8 |
| 赣州 | 江西 | 29.1 | 8.3 | 19.6 | 1.52 | 1.38 | 25.0 |
| 银川 | 宁夏 | 23.8 | −7.5 | 9.5 | 1.08 | 0.95 | 16.8 |

续表

| 地名 | 省(自治区、直辖市) | 最热月平均气温/℃ | 最冷月平均气温/℃ | 年平均气温/℃ | 温度调整系数 | | 基准等效温度/℃ |
| --- | --- | --- | --- | --- | --- | --- | --- |
| | | | | | 沥青混合料层层底拉应变、无机结合料稳定层层底拉应力 | 路基顶面竖向压应变 | |
| 固原 | 宁夏 | 19.6 | −7.9 | 6.9 | 0.97 | 0.86 | 13.2 |
| 西宁 | 青海 | 17.3 | −7.8 | 6.1 | 0.94 | 0.84 | 11.9 |
| 海北 | 青海 | 11.3 | −13.6 | 0.0 | 0.74 | 0.74 | 5.5 |
| 格尔木 | 青海 | 18.2 | −8.9 | 5.7 | 0.93 | 0.83 | 11.9 |
| 玉树 | 青海 | 12.9 | −8.0 | 3.5 | 0.85 | 0.78 | 8.2 |
| 果洛 | 青海 | 9.9 | −12.9 | −0.3 | 0.73 | 0.74 | 4.7 |
| 成都 | 四川 | 25.5 | 5.8 | 16.5 | 1.37 | 1.21 | 21.5 |
| 峨眉山 | 四川 | 11.7 | −5.8 | 3.4 | 0.84 | 0.77 | 7.4 |
| 甘孜州 | 四川 | 13.9 | −4.6 | 5.7 | 0.92 | 0.82 | 10.0 |
| 阿坝州 | 四川 | 11.0 | −10.0 | 1.7 | 0.79 | 0.75 | 6.4 |
| 泸州 | 四川 | 27.0 | 7.6 | 17.9 | 1.43 | 1.28 | 22.9 |
| 绵阳 | 四川 | 26.2 | 5.5 | 16.7 | 1.38 | 1.22 | 21.9 |
| 攀枝花 | 四川 | 26.4 | 12.8 | 20.8 | 1.57 | 1.42 | 24.6 |
| 拉萨 | 西藏 | 16.2 | −0.9 | 8.4 | 1.01 | 0.88 | 12.5 |
| 阿克苏 | 新疆 | 24.2 | −7.7 | 10.6 | 1.13 | 0.99 | 18.0 |
| 阿勒泰 | 新疆 | 22.0 | −15.4 | 5.0 | 0.92 | 0.84 | 13.4 |
| 哈密 | 新疆 | 26.3 | −10.0 | 10.1 | 1.12 | 0.99 | 18.5 |
| 和田 | 新疆 | 25.7 | −4.1 | 12.9 | 1.22 | 1.08 | 20.0 |
| 喀什 | 新疆 | 25.4 | −5.0 | 11.9 | 1.18 | 1.04 | 19.1 |
| 若羌 | 新疆 | 27.9 | −7.2 | 12.0 | 1.19 | 1.06 | 20.2 |
| 塔城 | 新疆 | 23.3 | −10.0 | 7.7 | 1.02 | 0.90 | 15.3 |
| 吐鲁番 | 新疆 | 32.3 | −6.4 | 15.0 | 1.34 | 1.21 | 24.1 |
| 乌鲁木齐 | 新疆 | 23.9 | −12.4 | 7.4 | 1.01 | 0.90 | 15.7 |
| 焉耆 | 新疆 | 23.4 | −11.0 | 8.9 | 1.06 | 0.94 | 16.8 |
| 伊宁 | 新疆 | 23.4 | −8.3 | 9.4 | 1.08 | 0.95 | 16.8 |
| 昆明 | 云南 | 20.3 | 8.9 | 15.6 | 1.30 | 1.13 | 18.7 |
| 腾冲 | 云南 | 19.9 | 8.5 | 15.4 | 1.29 | 1.12 | 18.5 |
| 蒙自 | 云南 | 23.2 | 12.7 | 18.8 | 1.46 | 1.29 | 21.9 |
| 丽江 | 云南 | 18.7 | 6.2 | 12.8 | 1.18 | 1.02 | 16.1 |
| 景洪 | 云南 | 26.3 | 17.2 | 22.7 | 1.66 | 1.51 | 25.6 |
| 海口 | 海南 | 28.9 | 18.4 | 24.6 | 1.77 | 1.65 | 27.9 |
| 三亚 | 海南 | 29.1 | 22.0 | 26.2 | 1.85 | 1.74 | 28.8 |
| 西沙 | 海南 | 29.3 | 23.6 | 27.0 | 1.89 | 1.79 | 29.3 |

当路面结构沥青面层或基层(含底基层)由两层或两层以上不同材料结构层组成时,应按式

(1-6)和式(1-7)分别换算成当量沥青面层和当量基层,从而将路面结构简化为当量沥青面层、当量基层和路基构成的三层路面结构。对采用沥青结合料类基层的路面,将基层换算至当量沥青面层,超过 2 层时,重复利用式(1-6)式(1-7)自上而下逐层换算,简化为由当量沥青面层、当量基层和路基构成的三层路面结构。

$$h_i^* = h_{i1} + h_{i2} \tag{1-6}$$

$$E_i^* = \frac{E_{i1}h_{i1}^3 + E_{i2}h_{i2}^3}{h_{i1}+h_{i2}} + \frac{3}{h_{i1}+h_{i2}}\left(\frac{1}{E_{i1}h_{i1}} + \frac{1}{E_{i2}h_{i2}}\right)^{-1} \tag{1-7}$$

式中 $h_i^*$、$E_i^*$——当量层厚度(mm)和模量(MPa),下标 $i=a$ 为沥青面层,$i=b$ 为基层。

路面结构的温度调整系数,应根据式(1-8)~式(1-23)计算。

$$K_{Ti} = A_h A_E \hat{K}_{Ti}^{1+B_h+B_E} \tag{1-8}$$

式中 $K_{Ti}$——温度调整系数:下标 $i=1$ 对应沥青混合料层疲劳开裂分析,下标 $i=2$ 对应无机结合料稳定层疲劳开裂分析,下标 $i=3$ 对应路基顶面竖向压应变分析;

$\hat{K}_{Ti}$——基准路面结构温度调整系数,按所在地区查表 1-34 取用;

$A_h$、$B_h$、$A_E$、$B_E$——与面层、基层厚度和模量有关的函数,按式(1-9)~式(1-20)计算。

沥青混合料层疲劳开裂:

$$A_E = 0.76\lambda_E^{0.09} \tag{1-9}$$

$$A_h = 1.14\lambda_h^{0.17} \tag{1-10}$$

$$B_E = 0.14\ln(\lambda_E/20) \tag{1-11}$$

$$B_h = 0.23\ln(\lambda_h/0.45) \tag{1-12}$$

无机结合料稳定层疲劳开裂:

$$A_E = 0.10\lambda_E + 0.89 \tag{1-13}$$

$$A_h = 0.73\lambda_h + 0.67 \tag{1-14}$$

$$B_E = 0.15\ln(\lambda_E/1.14) \tag{1-15}$$

$$B_h = 0.44\ln(\lambda_h/0.45) \tag{1-16}$$

路基顶面竖向压应变:

$$A_E = 0.006\lambda_E + 0.89 \tag{1-17}$$

$$A_h = 0.67\lambda_h + 0.70 \tag{1-18}$$

$$B_E = 0.12\ln(\lambda_E/20) \tag{1-19}$$

$$B_h = 0.38\ln(\lambda_h/0.45) \tag{1-20}$$

式中 $\lambda_E$——面层与基层当量模量之比,按式(1-21)计算:

$$\lambda_E = \frac{E_a^*}{E_b^*} \tag{1-21}$$

$\lambda_h$——面层与基层当量模量之比,按式(1-22)计算:

$$\lambda_h = \frac{h_a^*}{h_b^*} \tag{1-22}$$

分析沥青混合料层永久变形量时,沥青混合料层的等效温度应按式(1-23)计算。

$$T_{pef} = T_\xi + 0.016 h_a \tag{1-23}$$

式中 $T_{pef}$——沥青混合料层等效温度(℃);

$h_a$——沥青混合料层厚度(mm);

$T_\xi$——基准等效温度,按所在地查表 1-34 取用。

## 八、新建沥青路面结构验算

沥青路面结构力学指标的计算，基于层间为完全连续接触时双圆垂直均布荷载作用下的多层弹性体系理论。

**1. 设计指标**

路面结构验算应根据路面结构组合，参照表 1-35 选择设计指标。

表 1-35　不同结构组合的设计指标

| 基层类型 | 底基层类型 | 设计指标① |
|---|---|---|
| 无机结合料稳定类 | 粒料类 | 无机结合料稳定层层底拉应力、沥青混合料层永久变形量 |
| | 无机结合料稳定类 | |
| 沥青结合料类 | 粒料类 | 沥青混合料层层底拉应变、沥青混合料层永久变形量、路基顶面竖向压应变 |
| | 无机结合料稳定类 | 沥青混合料层永久变形量、无机结合料稳定层层底拉应力 |
| 粒料类② | 粒料类 | 沥青混合料层层底拉应变、沥青混合料层永久变形量、路基顶面竖向压应变 |
| | 无机结合料稳定类 | 沥青混合料层层底拉应变、沥青混合料层永久变形量、无机结合料稳定层层底拉应力 |
| 水泥混凝土③ | — | 沥青混合料层永久变形量 |

①季节性冻土地区应增加沥青面层低温开裂验算和防冻厚度验算。
②在沥青混合料层与无机结合料稳定层间设置粒料层时，应验算沥青混合料层疲劳开裂寿命。
③水泥混凝土基层应按现行《公路水泥混凝土路面设计规范》(JTG D40—2011)设计。

路面结构验算时，各设计指标应选用表 1-36 规定的竖向位置处的力学响应，并应按图 1-6 所示计算点位置，选取 A、B、C 和 D 四点位置计算的最大力学响应量。

表 1-36　各设计指标对应的力学响应及竖向位置

| 设计指标 | 力学响应 | 竖向位置 |
|---|---|---|
| 沥青混合料层层底拉应变 | 沿行车方向的水平拉应变 | 沥青混合料层层底 |
| 无机结合料层层底拉应力 | 沿行车方向的水平拉应力 | 无机结合料稳定层层底 |
| 沥青混合料层永久变形量 | 竖向压应力 | 沥青混合料层各分层顶面 |
| 路基顶面竖向压应变 | 竖向压应变 | 路基顶面 |

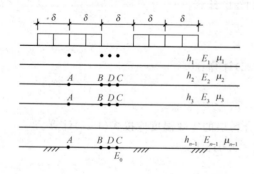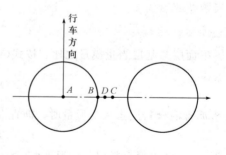

图 1-6　力学响应计算点位置图示

## (一)沥青混合料层疲劳开裂验算

沥青混合料层的疲劳开裂寿命应根据路面结构分析得到的沥青混合料层层底拉应变,按式(1-24)计算。

$$N_{f1} = 6.32 \times 10^{15.96-0.29\beta} k_a k_b k_{T1}^{-1} (1/\varepsilon_a)^{3.97} (1/E_a)^{1.58} (VFA)^{2.72} \quad (1-24)$$

式中 $N_{f1}$——沥青混合料层疲劳开裂寿命(轴次);

$\beta$——目标可靠指标,根据公路等级按表1-10取值;

$k_a$——季节性冻土地区调整系数,按表1-37采用内插法确定;

**表1-37 季节性冻土地区调整系数 $k_a$**

| 冻区 | 重冻区 | 中冻区 | 轻冻区 | 其他地区 |
|---|---|---|---|---|
| 冻结指数 $F/(\text{℃}\cdot d)$ | ≥2 000 | 800~2 000 | 50~800 | ≤50 |
| $k_a$ | 0.60~0.70 | 0.70~0.80 | 0.80~1.00 | 1.00 |

注:冻结指数是指在一个冻结期内,日平均气温为负值度数(℃)的逐日累积值。

$k_b$——疲劳加载模式系数,按式(1-25)计算:

$$k_b = \left[ \frac{1 + 0.3 E a^{0.43} (VFA)^{-0.85} e^{0.024 h_a - 5.41}}{1 + e^{0.024 h_a - 5.41}} \right]^{3.33} \quad (1-25)$$

$E_a$——沥青混合料20 ℃时的动态压缩模量(MPa);

$VFA$——沥青混合料的沥青饱和度(%),根据混合料设计结果或按现行《公路沥青路面施工技术规范》(JTG F40)的有关规定确定;

$h_a$——沥青混合料层厚度(mm);

$k_{T1}$——温度调整系数;

$\varepsilon_a$——沥青混合料层层底拉应变($10^{-6}$);根据弹性层状体系理论,按式(1-26)计算:

$$\varepsilon_a = p \overline{\varepsilon_a} \quad (1-26)$$

$$\overline{\varepsilon_a} = f\left( \frac{h_1}{\delta}, \frac{h_2}{\delta}, \cdots, \frac{h_{n-1}}{\delta}; \frac{E_2}{E_1}, \frac{E_3}{E_2}, \cdots, \frac{E_0}{E_{n-1}} \right)$$

$\overline{\varepsilon_a}$——理论拉应变系数;

$p,\delta$——标准轴载的轮胎接地压强(MPa)和当量圆半径(mm);

$E_0$——路基顶面回弹模量(MPa);

$h_1,h_2,\cdots,h_{n-1}$——各结构层厚度(mm);

$E_1,E_2,E_3,\cdots,E_{n-1}$——各结构层模量(MPa)。

沥青混合料层的疲劳开裂寿命应大于基于沥青混合料层层底拉应变的设计使用年限内设计车道的当量设计轴载累计作用次数。否则,应调整路面结构方案,重新验算,直至满足要求。

## (二)无机结合料稳定层疲劳开裂验算

无机结合料稳定层的疲劳开裂寿命应根据路面结构分析得到的无机结合料稳定层层底拉应力,按式(1-27)计算。

$$N_{f2} = k_a k_{T2}^{-1} 10^{a - b \frac{\sigma}{R_s} + k_s - 0.57\beta} \quad (1-27)$$

式中 $N_{f2}$——无机结合料稳定层的疲劳开裂寿命(轴次);

$k_a$——季节性冻土地区调整系数,按表1-37确定;

$k_{T2}$——温度调整系数;

$R_s$——无机结合料稳定类材料的弯拉强度(MPa);

$a,b$——疲劳试验回归参数,按表1-38确定;

$k_c$——现场综合修正系数,按式(1-28)确定;

$$k_c = c_1 e^{c_2(h_a+h_b)} + c_3 \tag{1-28}$$

$c_1$、$c_2$、$c_3$——参数,按表1-39取值;

$h_a$,$h_b$——分别为沥青混合料和计算点以上无机结合料稳定层厚度(mm);

$\beta$——目标可靠指标,根据公路等级按表1-10取值;

$\sigma_t$——无机结合料稳定层的层底拉应力(MPa),根据弹性层状体系理论,按式(1-29)计算:

$$\sigma_t = p\overline{\sigma_t} \tag{1-29}$$

$$\overline{\sigma_t} = f\left(\frac{h_1}{\delta}, \frac{h_2}{\delta}, \cdots, \frac{h_{n-1}}{\delta}; \frac{E_2}{E_1}, \frac{E_3}{E_2}, \cdots, \frac{E_0}{E_{n-1}}\right)$$

$\overline{\sigma_t}$——理论拉应力系数;

式中其他符号意义同式(1-26)。

**表 1-38　无机结合料稳定层疲劳破坏模型参数**

| 材料类型 | $a$ | $b$ |
|---|---|---|
| 无机结合料稳定粒料 | 13.24 | 12.52 |
| 无机结合料稳定土 | 12.18 | 12.79 |

**表 1-39　现场综合修正系数 $k_c$ 相关参数**

| 材料类型 | 新建路面结构层或改建工程既有路面结构层 | | 改建工程加铺层 | |
|---|---|---|---|---|
| | 无机结合料稳定粒料 | 无机结合料稳定土 | 无机结合料稳定粒料 | 无机结合料稳定土 |
| $c_1$ | 14.0 | 35.0 | 18.5 | 21.0 |
| $c_2$ | −0.007 6 | −0.015 6 | −0.01 | −0.012 5 |
| $c_3$ | −1.47 | −0.83 | −1.32 | −0.82 |

无机结合料稳定层的疲劳开裂寿命应大于基于无机结合料稳定层层底拉应力的设计使用年限内设计车道的当量设计轴载累计作用次数。否则,应调整路面结构组合或层厚,重新验算,直至满足要求。

**(三)沥青混合料层永久变形量验算**

考虑沥青路面不同深度处应力分布和不同沥青混合料层抗车辙性能的差异,规定分层计算永久变形量。各分层永久变形累加值与沥青混合料层总的永久变形量间的差异考虑在综合修正系数 $k_R$ 中。

对路面设计使用年限内的永久变形量进行预估时,应当使用基于沥青混合料层永久变形量的设计使用年限内设计车道上当量设计轴载累计作用次数,进行永久变形量计算。然而,结构分析需综合考虑路面的养护、维修工作。对交通量大、重载比例高的项目,路面设计使用年限内有时需要针对车辙进行一次或一次以上维修,此时用于计算沥青混合料层永久变形量的设计车道上当量设计轴载累计作用次数为通车至首次维修的期限内当量设计轴载累计作用次数。

按照我国沥青路面设计规范规定,首先对路面结构中的各沥青混合料层进行分层:表面层采用10~20 mm作为一分层;第二层沥青混合料层,每一分层厚度应不大于25 mm;第三层沥青混合料层,每一分层厚度应不大于100 mm;第四层及其以下沥青混合料层,作为一个分层。然后,根据标准条件下的车辙试验,得到各层沥青混合料的车辙试验永久变形量,按式(1-30)计算各分层的永久变形量和沥青混合料层总的永久变形量。

$$R_a = \sum_{i=1}^{n} R_{ai} \tag{1-30}$$

$$R_{ai} = 2.31 \times 10^{-8} k_{Ri} T_{pef}^{2.93} p_i^{1.08} N_{e3}^{0.48} \left(\frac{h_3}{h_0}\right) R_{0i}$$

式中 $R_a$——沥青混合料层永久变形量(mm);

$R_{ai}$——第 $i$ 分层永久变形量(mm);

$n$——分层数;

$T_{pef}$——沥青混合料层永久变形等效温度(℃);

$N_{e3}$——设计使用年限内或通车至首次针对车辙维修的期限内,设计车道上当量设计轴载累计作用次数;

$h_i$——第 $i$ 分层厚度(mm);

$h_0$——车辙试验试件的厚度(mm);

$R_{0i}$——第 $i$ 分层沥青混合料在试验温度为 60 ℃、压强为 0.7 MPa、加载次数为 2 520 次时,车辙试验永久变形量(mm);

$k_{Ri}$——综合修正系数,按式(1-31)~式(1-33)计算:

$$k_{Ri} = (d_1 + d_2 \cdot z_i) \cdot 0.973 1^{z_i} \tag{1-31}$$

$$d_1 = -1.35 \times 10^{-4} h_a^2 + 8.18 \times 10^{-2} h_a - 14.50 \tag{1-32}$$

$$d_2 = 8.78 \times 10^{-7} h_a^2 - 1.50 \times 10^{-3} h_a + 0.90 \tag{1-33}$$

$z_i$——沥青混合料层第 $i$ 分层厚度(mm),第一分层取为 15 mm,其他分层为路表距分层中点的深度;

$h_a$——沥青混合料层厚度(mm), $h_a$ 大于 200 mm 时,取 200 mm。

$p_i$——沥青混合料层第 $i$ 分层顶面竖向压应力(MPa),根据弹性层状体系理论,按式(1-34)计算:

$$p_i = p \overline{p_i} \tag{1-34}$$

$$\overline{p_i} = f\left(\frac{h_1}{\delta}, \frac{h_2}{\delta}, \cdots, \frac{h_{n-1}}{\delta}; \frac{E_2}{E_1}, \frac{E_3}{E_2}, \cdots, \frac{E_0}{E_{n-1}}\right)$$

$\overline{p_i}$——理论压应力系数;

式中其他符号意义同式(1-26)。

验算所得混合料层永久变形量应满足表 1-16 的容许永久变形量要求。否则,应调整沥青混合料设计,直至满足要求。

满足沥青混合料层容许永久变形量要求的沥青混合料,尚应满足施工技术规范标准车辙试验的动稳定度要求,其永久变形量 $R_0$ 对应的稳定度可用作沥青混合料的质量要求和施工控制指标。标准车辙试验温度为 60 ℃,压强为 0.7 MPa,试件厚度为 50 mm,加载次数为 2 520 次时沥青混合料的动稳定度 DS,可根据永久变形量 $R_0$ 按式(1-35)计算。

$$DS = 9\,365\, R_0^{-1.48} \tag{1-35}$$

式中 $DS$——沥青混合料动稳定度(次/mm)。

### (四)路基顶面竖向压应变验算

路基顶面竖向压应变是粒料类基层沥青路面和底基层为粒料的沥青结合料类基层沥青路面的重要设计指标。路基顶面的容许竖向压应变应按式(1-36)计算确定。

$$[\varepsilon_z] = 1.25 \times 10^{4-0.1\beta} (k_{T3} N_{e4})^{-0.21} \tag{1-36}$$

式中 $[\varepsilon_z]$——路基顶面容许竖向压应变($10^{-6}$);

$\beta$——目标可靠指标,根据公路等级,按表 1-10 取值;

$N_{e4}$——设计使用年限内设计车道上的当量设计轴载累计作用次数；

$k_{T3}$——温度调整系数。

路基顶面竖向压应变应按规范规定选取计算点，根据弹性层状体系理论，按式(1-37)计算。路基顶面竖向压应变应小于允许压应变值。否则，调整路面结构方案，重新验算，直至满足要求。

$$\varepsilon_z = p\overline{\varepsilon_z} \tag{1-37}$$

$$\overline{\varepsilon_z} = f\left(\frac{h_1}{\delta}, \frac{h_2}{\delta}, \cdots, \frac{h_{n-1}}{\delta}; \frac{E_2}{E_1}, \frac{E_3}{E_2}, \cdots, \frac{E_0}{E_{n-1}}\right)$$

式中 $\overline{\varepsilon_z}$——理论竖向压应变系数；

式中其他符号意义同式(1-26)。

**(五)沥青面层低温开裂指数验算**

季节性冻土地区沥青路面低温开裂是常见病害。因此，季节性冻土地区的沥青面层，应按式(1-38)验算其低温开裂指数 $CI$。

$$CI = 1.95 \times 10^{-3} S_t \lg b - 0.075(T + 0.07 h_a)\lg S_t + 0.15 \tag{1-38}$$

式中 $CI$——沥青面层低温开裂指数；

$T$——路面低温设计温度(℃)，为连续10年年最低气温平均值；

$S_t$——在路面低温设计温度加10℃试验温度条件下，表面层沥青弯曲梁流变试验加载180 s时蠕变劲度(MPa)；

$h_a$——沥青结合料类材料层厚度(mm)；

$b$——路基类型参数，砂 $b=5$，粉质黏土 $b=3$，黏土 $b=2$。

沥青面层的低温开裂指数值应满足表(1-17)的要求。否则，应改变所选的沥青材料，直至满足要求。

**(六)防冻厚度验算**

季节性冻土地区路基为中湿或潮湿状态时，应按式(1-39)计算公路多年最大冻深：

$$Z_{\max} = abcZ_d \tag{1-39}$$

式中 $Z_{\max}$——公路多年最大冻深(mm)；

$Z_d$——大地多年最大冻深(mm)，根据调查资料确定；

$a$——大地冻深范围内路基、路面各层材料热物性系数，按表1-40确定；

$b$——路基湿度系数，按表1-40确定；

$c$——路基断面形式系数，根据表1-40按内插法确定。

表1-40 系数 $a$、$b$、$c$ 的取值

| 路基、路面材料热物性系数 $a$ | | | | |
|---|---|---|---|---|
| 路基材料 | 黏质土 | 粉质土 | 粉土质砂 | 细粒土质砂、黏土质砂 | 含细粒土质砾(砂) |
| 热物性系数 | 1.05 | 1.10 | 1.20 | 1.30 | 1.35 |
| 路面材料 | 水泥混凝土 | 沥青结合料类 | 级配碎石 | 二灰或水泥稳定粒料 | 二灰土及水泥土 |
| 热物性系数 | 1.40 | 1.35 | 1.45 | 1.40 | 1.35 |
| 路基湿度系数 $b$ | | | | |
| 干湿类型 | 干燥 | 中湿 | 潮湿 | |
| 湿度系数 | 1.0 | 0.95 | 0.90 | |
| 路基断面形式系数 $c$ | | | | |

续表

| 路基、路面材料热物性系数 $a$ | | | | | | | | |
|---|---|---|---|---|---|---|---|---|
| 填挖形式和高（深）度 | 路基填土高度 | | | | 路基挖方深度 | | | |
| | 零填 | <2 m | 2~4 m | 4~6 m | >6 m | <2 m | 4 m | 6 m | >6 m |
| 断面形式系数 | 1.0 | 1.02 | 1.05 | 1.08 | 1.10 | 0.98 | 0.95 | 0.92 | 0.90 |

根据公路多年最大冻深，按表1-41的规定验算路面的防冻厚度。路面结构厚度小于表1-41规定的最小防冻厚度时，应增设防冻层，使其满足最小防冻厚度的要求。

**表1-41　沥青路面结构最小防冻厚度**　　　　　　　　　　　　　　　　　mm

| 路基土质 | 基层、底基层材料类型 | 对应于以下公路多年最大冻深 $Z_{max}$(mm)和路基干湿类型的最小防冻厚度 | | | | | | | |
|---|---|---|---|---|---|---|---|---|---|
| | | 中湿 | | | | 潮湿 | | | |
| | | 500~1 000 | 1 000~1 500 | 1 500~2 000 | >2 000 | 500~1 000 | 1 000~1 500 | 1 500~2 000 | >2 000 |
| 黏性土、细粉质砂土 | 粒料类 | 400~450 | 450~500 | 500~600 | 600~700 | 450~550 | 550~600 | 600~700 | 700~800 |
| | 水泥或石灰稳定类、水泥混凝土 | 350~400 | 400~450 | 450~550 | 550~650 | 400~500 | 500~550 | 550~650 | 650~750 |
| | 水泥粉煤灰或石灰煤灰稳定类、沥青结合料类 | 300~350 | 350~400 | 400~500 | 500~550 | 350~450 | 450~500 | 500~550 | 550~700 |
| 粉性土 | 粒料类 | 450~500 | 500~600 | 600~700 | 700~750 | 500~600 | 600~700 | 700~800 | 800~1 000 |
| | 水泥或石灰稳定类、水泥混凝土 | 400~450 | 450~500 | 500~600 | 600~700 | 450~550 | 550~650 | 650~700 | 700~900 |
| | 水泥粉煤灰或石灰煤灰稳定类、沥青结合料类 | 300~400 | 400~450 | 450~500 | 500~650 | 400~500 | 500~600 | 600~650 | 650~800 |

注：1. 在《公路自然区划标准》(JTG 003)中，对潮湿系数小于0.5的地区，Ⅱ、Ⅲ、Ⅳ等干旱地区的防冻厚度可比表中值减少5%~10%。
　　2. 对Ⅱ区砂性土，路基防冻厚度应相应减少5%~10%。
　　3. 公路多年最大冻深大时，靠近上限取值，反之靠近下限取值。
　　4. 基层、底基层采用不同材料类型时，按厚度较大的类型确定。

(七)设计路面结构验收弯沉值

**1. 路基顶面验收弯沉值**

路基顶面验收弯沉值 $l_g$ 应按式(1-40)计算：

$$l_g = \frac{176 pr}{E_0} \tag{1-40}$$

式中 $l_g$——路基顶面验收弯沉值(0.01 mm)；
$p$——落锤式弯沉仪承载板施加荷载(MPa)；
$r$——落锤式弯沉仪承载板半径(mm)；
$E_0$——平衡湿度状态下路基顶面回弹模量(MPa)。

路基验收时，宜采用落锤式弯沉仪进行弯沉检测，落锤式弯沉仪荷载为 50 kN，荷载盘半径为 150 mm。路基顶面实测代表弯沉值 $l_0$ 应符合式(1-41)的要求：

$$l_0 \leqslant l_g \tag{1-41}$$

式中 $l_g$——路基顶面验收弯沉值(0.01 mm)；
$l_0$——路段内实测的路基顶面弯沉代表值(0.01 mm)，以 1~3 km 为一评定路段，按式(1-42)计算：

$$l_0 = (\overline{l_0} + \beta \cdot s) K_1 \tag{1-42}$$

式中 $\overline{l_0}, s$——路段内实测路基顶面弯沉平均值及标准差(0.01 mm)；
$\beta$——目标可靠指标，根据公路等级按表 1-10 取值；
$K_1$——路基顶面弯沉湿度影响系数，可根据当地经验确定。

**2. 路表验收弯沉值**

路表验收弯沉值 $l_a$，应根据设计路面结构，采用弹性层状体系理论，按式(1-43)计算。路面结构层参数应与路面结构验算时相同。路基顶面回弹模量应采用平衡湿度状态下路基顶面回弹模量乘以模量调整系数 $k_l$。

$$l_a = p \overline{l_a} \tag{1-43}$$

$$\overline{l_a} = f\left(\frac{h_1}{\delta}, \frac{h_2}{\delta}, \cdots, \frac{h_{n-1}}{\delta}; \frac{E_2}{E_1}, \frac{E_3}{E_2}, \cdots, \frac{k_l E_0}{E_{n-1}}\right)$$

式中 $\overline{l_a}$——理论弯沉系数；
$k_l$——路基顶面回弹模量调整系数，无机结合料稳定类基层沥青路面和水泥混凝土基层沥青路面，取 0.5；粒料类基层沥青路面和沥青结合料类基层沥青路面，当采用无机结合料稳定底基层时，取 0.5，否则取 1.0；
$E_0$——平衡湿度状态下路基顶面回弹模量(MPa)；
$p, \delta$——标准轴载的轮胎接地压强(MPa)和当量圆半径(mm)；
$h_1, h_2, \cdots, h_{n-1}$——各结构层厚度(mm)；
$E_1, E_2, \cdots, E_{n-1}$——各结构层模量(MPa)。

路面交(竣)工时应对路表弯沉进行检测。落锤式弯沉仪中心点弯沉代表值应符合式(1-44)的要求：

$$l_0 \leqslant l_a \tag{1-44}$$

式中 $l_a$——路表验收弯沉值(0.01 mm)；
$l_0$——路段内实测的路表弯沉代表值(0.01 mm)，以 1~3 km 为一评定路段，按式(1-45)计算：

$$l_0 = (\overline{l_0} + \beta \cdot s) K_1 K_3 \tag{1-45}$$

式中 $\bar{l_0}$，$s$——路段内实测路表弯沉平均值及标准差(0.01 mm)；
　　　$\beta$——目标可靠指标，根据公路等级按表 1-10 取值；
　　　$K_1$——路表弯沉湿度影响系数，可根据当地经验确定；
　　　$K_3$——路表弯沉温度影响系数，按式(1-46)计算：

$$K_3 = e^{[9\times10^{-6}(\ln E_0 - 1)h_a + 4\times10^{-5}](20-T)} \qquad (1\text{-}46)$$

　　　$T$——弯沉测定时沥青结合料类材料层中点实测或预估温度(℃)；
　　　$h_a$——沥青结合料类层厚度(mm)；
　　　$E_0$——平衡湿度状态下路基顶面回弹模量(MPa)。

### (八)沥青路面结构验算流程

路面结构验算按图 1-7 所示的流程进行，主要内容包括以下几项：
(1)调查分析交通参数，确定交通荷载等级。
(2)根据路基土类、地下水水位高度确定路基干湿类型和湿度状况，并结合现行《公路路基设计规范》(JTG D30—2015)确定路基顶面回弹模量及必要的路基改善措施。

HPDS 沥青路面设计案例

(3)根据设计要求，收集所在地区的常用路面结构组合和材料性质，分析影响路面结构设计的其他因素，初拟路面结构组合与厚度方案，选取设计指标。
(4)确定各结构层材料的模量等设计参数，并按照规范规定方法检验粒料的 CBR 值，无机结合料稳定材料的无侧限抗压强度、沥青低温性能要求，沥青混合料的低温破坏应变、动稳定度、贯入强度和水稳定性等。
(5)收集工程所在地区的气温资料，确定各设计指标对应的温度调整系数或等效温度。
(6)采用多层弹性体系理论设计程序计算各设计指标的力学响应量。
(7)进行路面结构验算，检验计算结果是否符合规定，不符合时，调整路面结构方案重新验算，直至符合为止。

沥青路面结构计算案例

(8)对通过计算的路面结构，进行技术经济分析，选定路面结构方案。
(9)计算路面结构的验收弯沉值。

### 拓展训练

某高速公路设计车速为 100 km/h，双向六车道，设计使用年限 15 年。该地区为北温带大陆性季风气候，自然区划属于 $\text{Ⅱ}_1$ 区，年均降雨量为 386 mm，年平均气温为 6.3 ℃，月平均气温最低为 -14.5 ℃，月平均气温最高为 23.6 ℃，多年最低气温为 -29 ℃。

根据 OD 调查分析，断面大型客货车交通量为 3 500 辆/日，交通量年增长率为 6.5%。方向系数取 0.55，车道系数取 0.50。
(1)计算设计车道初始年大型客货车日平均交通量。
(2)计算 15 年大型客货车累计交通量，并判断交通荷载等级。
(3)根据 OD 分析，整车货车比例为 35%，半挂车货车比例为 45%，试判断公路 TTC 分类，并确定车辆类型分布系数，计算各类车型交通量，填入表 1-42 中。
(4)根据路网相邻公路的车辆超载情况分析，得到各类车型非满载与满载的比例，见表 1-42。计算各类车型满载车和非满载车的交通量，填入表 1-42 中。

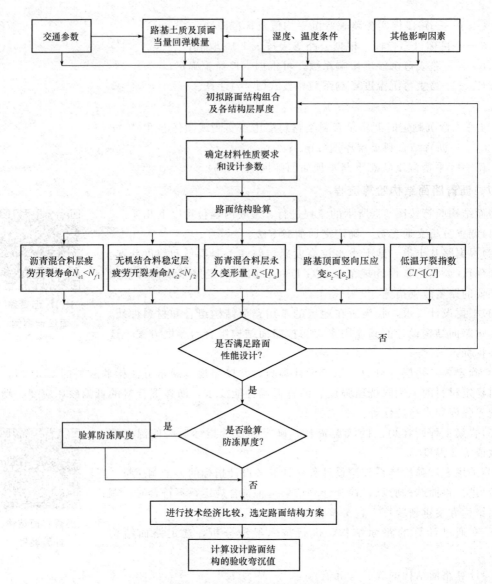

图 1-7 路面结构验算流程图

表 1-42 各车型交通量及非满载车与满载车交通量

| 车辆类型 | 2 类 | 3 类 | 4 类 | 5 类 | 6 类 | 7 类 | 8 类 | 9 类 | 10 类 | 11 类 |
|---|---|---|---|---|---|---|---|---|---|---|
| 车型分布系数/% | | | | | | | | | | |
| 交通量/辆 | | | | | | | | | | |
| 非满载车比例 | 0.92 | 0.66 | 0.9 | 0.56 | 0.69 | 0.46 | 0.64 | 0.54 | 0.61 | 0.0 |
| 满载车比例 | 0.08 | 0.34 | 0.1 | 0.44 | 0.31 | 0.54 | 0.36 | 0.46 | 0.39 | 0.0 |
| 非满载车交通量/辆 | | | | | | | | | | |
| 满载车交通量/辆 | | | | | | | | | | |

(5) 考虑采用无机结合料稳定类基层沥青路面，设计指标确定为哪几个？

(6) 针对设计指标，列表计算各车型的非满载车和满载车的当量轴载换算系数，以及所对应的当量设计轴载作用次数，列于表 1-43 中。

表 1-43 非满载车和满载车当量轴载作用次数

| 车型 | 当量轴载换算系数(查表 1-15) | | | | 初始年设计车道日平均当量轴次(次/日) | | | |
|---|---|---|---|---|---|---|---|---|
| | 指标 1 | | 指标 2 | | 指标 1 | | 指标 2 | |
| | 非满载车 | 满载车 | 非满载车 | 满载车 | 非满载车 | 满载车 | 非满载车 | 满载车 |
| 2 类 | | | | | | | | |
| 3 类 | | | | | | | | |
| 4 类 | | | | | | | | |
| 5 类 | | | | | | | | |
| 6 类 | | | | | | | | |
| 7 类 | | | | | | | | |
| 8 类 | | | | | | | | |
| 9 类 | | | | | | | | |
| 10 类 | | | | | | | | |
| 11 类 | | | | | | | | |
| 合计 | | | | | | | | |

(7) 根据表 1-43 的计算结果，对应计算各设计指标的当量设计轴载累计作用次数。

【**主题讨论**】 阅读以下关于沙庆林院士的素材，谈谈你对道路科技工作者专业情怀的理解。

沙庆林，男，(1930.5.7—2020.2.23)，江苏宜兴人，道路工程专家。1952 年毕业于上海交通大学，1957 年于莫斯科公路学院获副博士学位；1978 年担任交通部公路科学研究所研究员，长期从事公路路面学研究和工程设计与施工；1995 年当选为中国工程院院士。

1980 年后，主持"六五""七五"和"八五"国家重点攻关项目，在重型压实标准、路面设计理论、典型结构和可靠度设计等方面有重要成果和大量创新，产生了巨大经济效益，成果应用已形成我国高等级公路修建模式，参与近 20 条总长 2 千多千米高速公路设计施工指导；1993 年"高等级公路半刚性基层沥青路面抗滑表层成套技术"获国家科技进步二等奖；1999 年《高等级公路半刚性基层沥青路面》获国家优秀图书三等奖；2008 年研究成功国际领先的粗集料断级配设计与检验方法及新施工工艺，为我国长寿命路面奠定技术基础，获三项国家发明专利；先后出版专著 5 本、论文 100 多篇。

沙庆林院士把一生奉献给中国公路，只要是他设计的公路，他都要亲自走一遍，检查路面质量。夏天的沥青路面吸热，地面温度能达到 60 ℃ 以上，他穿着四五斤重的特制厚底鞋，一走就是十几公里，一年要磨坏好几双鞋。沙庆林院士对学术孜孜不倦的追求、严谨治学的态度及其渊博的知识，值得每一位道路科技工作者学习。

# 任务 3 水泥混凝土路面设计

**任务描述**

水泥混凝土路面属于刚性路面，其设计理论不同于沥青路面设计。通过学习本任务，学生应能具备完成水泥混凝土路面结构组合设计、接缝设计以及普通水泥混凝土路面板厚设计计算与验算的能力，能利用路面设计程序完成普通水泥混凝土路面板厚设计与验算。同时，感受我国道路科技工作者为完善水泥混凝土路面设计理论所做的坚持不懈的努力。

## 一、水泥混凝土路面概述

### (一)基本概念

水泥混凝土路面是以水泥混凝土做面层的路面,也称为刚性路面,包括普通混凝土(素混凝土)路面、钢筋混凝土路面、连续配筋混凝土路面、钢纤维混凝土路面、复合式路面、混凝土预制块路面等。

(1)普通混凝土路面:除接缝区和局部范围(边缘和角隅)外均不配筋的水泥混凝土路面。

(2)钢筋混凝土路面:面层内配置纵、横向钢筋或钢筋网并设置缩缝的水泥混凝土路面。

(3)连续配筋混凝土路面:面层内配置纵向连续钢筋和横向钢筋,横向不设缩缝的水泥混凝土路面。

水泥混凝土
路面类型及特点

(4)钢纤维混凝土路面:在混凝土面层中掺入钢纤维的路面。

(5)复合式路面:面层由两层不同材料类型和力学性质的结构层复合而成的路面。

(6)水泥混凝土预制块路面:面层由水泥混凝土预制块铺砌而成的路面。

水泥混凝土面层一般采用设接缝的普通混凝土路面。

### (二)水泥混凝土路面的特点

#### 1. 水泥混凝土路面的优点

与其他类型路面相比,水泥混凝土路面具有以下优点:

(1)强度高、耐久性好。水泥混凝土路面具有较高的抗压、抗弯拉、抗磨耗的力学性能,因而耐久性好,使用年限较长。

(2)稳定性好。水泥混凝土路面的水稳性、热稳性均较好,强度能随着时间的延长而逐渐提高,不存在沥青路面的老化现象。

(3)平整度和粗糙度好。尽管水泥混凝土路面设有接缝,但它的表面很少有起伏、波浪变形,通行各种重型车辆,均能够保持良好的平整度。同时,路面在潮湿时仍能保持足够的粗糙度,而使车辆不打滑,能够保持较高的安全行车速度。

(4)养护维修费用少,运输成本低。由于水泥混凝土路面坚固耐久,养护维修的工作量小,故所需的养护费用小。而且路面平整,行车阻力小,能提高车速,减少燃料消耗,降低运输成本。

(5)色泽鲜明,反光力强,对夜间行车有利。

#### 2. 水泥混凝土路面的缺点

水泥混凝土面层的缺点主要有以下几个方面:

(1)对水泥和水的需要量大,在水泥供应不足和缺水地区施工困难。

(2)普通水泥混凝土面层设置的接缝,增加了施工和养护的复杂性,而且影响行车的舒适性,同时又是路面的薄弱点,如处理不当,将导致路面板边和板角处破坏。

(3)开放交通较迟。水泥混凝土面层完工后,一般要经过14~21 d养护才能开放交通,如需提早开放交通,则需采取特殊措施。

(4)车辆行驶时噪声大。

(5)修复困难。水泥混凝土面层损坏后,开挖很困难,修补工作量也大,且影响交通。

### (三)水泥混凝土路面的力学特性

水泥混凝土属脆性材料,抗弯拉强度比抗压强度低得多,水泥混凝土面层在车轮荷载作用下产生的弯拉应力超过其极限弯拉强度时，水泥混凝土板便产生断裂破坏。在车轮荷载的重复作用下，水泥混凝土面层会在低于其极限抗弯拉强度时出现疲劳破坏。另外，由于面层顶面和底面存在温差，使面层产生温度翘曲应力，且面层的平面尺寸越大，翘曲应力也越大。为使水泥混凝土路面能够经受车轮荷载的多次重复作用和抵抗温度翘曲反复作用，能够经受最重轴载和最大温度梯度的综合作用，并对地基变形有较强的适应能力，水泥混凝土面层应有足够的弯拉强度和厚度。

【主题讨论】 高速公路给人们的交通出行带来了更多便利，但是大家有没有发现，高速公路大多数路段采用沥青路面，而收费站却常用水泥路面。请查阅资料，谈谈你的认识。

## 二、水泥混凝土路面设计理论概况

### (一)水泥混凝土路面设计理论

从 20 世纪 50 年代至今，我国水泥混凝土路面设计的理论和方法不断改进，我国曾于 1958 年、1966 年、1984 年、1994 年、2002 年、2011 年颁布过 6 个版本的设计规范。《公路水泥混凝土路面设计规范》(JTG D40—2011)是我国现行的水泥混凝土路面设计规范。

水泥混凝土路面可采用弹性层状体系或弹性地基板理论进行结构分析。现行规范考虑到混凝土面层为有限尺寸的板块，其刚度(弹性模量)远远大于面层下的结构层，我国现行规范选用弹性地基板理论。采用弹性地基板理论应把结构层体系分为地基和板两部分。除粒料类基层外，其他各类基层与混凝土面层应按分离式双层板模型进行结构分析。粒料类基层及各类底基层和垫层，应与路基一起视作多层弹性地基，以地基顶面当量回弹模量表征。

### (二)水泥混凝土板厚设计方法

路面厚度的设计方法有经验法和解析法两大类。经验法是以足尺试验路为基础，经过长期的观测建立起标准轴载作用次数、路面结构厚度和使用性能之间的经验公式进行设计；解析法则是以结构分析为基础，利用弹性地基板理论来解算荷载应力，并以疲劳开裂作为路面破坏临界状态进行设计。我国目前采用解析法。

### (三)水泥混凝土路面设计内容

水泥混凝土路面设计的主要内容包括结构组合设计、面板厚度设计、材料组成设计、接缝设计、面层配筋设计、设计方案的技术经济论证六部分。另外，还需进行路面表面特性设计，提供满足抗滑、耐磨或低噪声要求的路面表面技术措施。本任务主要学习结构组合设计、接缝设计以及面板厚度设计。

## 三、水泥混凝土路面设计依据

水泥混凝土路面设计的依据包括以下七项。

### (一)可靠度设计标准

水泥混凝土路面结构设计方法，仅考虑满足路面的结构性能要求，并以行车荷载和温度梯度综合作用产生的疲劳断裂作为设计标准，以最重轴载和最大温度梯度综合作用下不产生极限断裂作为验算标准。因此，水泥混凝土路面结构可靠度可定义为：在规定的设计基准期内，在规定的交通和环境条件下，行车荷载疲劳应力和温度梯度疲劳应力的总和不超过混凝土弯拉强度的概率，或最重轴载应力和最大温度翘曲应力的总和不超过混凝土弯拉强度的概率。

《公路水泥混凝土路面设计规范》(JTG D40—2011)对水泥混凝土路面设计引入了目标可靠

度、材料力学性能和结构尺寸参数的变异水平等级等指标，规定了各级公路水泥混凝土路面结构的设计安全等级及相应的设计基准期、目标可靠指标和目标可靠度，应符合表1-44的规定。

表1-44　可靠度设计标准

| 公路技术等级 | 高速 | 一级 | 二级 | 三级 | 四级 |
|---|---|---|---|---|---|
| 安全等级 | 一级 | | 二级 | 三级 | |
| 设计基准期/年 | 30 | | 20 | 15 | 10 |
| 目标可靠度/% | 95 | 90 | 85 | 80 | 70 |
| 目标可靠指标 | 1.64 | 1.28 | 1.04 | 0.84 | 0.52 |

**(二)主要设计参数的变异水平等级与变异系数**

各安全等级路面的材料性能和结构尺寸参数的变异水平分低、中和高三级，应按公路等级以及所采用的施工技术和所能达到的施工质量控制和管理水平，通过调研确定变异水平等级和相应变异系数。高速公路、一级公路的变异水平等级宜为低级，二级公路的变异水平等级应不大于中级。确有困难时，可按表1-45的变异系数范围选择相应的变异水平等级。

表1-45　变异系数 $C_v$ 的范围

| 变异水平等级 | 低 | 中 | 高 |
|---|---|---|---|
| 水泥混凝土弯拉强度、弯拉弹性模量 | $0.05 \leqslant C_v \leqslant 0.10$ | $0.10 < C_v \leqslant 0.15$ | $0.15 < C_v \leqslant 0.20$ |
| 基层顶面当量回弹模量 | $0.15 \leqslant C_v \leqslant 0.25$ | $0.25 < C_v \leqslant 0.35$ | $0.35 < C_v \leqslant 0.55$ |
| 水泥混凝土面层厚度 | $0.02 \leqslant C_v \leqslant 0.04$ | $0.04 < C_v \leqslant 0.06$ | $0.06 < C_v \leqslant 0.08$ |

**(三)可靠度系数**

可靠度系数是目标可靠度及设计参数变异水平等级和相应变异系数的函数。设计时，可依据各设计参数变异系数值在各变异水平等级变化范围内的情况参考表1-46选择可靠度系数。

表1-46　可靠度系数

| 变异水平等级 | 目标可靠度/% | | | |
|---|---|---|---|---|
| | 95 | 90 | 85 | 80~70 |
| 低 | 1.20~1.33 | 1.09~1.16 | 1.04~1.08 | — |
| 中 | 1.33~1.50 | 1.16~1.23 | 1.08~1.13 | 1.04~1.07 |
| 高 | — | 1.23~1.33 | 1.13~1.18 | 1.07~1.11 |

注：变异系数在本表中变化范围为下限时，可靠度系数取低值；上限时，取高值。

**(四)设计车道的设计轴载累计作用次数**

**1. 设计轴载与临界荷位**

水泥混凝土路面按疲劳断裂设计标准进行结构分析时，以100 kN的单轴—双轮组荷载作为设计轴载。对极重交通荷载等级的水泥混凝土路面，宜选用货车中占主要份额特重车型的轴载作为设计轴载。

临界荷位是指混凝土板内产生最大荷载和温度梯度综合疲劳损坏时设计轴载的作用位置。现行规范中选取水泥混凝土板的纵向边缘中部作为产生最大荷载和温度梯度综合疲劳损坏的临界荷位，如图1-8所示。

**2. 轴载换算方法**

各级轴载作用次数 $N_i$ 可按式(1-47)换算为设计轴载的作用次数 $N_s$。

$$N_s = \sum_{i=1}^{n} N_i \left(\frac{P_i}{P_s}\right)^{16} \quad (1-47)$$

式中　$N_s$——设计轴载的作用次数；
　　　$P_i$——第 $i$ 级轴载重(kN)，联轴按每一根轴的轴载单独计；
　　　$P_s$——设计轴载重(kN)；
　　　$n$——轴型和轴载级位数；
　　　$N_i$——$i$ 级轴载的作用次数。

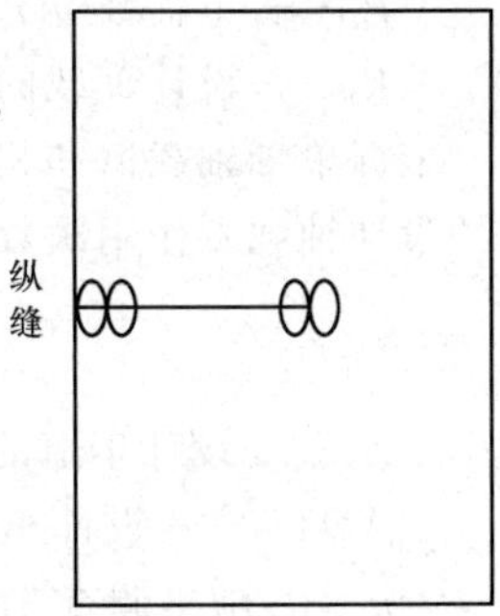

图 1-8　临界荷位

**3. 设计车道的设计轴载累计作用次数 $N_e$ 的计算**

(1)设计车道使用初期年平均日货车交通量。利用当地交通量观测站的观测和统计资料，或者通过设立站点进行交通量观测，获取所设计公路的初期年平均日交通量(双向)及其车辆类型组成数据，剔除 2 轴 4 轮及以下的客、货运车辆交通量，得到包括大型客车交通量在内的初期年平均日货车交通量(双向)。

调查分析 2 轴 6 轮及以上车辆的双向交通分布情况，选取交通量方向分配系数，如确有困难可在 0.5～0.6 范围内选用。依据设计公路的车道数，参照表 1-47 确定 2 轴 6 轮及以上车辆交通量的车道分配系数。

表 1-47　2 轴 6 轮及以上车辆交通量的车道分配系数

| | 单向车道数 | 1 | 2 | 3 | ≥4 |
|---|---|---|---|---|---|
| 车道分配系数 | 高速公路 | — | 0.70～0.85 | 0.45～0.60 | 0.40～0.50 |
| | 其他等级公路① | 1.00 | 0.50～0.75 | 0.50～0.75 | — |

①交通受非机动车和行人影响较严重的取低限；反之，取高限。

公路使用初期的年平均日货车交通量(双向)乘以方向分配系数和车道分配系数，即可得到设计车道使用初期的年平均日货车交通量($ADTT$)。

设计基准期内货车交通量的年平均增长率可按公路等级、功能及所在地区的经济和交通运输发展情况，通过调查分析，采用预估方法确定。

(2)轴载调查与分析。

1)轴载调查：通过实地设立站点进行各类车辆的轴型调查和轴重测定，或者利用该地区或相似类型公路已有称重站的车型、轴型和轴重测定统计资料，获取设计公路的车型、轴型和轴重组成数据，以及最重轴载和货车中占主要份额的特重车型轴载。

2)轴载分析：分析计算设计车道使用初期的标准轴载日作用次数。分析方法有轴载当量换算系数法和车辆当量轴载系数法两种。

①轴载当量换算系数法(各类车辆按轴型称重和统计)。随机统计 3 000 辆 2 轴 6 轮及以上车辆中单轴、双联轴和三联轴等不同轴型出现的单轴次数，并分别称其单轴轴重。可按单轴轴重级位统计整理后得到轴载谱。单轴轴载按 10 kN 分级(如 80～90 kN、90～100 kN…)，双联轴和三联轴轴载按 20 kN 分级(如 60～80 kN、80～100 kN…)。按式(1-48)计算确定不同轴重级位的设计轴载当量换算系数：

$$k_{p,i} = \left(\frac{P_i}{P_s}\right)^{16} \quad (1-48)$$

式中　$k_{p,i}$——不同单轴轴重级位 $i$ 的设计轴载当量换算系数；

$P_i$——单轴级位 $i$ 的轴重(kN);

$P_s$——设计轴载的轴重(kN)。

依据单轴轴载谱和相应的设计轴载当量换算系数,可按式(1-49)计算得到设计车道使用初期的设计轴载日作用次数:

$$N_s = ADTT \frac{n_i}{3\,000} \sum_i (k_{p,i} \times p_i) \tag{1-49}$$

式中 $N_s$——设计车道的设计轴载日作用次数[轴次/(车道·日)];

$ADTT$——设计车道的年平均日货车交通量[辆/(车道·日)];

$n_i$——随机调查 3 000 辆 2 轴 6 轮及以上车辆中出现的单轴总轴数;

$p_i$——单轴轴重级位 $i$ 的频率(以分数计)。

②车辆当量轴载系数法(以车辆类型为基础进行各种轴型的轴载称重和统计)。将 2 轴 6 轮以上车辆分为整车、半挂和多挂 3 大类,每类车再按轴数细分,分别按车型称重后得到轴载谱。按式(1-48)和式(1-50)计算得到各类车辆的设计轴载当量换算系数。

$$k_{p,k} = \sum_i k_{p,i} p_i \tag{1-50}$$

式中 $k_{p,k}$——$k$ 类车辆的设计轴载当量换算系数;

$p_i$——$k$ 类车辆单轴轴重级位 $i$ 频率(以分数计)。

依据调查所得的车辆类型组成数据,按式(1-51)计算确定设计车道使用初期的设计轴载日作用次数 $N_s$。

$$N_s = ADTT \times \sum_k (k_{p,k} \times p_k) \tag{1-51}$$

式中 $p_k$——$k$ 类车辆的组成比例(以分数计)。

(3)设计车道的设计轴载累计作用次数。设计基准期内水泥混凝土路面设计车道临界荷位处所承受的设计轴载累计作用次数,按式(1-52)计算确定。

$$N_e = \frac{N_s \times [(1+g_r)^t - 1] \times 365}{g_r} \eta \tag{1-52}$$

式中 $N_e$——设计基准期内设计车道所承受的设计轴载累计作用次数;

$t$——设计基准期(a);

$g_r$——设计基准期内货车交通量的年平均增长率(以百分数计);

$\eta$——临界荷位处的车辆轮迹横向分布系数,按表1-48选用。

**表 1-48 车辆轮迹横向分布系数**

| 公路等级 | | 纵缝边缘处 |
|---|---|---|
| 高速公路、一级公路、收费站 | | 0.17~0.22 |
| 二级及二级以下公路 | 行车道宽>7 m | 0.34~0.39 |
| | 行车道宽≤7 m | 0.54~0.62 |

注:车道、行车道宽或者交通量较大时,取高值;反之,取低值。

这里的轮迹横向分布系数一般仅在水泥混凝土路面设计中使用,用于考虑设计车道上车轮荷载在水泥混凝土板临界荷位处的作用。

车辆在道路上行驶时,车轮的轨迹总是在横断面中心线附近一定范围内左右摆动。由于轮迹的宽度远小于车道的宽度,因而总的轴载通行次数既不会集中在横断面上某一固定位置,也不可能平均分配到每点上,而是按一定规律分布在车道横断面上,因此,把某点通行次数与总通行次数之比称为轮迹的横向分布。

在路面结构设计中,用横向分布系数来反映轮迹横向分布频率的影响。测试时通常取宽度为两个条带的宽度,即 50 cm,因为双轮组每个轮宽 20 cm,轮隙宽为 10 cm。这时的两个条带频率之和称为轮迹横向分布系数。轮迹横向分布系数可以定义为路面横断面上某一宽度范围内实际受到的轴载作用次数占通过该车道断面的总轴数的比例。

### (五)交通等级

按设计基准期内设计车道临界荷位处所承受的设计轴载累计作用次数,将水泥混凝土路面所承受的轴载作用分为极重交通、特重交通、重交通、中等交通、轻交通 5 个等级,分级范围见表 1-49。

表 1-49 交通荷载分级

| 交通等级 | 极重 | 特重 | 重 | 中等 | 轻 |
| --- | --- | --- | --- | --- | --- |
| 设计基准期内设计车道承受设计轴载累计作用次数 $N_e/(1\times10^4)$ | $>1\times10^6$ | $1\times10^6 \sim 2\ 000$ | $2\ 000 \sim 100$ | $100 \sim 3$ | $<3$ |

### (六)混凝土弯拉强度标准值及弯拉弹性模量

《公路水泥混凝土路面设计规范》(JTG D40—2011)规定,水泥混凝土的设计弯拉强度标准值为 28 d 龄期的弯拉强度。各交通等级要求的水泥混凝土弯拉强度标准值不得低于表 1-50 的规定。水泥混凝土弯拉弹性模量的经验参考值范围见表 1-51。

表 1-50 水泥混凝土弯拉强度标准值

| 交 通 等 级 | 极重、特重、重 | 中 等 | 轻 |
| --- | --- | --- | --- |
| 水泥混凝土的弯拉强度标准值/MPa | ≥5.0 | 4.5 | 4.0 |
| 钢纤维混凝土的弯拉强度标准值/MPa | ≥6.0 | 5.5 | 5.0 |

表 1-51 水泥混凝土弯拉弹性模量经验参考值范围

| 弯拉强度/MPa | 1.0 | 1.5 | 2.0 | 2.5 | 3.0 | 3.5 | 4.0 | 4.5 | 5.0 | 5.5 |
| --- | --- | --- | --- | --- | --- | --- | --- | --- | --- | --- |
| 弯拉弹性模量/GPa | 10 | 15 | 18 | 21 | 23 | 25 | 27 | 29 | 31 | 33 |

### (七)最大温度梯度标准值

水泥混凝土面层顶面和底面的温度差与板厚的比值称为温度梯度,计量单位表示为 ℃/m。水泥混凝土面层的最大温度梯度标准值 $T_g$,可按照公路所在地的公路自然区划按表 1-52 选用。

表 1-52 最大温度梯度标准值 $T_g$

| 公路自然区划 | Ⅱ、Ⅴ | Ⅲ | Ⅳ、Ⅵ | Ⅶ |
| --- | --- | --- | --- | --- |
| 最大温度梯度/(℃·m$^{-1}$) | 83~88 | 90~95 | 86~92 | 93~98 |

注:海拔高时,取高值;湿度大时,取低值。

## 四、水泥混凝土路面结构组合设计

水泥混凝土路面设计应当将路基和路面各结构层作为一个整体综合考虑。

### (一)路基

水泥混凝土的弹性模量为 $(25\sim40)\times10^3$ MPa,水泥混凝土面层板具有很高的刚度和扩散荷载的能力，通过面层板和基层传到路基顶面的荷载应力值很小，一般不超过 0.05 MPa。因此，对路基承载能力的要求并不高。然而，如果土基的稳定性不足，在水温变化的影响下出现较大的变形，特别是不均匀沉陷，则仍将给混凝土面板带来很不利的影响。因此，对路基的基本要求是稳定、密实、均质，对路面结构提供均匀的支承，即路基在环境和荷载作用下产生的不均匀变形很小。

路基的填料应满足：高液限黏土及含有机质细粒土，不应用作高速公路、一级公路的路床填料或二级以下公路的上路床填料；高液限粉土及塑性指数大于 16 或膨胀率大于 3% 的低液限黏土，不应用作高速公路、一级公路的上路床填料。因条件限制必须采用上述土做填料时，应掺加水泥、粉煤灰或石灰等结合料进行改善。

石质挖方或填石路床顶面应铺筑整平层。整平层可采用碎石、低剂量水泥稳定粒料等材料，其厚度可根据路床顶面平整程度确定，最小厚度不小于 100 mm。

水泥混凝土路面结构设计时，路基的设计参数用路床顶面的综合回弹模量值表征。轻交通荷载等级时不得低于 40 MPa，中等或重交通荷载等级时不得低于 60 MPa，特重或极重交通荷载等级时不得低于 80 MPa。

路床顶面的综合回弹模量值等于路基回弹模量乘以湿度调整系数。路基回弹模量与路基回弹模量湿度调整系数的取值可参考表 1-53 和表 1-54。

表 1-53 路基回弹模量经验参考值　　　　　　　　　　　　　　　　　　　　　MPa

| 土组 | 取值范围 | 代表值 | 土组 | 取值范围 | 代表值 |
|---|---|---|---|---|---|
| 级配良好砾(GW) | 240～290 | 250 | 含细粒土砂(SF) | 80～160 | 120 |
| 级配不良砾(GP) | 170～240 | 190 | 粉土质砂(SM) | 120～190 | 150 |
| 含细粒土砾(GF) | 120～241 | 180 | 黏土质砂(SC) | 80～120 | 100 |
| 粉土质砾(GM) | 160～270 | 220 | 低液限粉土(ML) | 70～110 | 90 |
| 黏土质砾(GC) | 120～190 | 150 | 低液限黏土(CL) | 50～100 | 70 |
| 级配良好砂(SW) | 120～190 | 150 | 高液限粉土(MH) | 30～70 | 50 |
| 级配不良砂(SP) | 100～160 | 130 | 高液限黏土(CH) | 20～50 | 30 |

表 1-54 路基回弹模量湿度调整系数

| 土组 | 路床顶距地下水水位的距离/m | | | | | |
|---|---|---|---|---|---|---|
| | 1.0 | 1.5 | 2.0 | 2.5 | 3.0 | 4.0 |
| 细粒质砾(GF)、土质砾(GM、GC) | 0.81～0.88 | 0.86～1.00 | 0.91～1.00 | 0.96～1.00 | — | — |
| 细粒质砂(SF)、土质砂(SM、SC) | 0.80～0.86 | 0.83～0.97 | 0.87～1.00 | 0.90～1.00 | 0.94～1.00 | — |
| 低液限粉土(ML) | 0.71～0.74 | 0.75～0.81 | 0.78～0.89 | 0.82～0.97 | 0.86～1.00 | 0.94～1.00 |
| 低液限黏土(CL) | 0.70～0.73 | 0.72～0.80 | 0.74～0.88 | 0.75～0.95 | 0.77～1.00 | 0.81～1.00 |
| 高液限粉土(MH)、高液限黏土(CH) | 0.70～0.71 | 0.71～0.75 | 0.72～0.78 | 0.73～0.82 | 0.73～0.86 | 0.74～0.94 |

路床顶面综合回弹模量值不满足上述要求时，应选用粗粒土或低剂量无机结合料稳定土作路床或上路床填料。当路基工作区底面接近或低于地下水水位时，可采取更换填料、设置排水渗沟等措施。

## (二)垫层

垫层主要设置在温度和湿度状况不良的路段上,以改善路面结构的使用性能。遇有下述情况时,需在基层下设置垫层:

(1)季节性冰冻地区的中湿路基和潮湿路基,当路面结构厚度小于表 1-55 规定的路面最小防冻厚度时,应设置防冻垫层。

表 1-55　水泥混凝土路面最小防冻厚度

| 路基干湿类型 | 路基土质 | 当地最大冰冻深度/m | | | |
|---|---|---|---|---|---|
| | | 0.50~1.00 | 1.00~1.50 | 1.50~2.00 | ≥2.00 |
| 中湿路基 | 易冻胀土 | 0.30~0.50 | 0.40~0.60 | 0.50~0.70 | 0.60~0.95 |
| | 很易冻胀土 | 0.40~0.60 | 0.50~0.70 | 0.60~0.85 | 0.70~1.10 |
| 潮湿路基 | 易冻胀土 | 0.40~0.60 | 0.50~0.70 | 0.60~0.90 | 0.75~1.20 |
| | 很易冻胀土 | 0.45~0.70 | 0.55~0.80 | 0.70~1.00 | 0.80~1.30 |

注:1.冻深小或填方路段,或者基、垫层为隔温性能良好的材料,可采用低值;冻深大或挖方及地下水水位高的路段,或者基、垫层位隔温性能稍差的材料,应采用高值;
2.冻深小于 0.50 m 的地区,一般不考虑结构层防冻厚度。

(2)水文地质条件不良的土质路堑,路床土湿度较大时,宜设置排水垫层。

垫层材料以就地取材为原则,强度要求不一定要高,但其水稳性、隔热性能要好。防冻垫层和排水垫层一般采用碎石、砂砾等颗粒材料。垫层应与路基同宽,其最小厚度为 150 mm。

## (三)基层和底基层

水泥混凝土路面的基层所承受的车辆荷载应力较小,但基层应具有足够的抗冲刷能力和适当的刚度,且断面正确,表面平整。基层、底基层材料可依据交通荷载等级要求和材料供应条件,参照表 1-56 选用。

表 1-56　适宜各交通等级的基层、底基层类型

| 交通等级 | 基层类型 | 底基层类型 |
|---|---|---|
| 极重、特重交通 | 贫混凝土、碾压混凝土或沥青混凝土 | 水泥稳定碎石、二灰稳定碎石、级配碎石 |
| 重交通 | 水泥稳定碎石或沥青稳定碎石 | |
| 中等或轻交通 | 水泥稳定碎石、二灰稳定碎石或级配碎石 | 未筛分碎石、级配砾石或不设 |

承受极重、特重或重交通荷载的路面,基层下应设置底基层;承受中等或轻交通荷载时,可不设底基层。当基层采用无机结合料稳定类材料,且上路床由细粒土组成时,应在基层下设置粒料类底基层。

基层采用无机结合料稳定材料时,底基层宜选用小于 0.075 mm 颗粒含量少于 7% 的粒料类材料。

贫混凝土或碾压混凝土基层上应铺设沥青混凝土夹层,厚度不宜小于 40 mm。无机结合料稳定碎石基层上应设置封层。封层可采用厚度不小于 6 mm 的单层沥青表面处治或适宜的膜层材料等。

多雨地区,路基由低透水性细粒土组成的高速公路、一级公路或者承受极重或特重交通的二级公路,宜设置开级配沥青稳定碎石或开级配水泥稳定碎石组成的排水基层。排水基层下应设置由密级配粒料或水泥稳定碎石组成的不透水底基层,底基层顶面宜设置沥青类封层或防水土工织物。

各种基层和底基层的结构层适宜的压实厚度应按照公称最大粒径和压实效果的要求而定。一般适宜压实厚度参见表1-57。基层或底基层的设计层厚超出相应材料的适宜压实厚度时，宜分层铺设和压实。

表1-57 各种基层和底基层的结构层适宜施工层厚

| 材料类型 | | 适宜的厚度范围/mm |
|---|---|---|
| 贫混凝土或碾压混凝土 | | 120～200 |
| 无机结合料稳定粒料 | | 150～200 |
| 沥青混凝土 | 集料公称最大粒径 9.5 mm | 25～40 |
| | 集料公称最大粒径 13.2 mm | 35～65 |
| | 集料公称最大粒径 16 mm | 40～70 |
| | 集料公称最大粒径 19 mm | 50～75 |
| 沥青稳定碎石 | 集料公称最大粒径 19 mm | 50～75 |
| | 集料公称最大粒径 26.5 mm | 75～100 |
| 多孔隙水泥稳定碎石 | | 100～150 |
| 级配碎石、未筛分碎石、级配砾石和碎砾石 | | 100～200 |

硬路肩采用混凝土面层时，基层的结构和厚度应与行车道相同。基层的宽度应比混凝土面层每侧宽出 300 mm（小型机具施工时）或 650 mm（滑模式摊铺机施工时）。

基层和底基层材料的设计参数用弹性（回弹）模量表征，取值可参考表1-58和表1-59。

表1-58 粒料类基层和底基层材料（回弹）模量经验参考值　　　　MPa

| 材料类型 | 取值范围 | 代表值 | 材料类型 | 取值范围 | 代表值 |
|---|---|---|---|---|---|
| 级配碎石（基层） | 200～400 | 300 | 级配砾石（基层） | 150～300 | 250 |
| 级配碎石（底基层） | 180～250 | 220 | 级配砾石（底基层） | 150～220 | 190 |
| 未筛分碎石 | 180～220 | 200 | 天然砂砾 | 105～135 | 120 |

表1-59 无机结合料类基层和底基层材料弹性模量经验参考值　　　　MPa

| 材料类型 | 7 d浸水抗压强度 | 试件模量 | 收缩开裂后模量 | 疲劳破坏后模量 |
|---|---|---|---|---|
| 水泥稳定类 | 3.0～6.0 | 3 000～14 000 | 2 000～2 500 | 300～500 |
| | 1.5～3.0 | 2 000～10 000 | 1 000～2 000 | 200～400 |
| 石灰粉煤灰稳定类 | ≥0.8 | 3 000～14 000 | 2 000～2 500 | 300～500 |
| | 0.5～0.8 | 2 000～10 000 | 1 000～2 000 | 200～400 |
| 石灰稳定类 | ≥0.8 | 2 000～4 000 | 800～2 000 | 100～300 |
| | 0.5～0.8 | 1 000～2 000 | 400～1 000 | 50～200 |
| 开级配水泥稳定碎石（CTPB） | ≥4.0 | 1 300～1 700 | — | |

### （四）面层

水泥混凝土面层（面板）应具有足够的强度、耐久性，表面应抗滑、耐磨、平整。

面层一般采用设置纵、横向接缝的普通水泥混凝土。普通混凝土面层板平面形状通常采用纵、横向接缝垂直相交的矩形。纵缝两侧的横缝应对接上，不得相互错位，以避免纵缝处两侧板块粘连时由于纵向相对位移受阻而使横缝两侧的板块出现横向感应裂缝。

纵向接缝的间距（即板宽）按路面宽度在 3.0～4.5 m 范围内确定。横向接缝的间距（即板长）一般采用 4～6 m。板块宜尽可能接近正方形，以改善其受力状况。面层板的长宽比不宜超过 1.35，平面尺寸不宜大于 25 m²。

路面结构组合设计及初拟面层厚度时，各交通等级下的水泥混凝土面板初估厚度可参照表 1-60 所列范围选取。在各级面层厚度参考范围内，标准轴载作用次数多、变异系数大、最大温度梯度大或者基、垫层厚度小或者模量值低时，取高值。普通混凝土面层板的设计厚度应依据计算厚度加 6 mm 磨耗层后，按 10 mm 向上取整。

表 1-60 水泥混凝土面层厚度的参考范围

| 交通等级 | 极重 | 特重 | | | 重 | | |
|---|---|---|---|---|---|---|---|
| 公路等级 | — | 高速 | 一级 | 二级 | 高速 | 一级 | 二级 |
| 变异水平等级 | 低 | 低 | 中 | 低 | 中 | 低 | 中 | 低 | 中 |
| 面层厚度/mm | ≥320 | 320～280 | 300～280 | 280～240 | 270～230 | 260～220 |

| 交通等级 | 中等 | | | 轻 | |
|---|---|---|---|---|---|
| 公路等级 | 二级 | 三、四级 | 三、四级 | 三、四级 | |
| 变异水平等级 | 高 | 中 | 高 | 中 | 高 | 中 |
| 面层厚度/mm | 250～220 | 240～210 | 230～200 | 220～190 | 210～180 |

水泥混凝土面层的设计参数为弯拉强度，水泥混凝土弯拉强度标准值和弯拉弹性模量经验参考值范围参见表 1-50 和表 1-51。

### (五) 路肩

路肩铺面结构应具有一定的承载能力，其结构层组合和材料选用应与行车道路面相协调，不应使渗入的路表水积滞在行车道路面结构内。

行车道混凝土面层宜宽出外侧车道边缘线 0.6 m。

高速公路、一级公路以及承受极重、特重和重交通荷载等级的公路，路肩铺面应采用与行车道路面相同的结构层组合和组成材料类型。其他等级公路，路肩铺面的基层和底基层应采用与行车道路面结构相同的材料类型和厚度。

路肩面层可采用水泥混凝土或沥青类材料。路肩混凝土面层与行车道面层应设置拉杆相连，二者的横向缩缝应连通。

## 五、水泥混凝土路面接缝设计

### (一) 水泥混凝土面板设接缝的原因

由于一年四季气温的变化，水泥混凝土面层会产生不同程度的膨胀和收缩，从而引起混凝土板的轴向变形。在一昼夜中，白天气温升高，混凝土板顶面温度较底面温度高，这种温度坡差会形成板的中部隆起的趋势。夜间气温降低，板顶面温度较底面温度低，会使板的周边和角隅发生翘起的趋势，发生翘曲变形，如图 1-9(a) 所示。这些变形会受到板与基础之间的摩阻力和粘结力，以及板的自重、车轮荷载等的约束，致使板内产生过大的应力，造成板的断裂或拱胀等破坏，如图 1-9(b) 所示。由图 1-9 可知，由于翘曲而引起的裂缝，在裂缝发生后被分割的两块板体尚不致完全分离，倘若板体温度均匀下降引起收缩，则将使两块板体被拉开，如图 1-9(c) 所示，从而失去荷载传

水泥混凝土路面
设接缝的意义

递作用。为避免这些缺陷，水泥混凝土路面不得不在纵、横两个方向设置许多接缝，把整个路面分割成许多板块，如图1-10所示。

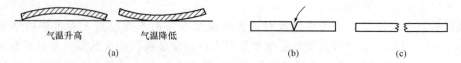

图1-9 混凝土板变形、开裂
(a)混凝土板的拱胀、翘曲变形；(b)、(c)混凝土板的开裂

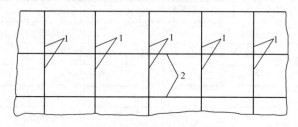

图1-10 路面接缝设置
1—横缝；2—纵缝

### (二)接缝的分类

水泥混凝土面层的接缝按照与行车方向的关系可分为横向接缝和纵向接缝。

横向接缝是垂直于行车方向的接缝，共有横向缩缝、横向施工缝和胀缝三种形式。缩缝保证板因温度和湿度的降低而收缩时沿该薄弱断面缩裂，从而避免产生不规则的裂缝。胀缝保证板在温度升高时能部分伸张，从而避免产生路面板在热天的拱胀和折断破坏，同时，胀缝也能起到缩缝的作用。每日施工结束或因临时原因中断施工时，必须设置横向施工缝，其位置应尽可能选在缩缝或胀缝处。

纵向接缝是平行于行车方向的接缝，共有纵向缩缝和纵向施工缝两种形式。

任何形式的接缝处板体都不可能是连续的，其传递荷载的能力总不如非接缝处，而且任何形式的接缝都不免要漏水。因此，对各种形式的接缝，都必须为其提供相应的传荷与防水的设施。

水泥混凝土路面接缝的类型

### (三)横向接缝的构造与布置

**1. 横向缩缝**

普通水泥混凝土面层的横向缩缝间距一般为4～6 m(即板长)，在昼夜气温变化较大的地区，或地基水文情况不良路段，应取低限值；反之，取高限值。

横向缩缝可等间距或变间距布置，采用假缝形式(只在横向缩缝位置面层顶部锯切成一定深度的槽口)。一般情况横向缩缝可采用不设传力杆假缝形式。极重、特重和重交通荷载等级公路的横向缩缝，中等和轻交通荷载等级公路邻近胀缝或自由端部的3条横向缩缝，收费广场的横向缩缝，应采用设传力杆假缝形式，其构造如图1-11所示。传力杆的设置不应妨碍相邻混凝土的自由伸缩，钢筋表面应作防锈处理。

横向缩缝顶部锯切槽口的深度，不设传力杆时宜为面层厚度的1/5～1/4，设传力杆时宜为面层厚度的1/4～1/3，宽度为3～8 mm，槽内填塞填缝料。二级及二级以下公路的槽口可一次锯切成型。高速、一级公路的横向缩缝槽口宜二次锯切成型，在第一次锯切缝的上部增设7～10 mm浅槽口，槽口下部应设置背衬垫条，上部应用填缝料灌填。其构造如图1-12所示。

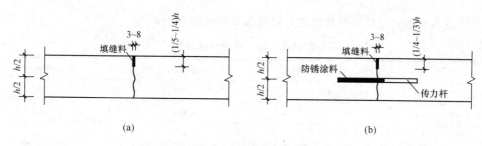

**图 1-11　横向缩缝构造(尺寸单位：mm)**

(a) 不设传力杆缩缝；(b) 设传力杆缩缝

### 2. 横向施工缝

设在缩缝处的施工缝，应采用加传力杆的平缝形式，其构造如图 1-13 所示；设在胀缝处的施工缝，其构造与胀缝相同。

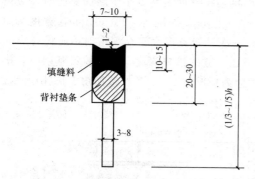

图 1-12　浅槽构造(尺寸单位：mm)

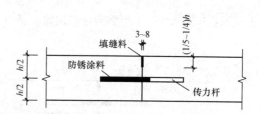

图 1-13　横向施工缝构造(尺寸单位：mm)

### 3. 横向胀缝

在邻近桥梁或其他固定构造物处，或与其他道路相交处，应设置横向胀缝。胀缝的条数应根据膨胀量大小设置。低温浇筑混凝土面层或选用膨胀性高的集料时，宜根据实际情况确定是否设置胀缝。胀缝宽为 20～25 mm，缝内设置填缝板和可滑动的传力杆。胀缝构造如图 1-14 所示。

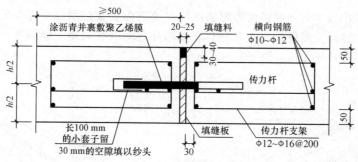

图 1-14　胀缝构造(尺寸单位：mm)

传力杆的主要作用是提高接缝的传荷能力。我国绝大部分混凝土路面的横向缩缝均未设传力杆，原因是施工不便。接缝是混凝土路面的最薄弱处，在承受极重、特重和重交通的普通混凝土面层的横向缩缝内必须设置传力杆。传力杆应采用光圆钢筋。其尺寸和间距可按表 1-61 选

拉杆与传力杆

用。最外侧传力杆距纵向接缝或自由边的距离为150~250 mm。

表 1-61 传力杆尺寸和间距　　　　　　　　　　　　mm

| 面层厚度 | 传力杆直径 | 传力杆最小长度 | 传力杆最大间距 |
|---|---|---|---|
| 200 | 28 | 400 | 300 |
| 240 | 30 | 400 | 300 |
| 260 | 32 | 450 | 300 |
| 280 | 32~34 | 450 | 300 |
| ≥300 | 34~36 | 500 | 300 |

### (四)纵向接缝的构造与布置

#### 1. 纵向施工缝

纵向接缝的布设应视路面宽度和施工铺筑宽度而定：一次铺筑宽度小于路面宽度时，应设置纵向施工缝。纵向施工缝采用平缝形式，上部应锯切槽口，深度为30~40 mm，宽度为3~8 mm，槽内灌塞填缝料。其构造如图1-15(a)所示。一次铺筑宽度大于4.5 m时，应设置纵向缩缝。纵向缩缝采用假缝形式，锯切的槽口深度应大于施工缝的槽口深度。采用粒料基层时，槽口深度应为板厚的1/3；采用半刚性基层时，槽口深度应为板厚的2/5。其构造如图1-15(b)所示。

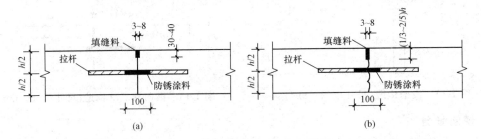

图 1-15　纵缝构造(尺寸单位：mm)
(a)纵向施工缝；(b)纵向缩缝

#### 2. 纵向缩缝

纵缝应与路线中线平行。在路面等宽的路段内或路面变宽路段的等宽部分，纵缝的间距和形式应保持一致。路面变宽段的加宽部分与等宽部分之间以纵向施工缝隔开。加宽板在变宽段起终点处的宽度不应小于1 m，如图1-16所示。

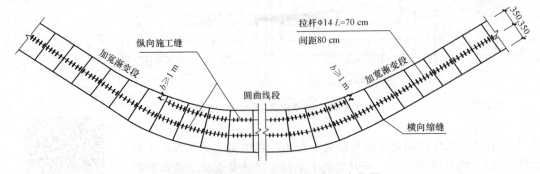

图 1-16　弯道加宽路段路面板宽度变化图

拉杆的主要作用是防止纵向接缝张开。拉杆应采用螺纹钢筋，设置在板厚中央，并应对拉杆中部 100 mm 范围内进行防锈处理。拉杆的直径、长度和间距可参照表 1-62 选用。施工布设时，拉杆间距应按横向接缝的实际位置予以调整，最外侧的拉杆距横向接缝的距离不得小于 100 mm。

表 1-62　拉杆直径、长度和间距　　　　　　　　　　　　　　　　　　　　mm

| 面层厚度 /mm | 到自由边或未设拉杆纵缝的距离/m | | | | | |
|---|---|---|---|---|---|---|
| | 3.00 | 3.50 | 3.75 | 4.50 | 6.00 | 7.50 |
| 200~250 | 14×700×900 | 14×700×800 | 14×700×700 | 14×700×600 | 14×700×500 | 14×700×400 |
| ≥260 | 16×800×800 | 16×800×700 | 16×800×600 | 16×800×500 | 16×800×400 | 16×800×300 |

注：拉杆尺寸表示方法为直径×长度×间距。

### (五) 交叉口接缝的布置

纵缝与横缝一般做成垂直正交，使混凝土板具有 90°的角隅。纵缝两旁的横缝一般成一条直线。实践证明，如横缝在纵缝两旁错开，将导致板产生从横缝延伸出来的裂缝。

两条道路正交时，各条道路的直道部分均保持本身纵缝的连贯，而相交路段内各条道路的横缝位置应按相对道路的纵缝间距作相应变动，保证两条道路的纵、横缝垂直相交，互不错位。

两条道路斜交时，主要道路的直道部分保持纵缝的连贯，而相交路段内的横缝位置应按次要道路的纵缝间距作相应变动，保证与次要道路的纵缝相连接。

相交道路弯道加宽部分的接缝布置，应不出现或少出现错缝和锐角板。

在次要道路弯道加宽段起终点断面处的横向接缝，应采用胀缝形式。膨胀量大时，应在直线段连续布置 2~3 条胀缝。

### (六) 接缝填封材料

接缝填封材料按使用性能可分为胀缝接缝板和接缝填缝料两类。

胀缝接缝板应选用能适应混凝土面板的膨胀与收缩，且施工时不变形、复原率高和耐久性良好的材料。常温施工式填缝料有硅酮类、聚氨酯类等，高温施工式填缝料有道路石油沥青、改性沥青、橡胶沥青类等。常温施工式填缝料优于高温施工式填缝料。高速公路和一级公路的胀缝接缝板宜选用泡沫橡胶板、沥青纤维板；其他等级公路也可选用木材类或纤维类板。

接缝填缝料应选用与混凝土面板接缝槽壁粘结力强，回弹性好，且适应混凝土面板的收缩、不溶于水、不渗水、高温时不流淌、低温时不脆裂、耐老化、有一定抵抗砂石嵌入的能力、便于施工操作的材料。常温施工填缝料有硅酮类、聚氨酯类，高温施工式填缝料有道路石油沥青、改性沥青、橡胶沥青类等。常温施工式填缝料优于高温施工式填缝料。高速公路、一级公路宜优先选择硅酮类、聚氨酯类填缝料；二级及二级以下公路可选用聚氨酯类、橡胶沥青类或改性沥青类填缝料；道路石油沥青填缝料可用于三、四级公路，不宜用于二级公路，不得用于高速公路和一级公路。

控制填缝形状系数（填缝宽度与填缝深度的比值）的背衬垫条应具有良好的弹性、柔韧性、不吸水、耐酸碱腐蚀和高温不软化等性能。背衬垫条材料有发泡聚氨酯、橡胶条或微孔泡沫塑料等，其形状宜为压缩圆柱形，直径宜比接缝宽度大 2~5 mm。

各类接缝填封材料的技术要求参见《公路水泥混凝土路面施工技术细则》(JTG/T F30—2014)。

### (七) 其他材料

用于胀缝传力杆端部的套帽应采用塑料或塑胶管，厚度应为 1.0~2.0 mm，要求端部密封不透水,内径较传力杆直径大 1.0 mm,套帽长度为 270 mm,顶部空隙长度为 30 mm。

### 六、特殊部位的处理

#### (一)普通混凝土面层局部配筋

**1. 边缘钢筋布置**

普通混凝土面层基础薄弱的自由边缘、接缝为未设传力杆的平缝、主线与匝道相接处或其他类型路面相接处,可在面层边缘的下部配置钢筋,可选用 2 根直径为 12~16 mm 的螺纹钢筋,置于面层底面之上 1/4 厚度处并不小于 50 mm,间距为 100 mm,钢筋两端向上弯起,如图 1-17 所示。

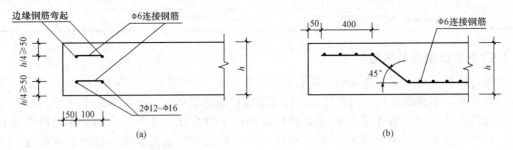

图 1-17 边缘钢筋布置(尺寸单位:mm)

纵向边缘钢筋一般只做在一块板内,不得穿过缩缝,以免妨碍板的翘曲;但有时亦可将其穿过缩缝,但不得穿过胀缝。为加强锚固能力,钢筋两端应向上弯起。在横向胀缝两侧板边缘以及混凝土路面的起终端处,为加强板的横向边缘,也可设置横向边缘钢筋。

**2. 角隅钢筋布置**

图 1-18 角隅钢筋布置(尺寸单位:mm)

承受极重、特重或重交通的水泥混凝土面层的胀缝、施工缝和自由边的角隅以及承受极重交通的水泥混凝土面层缩缝的角隅,宜配置角隅钢筋,可选用 2 根直径为 12~16 mm 的螺纹钢筋,置于面层上部,距顶面不小于 50 mm,距边缘为 100 mm,如图 1-18 所示。

水泥混凝土路面特殊部位处理

#### (二)端部的处理

水泥混凝土路面与桥涵、通道及隧道等固定构造物相衔接的胀缝无法设置传力杆时,可在毗邻构造物的板端部内配置双层钢筋网;或在长度为 6~10 倍板厚的范围内逐渐将板厚增加 20%,如图 1-19 所示。

水泥混凝土路面与桥梁相接处,桥头设有钢筋混凝土搭板时,应在搭板与混凝土面层板之间设置长 6~10 m 的钢筋混凝土面层过渡板。过渡板与搭板之间的横缝采用设拉杆平缝形式;过渡板与混凝土面层板之间的横缝采用设传力杆胀缝形式。膨胀量大时,应连续设置 2~3 条传力杆胀缝。当桥梁为斜交时,钢筋混凝土面层过渡板(渐变板)的锐角部分应采用钢筋网补强。

水泥混凝土路面与桥梁相接处,桥头未设搭板时,宜在桥台与混凝土面层板之间设置长 10~15 m 的钢筋混凝土面层板;或设置由混凝土预制块面层或沥青面层铺筑的过渡段,其长度

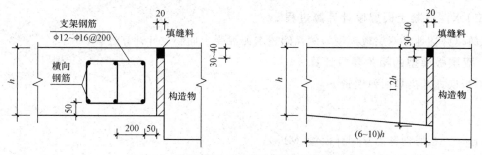

图 1-19 胀缝板无法设传力杆时的处理方法

不小于 8 m。

水泥混凝土路面与沥青路面相接时，由于沥青面层难以抵御混凝土面层的膨胀推力，容易出现沥青面层的推移拥起，而形成接头处的不平整，引起跳车。其间应设置不小于 3 m 长的过渡段。过渡段的路面采用两种路面呈阶梯状叠合布置，其下面铺设的变厚度混凝土过渡板的厚度不得小于 200 mm，如图 1-20 所示。过渡板顶面应设置横向拉槽，沥青层与过渡板之间应粘结良好。过渡板与混凝土面层相接处的接缝内设置直径为 25 mm、长为 700 mm、间距为 400 mm 的拉杆。混凝土面层毗邻该接缝的 1～2 条横向接缝应设置胀缝。

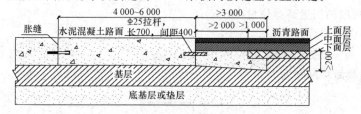

图 1-20 混凝土路面与沥青路面相接段的构造布置(尺寸单位：mm)

## 七、水泥混凝土路面厚度计算

### (一)水泥混凝土路面厚度设计的力学模型

水泥混凝土路面厚度设计的力学模型是弹性地基板。按基层和面层类型及组合的不同，可分别采用下述结构分析模型。

**1. 弹性地基单层板模型**

弹性地基单层板模型适用于粒料基层上混凝土面层，旧沥青路面加铺混凝土面层；面层板底面以下部分按弹性地基处理。

**2. 弹性地基双层板模型**

弹性地基双层板模型适用于无机结合料类基层或沥青类基层上混凝土面层，旧混凝土路面上加铺分离式混凝土面层；面层和基层或者新旧面层作为双层板，基层底面以下或者旧面层底面以下部分按弹性地基处理。

**3. 复合板模型**

复合板模型适用于两层不同性能材料组成的面层或基层复合板。旧混凝土路面上加铺结合式混凝土面层，两层不同性能材料组成的层间粘结的面层，作为弹性地基上的单层板或者弹性地基上双层板的上层板；无机结合料类基层或沥青类基层与无机结合料类底基层组成的基层，作为弹性地基上双层板的下层板。

### (二)水泥混凝土面层设计计算过程

下面以弹性地基双层板模型为例,阐述水泥混凝土面层设计计算过程。

**1. 双层板模型的相关参数计算**

(1)板底地基当量回弹模量 $E_t$:

$$E_t = \left(\frac{E_x}{E_0}\right)^\alpha E_0 \tag{1-53}$$

式中 $E_t$——板底地基当量回弹模量(MPa);
$E_0$——路床顶综合回弹模量(MPa);
$E_x$——粒料层的当量回弹模量(MPa),见式(1-56);
$\alpha$——与粒料层总厚度 $h_x$ 有关的回归系数,见式(1-54):

$$\alpha = 0.86 + 0.26\ln(h_x) \tag{1-54}$$

式中 $h_x$——粒料层的总厚度(m),见式(1-55):

$$h_x = \sum_{i=1}^{n} h_i \tag{1-55}$$

$$E_x = \sum_{i=1}^{n}(h_i^2 E_i)/\sum_{i=1}^{n} h_i^2 \tag{1-56}$$

式中 $E_x$——粒料层的当量回弹模量(MPa);
$n$——粒料层的层数;
$E_i$,$h_i$——第 $i$ 层的回弹模量(MPa)与厚度(m)。

(2)上层板的截面弯曲刚度 $D_c$:

$$D_c = \frac{E_c h_c^3}{12(1-v_c^2)} \tag{1-57}$$

式中 $D_c$——上层板的截面弯曲刚度(MN·m);
$h_c$,$E_c$,$v_c$——上层板的厚度(m)、弯拉弹性模量(MPa)和泊松比。

(3)下层板的截面弯曲刚度 $D_b$:

$$D_b = \frac{E_b h_b^3}{12(1-v_b^2)} \tag{1-58}$$

式中 $D_b$——下层板的截面弯曲刚度(MN·m);
$h_b$,$E_b$,$v_b$——下层板的厚度(m)、弯拉弹性模量(MPa)和泊松比。

(4)双层板的总相对刚度半径 $r_g$:

$$r_g = 1.21[(D_c + D_b)/E_t]^{1/3} \tag{1-59}$$

式中 $r_g$——双层板的总相对刚度半径(m)。
式中其他各符号含义同前。

**2. 荷载应力分析**

(1)计算设计轴载在面层板或上面层板临界荷位处产生的荷载疲劳应力 $\sigma_{pr}$:

$$\sigma_{pr} = k_r k_f k_c \sigma_{ps} \tag{1-60}$$

式中 $\sigma_{pr}$——设计轴载在面层板临界荷位处产生的荷载疲劳应力(MPa);
$\sigma_{ps}$——设计轴载在上层板临界荷位处产生的荷载应力(MPa);
$k_r$——应力折减系数,采用混凝土路肩时,$k_r = 0.87 \sim 0.92$(路肩面层与路面面层等厚时取低值,减薄时取高值),采用柔性路肩或土路肩时,$k_r = 1$;
$k_f$——考虑设计基准期内荷载疲劳应力系数,按式(1-61)计算:

$$k_f = N_e^\lambda \tag{1-61}$$

$N_e$——设计基准期内设计轴载累计作用次数；

$\lambda$——材料疲劳指数，普通混凝土、钢筋混凝土、连续配筋混凝土，$\lambda=0.057$；碾压混凝土、贫混凝土，$\lambda=0.065$；

$k_c$——考虑计算理论与实际差异以及动载等因素影响的综合系数，按公路等级查表1-63确定。

表1-63 综合系数 $k_c$

| 公路等级 | 高速公路 | 一级公路 | 二级公路 | 三、四级公路 |
|---|---|---|---|---|
| $k_c$ | 1.15 | 1.10 | 1.05 | 1.00 |

(2)计算设计轴载在上层板临界荷位处产生的荷载应力 $\sigma_{ps}$：

$$\sigma_{ps}=\frac{1.45\times10^{-3}}{1+D_b/D_c}\gamma_g^{0.65}h_c^{-2}P_s^{0.94} \tag{1-62}$$

式中 $\sigma_{ps}$——临界荷位处设计轴载荷载应力(MPa)；

$P_s$——标准轴载(kN)，$P_s=100$ kN。其他符号含义同前。

(3)计算贫混凝土、碾压混凝土基层板或者下面层板的荷载疲劳应力 $\sigma_{bpr}$：

$$\sigma_{bpr}=k_f k_c \sigma_{bps} \tag{1-63}$$

$$\sigma_{bps}=\frac{1.41\times10^{-3}}{1+D_c/D_b}\gamma_g^{0.68}h_b^{-2}P_s^{0.94} \tag{1-64}$$

式中 $\sigma_{bpr}$——下层板的荷载疲劳应力(MPa)；

$\sigma_{bps}$——设计轴载在下层板临界荷位处产生的荷载应力(MPa)。其他符号含义同前。

(4)计算最重轴载 $P_m$ 在上层板临界荷位处产生的最大荷载应力 $\sigma_{p,\max}$：

$$\sigma_{p,\max}=k_r k_c \sigma_{pm} \tag{1-65}$$

式中 $\sigma_{p,\max}$——最重轴载 $P_m$ 在面层板临界荷位处产生的最大荷载应力(MPa)；

$\sigma_{pm}$——最重轴载 $P_m$ 在四边自由板临界荷位处产生的最大荷载应力(MPa)，见式(1-66)。

$$\sigma_{pm}=\frac{1.45\times10^{-3}}{1+D_b/D_c}\gamma_g^{0.65}h_c^{-2}P_m^{0.94} \tag{1-66}$$

其他各符号含义同前。

**3. 温度应力分析**

对双层板而言，下层板温度疲劳应力不计，因此，只需分析上层板的温度疲劳应力 $\sigma_{tr}$。

上层板的温度疲劳应力 $\sigma_{tr}$ 按式(1-67)计算：

$$\sigma_{tr}=k_t \sigma_{t,\max} \tag{1-67}$$

式中 $k_t$——考虑温度应力累计疲劳作用的温度疲劳应力系数，见式(1-67)；

$\sigma_{t,\max}$——最大温度梯度时临界荷位处产生的最大温度翘曲应力，见式(1-68)。

温度疲劳应力系数 $k_t$ 按下式计算确定：

$$k_t=\frac{f_r}{\sigma_{t,\max}}\left[a_t\left(\frac{\sigma_{t,\max}}{f_r}\right)^{b_t}-c_t\right] \tag{1-68}$$

式中 $f_r$——水泥混凝土弯拉强度标准值，查表1-46；

$a_t$，$b_t$ 和 $c_t$——回归系数，按所在地区的公路自然区划查表1-64确定。

式中其他符号含义同前。

表1-64 回归系数

| 系数 | 公路自然区划 | | | | | |
|---|---|---|---|---|---|---|
| | Ⅱ | Ⅲ | Ⅳ | Ⅴ | Ⅵ | Ⅶ |
| $a_t$ | 0.828 | 0.855 | 0.841 | 0.871 | 0.837 | 0.834 |

续表

| 系数 | 公路自然区划 | | | | | |
|---|---|---|---|---|---|---|
| | Ⅱ | Ⅲ | Ⅳ | Ⅴ | Ⅵ | Ⅶ |
| $b_t$ | 1.323 | 1.355 | 1.323 | 1.287 | 1.382 | 1.270 |
| $c_t$ | 0.041 | 0.041 | 0.058 | 0.071 | 0.038 | 0.052 |

最大温度梯度时上层板的最大温度翘曲应力 $\sigma_{t,\max}$ 按照式(1-69)计算确定：

$$\sigma_{t,\max}=\frac{\alpha_c E_c h_c T_g}{2}B_L \tag{1-69}$$

式中 $\alpha_c$——混凝土的线膨胀系数(1/℃)，根据粗集料的岩性按表 1-65 选用；
$T_g$——最大温度梯度，可按照公路所在地的公路自然区划按表 1-52 选用；
$B_L$——综合温度翘曲应力和内应力作用的温度应力系数，按式(1-70)确定。
式中其他符号含义同前。

表 1-65 水泥混凝土线膨胀系数 $\alpha_c$ 经验参考值

| 粗集料类型 | 石英岩 | 砂岩 | 砾石 | 花岗岩 | 玄武岩 | 石灰岩 |
|---|---|---|---|---|---|---|
| 水泥混凝土线膨胀系数/($10^{-6}\cdot℃^{-1}$) | 12 | 12 | 11 | 10 | 9 | 7 |

$$B_L=1.77\mathrm{e}^{-4.48h_c}C_L-0.131\times(1-C_L) \tag{1-70}$$

式中 $B_L$——综合温度翘曲应力和内应力的温度应力系数；
$h_c$——混凝土面层板的厚度(m)；
$C_L$——混凝土面层板温度翘曲应力系数，见式(1-71)。

$$C_L=1-\left(\frac{1}{1+\xi}\right)\frac{\sinh t\cos t+\cosh t\sin t}{\cos t\sin t+\sinh t\cosh t} \tag{1-71}$$

式中 $\xi$——与双层板结构有关的参数，见式(1-73)；
$t$——参数，见式(1-72)。

$$t=\frac{L}{3\gamma_g} \tag{1-72}$$

式中 $L$——面层板的横缝间距，即板长(m)；其他符号含义同前。

$$\xi=-\frac{(k_n r_g^4-D_c)r_\beta^3}{(k_n r_\beta^4-D_c)r_g^3} \tag{1-73}$$

式中 $\xi$——与双层板结构有关的参数；
$k_n$——面层与基层之间竖向接触刚度，上、下层之间不设沥青混凝土夹层或隔离层时按式(1-75)计算，设沥青混凝土夹层或隔离层时，$k_n$ 取 3 000 MPa/m；
$r_\beta$——层间接触状况参数，见式(1-74)。

$$r_\beta=\left[\frac{D_c D_b}{(D_c+D_b)k_n}\right]^{1/4} \tag{1-74}$$

$$k_n=\frac{1}{2}\left(\frac{h_c}{E_c}+\frac{h_b}{E_b}\right)^{-1} \tag{1-75}$$

式中各符号含义同前。

**4. 极限状态的校核**

水泥混凝土路面结构设计以行车荷载和温度梯度综合作用产生的疲劳断裂作为设计标准，

以最重轴载和最大温度梯度综合作用下不产生极限断裂作为验算标准。其极限状态设计表达式可分别采用式(1-76)和式(1-77)。

$$\gamma_r(\sigma_{pr}+\sigma_{tr}) \leqslant f_r \tag{1-76}$$

$$\gamma_r(\sigma_{p,\max}+\sigma_{t,\max}) \leqslant f_r \tag{1-77}$$

式中 $\gamma_r$——可靠度系数,依据所选目标可靠度、变异水平等级及变异系数通过计算确定,可查表1-46确定;变异水平等级可查表1-46确定。

式中其他各符号含义同前。

当基层采用贫混凝土或碾压混凝土时,基层应以设计基准期内行车荷载不产生疲劳断裂作为设计标准。其极限状态设计表达式可采用式(1-78)。

$$\gamma_r \sigma_{bpr} \leqslant f_{br} \tag{1-78}$$

式中 $\sigma_{bpr}$——基层内产生的行车荷载疲劳应力(MPa);

$f_{br}$——基层材料弯拉强度标准值(MPa)。

### (三)水泥混凝土板厚度设计计算流程

水泥混凝土板厚度设计计算流程图如图1-21所示,具体步骤如下:

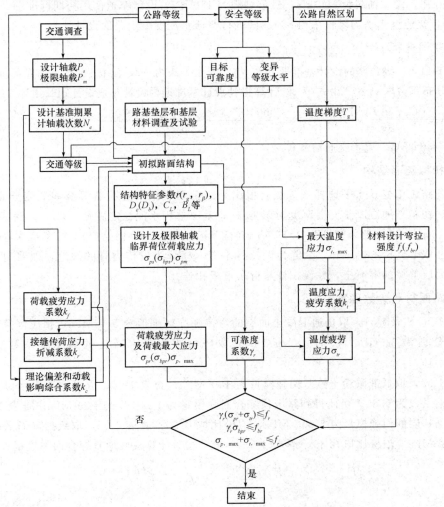

图1-21 水泥混凝土板厚度计算流程图

(1)进行路面结构组合设计,初拟路面结构,包括路床、垫层、基层和面层的材料类型与厚度。

(2)按照初拟路面结构的组合情况,选择相应的结构分析模型。

(3)分别计算混凝土面层板(单层板或双层板的面层板)的最重轴载产生的最大荷载应力、设计轴载产生的荷载疲劳应力、最大温度梯度产生的最大温度应力及温度疲劳应力。

(4)当满足式(1-76)和式(1-77)时,初选混凝土板的厚度可作为混凝土板的计算厚度。

(5)对贫混凝土或碾压混凝土基层或者双层板的下面层板,需计算其荷载疲劳应力,并验算荷载疲劳应力与可靠度系数的乘积是否小于其材料的弯拉强度标准值。

(6)若不能同时满足式(1-76)和式(1-77),则应增加混凝土面层板厚度或调整基层类型或厚度,重新计算,直到同时满足为止。

(7)混凝土板的计算厚度加 6 mm 磨耗层后,应按 10 mm 向上取整,作为混凝土面层的设计厚度。

## 【设计实例】

公路自然区划Ⅳ区拟新建一条一级公路,路基为低液限粉土,路床顶距地下水水位 1.5 m,当地粗集料以砾石为主。拟采用普通水泥混凝土面层,基层采用水泥稳定砂砾。经交通调查分析得知,设计轴载为 100 kN,最重轴载为 180 kN,设计车道使用初期标准轴载日作用次数为 3 200,交通量年平均增长率为 5%。试进行普通水泥混凝土路面设计计算。

### (一)交通分析

由表 1-44,一级公路的设计基准期为 30 年,安全等级为一级。由表 1-48,临界荷位处的车辆轮迹横向分布系数取 0.22。由式(1-52)计算得到设计基准期内设计车道设计轴载累计作用次数:

$$N_e = \frac{N_s \times [(1+g_r)^t - 1] \times 365}{g_r} \eta = \frac{3\,200 \times [(1+0.05)^{30} - 1] \times 365}{0.05} \times 0.22 = 1\,707 \times 10^4 (次)$$

由表 1-49 可知,属重交通荷载等级。

### (二)初拟路面结构

一级公路施工变异水平选择低等级。根据一级公路、重交通荷载等级和低变异水平等级,查表 1-60,初拟普通混凝土面层厚度为 0.26 m,基层选用水泥稳定砂砾 0.20 m,底基层选用级配碎石 0.18 m。单向路幅宽度为 2×3.75 m(行车道)+2.75 m(硬路肩),行车道水泥混凝土板的平面尺寸取 5.0 m×3.75 m,纵缝为设拉杆平缝,横缝为设传力杆的假缝,硬路肩面层采用与行车道面层等厚的混凝土,并设拉杆与行车道板相连。

### (三)路面材料参数确定

按表 1-50 和表 1-51,取普通混凝土面层的弯拉强度标准值为 5.0 MPa,相应弯拉弹性模量与泊松比分别为 31 GPa、0.15。查表 1-65,取砾石粗集料混凝土的线膨胀系数 $\alpha_c = 11 \times 10^{-6}/℃$。

查表 1-53,取低液限粉土路基回弹模量为 100 MPa,查表 1-54,取距地下水水位 1.5 m 时的湿度调整系数为 0.80,由此得到路床顶综合回弹模量为 100×0.80=80 MPa。查表 1-59,取水泥稳定砂砾基层的回弹模量为 2 000 MPa,泊松比取 0.20;查表 1-58,取级配碎石底基层回弹模量为 250 MPa,泊松比取 0.35。按式(1-53)~式(1-56)计算板底地基综合回弹模量如下:

$$E_x = \sum_{i=1}^{n}(h_i^2 E_i) / \sum_{i=1}^{n} h_i^2 = \frac{h_1^2 E_1}{h_1^2} = 250 \text{(MPa)}$$

$$h_x = \sum_{i=1}^{n} h_i = h_1 = 0.18 \text{ m}$$

$$\alpha = 0.86 + 0.26\ln(h_x) = 0.86 + 0.26 \times \ln(0.18) = 0.414$$

$$E_t = \left(\frac{E_x}{E_0}\right)^\alpha E_0 = \left(\frac{250}{80}\right)^{0.414} \times 80 = 128.2 \text{(MPa)}$$

板底地基综合回弹模量 $E_t$ 取为 125 MPa。

普通混凝土面层板的弯曲刚度 $D_c$ 按式(1-57)计算,半刚性基层板的弯曲刚度 $D_b$ 按式(1-58)计算,路面结构总相对刚度半径 $r_g$ 按式(1-59)为:

$$D_c = \frac{E_c h_c^3}{12(1-\upsilon_c^2)} = \frac{31\,000 \times 0.26^3}{12 \times (1-0.15^2)} = 46.4 \text{(MN·m)}$$

$$D_b = \frac{E_b h_b^3}{12(1-\upsilon_b^2)} = \frac{2\,000 \times 0.20^3}{12 \times (1-0.20^2)} = 1.39 \text{(MN·m)}$$

$$r_g = 1.21 \left[(D_c+D_b)/E_t\right]^{1/3} = 1.21 \times \left(\frac{46.4+1.39}{125}\right)^{1/3} = 0.878$$

### (四)荷载应力计算

按式(1-62)和式(1-66)分别计算设计轴载和最重荷载在临界荷位处产生的荷载应力:

$$\sigma_{ps} = \frac{1.45 \times 10^{-3}}{1+D_b/D_c} r_g^{0.65} h_c^{-2} P_s^{0.94} = \frac{1.45 \times 10^{-3}}{1+1.39/46.4} \times 0.878^{0.65} \times 0.26^{-2} \times 100^{0.94} = 1.452 \text{(MPa)}$$

$$\sigma_{pm} = \frac{1.45 \times 10^{-3}}{1+D_b/D_c} r_g^{0.65} h_c^{-2} P_m^{0.94} = \frac{1.45 \times 10^{-3}}{1+1.39/46.4} \times 0.878^{0.65} \times 0.26^{-2} \times 180^{0.94} = 2.522 \text{(MPa)}$$

按式(1-60)计算荷载疲劳应力,按式(1-65)计算最大荷载应力:

$$\sigma_{pr} = k_r k_f k_c \sigma_{ps} = 0.87 \times 2.584 \times 1.10 \times 1.452 = 3.59 \text{(MPa)}$$

$$\sigma_{p,\max} = k_r k_c \sigma_{pm} = 0.87 \times 1.10 \times 2.522 = 2.41 \text{(MPa)}$$

其中,考虑接缝传荷能力的应力折减系数 $k_r = 0.87$;综合系数 $k_c = 1.10$(查表1-63);疲劳应力系数 $k_f = N_e^\lambda = (1\,707 \times 10^4)^{0.057} = 2.584$。

### (五)温度应力计算

由表1-52,最大温度梯度取 92 ℃/m。按式(1-70)~式(1-75)计算综合温度翘曲应力和内应力的温度应力系数 $B_L$:

$$k_n = \frac{1}{2}\left(\frac{h_c}{E_c} + \frac{h_b}{E_b}\right)^{-1} = \frac{1}{2} \times \left(\frac{0.26}{31\,000} + \frac{0.20}{2\,000}\right)^{-1} = 4\,613 \text{(MPa/m)}$$

$$r_\beta = \left[\frac{D_c D_b}{(D_c+D_b)k_n}\right]^{1/4} = \left[\frac{46.4 \times 1.39}{(46.4+1.39) \times 4\,613}\right]^{1/4} = 0.131 \text{(m)}$$

$$\xi = -\frac{(k_n r_g^4 - D_c)r_\beta^3}{(k_n r_\beta^4 - D_c)r_g^3} = -\frac{(4\,613 \times 0.878^4 - 46.4) \times 0.131^3}{(4\,613 \times 0.131^4 - 46.4) \times 0.878^3} = 0.199$$

$$t = \frac{L}{3r_g} = \frac{5.0}{3 \times 0.878} = 1.90$$

$$C_L = 1 - \left(\frac{1}{1+\xi}\right)\frac{\sinh t \cos t + \cosh t \sin t}{\cos t \sin t + \sinh t \cosh t}$$

$$= 1 - \left(\frac{1}{1+0.199}\right)\frac{\sinh(1.90)\cos(1.90) + \cosh(1.90)\sin(1.90)}{\cos(1.90)\sin(1.90) + \sinh(1.90)\cosh(1.90)} = 1 - \frac{0.200}{1+0.199} = 0.833$$

$$B_L = 1.77 e^{-4.48 h} C_L - 0.131 \times (1-C_L) = 1.77 e^{-4.48 \times 0.26} \times 0.833 - 0.131 \times (1-0.833) = 0.438$$

按式(1-69)计算面层最大温度应力:

$$\sigma_{t,\max} = \frac{\alpha_c E_c h_c T_g}{2} B_L = \frac{11 \times 10^{-6} \times 31\,000 \times 0.26 \times 92}{2} \times 0.438 = 1.79 \text{(MPa)}$$

温度疲劳应力系数 $k_t$ 按式(1-68)计算:

$$k_t = \frac{f_r}{\sigma_{t,\max}}\left[a_t\left(\frac{\sigma_{t,\max}}{f_r}\right)^{b_t} - c_t\right] = \frac{5.0}{1.79} \times \left[0.841 \times \left(\frac{1.79}{5.0}\right)^{1.323} - 0.058\right] = 0.442$$

再按式(1-6)计算面层温度应力：
$$\sigma_{tr}=k_t\sigma_{t,\max}=0.442\times1.79=0.79(\text{MPa})$$

**(六)结构极限状态校核**

查表 1-46，一级公路、低变异水平条件下的可靠度系数 $\gamma_r$ 取 1.14。按式(1-76)和式(1-77)校核路面结构极限状态是否满足要求：
$$\gamma_r(\sigma_{pr}+\sigma_{tr})=1.14\times(3.59+0.79)=4.99<f_r=5.0(\text{MPa})$$
$$\gamma_r(\sigma_{p,\max}+\sigma_{t,\max})=1.14\times(2.41+1.79)=4.79<f_r=5.0(\text{MPa})$$

因此，初拟的路面结构满足结构极限状态要求，可以承受设计基准期内荷载应力和温度应力的综合疲劳作用，以及最重轴载在最大温度梯度时的一次极限作用。取水泥混凝土面层设计厚度为 0.27 m。

**(七)HPDS2011 程序操作过程演示**

(1)启动程序 HPDS2011 的"新建单层水泥混凝土路面设计(HCPD1)"。启动程序 HPDS2011，然后选择"路面设计与计算"→"水泥混凝土路面设计与计算"→"新建单层水泥混凝土路面设计(HCPD1)"命令，如图 1-22 所示。

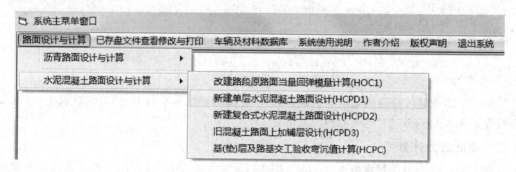

图 1-22　启动程序 HPDS2011 的"新建单层水泥混凝土路面设计(HCPD1)"

(2)交通量计算及交通荷载等级确定。

1)按图 1-23 所示对话框，输入设计参数：公路等级、变异水平等级、可靠度系数。

图 1-23　输入设计参数

2)按图 1-24 所示对话框，输入交通分析参数：直接输入设计轴载累计作用次数、设计轴载与最重轴载。

3)设计轴载累计作用次数计算及交通荷载等级分析。单击图 1-25 中的"设计轴载累计作用次数及交通荷载等级计算、确定和输出"按钮，如图 1-25 所示。

图 1-24　输入交通分析参数

图 1-25　交通量计算及交通荷载等级确定结果

(3)选择路面类型,如图1-26所示。

(4)输入路面设计参数,如图1-27～图1-30所示。

(5)计算及存盘。如图1-31所示,单击程序界面最下一行的"计算"按钮,进行设计成果文本文件的存盘,文件名后缀为.txt。

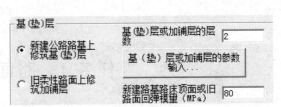

图1-26 选择路面设计类型、路面设计内容

单击程序界面最下一行的"数据存盘"按钮,进行程序源文件的存盘,文件名后缀为.dat。在设计过程中,为了防止程序异常退出(如停电)而丢失已输入的数据,应在设计过程中随时存盘,以便在程序异常退出后仍能调用前面已输入并存盘了的数据,如图1-32所示。

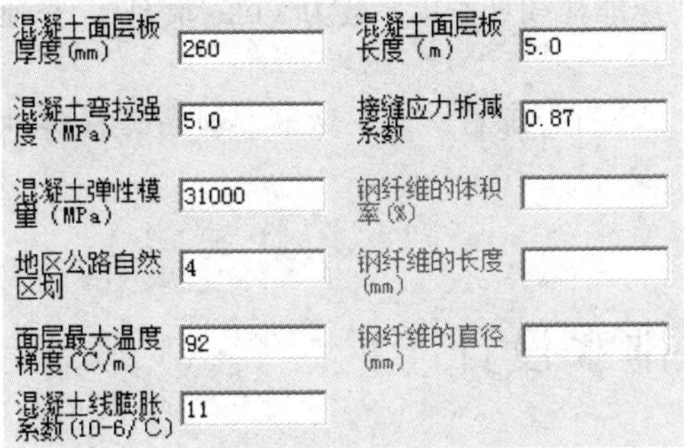

图1-27 路面设计参数输入(一)　　图1-28 路面设计参数输入(二)

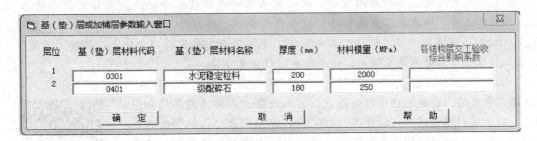

图1-29 路面设计参数输入(三)

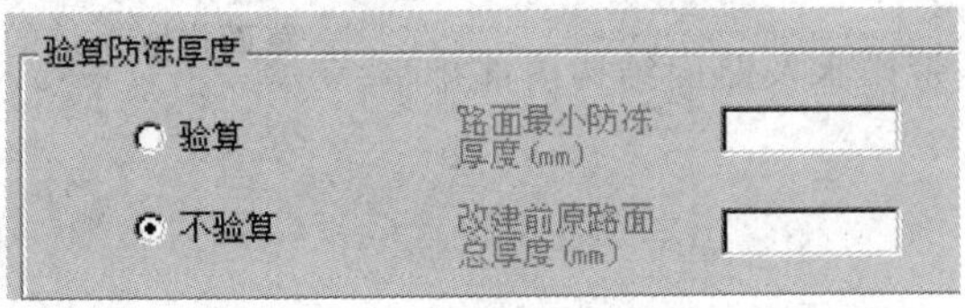

图1-30 路面设计参数输入(四)

图1-31 计算及存盘

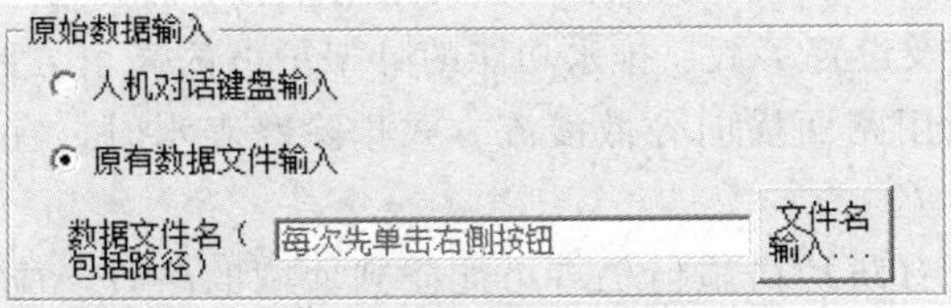

图1-32 原有数据文件输入

水泥混凝土路面
设计计算书(双层板)

### 拓展训练

公路自然区划Ⅲ₁区拟新建一条二级公路，其中直线路段长度为 5.0 km，设计速度为 80 km/h，路基宽度为 12 m，路面宽度为 9 m，土路肩宽度为 2×1.5 m，路堤边坡坡度为 1∶1.5，拟修建水泥混凝土路面，标准轴载为 100 kN，最重轴载为 150 kN。请结合以下资料，参照教材中的设计实例，利用路面设计程序 HPDS2017 中的水泥混凝土路面设计程序模块，完成水泥混凝土路面设计计算，打印出设计计算书，并分析设计计算书的内容。

(1)该路段路堤填料为低液限粉土，路床顶距地下水水位高度为 1.5 m，预估路基干湿类型为干燥状态；

(2)经交通调查和计算得知，设计车道使用初期标准轴载日作用次数为 3 000 次/日，交通量年平均增长率为 5%；

(3)当地材料供应情况：水泥、石灰、粉煤灰、碎石、砾石、砂、黏土、钢筋等材料供应充足。

# 任务4　路面排水设计

### 任务描述

路面排水对于防止路面结构损坏、保证路面结构的强度和稳定性具有非常重要的意义。通过学习本任务，学生应掌握路面排水的内容与要求，能结合《公路排水设计规范》(JTG/T D33—2012)，完成路面排水设计，具备完成、复核路面排水设计图的能力。同时，通过了解我国海绵城市建设的意义及现状，树立强烈的社会责任意识。

路面排水的目的是迅速排除路面表面的大气降水和渗入路面结构中的水，防止水对路面结构层的损害(水损害)，确保路面结构的强度和稳定性。路面排水设计应根据公路等级、降水量、路线纵坡等因素，结合路基、桥涵结构物排水设计，合理选择排水方案，布置排水设施，形成完整、畅通的排水体系，保证路基路面稳定。

路面排水系统的意义

路面排水包括路面表面排水、中央分隔带排水及路面结构内部排水。

## 一、路面表面排水

路面表面排水常采用分散排水和集中排水两种形式。分散排水由路面横坡、路肩和边坡防护组成；集中排水由路面横坡、拦水带或矩形槽、泄水口和急流槽组成。

路堑地段路面表面水应通过横向排流的方式汇集于边沟内。路线纵坡平缓、汇水量不大、路堤较低且边坡坡面不易受到冲刷的路段，以及设置了截、排水功能的骨架护坡的高填方路段，可采用路面分散漫流排水方式排除路表水。采用路面横向分散漫流方式排除路表水时，宜对土路肩及坡面进行加固。

路堤较高且边坡坡面未做防护，或坡面虽有防护措施但仍有可能受到冲刷的路段，应采用路面集中排水系统排除路表水。设置拦水带汇集路表水时，高速公路及一级公路的设计积水宽度不得超过右侧车道外边缘；二级及二级以下公路中心线不得超过右侧车道中心线。当硬路肩宽度较窄、汇水量大或拦水带形成的过水断面不足时，可采用沿土路肩设置U形路肩边沟等措施加大过水断面。路肩边沟宜采用水泥混凝土等预制件铺筑。

### 1. 分散排水

分散排水设计应与路基边坡防护、边沟或排水沟相结合。

一般情况下，分散排水路段的土路肩常采用生态防护，种植适合当地气候、土质条件的草皮，并在底基层顶面外侧设置横向排水管，将滞留在填土绿化层底面的渗水通过横向排水管排到路基外，如图1-33(a)所示。对于低填方路堤可采用图1-33(b)所示构造，垫层铺至路基边缘。

路面表面分散排水

冲刷相对较大的路段，土路肩宜用不小于50 mm厚的预制水泥混凝土块铺砌或现场浇筑混凝土，下设砂砾、砂、碎石等透水材料，以利于路面结构排水，如图1-33(c)所示；也可用碎石、砂砾加固，如图1-33(d)所示。

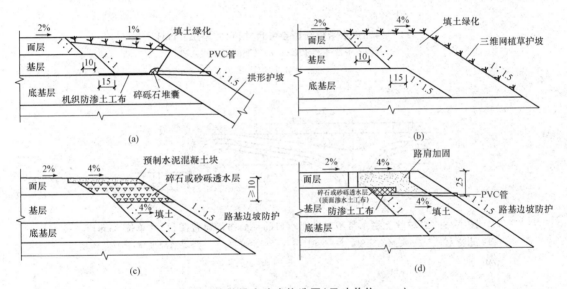

图1-33 分散排水路肩构造图(尺寸单位：cm)

### 2. 集中排水

采用集中排水时，路肩拦水带宜采用水泥混凝土、沥青砂或当地其他材料预制或现场浇筑。图1-34所示为拦水带横断面参考尺寸。在季冻区及受盐侵蚀破坏的路段，宜采用现浇沥青砂、花岗岩、陶瓷预制件等耐冻、耐盐蚀材料。拦水带宜采用梯形横断面。拦水带泄水口的间距应根据过水断面水面漫盖宽度的要求和泄水口的泄水能力计算确定，宜为25～50 m；高速公路、一级公路车道较多时，宜采用较小的泄水口间

路面表面集中排水

距。在凹形竖曲线底部、道路交叉口、匝道口、与桥涵构造物连接、填挖交界等处应设置拦水带泄水口。凹形竖曲线底部应加密设置泄水口。拦水带泄水口宜设置成喇叭式。设在纵坡较大坡段上的泄水口，宜采用不对称的喇叭口式，喇叭口上游方向与下游方向的长度之比不宜小于3∶1，上游方向渐变段最小半径不宜小于900 mm，下游方向最小半径不宜小于600 mm，如图1-35所示。

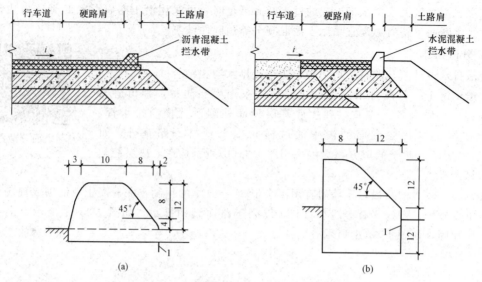

图 1-34 拦水带横断面参考尺寸(尺寸单位：cm)
(a)沥青混凝土拦水带；(b)水泥混凝土拦水带
1—硬路肩边缘

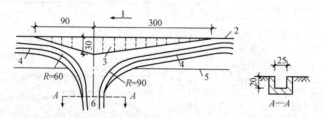

图 1-35 纵坡段上拦水带不对称泄水口的平面布示意置图(尺寸单位：cm)
1—水流方向；2—硬路肩边缘；3—低凹区；4—拦水带顶；5—路堤边缘坡顶；6—急流槽

排除路肩积水用的急流槽，其纵坡应与所在的路基边坡一致，槽身横断面为槽形，多由水泥混凝土预制构件拼装砌筑而成，也可用块石砌筑而成。进水口为喇叭口式簸箕形，出水口应设置消能设施，下端与路基下边坡的排水沟相接要顺适，防止水流冲出排水沟，如图 1-36 所示。

## 二、中央分隔带排水

中央分隔带常用的形式有凸式、平式或凹式。一般不封闭，也可封闭。

降雨量较小、中央分隔带较窄时，中央分隔带可采用表面铺面封闭分散排水。分隔带铺面应采用两侧外倾的横坡，坡度宜与路面横坡相同，铺面材料可采用沥青处治材料或其他封闭材料，如图 1-37 所示。

中央分隔带表面未采用铺面封闭时，分隔带内部宜设置由防水层、纵向排水渗沟、集水槽(管)和横向排水管等组成的防排水系统，如图 1-38 所示。降落在分隔带上的表面水下渗，进入分隔带下的纵向排水渗沟中，通过渗透进入软式透水管或带孔渗水管中，再由间隔一定距离布设的横向排水管排出。宽度大于 3 m 的中央分隔带表面宜设置成浅碟形，横向坡度宜为 1∶4～1∶6。

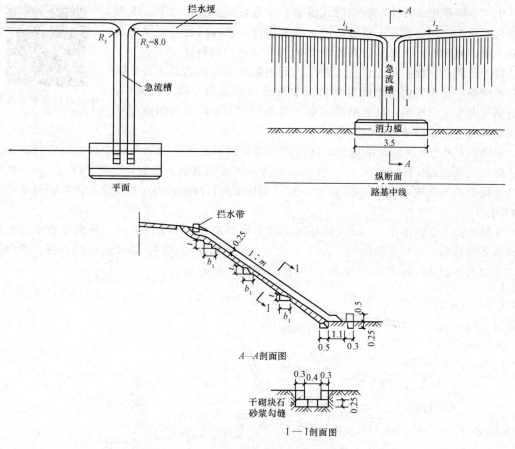

图 1-36 高路堤地段边坡急流槽(尺寸单位：m)

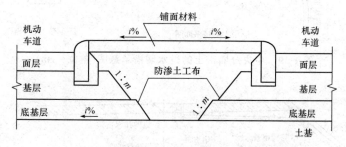

图 1-37 设铺面中央分隔带防排水系统示意图

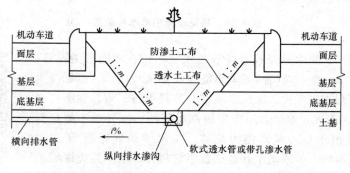

图 1-38 不铺面中央分隔带防排水系统示意图

中央分隔带排水渗沟宜采用管式渗沟，设置在通信管道之下，渗沟顶面与回填土之间应设置反滤层，防止堵塞渗沟。渗沟两侧与底部应设置防水层。横向排水管宜采用直径为 100～200 mm 的塑料管。

中央分隔带排水构造

高速公路、一级公路设超高的路段，下半幅路的路面表面水自分隔带起流向路肩排出，而上半幅路的路面表面水均需流向分隔带旁集中。沿分隔带旁集中的水流，可根据降雨量及路面宽度，采取经内侧路面排除或设置地下排水设施排除的方案。

年降雨量小于 400 mm 的地区，双向四车道公路可采用在中央分隔带设开口明槽方案，路面水流经内侧路面排除，如图 1-39 所示。明槽可用水泥混凝土筑成，底宽 20～50 cm，槽形的高与分隔带的高相同，每 10～20 m 设一道，明槽出入口槽底标高应与紧靠分隔带的路缘石处标高相同。

年降雨量大于或等于 400 mm 的地区，或车道数超过四车道的公路，外侧路面水宜通过地下排水系统排除。超高路段的地下排水系统应由纵向集水沟(管)、集水井、检查井、横向排水管、急流槽等组成，如图 1-40 所示。

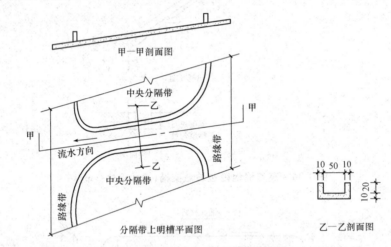

图 1-39　中央分隔带上的过水明槽示意图(单位：cm)

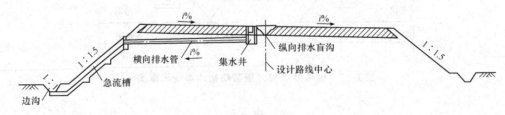

图 1-40　超高段集中排水构造图

纵向集水沟(管)、集水井及检查井等排水设施应在中间带内设置，不得侵入行车道。纵向集水沟(管)可采用缝隙式集水沟(管)、碟形浅沟或设带孔盖板的矩形沟等形式。沟底纵坡宜与路线纵坡一致，且不应小于 0.3%。集水井的形式、数量和间距应根据超高路段的外侧半幅路面汇水面积、流量及出水口的泄水能力确定。集水井的间距宜为 20～50 mm，纵向集水沟(管)串联集水井的个数不宜超过 3 个。路线纵坡小于 0.3% 的路段，可增加集水井数量。纵向集水沟(管)、集水井及检查井等的盖板材料应采用

中央分隔带排水施工

钢筋混凝土、铸铁或钢筋加强的复合材料，材料强度和盖板厚度应根据设计汽车荷载等级计算确定。

### 三、路面结构内部排水

路面结构内部水会对公路产生很大危害，主要表现在以下几个方面：

(1)浸湿各结构层材料和路基土，易造成无粘结粒状材料和地基土的强度降低。

(2)使水泥混凝土路面产生唧泥，随之出现错台、开裂和整个路肩破坏。

(3)进入空隙的自由水在行车荷载的作用下，会形成高孔隙压力水和高流速水流，引起路面基层的细颗粒产生唧泥，结果失去支承。

(4)在冰冻深度大于路面厚度的地方，高地下水水位会造成冻胀，并在冻融期间降低承载能力。

(5)水使冻胀土产生不均匀冻胀。

(6)与水经常接触将使沥青混合料剥落，影响沥青混凝土的耐久性和产生龟裂。

因此，遇到下列情况之一时，宜设置路面内部排水系统：

(1)年降水量为 600 mm 以上的湿润多雨地区，路床由渗透系数不大于 $10^{-4}$ mm/s 的细粒土填筑的高速公路、一级公路或重要的二级公路。

(2)路基两侧有滞水，可能渗入路面结构内。

(3)重冰冻地区，路床为粉性土的潮湿路段。

(4)现有路面改建或路基改善工程，需排除积滞在路面结构内的水。

路面内部排水系统中各种排水设施的设计排泄量均应不小于路面表面水渗入量的 2 倍，下游排水设施的泄水能力应超过上游排水设施的泄水能力。排水设施应能避免被从路面结构、路基或路肩中渗流来的细颗粒堵塞。系统的排水能力不应随时间很快降低。

路面内部排水系统由路面边缘排水系统、路面排水基层和排水垫层单独或组合构成。

**1. 路面边缘排水系统**

路面边缘排水系统应沿路面结构外侧边缘设置，宜由透水性填料集水沟、纵向排水管、横向出水管和过滤织物组成，如图 1-41 所示。

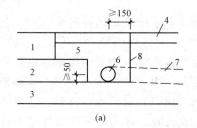 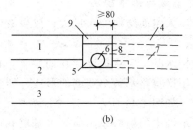

(a) (b)

**图 1-41 边缘排水系统示意图(尺寸单位：mm)**

(a)新建路面；(b)旧路面新增

1—面层；2—基层；3—垫层；4—路肩层；5—集水沟；
6—排水管；7—出水管；8—反滤织物；9—回填路肩面层

集水沟的断面尺寸应根据透水材料的渗透系数和设计泄水能力需要确定。集水沟底面的最小宽度，对于新建路面，不宜小于 0.3 m；对于旧路面新增边缘排水系统，应能保证排水管两侧各有至少 0.1 m 宽的透水填料。透水填料底面和外侧应铺反滤织物，以防垫层、基层、路肩内的细料侵入而堵塞填料空隙或管孔。反滤织物可选用由聚酯类、丙烯材料制成的无纺织物，能透水，但细粒土不能随水一起透过。

透水性填料宜采用水泥处治开级配碎石，其空隙率宜为 15%～20%。粗集料最大粒径不应大于 31.5 mm，粒径为 4.75 mm 以下的细粒含量不应超过 16%，粒径为 2.36 mm 以下的细粒含量不应超过 6%。集料在通过率为 15% 时的粒径应为排水管槽口宽或孔口直径的 1.0～1.2 倍。水泥处治集料的配合比应按透水性要求和施工要求通过试配确定，水泥同集料的比例可为 1:6～1:10，水胶比可为 0.35～0.47。

纵向带孔排水管管径应按设计流量根据水力计算确定，宜在 70～150 mm 范围内选用。管材强度及埋设深度应保证不被车辆或施工机械压坏。新建路面时，排水管管底宜与基层底面齐平；旧路面新增边缘排水系统时，管中心应低于基层顶面。排水管的纵坡宜与路线纵坡相同，且不宜小于 0.3%。

纵向排水管宜选用聚氯乙烯（PVC）或聚乙烯（PE）塑料管，每延米排水管的开口总面积不宜小于 4 200 mm²。宜设 3 排槽口或孔口，沿管周边等间隔（120°）排列。设槽口时，槽口的宽度可为 1.3 mm，长度可为 15 mm；设孔口时，孔的直径可为 5 mm。

横向出水管管径应不小于纵向排水管管径，其间距和安设位置应根据水力计算，并结合邻近地面高程和公路纵、横断面情况确定，横向坡度不宜小于 5%。除起端和终端外，中间段的出水管宜采用双管的布置方案；出水管与排水管之间应采用圆弧形承口管连接，圆弧半径不宜小于300 mm，如图 1-42 所示。埋设出水管应采用反开槽法，并用低透水材料回填。出水管的外露端头应采取用镀锌钢丝网或格栅罩住等措施；出水口的下方应采取铺设水泥混凝土防冲刷垫板或者对泄水道的坡面进行浆砌片石防护等措施，防止冲刷路基边坡。出水水流应引排至排水沟或涵洞内。

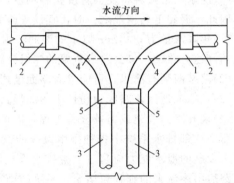

**图 1-42　边缘排水系统出水管布置示意图**
1—集水沟；2—排水管；3—出水管；
4—半径不小于 300 mm 的弯管；5—承口管

**2. 排水基层与排水垫层**

路表面渗入路面结构的水量大，仅设置路面边缘排水系统难以迅速排除时，可在面层下设置排水基层。

透水性排水基层应直接设置在面层下，排水基层下应设置不透水层阻截自由水的下渗。排水基层可采用横贯路基整个宽度的形式，如图 1-43 所示。也可采用排水基层边缘设置边缘排水系统的形式，如图 1-44 所示。这种排水系统纵向集水沟可设在面层边缘外侧、路肩下或路肩边缘外侧。集水沟中的填料采用与排水基层相同的透水性材料。水沟的下部设置带槽口或圆孔的纵向排水管，并间隔适当距离设置不带槽孔的横向出水管。渗入路面结构内的水分先通过竖向渗流进入排水层，然后横向渗流进入纵向集水和排水管，再由横向出水管引排出路基。

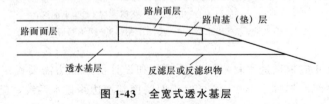

**图 1-43　全宽式透水基层**

排水基层可采用水泥或沥青处治的不含或含少量粒径 4.75 mm 以下细料的开级配碎石材料，

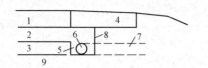
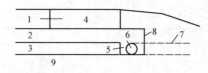

**图 1-44 排水基层排水系统**

1—面层；2—排水基层；3—不透水垫层；4—路肩面层或水泥混凝土路肩面层；
5—集水沟；6—排水管；7—横向出水管；8—反滤织物；9—路基

也可采用未经结合料处治的开级配碎石材料。水泥混凝土面层的排水基层，宜采用水泥处治开级配碎石。沥青混凝土路面的排水基层，宜采用沥青处治碎石。集料应选用洁净、坚硬的碎石，其压碎值不得大于 28%。采用沥青处治时，最大公称粒径宜为 16 mm；采用水泥处治时，最大公称粒径宜为 19 mm；最大公称粒径不得超过层厚的 2/3。粒径 4.75 mm 以下细料的含量不得大于 10%。混合集料级配应满足透水性要求，且渗透系数不得小于 300 m/d。水泥处治碎石集料的水泥用量不得少于 160 kg/m³，其 7 d 浸水抗压强度不得低于 3 MPa。沥青处治碎石集料的沥青用量可为集料烘干质量的 2.5%～4.5%。渗透系数可采用常水头或变水头渗透试验测定。

在地下水丰富的低填和挖方路段，为拦截地下水、滞水或泉水进入路面结构，或排出因负温差作用而积聚在路基上层的自由水，可直接在路基顶面设置透水性排水垫层，并适当配置纵向集水沟、排水管和出水管等。

当路基为路堤时，排水垫层宜采用横贯路基整个宽度的形式，也可采用结合边缘排水系统的形式，其厚度不宜小于 0.15 m。路基为路堑或半路堑时，挖方坡脚处还应设置纵向集水沟和排水管，如图 1-45 所示。排水垫层选用开级配集料(砂或砂砾石)，其级配应满足排水和反滤的要求。

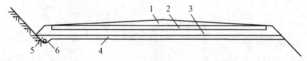

**图 1-45 排水垫层排水系统示意图**

1—面层；2—基层；3—垫层；4—排水垫层；
5—集水沟；6—排水管

【**主题讨论**】 阅读以下素材，结合所学的路面排水知识以及城市道路排水实际情况，谈谈我国建设"海绵城市"的意义，并查阅资料了解目前的建设现状。

海绵城市是新一代城市雨洪管理概念，是指城市能够像海绵一样，在适应环境变化和应对雨水带来的自然灾害等方面具有良好的弹性，也可称之为"水弹性城市"。国际通用术语为"低影响开发雨水系统构建"，下雨时吸水、蓄水、渗水、净水，需要时将蓄存的水释放并加以利用，实现雨水在城市中自由迁移。

"海绵城市"材料实质性应用，表现出优秀的渗水、抗压、耐磨、防滑以及环保美观多彩、舒适易维护和吸声减噪等特点，成了"会呼吸"的城镇景观路面，也有效缓解了城市热岛效应，让城市路面不再发热。在新形势下，海绵城市是推动绿色建筑建设、低碳城市发展、智慧城市形成的创新表现，是新时代特色背景下现代绿色新技术与社会、环境、人文等多种因素下的有机结合。

## 设计案例

这里以某高速公路施工图设计一期土建工程第一合同段路面排水设计图为例，说明实际工作中的路面排水设计。图 1-46 所示为路面排水系统图，图 1-47 所示为路面边缘排水图，图 1-48 所示为高路堤边坡急流槽设计图。

某高速公路施工图总说明(路面部分)

某国道改扩建施工图设计技术交底(路面部分)

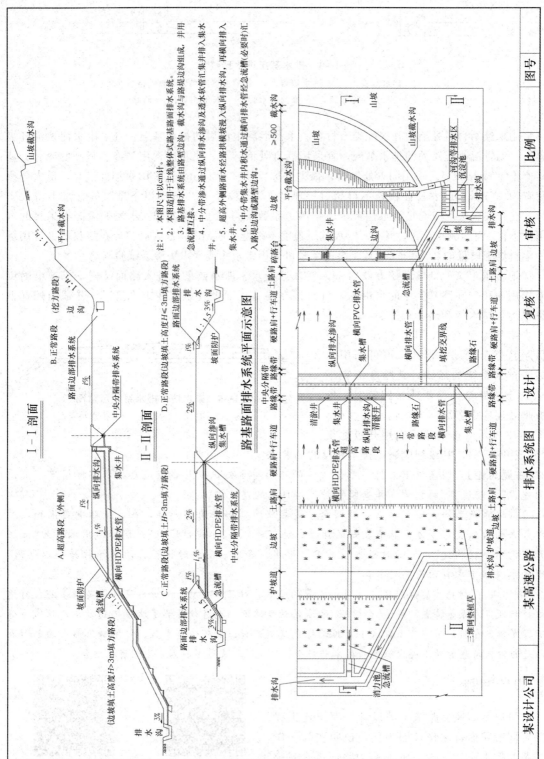

图1-46 路面排水系统图

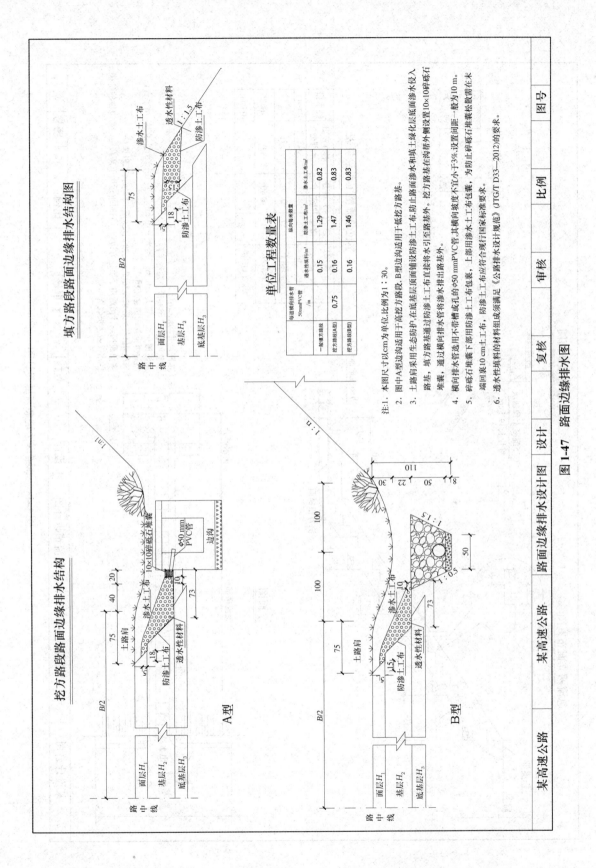

图 1-47 路面边缘排水图

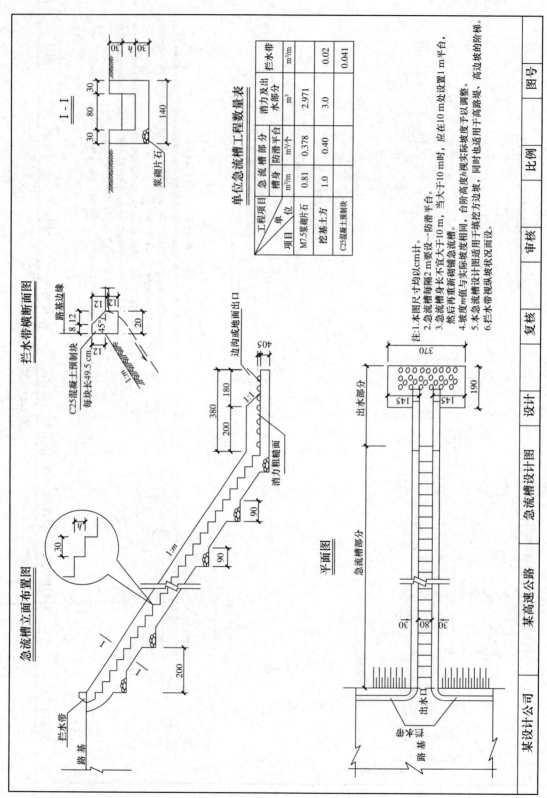

图 1-48 高路堤边坡急流槽设计图

学习检测

1. 简述公路对路面的基本要求。
2. 画图说明路面结构层次及其常用材料。
3. 什么是路面的功能结构层？包括哪些？分别设在什么位置？有何作用？
4. 按照路面的力学特性，将路面分为哪些类型？请举例说明。
5. 路面工程的分项工程包括哪些内容？
6. 沥青路面设计的内容包括哪些？
7. 我国公路自然区划的结果是什么？你所在的地区属于哪一公路自然区划？路面设计时如何应用？
8. 现行的《公路路基设计规范》(JTG D30—2015)将路基干湿类型划分为几种？路面设计对路基干湿类型的要求有哪些？
9. 我国沥青路面设计的方法是什么？采取的是什么理论体系？设计指标有哪些？
10. 半刚性基层沥青路面可采取哪些措施减少收缩开裂和反射裂缝？
11. 为保证沥青路面的连续体系，可采取哪些加强层间结合的措施？
12. 沥青路面交通等级如何划分？设计采用的标准轴载是什么？如何计算累计当量轴次？
13. 我国公路沥青路面设计中路基与路面材料的强度指标分别采用的是哪些？
14. 绘制新建公路沥青路面设计验算流程图。
15. 水泥混凝土路面的类型有哪些？有何区别？
16. 我国水泥混凝土路面设计的理论是什么？方法是什么？内容包括哪些？
17. 什么是临界荷位？现行规范规定的临界荷位在什么位置？画图说明。
18. 普通水泥混凝土路面的接缝有哪些类型？画图说明。
19. 什么是拉杆？什么是传力杆？作用分别是什么？
20. 我国水泥混凝土路面设计结构分析模型有哪几种？
21. 我国水泥混凝土路面设计中面板厚度是否满足要求的判断标准是什么？
22. 我国公路普通水泥混凝土路面设计的程序是什么？
23. 常用的路面表面排水有哪几种？如何排水？
24. 路面排水包括哪些？
25. 画图说明高速、一级公路中央排水设施由哪些构造组成，如何排水？
26. 路面内部排水系统包括哪些？
27. 路面边缘排水系统由哪些构造组成？如何排水？

# 项目二 路面施工准备

### 📋 项目描述

路面施工准备是路面施工前必不可少的工作。路面施工前，除了认知路面结构，掌握设计理论，能看懂设计图纸外，还应了解路面施工的准备工作。学习本项目，旨在让学生准确掌握路面施工准备工作的内容，能协助完成路面施工准备的相关工作。

本项目包括路面施工准备内容、路面施工放样2个任务。

## 任务1 路面施工准备内容

### 任务描述

施工单位在施工前，应进行组织准备、技术准备、施工现场准备、物质准备等准备工作。通过学习本任务，学生应具备完成路面施工准备工作的能力，能参与进行路面施工准备工作。同时，了解路面施工安全重大危险源，并树立安全施工的意识。

### 知识引入

路面施工准备工作是保证路面施工顺利进行的前提条件。按照施工合同管理规定，路面施工准备工作经监理工程师审核达到合同规定的要求后方可正式开工。

路面施工准备工作的主要内容包括组织准备、物质准备、技术准备、施工现场准备等。

### 一、组织准备

路面工程开工前的组织准备工作主要内容是建立路面施工组织机构、建立路面施工班组、编制路面施工管理规划、确定路面施工目标等。

#### （一）建立施工组织机构

施工组织机构是指为完成施工任务，负责现场指挥与管理工作的项目经理部。

施工企业取得施工任务后，首先应组建好工程项目经理部，确定工程项目领导班子与工程项目经理，项目部在项目经理领导下开展工作。为了充分发挥项目经理部在项目管理中的主体作用，必须对项目经理部的机构设置加以重视，做到设计好、组建好、运转好，以发挥其应有的功能。

工程项目经理部一般由生产系统与职能部门组成。生产系统是直接从事生产的组织机构（如施工队、施工班组），要由有实际生产经验及组织管理才能的干部领导，通常由管理生产工作的项目副经理负责。职能部门是直接保证生产系统完成施工任务所需进行的一系列管理工作的办事机构，它是按工程施工计划及项目经理部领导的意图和指示进行工作，必须有明确的责任、权限和分工，同时要有密切的协作。根据工程规模的实际需要，可以设置计划、生产、材料、统计、安全、质检等办事机构，负责办理各项业务的具体工作。

大型项目经理部可以设置职能部、处,中型项目经理部可以设置职能科、室,小型项目经理部只需设置职能人员。在遵守企业规章制度的前提下,根据项目管理的需要,制定施工过程中必要的组织与技术管理规章制度。

图 2-1 为某高速公路路面施工组织机构图。

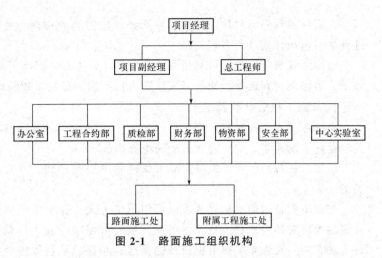

图 2-1 路面施工组织机构

### (二)建立路面施工班组

施工班组是直接参与施工的基层生产组织,一般不设专职脱产管理人员,而是根据需要由班组人员分工兼任记工、领料、保管、质量检查、安全检查等工作。班组的人数及工作性质,应根据工程需要及管理需要在施工组织设计中进行研究和确定。

施工班组的建立有两种形式:一种是按工艺专业化原则建立,如木工班、钢筋班、混凝土班、浇筑班等;另一种是按施工专业化原则建立,如路面基层班、路面面层班等。施工班(组)的合理组织和劳动力的合理安排是保证施工连续性、紧凑性、协调性和经济性的前提。

### (三)编制路面施工管理规划

路面施工管理规划是对项目施工管理的组织、内容、方法、步骤、重点工作进行预测和决策,是具体安排的纲领性文件。

路面施工管理规划的主要内容有:①进行工程项目分解,形成施工对象分解体系,以便确定阶段性控制目标,从局部到整体地进行施工活动和进行施工管理;②建立路面施工管理工作体系,绘制路面施工管理工作体系图和路面施工管理工作信息流程图;③编制施工管理规划,确定管理要点,形成文件,以利于执行。

### (四)确定路面施工目标

路面施工目标有阶段性目标和最终目标。路面施工目标有质量目标、安全目标、工期目标、成本目标等。在劳动组织准备阶段确定路面施工目标,是为了保证工程项目在施工阶段能够进行全过程的控制。

根据确定的路面施工目标,结合路面工程施工进度计划、工期计划安排以及劳动力的调配情况,合理地组织安排施工环节和施工过程,严格劳动纪律,严把工程质量关,实施奖惩制度,最大限度地创造最佳效益。

## 二、物质准备

路面施工要消耗大量的人力、材料和机具,正式开工前应进行所需材料的购买、采集、加工、调运和储备等工作,同时要检修或购置及安装一些路面施工机械、机具,做好施工人员的生活、后勤保障准备工作。材料和施工机械、机具的准备工作是路面施工组织计划的重要组成部分。另外,还有施工用水、用电的准备以及安全防护用品的准备。

### (一)材料准备

当地采购或开采加工的材料(如砂、石等),必须对其产地、品质、数量、运输和价格做详细的调查分析。需要临时开采加工的材料,要了解可否发包给当地生产供应部门,并与自行组织生产做经济比较。特别应注意在设计文件提供的材料产地以外,可否找到材料品质符合要求、运距更近的产地。

自采材料和外运材料,经检验和选择,按需要的规格和数量运到现场,堆放位置应根据实施性施工组织计划进行合理安排。

路面工程材料运输,可利用当地已有的运输力量,必须了解当地可利用的运输工具的类型、数量、运输能力和运价。如果当地运输力量不能满足要求或经比较不经济时,可自行组织运输。

### (二)施工机械、机具准备

应按照施工合同规定,配备足够的施工机械、设备及器具,并保证均处于良好的技术状态及满足施工的需要,并应有相匹配的维修措施。

机械、机具的添置,根据路面实施性施工组织计划,一次或分批配齐足够的施工机械和相关的工具。

有些不常使用的机械设备可以采用租赁方式,施工单位只要向租赁者按合同规定定期交付一定的租赁费便可取得设备的使用权,从而可以减少或无须购买那些不常使用的设备。在租赁设备调查中,首先要了解出租设备的型号、功能、数量等能否满足施工时的要求,同时还要将租赁与自购作经济比较,以便择优选用。如选择租赁设备,要签订租赁合同。机械设备的放置,应考虑到施工的要求。

### (三)施工用水、用电准备

施工用水主要有工程施工生产用水、生活用水与特殊用水。在沿线河流上取水时,要取样化验,检查水质是否符合工程或生活上使用的要求。路线附近可利用的水源要与就近掘井取水作经济比较确定。在有自来水设施的地区施工,饮用水使用自来水,工程及其他用水如无合适天然水源可利用时,也可使用自来水,但要与供水单位订立供水协议。

施工和生活用电最好利用当地电源,要了解供电单位能否满足工地用电的要求,并与供电单位订立供电及安装输电线路和设施的协议。当供电单位经常定期停电、供电量满足不了施工需要或根本就没有可利用的电源时,应自备电源。

### (四)安全防护准备

应严格执行《公路工程施工安全技术规范》(JTG F90—2015)的规定要求,加强安全生产管理,落实安全生产责任,提高作业人员的安全意识,准备好各种安全防护设施和劳动防护用品,正确使用安全防护用品。安全防护措施应是施工组织设计的重要组成部分。同时,这些措施必须有效、落实、可靠。

【主题讨论】 路面施工准备阶段,要配备完善的安全物资,树立安全施工意识,抓好安全培训、安全交底工作,杜绝安全事故发生。那么,你认为路面施工领域有哪些施工安全重大危险源需要防控呢?

## 三、技术准备

路面施工前的技术准备工作包括熟悉和核对设计文件、补充资料调查、实施性施工组织设计和施工预算编制、路面施工放样、原材料试验与混合料配合比设计、路面施工技术交底等。对于高速、一级公路或采用新技术、新工艺及新材料的其他等级公路的路面施工,除做好上述准备工作外,还应在路面大规模施工前铺筑试验路段,为路面正式施工提供技术指导。

### (一)熟悉和核对设计文件

设计文件是工程施工最重要的依据之一,施工前要组织技术人员领会设计文件的意图,熟悉设计文件中的各项技术指标,认真分析技术经济的合理性和施工的可行性。对设计文件中有疑问、错误或设计不妥之处,应及时与建设单位(业主)、设计单位和监理工程师联系,共同进行调查分析,选择合理的解决方案。

对路面工程设计文件和路面设计图纸进行现场核对的主要内容有：

(1)各项路面施工计划的布置和安排是否符合路面施工技术规范的要求；

(2)路面工程设计图纸、技术资料是否齐全，有无错误和相互矛盾之处；

(3)路面工程设计文件所依据的水文、气象、地质、岩土等资料是否准确、可靠、齐全；

(4)掌握整个工程设计内容和技术条件，弄清楚设计规模、各分项工程的结构特点和形式；

(5)核对路线中线、主要控制点、转角点、水准点、三角点、基线等是否准确无误；

(6)路面施工方法、料场分布、运输工具、道路条件等是否符合工程现场实际情况。

现场核对时，如发现设计有错误或不合理之处，应提出修改意见报上级机关审批，待核准批复后进行现场测量、修改设计、补充图纸等工作。

(二)补充资料调查

现场补充资料的调查，是为优化和修改设计、编制实施性施工组织计划、因地制宜地布置施工场地等收集资料。调查的内容主要有：①工程所在地的地形、地质、水文、气候等自然条件；②路面自采加工材料料场分布情况、储量、供应量与运距等情况；③路面地方性生产材料供应情况；④施工期间可供利用的房屋数量；⑤当地劳动力资源、工业生产加工能力、运输条件和运输工具，施工场地的水源、水质、电源、通信，以及生活物质供应状况、当地民俗风情、生活习惯等。

(三)实施性施工组织设计和施工预算编制

编制路面实施性施工组织设计和施工预算，是路面施工前非常重要的技术准备工作。施工单位应根据设计文件中的施工组织计划和建设单位(业主)在承包合同中的具体要求，结合本工程项目路面的特点、施工具体条件、路面工程量、施工难易程度以及路面施工设备、人员、材料供应情况和路面工期要求，编制具体、可行的实施性组织设计，并报监理工程师和业主批准。

(四)路面施工放样

路面施工放样是在路基施工完成后，放出各结构层施工的中线和边线，并把每层施工的松铺挂线(或摊铺机引导绳挂线)高度和压实厚度相应的挂线高程位置放样出来。用摊铺机摊铺混合料时，对于底基层、基层、下面层，要设置摊铺机基准线，以使铺层满足纵断高程、厚度、横坡、平整度的要求。

路面施工放样的内容详见本项目的任务2。

(五)原材料试验与混合料配合比设计

对于拟选择的自采加工材料料场、地方性生产材料供应场和外购材料，按照有关规定选取代表性的试样，进行原材料各项技术性能指标试验，在此基础上进行路面混合料配合比设计试验，确定混合料的施工配合比。

原材料试验和混合料配合比设计结束后，应及时向监理工程师提交报告，经监理工程师审核批准后方可采购和使用。

(六)路面施工技术交底

技术交底即把设计对施工的要求、施工方案及措施转达给基层施工人员，这是落实技术责任制的前提。进行技术交底的目的是保证严格按照路面施工图、实施性施工组织设计、施工操作规程、安全生产规程、工程施工及验收规范和其他技术规范进行施工。

采用新技术、新结构、新材料、新工艺等的路面工程，应先由项目总工程师向施工队技术员交底，施工队向作业班组技术员交底，然后作业班组技术员向具体操作人员进行交底。一般路面工程由施工队的单位工程技术负责人向班组长和工人交底。

路面施工技术交底包括以下内容：

(1)路面设计图纸交底：主要是设计图纸上必须特别注意的问题，如尺寸、轴线、标高、预留孔和预埋件的位置、规格和数量等。

(2)原材料交底：使用材料的品种、规格、质量、配合比和质量要求。

(3)路面施工工艺交底：采用的施工方法、操作工艺和其他工种的配合等。

(4)路面施工规范、技术标准交底：采用的施工规范、质量评定标准和有关要求。

(5)技术措施交底：保证质量、安全生产、降低成本、文明施工和工程产品保护等的技术措施要求。

(6)样板交底：凡采用新技术、新工艺、新材料的工程和技术复杂的工程，应在正式施工前，作出样板或实际样品，经有关多方核查研究同意后，方可正式施工。

(7)路面设计变更情况交底。

## 四、施工现场准备

### (一)临时设施

在路面工程正式开工前，应充分建造好相应的临时设施，如工棚、仓库、供水、供电、通信设施等。

**1. 加工场地**

工地临时加工场地组织是确定建筑面积和结构形式。加工场(站、厂)的建筑面积，通常参照有关资料或根据施工单位的经验确定，也可按有关公式计算。大型沥青混凝土或水泥混凝土搅拌设备的场地面积，根据设备说明书的要求确定。

上述建筑场地的结构形式应根据当地条件和使用期限而定。使用年限短的，采用简易结构，如油毡或草屋面的竹木结构；使用年限较长的，则可采用瓦屋面的砖木结构或活动房屋等。

**2. 临时仓库**

工地临时仓库分为转运仓库、中心仓库和现场仓库等。临时仓库组织是确定材料储备量和仓库面积、选择仓库位置和进行仓库设计等。

建筑材料的储备量既要保证工程连续施工的需要，也要避免材料积压而增大仓库面积。供应不易保证、运输条件差、受季节影响大的材料可增大储存量。常用材料的储备量宜通过运输组织确定。对于不经常使用和储备期长的材料，可按年度需用量的某一百分比储备。

一般的仓库面积可按有关公式计算，特殊材料，如爆炸品、易燃或易腐蚀品的仓库面积，按有关安全要求确定。仓库除满足总面积要求外，还要正确地确定仓库的平面尺寸，即仓库的长度和宽度。仓库的长度应满足装卸要求，宽度要考虑材料的存放方式、使用方便和仓库的结构形式。

**3. 行政、生活用临时房屋**

行政、生活用临时房屋的建筑面积取决于工地的人数，包括施工人员和家属人数。在编制施工组织设计时，应尽量利用工地附近的现有建筑物，或提前修建能利用的永久房屋，如道班房、加油站等，不足部分修建临时建筑。临时建筑应按节约、适用、装拆方便的原则设计，其结构形式按当地气候、材料来源和工期长短确定，通常有帐篷、活动房屋和就地取材的简易工棚等。

**4. 临时供水、供电、供热**

工地临时供水、供电、供热应解决以下问题：确定用量，选择供应来源，设计管线网络等。如供应来源由工地自行解决，还需要确定相应的设备。确定用量时，应考虑施工生产、生活和特殊用途(如消防、抗洪)的需用量。选择供应来源时，首先考虑当地已有的水源、电源。若当地没有或供应量不足时，才需自行设计解决。

### (二)土基检查

无论是路堤、路堑还是原有路面，铺筑路面结构层之前，必须进行检查验收，其压实度、弯沉值、标高、平整度等技术指标达到规定的要求后，才可进行路面施工。如发现路基土过干、表层松散，则应适当洒水、碾压；如路基土过湿，发生"弹簧"现象，应采取挖开晾晒、换土、掺石灰或水泥等措施进行处理。

### (三)施工现场交通管制

为了确保路面施工安全和有序施工，对施工现场范围内的公路两端和必经的交叉路口、部分设施设备等设置施工标志，进行施工现场交通管制，对于附近人群应进行施工安全宣传。

## 五、编制路面总体开工报告

路面总体开工报告的内容包括工程开工申请单及附件。工程开工申请单见表2-1。附件内容包括施工技术方案、施工技术方案报审表、进场人员报审表、施工放样报验单、建筑材料报验单、进场设备报验单。

表2-1 工程开工申请单

| 承包单位： | 合同号：01 |
|---|---|
| 监理单位： | 编　号： |

| 致(业主代表)××先生： |
|---|
| 根据合同要求，我们已经做好××公路路面工程LM－×标工程的开工前的一切准备工作，现要求该项工程正式开工，请予批准。<br>计划开工日期：<br>计划竣工日期：<br>本项工程现场负责人姓名：<br><br>附件：1. 施工技术方案　　　　2. 施工技术方案报审表<br>　　　3. 进场人员报审表　　　4. 施工放样报验单<br>　　　5. 建筑材料报验单　　　6. 进场设备报验单<br>　　　　　　　　　　　　承包人：　　　　　日　期： |
| 监 理 代 表：<br>可以开工/不可以开工<br>　　　　　　　　　　　　签　字：　　　　　　日　期： |
| 总监理工程师：<br>可以开工/不可以开工<br>　　　　　　　　　　　　签　字：　　　　　　日　期： |
| 业　　　主：<br>可以开工/不可以开工<br>　　　　　　　　　　　　签　字：　　　　　　日　期： |

本表一式四份，监理代表、总监理工程师、业主、承包人各一份。

# 任务2　路面施工放样

### 任务描述

路面施工放样是路面施工准备中一项非常重要的工作。通过学习本任务，学生应具备完成路面中桩、边桩及路面结构层高程放样的能力，能协助进行路面施工放样工作。同时，在路面放样工作中，传承并弘扬珠峰测绘队勇攀高峰的探索精神、不断创新的科学精神和艰苦卓绝的奋斗精神。

## 一、路面结构层施工测量的外业工作内容

（1）恢复中桩、左右边桩。按规范要求直线段每 15～20 m 设一桩，曲线段每 10～20 m 设一桩，并在两侧边缘处设指示桩。为了更好地控制高程，方便推土机（或平地机）作业，一般情况下，大多采用每 10 m 设一桩。

（2）进行水准测量，用明显标志标出桩位设计高程。

（3）严格掌握各结构层的厚度和高程，其路拱横坡度与面层一致。

## 二、路面中、边桩平面位置放样方法

路面各结构层中桩、边桩放样，实践中常采用全站仪坐标法或经纬仪配合测距仪极坐标法。中桩放样方法与路基施工放样方法基本一致。

### 1. 路面中桩放样

（1）低精度公路中桩放样。对于二、三、四级公路，其中线放样可采用传统的方法，即使用经纬仪、钢尺(皮尺)等仪器工具。其施工放样的基本步骤如下：

1）恢复交点和转点。根据原设计资料，对路线各交点和转点逐一进行查找或恢复。

2）直线段中桩放样。根据交点、转点，用经纬仪、钢尺或皮尺按规定桩距钉设中线桩。

3）曲线段中桩放样。首先根据设计的曲线要素放样各曲线主点桩，然后按切线支距法、偏角法或弦线支距法等详细放样曲线上各桩。

（2）高精度公路中桩放样。高速、一级公路中桩放样应采用自由测站法放线，以恢复主要控制桩。当各项观测误差和闭合差都符合相应的限差规定时进行平差计算，直至求出这些控制点的坐标。自由测站法中桩施工放样，如图 2-2 所示。

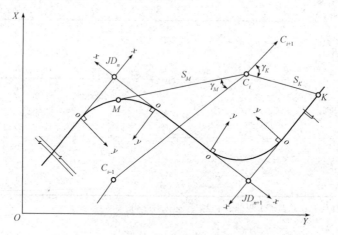

**图 2-2 全站仪或 GPS 自由测站法中线施工放样**

1）角度距离法放线。用角度距离法放线确定图中 $M$ 点时，将全站仪置于 $C_i$ 点，利用计算好的夹角 $\gamma_M$ 和距离 $S_M$ 确定 $M$ 点位。其放样步骤如下：

①将全站仪架设在"自由导线"点上，瞄准后导线或前导线点，然后读数归零。

②按照有关公式计算待放桩点与安置仪器点（连线）和后导线或前导线点与置仪点（连线）之间的夹角 $\gamma$，以及待放桩点与置仪点之间的距离 $S$。

③转动全站仪照准部使水平角的读数等于 $\gamma$ 并使距离等于 $S$，指挥持棱镜人员挪动棱镜正好在该点位置，即为待放桩点。

2)坐标法放样。用全站仪坐标法进行中线放样测量时，控制导线点和待测点的坐标应已知，且通视条件良好。坐标法放样的步骤如下：

①架设全站仪于"自由导线"点 $C_i$ 上，后视 $C_{i+1}$ 点。

②从路线"导线坐标表"中查取置仪点 $C_i$ 的坐标（$X_i$，$Y_i$，$Z_i$）和后视点 $C_{i+1}$ 的坐标（$X_{i+1}$，$Y_{i+1}$，$Z_{i+1}$），输入全站仪；并将测站数据（仪器高、后视方位角等）输入。

③从路线"逐桩坐标表"中查取待放桩点 $K$ 的坐标，并输入全站仪。

④松开水平制动，转动照准部使水平角为 0°00′00″。

⑤在 $C_i$ 到 $K$ 的方向上置反射棱镜并测距，直到面板显示距离值为 0.000 m 时为止。

在第③步输入 $K$ 点的坐标后，仪器在计算夹角的同时也计算出了 $C_i$ 到 $K$ 点的距离 $S$ 并自动存储起来。测距时将量到的距离 $d$ 自动与 $S$ 进行比较，面板显示其差值 $\Delta S=d-S$，当 $\Delta S>0$ 时，应向 $C_i$ 方向移动反射棱镜 $\Delta S$；当 $\Delta S<0$ 时，应远离 $C_i$ 方向移动反射棱镜 $\Delta S$；当 $\Delta S=0$ 时，即为 $K$ 点的准确位置。

⑥在中桩位置定出后，随即测出该桩的地面或路基顶面高程（$Z$ 坐标）。

重复上述③～⑥步，测设其他中桩位置。

**2. 路面边桩放样**

传统的路面边桩放样方法使用经纬仪、钢尺等仪器工具。其施工放样的基本步骤如下：

(1)根据道路中桩的放样结果，用经纬仪等找出横断面方向（中心线垂直方向）。

(2)用钢尺沿中心线的垂直方向分别水平量取半个路面结构层宽度（$B/2$），即为路面结构层边缘位置（可钉设边线桩或撒石灰线）。

(3)在两侧路面结构层边缘外 0.3～0.5 m 处设置指示桩。

重复上述(1)～(3)步，即可测设其他边桩和指示桩。

测量时，钢尺要保持水平，不得将钢尺紧贴地面量取，也不得使用皮尺。测量精度：对于高速、一级公路，准确至 0.005 m；对于其他等级公路，准确至 0.01 m。

路面边桩放样也可以采用全站仪，按角度距离法或坐标法放样。

实践中，面层由于其表面坚硬，放样时可先用钢钉标出其位置（天气好时也可用粉笔标出其位），然后（在施工铺筑前）用钢钎（用钢筋）做标志。

在曲线段通常只放出每隔 20 m 的中桩和每隔 20 m 一侧的边桩，至于中间 10 m 桩和另一侧的边桩，则需要重新加桩（即人工放桩）。

### 三、路面结构层高程放样

路面结构层铺筑施工时，其高程放样包括结构层厚度控制，分为松铺厚度控制和压实厚度（设计厚度）控制两项。对于预先埋设路缘石或安装模板铺筑施工的路段，可在路缘石上或模板上用明显标记标出路面结构层边缘的松铺厚度和设计高度；对于无路缘石的路段，可在两侧指示桩上用明显标记标出路面结构层边缘的松铺厚度（或松铺挂线）和设计高度；对于用摊铺机摊铺的结构层，路面结构层的松铺厚度由摊铺机导引绳挂线标示。

采用培槽法（培路肩）施工时，路面结构层厚度施工放样的基本步骤如下：

(1)根据道路设计高程的纵断面位置和设计高程，以及施工结构层设计的宽度、厚度、横坡度，计算各待放样桩号处施工结构层边缘的设计标高；

(2)根据试验确定的结构层松铺系数和设计厚度计算松铺厚度（或松铺层边缘的标高）；

(3)将水准仪（精密水准仪）或全站仪架设在路面平顺处调平，以路线附近的水准点高程作为基准；

(4)以仪器高和结构层边缘的设计标高(或松铺层边缘的标高)反算测定位置的塔尺读数;

(5)将塔尺竖立在路缘石或模板或边缘指示桩的测定位置处,水准仪(精密水准仪)或全站仪前视塔尺,上、下移动塔尺;当水准仪的读数与反算的塔尺读数一致时,在塔尺的底面位置画标记线,即为结构层边缘的顶面位置(或松铺层边缘的顶面位置);

(6)连续测定全部测点,并与水准点闭合。

采用挖槽法(挖路槽)施工时,可在结构层两侧的边缘桩或指示桩处挖一个小坑,在小坑中钉桩,使桩顶高程符合路槽底的边缘高程,以指导路槽的开挖。

### 四、摊铺机基准面(线)

**1. 摊铺机基准面(线)的分类**

使用摊铺机自动找平装置时,需要有一个准确的基准面(线),常用的基准面(线)控制有基准线钢丝法、摊铺基准面(平衡梁法)。下面层和基层(底基层)的摊铺应采用钢丝引导的高程控制方式,即基准线钢丝法,如图2-3所示;上、中面层可采用平衡梁控制厚度,不需要挂钢丝线。当下面层的平整度较差时,中面层也可用基准线钢丝法,以保证铺层有较好的平整度。

摊铺机自动找平装置

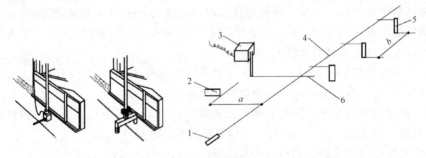

图2-3 基准线钢丝法

1—拉力计;2—熨平板;3—纵向控制器;4—基准线;5—支撑桩;6—传感器
$a$—熨平板摊铺边线至基准线钢丝的距离;$b$—基准线钢丝的支承桩间距

**2. 摊铺机基准线的设置**

摊铺机基准线由细钢丝、支撑桩、标桩、拉力计和张紧器等组成,如图2-4所示。铺设基准线时将其一端固定,另一端通过拉力计连接到张紧器上。标桩是用来测定拉线标高的,设在支承桩附近,便于检查,其数量视纵坡变化程度而定。

摊铺机基准线设置

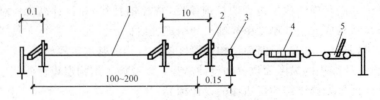

图2-4 摊铺机基准线的组成(尺寸单位:m)

1—细钢丝;2—支承桩;3—标桩;4—拉力计;5—张紧器

摊铺机控制线（钢丝）的高程＝边线处下承层的顶面高程＋松铺厚度＋摊铺机常数（即传感线至摊铺层松铺顶面的高差）±控制线离边线距离 $L$×横坡 $i$

基准线的布设可分以下四步进行：

(1)布设钢桩，一般布设在路肩的边缘，距摊铺边缘 30～50 cm。桩距直线段宜为 10 m，弯道部分酌情适当缩短，以保证路面边缘摊铺圆顺，桩位最好选用设计图表上的桩号，以便利用其设计高程作为基准线标高的依据，桩的打入深度以桩稳固为度，分别测定下承层上打桩点的高程。

(2)在桩上套上带托架的套管，使托架垂直于路中线。将实测高程与设计高程作比较，如果两者高程差值在厚度允许误差范围内时，移动套管使套管顶部高程等于实测高程并固定套管。如果某些测点高程高于设计高程时，应按本层设计厚度放样，移动套管使套管顶部高程等于实测高程与本层设计厚度之和并固定套管。同时，对纵坡进行调整，调坡坡度以千分之一为宜，切忌连续频繁调坡，影响行车的舒适性。

(3)将钢丝绳的一端固定在支承桩上，然后将钢丝绳放在各桩的托架上，用张紧器拉紧，最后固定在另一端的支撑桩上。此钢丝绳即为控制摊铺高程的基准线。

(4)量测基准线与下承层顶面的高度，与设计厚度进行比较，对不满足点再作调整。

基准线必须充分拉紧，下垂度不得超过路面平整度的允许偏差值，摊铺过程中施工人员和机具不得碰撞基准桩、线，防止基准线发生偏差，影响摊铺效果。

需强调的是：高程控制的目的是确定下承层表面高程与设计高程相差的确切数值，以便在挂线时纠正到设计值或保证施工层厚度。因此，高程放样应考虑下承层高程差值（设计高程与实际高程之差）、厚度和本层设计厚度，综合考虑后定出挂线桩顶的高程，再打桩挂线。当下承层厚度不够时，应在本层内加入厚度差并兼顾设计高程；如果下承层厚度足够而高程低时，应根据设计高程放样。如果下承层厚度与高程都超过设计值时，应根据本层厚度放样。如果厚度与高程都不够时，应按差值的标准放样。总之，不但要保证沥青路面的总厚度，而且要考虑高程不超过容许范围。当两者矛盾时，应满足厚度为主考虑放样。

在路面施工中要充分考虑路面层次的特点，讲究"层层放样、层层抄平"，即每施工一层都要进行放线和抄平，从底基层、基层直至面层。

【主题讨论】 阅读以下材料，谈谈路面施工放样时，如何发扬珠峰测量精神？

2020 年 12 月 8 日，国家主席习近平同尼泊尔总统班达里互致信函，共同宣布珠穆朗玛峰最新高程——8 848.86 米。

2020 珠峰高程测量，是继 2005 年之后，我国测绘工作者再次重返世界之巅测量珠峰高程，也是新中国成立以来开展的第 7 次大规模珠峰测绘和科考工作。2020 年是人类首次从北坡成功登顶珠峰 60 周年、中国首次精确测定并公布珠峰高程 45 周年。此前，中国测绘工作者分别于 1966 年、1968 年、1975 年、1992 年、1998 年、2005 年对珠峰进行过 6 次大规模的测绘和科考工作。2020 珠峰高程测量获得圆满成功，来之不易，意义重大，在我国珠峰测绘史上树立起一座新的里程碑。珠穆朗玛峰是世界最高峰，珠穆朗玛峰的唯一性与最高性，使其成为人类十分宝贵的自然地理资源。攀登珠峰，认识珠峰，测量珠峰，象征着人类追求最高、最强、最好的科技结晶与精神境界。

在我国多次开展的珠穆朗玛峰高程测量的壮丽进程中，一以贯之地凝聚着我国测绘工作者勇攀高峰的智慧和心血，坚持不懈地传承着测绘队伍挑战极限、理性探索的优良品格，百折不挠地形成了难能可贵的珠峰测量精神。我们要发扬光大珠峰高程测量勇攀高峰的探索精神、不断创新的科学精神、艰苦卓绝的奋斗精神。他们的壮举，他们的精神，进一步焕发了中国测绘勇攀创新高峰的风采，激励全国测绘人在各自的岗位上更加出色地工作，让"艰苦奋斗，无私奉献"的测绘精神，又一次在世界之巅闪耀。

**拓展训练**

在交验合格的下承层上恢复中桩，同时把中桩加密为 10 m 一个，复核水准点，每 200～300 m 增设临时水准点一个，根据中桩及摊铺宽度定出边桩(供支架基准线用)和边线桩(为摊铺机行走导向)。

**1. 仪具与材料**

(1)全站仪、水准仪；

(2)棱镜及对中杆、塔尺、对讲机；

(3)30 m 或 50 m 钢尺、3 m 小钢尺；

(4)竹桩或钢钎、油性记号笔、粉笔、铁锤、钢钉、凿子、拉绳、测伞等。

**2. 资料准备**

(1)设计图：路面横断面结构图、路面结构图、路线纵断面图。

(2)已知资料收集(与路基施工测量员交接)：施工段导线点成果表及实地勘察、施工段水准点成果表及实地勘察、直线曲线及转角表、逐桩坐标表。

(3)施工放样数据准备：施工标段中桩、左右边桩坐标放样数据表(即线路平面位置放样设计坐标表)，施工标段中桩、左右边桩高程放样数据表(即线路高程位置放样设计高程表)。

(4)绘制有关图件，方便施工测量作业。编制施工标段竖曲线变坡点图。此图可以在施工现场很方便地检查计算任一里程桩号的高程，是外业施工计算的好帮手。绘制施工进度图，将每日完成工作量填绘其上，便于及时掌握了解施工进度，方便工作安排。

 **学习检测**

1. 路面施工准备工作的内容包括哪些？
2. 简述路面施工的组织准备工作内容。
3. 简述路面施工的物质准备工作内容。
4. 路面施工前的技术准备工作内容包括哪些？
5. 查阅某高速公路路面施工组织设计，了解施工组织设计的内容，摘录其组织机构设置图。
6. 简述路面施工技术交底的内容。
7. 简述路面施工现场准备的内容。
8. 路面总体开工报告的内容有哪些？其中的附件有哪些？

**能力提升**

**一、单项选择题**

1. 对于地下水水位较高且有重载交通行驶的路面，为隔绝地下水上升影响路面稳定性，应在路基顶面设置(　　)。

　　A. 反滤层　　　　B. 垫层　　　　C. 稀浆封层　　　　D. 透层

2. 下列路面结构层中，属于柔性基层的是(　　)。

　　A. 水泥稳定碎石基层　　　　　　B. 贯入式沥青碎石基层

　　C. 二灰碎石基层　　　　　　　　D. 石灰稳定土基层

3. 按矿料级配分类，属于开级配沥青混合料的是（　　）。
A. SMA　　　　　　B. AM　　　　　　C. AC—16　　　　　　D. OGFC
4. 重交通公路水泥混凝土路面邻近横向胀缝的三条横向缩缝，应采用的形式是（　　）。
A. 设传力杆平缝型　　　　　　　　B. 设传力杆假缝型
C. 设拉杆企口缝型　　　　　　　　D. 设拉杆平缝型
5. 关于水泥混凝土路面胀缝设置的说法，下列叙述正确的是（　　）。
A. 高温施工时应设置胀缝
B. 常温施工时，集料温缩系数小时应设置胀缝
C. 邻近构造物或与其他道路相交处应设置胀缝
D. 常温施工时，年温差较小时应设置胀缝
6. 下列水泥混凝土路面填缝料中，不属于加热施工式填缝料的是（　　）。
A. 橡胶沥青类　　　　　　　　　　B. 聚氨酯类
C. 道路石油沥青类　　　　　　　　D. 改性沥青类
7. 路面基层排水层的透水材料，透水性从高到低排序正确的是（　　）。
A. 未经处治的开级配碎石集料＞沥青处治的碎石集料＞水泥处治的碎石集料
B. 水泥处治的碎石集料＞未经处治的开级配碎石集料＞沥青处治的碎石集料
C. 沥青处治的碎石集料＞水泥处治的碎石集料＞未经处治的开级配碎石集料
D. 未经处治的开级配碎石集料＞水泥处治的碎石集料＞沥青处治的碎石集料
8. 路面透水性排水基层施工中，在连续长纵坡坡段或凹形竖曲线路段，排水层内渗流的自由水有可能被堵封或渗流路径超过45～60 m时，为拦截水流及缩短渗流长度有应增设（　　）。
A. 纵向排水管　　　　　　　　　　B. 横向排水管
C. 纵向集水管　　　　　　　　　　D. 横向跌水井

二、多项选择题
路面表面防排水设施由（　　）等组成。
A. 路拱横坡　　　　B. 路肩横坡　　　　C. 垫层
D. 拦水带　　　　　E. 渗沟

# 教学单元二
# 路面基(垫)层施工

• **单元简介**

    基层和垫层是路面的重要组成部分。目前，常用的基(垫)层类型有粒料类、无机结合料稳定类、沥青混合料类、水泥混凝土类。其中，粒料类以天然砂砾、级配碎砾石为主；无机结合料稳定类以水泥稳定碎石、水泥稳定砂砾为主，也有一些石灰稳定类与综合稳定类；沥青稳定碎石混合料一般用作高等级公路的上基层；贫水泥混凝土也能用于基层。基层在沥青路面结构中是主要承重结构层，在水泥混凝土路面结构中属于次要承重结构层，而垫层对改善土基与基层工作环境起着重要作用。因此，基层和垫层的施工质量关系重大。

    本教学单元分6个项目，分别是天然砂砾垫层施工、级配碎(砾)石结构层施工、水泥稳定材料结构层施工、石灰稳定材料结构层施工、综合稳定材料结构层施工、其他类型基层施工。

# 项目三 天然砂砾垫层施工

## 项目描述

路面垫层是路面结构层次中改善土基工作环境的重要结构层次,起隔水、排水、防冻的作用。通过学习本项目,学生应在领会设计意图、明确工程内容、掌握工程特点的基础上,掌握天然砂砾垫层的位置、作用、适用范围;通过正确选择合适的原材料及混合料,能合理进行试验段铺筑;按照《公路路面基层施工技术细则》(JTG/T F20—2015)和《公路工程质量检验评定标准》(土建工程)(JTG F80/1—2017)(以下简称《标准》)的相关规定,能进行天然砂砾垫层施工,从而培养学生进行天然砂砾垫层施工的职业能力。

本项目包括认知天然砂砾垫层和天然砂砾垫层施工两个任务。

## 项目载体

表 3-1 是山西省太长高速公路其中一个路段的路面结构设计图。由于该路段路基干湿类型为潮湿,因此设计采用 15 cm 天然砂砾垫层,可以起到排水、隔断地下水的作用,从而改善了路基的工作环境。天然砂砾也是我国多数省份用作排水垫层的材料之一。

表 3-1 路面结构设计图

| 干湿类型<br>层 位 | | 潮湿路段 |
|---|---|---|
| 面层 | 上面层 | 4 cm 中粒式密级配 SBS 改性沥青混凝土 AC—16 |
| | 中面层 | 5 cm 中粒式密级配沥青混凝土 AC—20 |
| | 下面层 | 7 cm 粗粒式密级配沥青混凝土 AC—25 |
| 基层 | 上基层 | 15 cm 水泥稳定碎石 |
| | 下基层 | 18 cm 二灰稳定碎石 |
| 底基层(整平层) | | 20 cm 二灰土 |
| 垫层 | | 15 cm 天然砂砾 |
| 总厚度/cm | | 84 |

请思考：1. 天然砂砾在公路工程中的作用有哪些？
    2. 天然砂砾垫层在路面结构中的应用如何？
    3. 天然砂砾垫层如何施工？如何进行质量控制？

# 任务 1  认知天然砂砾垫层

**任务描述**

  天然砂砾垫层是路面垫层主要的应用类型，其施工质量的好坏很大程度上决定着路面的使用质量。通过学习本任务，学生应能掌握天然砂砾垫层的作用、适用范围、材料要求，具备复核路面结构设计图中天然砂砾垫层的能力，能完成路面结构设计图与设计说明中砂砾垫层的复核工作。同时，了解天然河道采砂带来的资源、生态、社会问题，树立生态环保意识。

## 一、基本概念

  传统意义上，将位于路面基层(底基层)和土基之间的结构层称为路面垫层，主要作用是调节和改善土基的水温状况，提高路面结构的水稳性和抗冻胀能力，并可扩散荷载，减小土基的变形。垫层的材料选择、结构形式和施工工艺须满足其排水、隔水、防冻或防污等方面的要求。

## 二、应用要求

### (一)沥青路面结构中垫层的应用要求

我国《公路沥青路面设计规范》(JTG D50—2017)规定如下：

(1)季节性冻土地区路面厚度不满足防冻要求时，应增设防冻层。防冻层宜采用粗砂、砂砾和碎石等粒料类材料。

(2)地下水水位高，排水不良路段，有裂隙水、泉眼等水文条件不良的岩石挖方路段，基层和底基层为非粒料类材料时，可在基层或底基层与路床间设置粒料层。

垫层材料可选用粗砂、砂砾、碎石、煤渣、矿渣等粒料以及水泥或石灰煤渣稳定类、石灰粉煤灰稳定类等。

### (二)水泥混凝路面结构中垫层的应用要求

我国《公路水泥混凝土路面设计规范》(JTG D40—2011)规定：遇有以下情况时，应在基层或底基层下设置垫层：

(1)季节性冰冻地区，路面结构厚度小于最小防冻厚度要求时应设置防冻垫层，使路面结构厚度符合要求。

(2)水文地质条件不良的土质路堑，路床上湿度较大时宜设置排水垫层。

垫层应与路面同宽，厚度不得小于 150 mm。防冻垫层和排水垫层宜采用碎石、砂砾等颗粒材料。

从以上规范的规定来看，无论是沥青路面还是水泥混凝土路面，天然砂砾都可以用作其垫层。

## 三、原材料要求

天然砂砾属于颗粒材料，其强度主要靠颗粒间的嵌挤、密实形成，因此，其级配必须符合规范要求。现行《公路路面基层施工技术细则》(JTG/T F20—2015)规定天然砂砾级配组成应符合表 3-2 的要求,且级配宜接近圆滑曲线。

表 3-2 天然砂砾垫层的推荐级配范围

| 层位 | 通过下列筛孔(mm)的质量百分率/% | | | | | | 液限/% | 塑性指数 |
|---|---|---|---|---|---|---|---|---|
| | 53 | 37.5 | 9.5 | 4.75 | 0.6 | 0.075 | | |
| 垫层、底基层 | 100 | 80~100 | 40~100 | 25~85 | 8~45 | 0~15 | ≤28 | 一般地区<9;多雨潮湿地区<6 |

施工用水应洁净,不含有害物质。来自可疑水源的水应按要求进行化验鉴定。

## 四、混合料组成设计

(1)天然砂砾的级配、液限及塑性指数符合表 3-2 的规定时,可以直接用作垫层。
(2)天然砂砾级配不符合要求时,应掺配碎石或破碎卵石,掺配比例由试验确定。
(3)塑性指数偏大的砂砾,可加入少量石灰,降低其塑性指数,也可以用无塑性的砂或石屑进行掺配,使其塑性指数降低到符合要求。
(4)天然砂砾应采用重型击实方法确定最大干密度和最佳含水率。

# 任务 2 天然砂砾垫层施工

**任务描述**

路面结构中,天然砂砾垫层施工质量的好坏,很大程度上影响着地下水的隔断与排除,进而影响路面结构稳定性的发挥,因此,应按照规范要求,认真组织天然砂砾垫层的施工。通过学习本任务,学生应具备天然砂砾垫层的施工、管理、现场质量控制的能力,能编制天然砂砾垫层施工实施细则,完成施工技术交底工作。同时,养成钻研技术规范、科学严谨的职业素养。

## 一、一般规定

(1)天然砂砾垫层宜采用推土机联合平地机进行铺筑,有条件时也可采用摊铺机进行摊铺。
(2)天然砂砾混合料的压实厚度不宜超过 20 cm;当设计厚度超过 20 cm 时,应分层铺筑,每层最小压实厚度不小于 10 cm。
(3)天然砂砾施工时,对主线单幅每一摊铺、碾压的作业段长度宜控制在 50~80 m;对匝道路面垫层,每一摊铺、碾压的作业段长度宜控制在 100~120 m。
(4)高等级公路在正式施工前,必须铺筑试验段,对施工工艺进行总结;试验段的质量检查频率应是正常路段的两倍。
(5)施工期的日最低气温应在 5 ℃以上,严禁雨天施工。

## 二、施工工艺流程

天然砂砾垫层施工工艺流程图如图 3-1 所示。

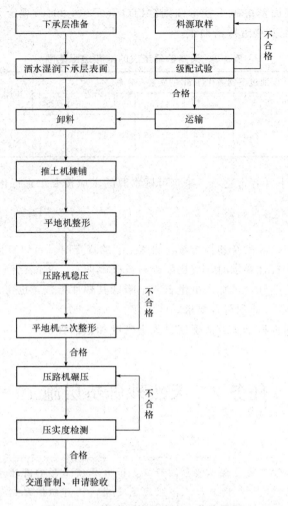

图 3-1 天然砂砾垫层施工工艺流程图

## 三、施工要点

### (一)施工准备

**1. 下承层的准备**

(1)路基外形检查。外形检查内容包括高程、中线偏位、宽度、横坡度和平整度。

(2)清除路基表面浮土、杂物,宜采用18 t以上振动压路机进行慢速全幅碾压检验,路基顶面必须平整、无坑洼;在碾压过程中,如发现土过干,表面松散,应适当洒水;如土过湿,发生"弹簧"现象应进行处理。

(3)施工前应做好放样工作。恢复中桩、边桩,直线段每15~20 m设一个桩,平曲线段每10~15 m设一个桩。放出垫层边线,并在两侧路肩边缘外0.3~0.5 m设指示桩,进行水准测量,标出垫层边缘的设计高程。

**2. 施工机械的配备**

高等级公路天然砂砾垫层的施工机械应按表3-3配置。低等级公路可以参照配置。

表 3-3 高等级公路天然砂砾垫层的施工机械配置表

| 结构层类型 | 机械设备名称 | 单位 | 数量 |
|---|---|---|---|
| 天然砂砾垫层 | 推土机 | 台 | 2 |
| | 平地机 | 台 | 2 |
| | 装载机 | 台 | 2 |
| | 单钢轮振动压路机(20 t 以上) | 台 | 2 |
| | 轮胎压路机(25 t 以上) | 台 | 2 |
| | 自卸汽车(15 t 以上) | 辆 | 不少于 15 |

**3. 试验段施工**

(1)试验段应选在主线上,长度不宜小于 200 m;确定施工机械设备的种类、组合方式、碾压速度及遍数、工序安排和松铺厚度等。

(2)当使用的原材料和混合料、施工机械、施工方法符合要求,试验段各项检验结果符合规定后,按要求编写试铺总结,经审批后作为申报正常路段开工的依据。

(3)试验段经检验合格,作为正常路段的一部分。若不符合要求,经采取补救措施后仍无法满足使用功能的路段应铲除重铺。

**(二)运输和摊铺**

(1)对需要掺加石灰降低塑性指数的混合料或含水率较低需要加水时,应在料场进行闷料。

(2)下卧层应用白灰打方格,每个方格的面积应通过松铺系数和每辆运输车辆装载量确定。

(3)应控制每车装料的数量基本相等,运至下卧层后应按所打方格均匀卸料。

(4)松铺系数应通过试验段确定。一般情况下人工摊铺混合料时,其松铺系数为 1.40~1.50;平地机摊铺混合料时,其松铺系数为 1.25~1.35。

(5)混合料在下卧层上的堆置时间不宜过长;运输与摊铺工序应紧凑衔接。

(6)采用推土机配合平地机将混合料均匀地摊铺在预定的宽度上时,摊铺层表面应平整,横坡度应符合规定。

(7)检查松铺材料层的厚度是否符合预计要求;必要时,应进行减料或补料工作。

(8)推土机粗平后检查含水率,混合料的含水率比最佳含水率宜提高 1%~3%,以弥补摊铺与整平过程中的水分损失。

(9)整平。

1)采用平地机由外侧向内侧进行刮平;采用挂线法及时检查松铺高程及松铺厚度,符合要求后压路机碾压一遍,以检查是否存在潜在的不平整。

2)压路机初压一遍后,再用平地机精平,即按规定的横坡度进行整平和整形。

(10)当采用摊铺机施工时,参照本单元项目四级配碎石的施工方法执行。

**(三)碾压**

(1)整形后,当混合料的含水率等于或略大于最佳含水率时,应进行碾压,碾压工艺应根据试验段结果确定。高等级公路天然砂砾垫层的碾压工艺可参照表 3-4 选用。

表 3-4 压路机典型碾压工艺

| 压路机类型 | 稳压 | | 复压 | | 终压 | |
|---|---|---|---|---|---|---|
| | 速度/(km·h⁻¹) | 遍数 | 速度/(km·h⁻¹) | 遍数 | 速度/(km·h⁻¹) | 遍数 |
| 18 t 以上振动压路机 | 1.5~1.7(静压) | 1 | 2.0~2.5(振压) | 3~4 | — | — |
| 20 t 胶轮压路机 | — | — | — | — | 5 | 1 |

(2)碾压应遵循"先轻后重、先慢后快、横断面从低到高"的原则。碾压时,应重叠1/3轮宽,必要时辅以洒水碾压,完成后表面应无明显轮迹。

(3)碾压段落必须分明,并设置明显的分界标志。

(4)路面两侧应多碾压1~2遍,以保证垫层边缘的压实度。

(5)严禁压路机在正在碾压的路段上掉头。除非特殊情况,应尽可能避免紧急制动。

(6)未经压实的混合料被雨水淋后或受冻后,要清除更换。

### (四)接缝

对于横向接缝的处理,应将前一段留下不少于2 m的铺面,不进行碾压,待后一段摊铺后,再与前一段留下部分一次碾压密实。必要时应洒水碾压。

### (五)养护及交通管制

(1)天然砂砾垫层在施工完毕后禁止车辆通行。

(2)垫层施工完成后,应尽快安排上覆层施工。

(3)天然砂砾垫层不宜过冬,否则应采取措施,保证垫层不发生冻坏现象。

## 四、质量控制

(1)天然砂砾进场前应筛除超粒径的砾石。

(2)原材料试验应按照现行《公路路面基层施工技术细则》(JTG/T F20—2015)有关规定进行,建议不少于每1 000 t检测一次。

(3)施工过程中应注意高程、厚度、平整度控制,若发现问题应及时处理。

(4)压实度检查应在碾压结束后立即进行,对不符合要求的应及时进行处理。

(5)CBR测定用试样应在碾压前在铺面上取样,并进行测定。

(6)高等级公路施工过程中,天然砂砾混合料质量控制内容按表3-5执行,质量控制标准按表3-6执行。

表3-5 天然砂砾施工过程质量控制内容

| 项目 | 质量要求或允许偏差 | 检查频率 | 取样/试验方法 |
| --- | --- | --- | --- |
| 矿料级配 | 符合表3-2要求 | 1次/作业段 | 现场取样 |
| 塑性指数 |  | 1组/3 000 m² | 按《公路土工试验规程》(JTG E40—2007)进行 |
| 加州承载比CBR/% | 不小于60 |  |  |
| 含水率/% | 最佳含水率+3,−1 | 1次/每作业段 | 烘干法 |

表3-6 天然砂砾垫层质量控制标准

| 检查项目 | | 质量要求 | | 检查规定 | |
| --- | --- | --- | --- | --- | --- |
| | | 规定值或允许偏差 | 外观要求 | 频率 | 方法 |
| 压实度/% | | 不小于96 | 符合技术规范要求 | 2处/(200 m·车道) | 灌砂法 |
| 平整度/mm | | 12 | 平整、无起伏 | 2处×10尺/200 m | 3 m直尺 |
| 纵断高程/mm | | +5,−15 | 平整、顺适 | 4个断面/200 m | 水准仪 |
| 宽度/mm | | 不小于设计值 | — | 4处/200 m | 尺量 |
| 厚度/mm | 代表值 | −10 | 均匀、一致 | 1点/(100 m·车道) | 路中及边缘挖坑检验 |
| | 合格值 | −25 | | | |

续表

| 检查项目 | 质量要求 | | 检查规定 | |
| --- | --- | --- | --- | --- |
| | 规定值或允许偏差 | 外观要求 | 频率 | 方法 |
| 横坡度/% | ±0.3 | — | 4个断面/200 m | 水准仪 |
| 外观要求 | | 表面平整、无轮迹、无隆起、无松散 | | |

注：检测频率除注明外，均指单幅双车道。

**【主题讨论】** 天然砂砾常常作为路面垫层一种经济性不错的材料。然而长期以来，天然砂砾主要来源是河道，随着基础设施建设的日益加快，天然河道采砂已造成砂石资源枯竭、水源污染、引发河堤安全等各种资源、生态、社会问题。针对这种现状，有什么解决思路呢？可否用机制砂代替天然砂？目前，我国倡导的建筑固废综合利用，可否解决这一问题呢？

 学习检测

1. 什么是垫层？其作用是什么？
2. 沥青路面在什么情况下设置垫层？
3. 水泥混凝土路面在什么情况下设置垫层？
4. 天然砂砾做垫层有何优势？
5. 天然砂砾用于垫层有何要求？
6. 天然砂砾用于垫层时，级配不符合要求如何处理？塑性指数偏大可采取什么措施？
7. 绘制天然砂砾垫层施工工艺流程图。
8. 天然砂砾混合料施工中质量控制的内容主要有哪几项？
9. 天然砂砾垫层的质量控制标准有哪几项？

# 项目四 级配碎(砾)石结构层施工

## 项目描述

级配碎(砾)石可以用于各级公路的基层、底基层、垫层,尤其广泛应用于我国南方地区公路的建设。通过学习本项目,学生应在领会设计意图、明确工程内容、掌握工程特点的基础上,掌握级配碎(砾)石材料的适用范围;通过正确选择合适的原材料及混合料,能合理进行试验段铺筑;按照《公路路面基层施工技术细则》(JTG/T F20—2015)和《标准》的相关规定,能进行级配碎(砾)石结构层施工,从而培养学生进行级配碎(砾)石结构层施工的职业能力。

本项目包括认知级配碎(砾)石结构层、级配碎(砾)石结构层施工、碎(砾)石结构层质量评定与工程计量、编制碎(砾)石结构层施工方案四个任务。

## 项目载体

表4-1是某城市主干道其中一个路段的路面结构设计图。由于该路段路基干湿类型为潮湿,因此设计采用20 cm级配碎石垫层,可以起到排水、隔断地下水的作用,从而改善了路基的工作环境。级配碎石由于其密实级配原理形成足够的强度,也经常用于各级公路的基层、底基层。

表4-1 路面结构设计图

| 层 位 | 干湿类型 | 潮湿路段 |
|---|---|---|
| 面层 | 上面层 | 4 cm细粒式密级配SBS改性沥青混凝土AC—13 |
| | 中面层 | 6 cm中粒式密级配沥青混凝土AC—20 |
| | 下面层 | 8 cm粗粒式密级配沥青混凝土AC—25 |
| 基层 | 上基层 | 24 cm水泥稳定碎石 |
| | 下基层 | 24 cm水泥稳定碎石 |
| 垫层 | | 20 cm级配碎石 |
| 总厚度/cm | | 86 |

请思考：1. 级配碎石在公路工程中的应用有哪些？
2. 级配碎石在高等级公路中的主要施工方法是什么？
3. 级配碎石施工如何进行质量控制？
4. 碎（砾）石结构层如何进行质量评定与工程计量？

# 任务1　认知级配碎（砾）石结构层

### 任务描述

级配良好的级配碎（砾）石是路面基（垫）层的应用类型之一。级配碎（砾）石结构层可用于增强路面结构强度，并兼顾路面结构防排水功能，因此，对提高路面的使用性能具有十分重要的意义。通过学习本任务，学生应能掌握级配碎（砾）石结构层的作用、适用范围、材料要求，具备复核路面结构设计图中级配碎（砾）石结构层的能力，能完成路面结构设计图与设计说明中级配碎（砾）石结构层的复核工作。同时，通过新闻素材了解目前碎石加工市场的状况及未来的发展趋势，体会我国制定资源节约型、环境友好型社会的意义。

## 一、基本概念

轧石机轧出来的粒径大小不一的碎石混合料，仅用一个筛孔尺寸与规定最大粒径相符的筛筛去超尺寸颗粒后得到的碎石混合料，称为未筛分碎石。

各档粒径的碎石和石屑按一定比例混合，级配满足一定要求且塑性指数和承载比均符合规定要求的混合料称为级配碎石。各档粒径的砾石和砂按一定比例混合，级配满足一定要求且塑性指数和承载比均符合规定要求的混合料，称为级配砾石。

用单一尺寸的粗碎石做主骨料，形成嵌锁结构，起承受和传递车轮荷载的作用，用石屑做填隙料，填满碎石间的孔隙，增加密实度与稳定性，这种材料称为填隙碎石。目前，填隙碎石应用已很少。

## 二、强度形成原理

级配碎（砾）石主要靠混合料的密实级配原理形成强度。级配碎（砾）石混合料中，石料主要起骨架作用，保证具有一定的内摩阻力，黏土主要起粘结作用。级配混合料中的内摩阻力，取决于集料的形状、粗糙度和硬度以及混合料的颗粒尺寸分布与密实度，而粘结力则取决于黏土的含量和塑性指数。

级配碎石结构层认知

## 三、应用要求

通常，级配碎石可用于各级公路的基层和底基层。由于级配碎石中不添加结合料，是一种散粒体材料，不能承受拉应力，因此，也可以用作较薄沥青层与半刚性基层之间的中间层，延缓半刚性基层反射裂缝的发生。级配碎石具有一定的渗透性，因此，级配碎石在路面结构中可起到排水的作用。

级配砾石、级配碎石以及符合级配、塑性指数在6或9以下的天然砂砾，可用于轻交通的二级和二级以下公路的基层以及各级公路的底基层。级配碎石、级配砾石也可用于四级公路的面层。

#### 四、原材料要求

用于二级及二级以上公路基层和底基层的级配碎石,应由预先筛分的几组不同粒径的碎石及石屑组配组成;对于其他等级公路,级配碎石可采用未筛分碎石和石屑组配。级配碎石施工中缺乏石屑时,可以添加细砂砾或粗砂,也可以用颗粒组成合适的含细集料较多的砂砾与未筛分碎石组配成级配碎砾石。

(一)集料

**1. 粗集料**

(1)用于级配碎石(砾石)的粗集料应采用具有一定级配的硬质石料,且不应含黏土块、有机物等。

(2)级配碎石或砾石用作基层时,高速、一级公路的公称最大粒径应不大于 26.5 mm,二级及二级以下公路的公称最大粒径应不大于 31.5 mm;用作底基层时,公称最大粒径应不大于 37.5 mm。

(3)级配碎石所用粗集料的技术要求见表 4-2。

(4)基层、底基层的粗集料规格要求应符合表 4-3 的规定。

表 4-2 级配碎石粗集料技术要求

| 指标 | 层位 | 高速、一级公路 | | 二级及二级以下公路 | 试验方法 |
|---|---|---|---|---|---|
| | | 极重、特重交通 | 重、中等、轻交通 | | |
| 压碎值/% | 基层 | ≤22 | ≤26 | ≤30 | T0316 |
| | 底基层 | ≤26 | ≤26 | ≤35 | |
| 针片状颗粒含量/% | 基层 | ≤18 | ≤18 | ≤20 | T0312 |
| | 底基层 | ≤20 | ≤20 | ≤20 | |
| 0.075 mm 以下粉尘含量/% | 基层 | ≤1.2 | ≤2 | — | T0310 |
| | 底基层 | — | — | — | |
| 软石含量/% | 基层 | ≤3 | ≤5 | — | T0320 |
| | 底基层 | — | — | — | |

表 4-3 粗集料规格要求

| 规格 | 工程粒径/mm | 通过下列筛孔/mm 的质量百分率/% | | | | | | | | | 公称粒径/mm |
|---|---|---|---|---|---|---|---|---|---|---|---|
| | | 53 | 37.5 | 31.5 | 26.5 | 19.0 | 13.2 | 9.5 | 4.75 | 2.36 | |
| G1 | 20~40 | 100 | 90~100 | — | — | 0~10 | 0~5 | — | — | — | 19~37.5 |
| G2 | 20~30 | — | 100 | 90~100 | — | 0~10 | 0~5 | — | — | — | 19~31.5 |
| G3 | 20~25 | — | — | 100 | 90~100 | 0~10 | 0~5 | — | — | — | 19~26.5 |
| G4 | 15~25 | — | — | 100 | 90~100 | 0~10 | 0~5 | — | — | — | 13.2~26.5 |
| G5 | 15~20 | — | — | — | 100 | 90~100 | 0~10 | — | — | — | 13.2~19 |
| G6 | 10~30 | — | 100 | 90~100 | — | — | 0~10 | 0~5 | — | — | 9.5~31.5 |
| G7 | 10~25 | — | — | 100 | 90~100 | — | 0~10 | 0~5 | — | — | 9.5~29.5 |
| G8 | 10~20 | — | — | — | 100 | 90~100 | — | 0~10 | 0~5 | — | 9.5~19 |
| G9 | 10~15 | — | — | — | — | 100 | 90~100 | — | 0~5 | — | 9.5~13.2 |
| G10 | 5~15 | — | — | — | — | 100 | 90~100 | 40~70 | 0~10 | 0~5 | 4.75~13.2 |
| G11 | 5~10 | — | — | — | — | — | 100 | 90~100 | 0~5 | 0~5 | 4.75~9.5 |

## 2. 细集料

细集料应洁净、干燥、无风化、无杂质,并有适当的颗粒级配。

细集料可以使用一般碎石场的细筛余料,也可以用专门轧制的细碎石集料。天然砂砾或粗砂作为细集料时,其颗粒尺寸应满足工程需要且级配稳定,超尺寸颗粒含量超过规定时应筛除。

细集料规格要求应符合表4-4的规定。对0~3 mm和0~5 mm的细集料应分别严格控制大于2.36 mm和4.75 mm的颗粒含量。对3~5 mm的细集料应严格控制小于2.36 mm的颗粒含量。高速、一级公路,细集料中小于0.075 mm的颗粒含量应不大于15%;二级以及二级公路,细集料中小于0.075 mm的颗粒含量应不大于20%。

表4-4 细集料规格要求

| 规格 | 工程粒径/mm | 通过下列筛孔/mm的质量百分率/% | | | | | | | 公称粒径/mm |
|---|---|---|---|---|---|---|---|---|---|
| | | 9.5 | 4.75 | 2.36 | 1.18 | 0.6 | 0.3 | 0.15 | 0.075 | |
| XG1 | 3~5 | 100 | 90~100 | 0~15 | 0~5 | — | — | — | — | 2.36~4.75 |
| XG2 | 0~3 | — | 100 | 90~100 | — | | | | 0~15 | 0~2.36 |
| XG3 | 0~5 | 100 | 90~100 | | | | | | 0~20 | 0~4.75 |

## 3. 材料的分档与掺配

用于二级及二级以上公路基层和底基层的级配碎石或砾石,应由不少于4种规格的材料掺配而成。

### (二)水

水应洁净,不含有害物质。来自可疑水源的水应按要求进行化验鉴定。

## 五、混合料配合比设计

(1)级配碎(砾)石混合料应采用重型击实方法进行混合料配合比设计。

(2)级配碎(砾)石的级配范围应符合《公路路面基层施工技术细则》(JTG/T F20—2015)的规定。级配碎石(砾石)液限不宜大于28%。多雨潮湿地区塑性指数小于6,其他地区小于9。

(3)级配碎石CBR值应满足表4-5的规定或设计文件的要求。

表4-5 级配碎石材料的CBR强度标准                %

| 结构层 | 公路等级 | 极重、特重交通 | 重交通 | 中、轻交通 |
|---|---|---|---|---|
| 基层 | 高速、一级公路 | ≥200 | ≥180 | ≥160 |
| | 二级及二级以下 | ≥160 | ≥140 | ≥120 |
| 底基层 | 高速、一级公路 | ≥120 | ≥100 | ≥80 |
| | 二级及二级以下 | ≥100 | ≥80 | ≥60 |

(4)级配碎(砾)石混合料组成设计的步骤。

1)取实际使用的集料分别进行筛分,按颗粒组成进行计算,按照《公路路面基层施工技术细则》(JTG/T F20—2015)的级配范围要求,调整各种矿料比例,设计粗、中、细3组初试级配。

2)对每种级配分别选取5个不同的含水率制成试件,进行重型击实试验,确定级配碎(砾)石的最佳含水率及最大干密度。

3)在最佳含水率下成型试件,进行级配碎(砾)石4 d饱水的CBR试验,选取CBR值大者作为设计级配。

【**主题讨论**】"全封闭生产厂房,全封闭绿色运输",你想象中的未来的碎石加工企业这样的吗?目前已经逐步在向这个方面发展。因此我们可以预测,碎石市场未来发展的两大趋势:一是价格不会回落,而会继续稳中有升;二是碎石市场必将形成寡头竞争的局面。对此,你怎么理解?

# 任务 2  级配碎(砾)石结构层施工

## 任务描述

通过学习本任务,学生应能具备级配碎(砾)石结构层的施工管理、现场质量控制及记录的能力,能编制级配碎(砾)石结构层施工细则,完成级配碎(砾)石施工技术交底工作。同时,养成善于钻研技术规范、分析并解决工程问题的职业素养。

## 一、一般规定

(1)级配碎(砾)石混合料颗粒级配应符合规定,配料必须准确,塑性指数应符合规定。

(2)级配碎(砾)石混合料必须拌和均匀,没有粗细颗粒离析现象。

(3)级配碎(砾)石混合料宜采用集中厂拌、摊铺机摊铺的施工方法。

(4)级配碎石(砾石)应使用 12 t 以上的三轮压路机进行碾压,每层的压实厚度不应超过 15~18 cm。用重型振动压路机和轮胎压路机碾压时,每层的压实厚度可达 20 cm。当设计厚度超过 20 cm 时应分层铺筑,每层最小压实厚度不小于 10 cm。

(5)级配碎石(砾石)在最佳含水率时进行碾压,当采用重型击实标准设计时,基层压实度应大于 99%,底基层压实度应大于 97%。

(6)高等级公路级配碎(砾)石混合料在正式施工前,必须铺筑试验段,对施工工艺进行总结;试验段的质量检查频率应是正常路段的两倍。

(7)施工期的日最低气温应在 5 ℃以上,严禁雨天施工。

本任务以级配碎石结构层为例,详细讲解其施工工艺流程及施工要点。

## 二、施工工艺流程图

级配碎石结构层施工工艺流程图如图 4-1 所示。

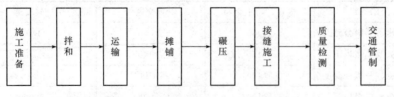

图 4-1  级配碎石结构层施工工艺流程图　　　　级配碎石施工

## 三、施工要点

### (一)施工准备

**1. 下承层的准备**

下承层的准备与天然砂砾垫层下承层的要求相同。级配碎石做基层时,底基层应用硬扫帚和鼓风机将下承层浮浆及杂物清理干净,并进行缺陷检查和修复。

## 2. 施工机械的准备

高等级公路级配碎石结构层的施工机械应按表 4-6 配置。低等级公路参照相关规定执行。

表 4-6　级配碎石结构层的施工机械的配备表

| 结构层类型 | 机械设备名称 | 单位 | 数量 | 备注 |
|---|---|---|---|---|
| 级配碎石结构层 | 拌合机(400 t/h) | 台 | 1 | |
| | 摊铺机 | 台 | 2 | 性能一致 |
| | 双钢轮振动压路机(11 t 以上) | 台 | 3 | |
| | 单钢轮振动压路机(20 t 以上) | 台 | 2 | |
| | 轮胎压路机(25 t 以上) | 台 | 2 | |
| | 自卸汽车(15 t 以上) | 辆 | 不少于 15 | |

## 3. 试验段施工

(1)试验段应在主线选择经验收合格的下承层上进行，长度为 300～400 m；采用两种试铺碾压方案，每一种试铺方案长度为 100～200 m。

(2)试验段决定的主要内容。

1)施工配合比。调试拌合机，测量其计量准确性。通过检查混合料含水率、集料级配、CBR 值，调整拌合方法、拌合时间，保证混合料的均匀性。

2)当需分层铺筑时，确定每层的合适厚度。

3)确定松铺厚度和松铺系数。

4)确定标准施工方法，包括：

①混合料配合比的控制；

②合适的拌合机械、拌合方法和拌合时间；

③混合料含水率的调整和控制方法；

④混合料摊铺方法和适用机具，包括摊铺机行进速度、摊铺厚度控制方式、梯队作业时摊铺机间隔距离等；

⑤压实机械的选择和组合，压实的顺序、速度和遍数；

⑥拌和、运输、摊铺和碾压机械的协调和配合。

5)确定每一作业段的合适长度。

(3)当使用的原材料和混合料、施工机械、施工方法符合要求，试验段各项检验结果符合规定后，按要求编写试铺总结，经审批后作为申报正常路段开工的依据。

(4)试验段经检验合格，作为正常路段的一部分。若不符合要求，经采取补救措施后仍无法满足使用功能的路段应铲除重铺。

## (二)拌和

(1)开始拌和前，拌合厂的备料至少应能满足 5～7 d 的摊铺用料。

(2)施工中的细集料应采用篷布覆盖。

(3)拌合机各料仓开口大小和皮带计量精度应事先标定，并在施工过程中经常检查和校正。

(4)每天拌和前，应检查各拌合设备的工作参数，使混合料颗粒组成和含水率达到规定的要求。

(5)每天拌和前，应测定各种规格集料的含水率，结合天气、运距等情况调整外加水量。一般情况下，混合料的含水率比最佳含水率宜提高 0.5%～1%；在气温高、风速大、天气干燥的情况下，宜提高 1%～2%。早晚与中午的含水率要有区别。

(6)应有足够数量的装载机加料，确保拌合机各仓集料充足，同时避免料仓窜料。

(7)拌合机出料不应采取自由跌落式的落地成堆、装载机装料运输的办法。应配备带活门漏斗的料仓，由漏斗出料直接装车运输。装车时，车辆应前后移动，分前、后、中三次装料，以避免混合料离析。

### (三)运输

(1)运输车辆应采用大吨位的自卸车，车况应良好、整洁；运输车辆在每天开工前，要检查其完好情况。运输车辆数量须满足拌和、出料及摊铺需要，并略有富余。

(2)混合料在运输过程中必须覆盖，以减少水分损失。

### (四)摊铺

(1)在级配碎石层边缘设置好厚度控制线支架，根据松铺系数计算松铺厚度，确定控制线高度，挂好控制线。用于控制摊铺机摊铺厚度的钢丝拉力应不小于 800 N。

(2)摊铺前及摊铺过程中，应检查摊铺机各部分运转情况，确保摊铺机运转正常。

(3)在摊铺机前等待卸料的运输车辆应不少于 5 辆，以保持连续摊铺。

(4)在摊铺机前应设专人组织自卸车卸料，避免自卸车撞击摊铺机。

(5)采用大功率摊铺机时，可采用单机单幅全断面摊铺，也可采用两台摊铺机梯队作业方案。

(6)现场摊铺采用单机摊铺时，应采用两侧走钢丝的方法控制高程；采用两台摊铺机梯队作业时，两台摊铺机前后间距宜控制在 10 m 以内。前台摊铺机采用路侧钢丝和设置在路中的导梁控制路面高程，后台摊铺机路侧采用钢丝、路中采用滑靴控制高程和厚度。前后两台摊铺机应重叠 50～100 mm。

(7)摊铺速度一般宜为 1 m/min 左右。摊铺过程中，应根据拌和能力和运输能力确定摊铺速度，避免出现摊铺机停机待料的情况。

(8)摊铺过程中，应随时注意材料离析情况，应设专人随时消除粗细集料离析现象。

对于粗集料集中或细集料集中的部位，应分别添加细集料或粗集料，并拌和均匀。对严重离析部位，应挖除后用符合要求的混合料填补。

(9)熨平板前的混合料高度以略高于螺旋布料器 2/3 高度为宜，且全长同高；螺旋布料器在全部工作时间内应匀速转动，避免过快或停顿。

(10)结构物两侧的摊铺应符合以下要求：

1)应在施工前对结构物两侧工作面进行清理和修整，扫除松散材料和所有杂物，处理好欠压实、不平整等问题；

2)正交结构物两侧作为摊铺起点时，应使用相应厚度的垫块，不得采用人工摊铺；

3)斜交结构物两侧等摊铺机无法工作的部位应采用人工摊铺，并控制好松铺厚度和平整度。

(11)级配碎砾石层也可采用推土机联合平地机摊铺。

### (五)碾压

(1)在摊铺、修整后，压路机应在全宽范围内紧跟碾压，一次碾压段落长度一般为 50～80 m。碾压应遵循"先轻后重、先慢后快、横断面从低到高"的原则。碾压段落必须层次分明。

(2)碾压宜按照"稳压(静压)→弱振→强振→稳压收面"的工序进行压实，具体方案由试验段确认。

(3)碾压时，应重叠 1/3 轮宽。各部位碾压遍数应尽量相同；压路机碾压不到的部位用小型平板式振动器施振密实。

(4)严禁压路机在正在施工和刚完成的路段上掉头。除非特殊情况，应尽可能避免紧急制动。当出现拥包时，应铲平处理。

(5)为保证级配碎砾石层边缘的压实度，应有 10 cm 的超宽压实；当用方木或型钢模板支撑时，超宽可适当减小。

(6)压实后表面做到平整均匀、无轮迹。施工过程中，应及时用 3 m 直尺进行平整度检测。

### (六)接缝处理

(1)当采用梯队摊铺时，纵向接缝应一次碾压密实。如有间隔时间较长的纵向接缝，应预留一定的宽度暂不碾压，待后续摊铺完成后跨缝一次碾压密实。

(2)横向接缝应与路面车道方向垂直设置，并按以下方式进行施工：

1)压路机碾压完毕后，沿端头斜面行驶至下卧层上停机过夜。

2)第二天将压路机沿斜面行驶至前一天施工的结构层上，将 3 m 直尺纵向安放在接缝处，确定出平整度不符合质量要求的点作为接缝位置，沿横向断面挖除该位置至斜面下端头部分的混合料；清理干净后，摊铺机从接缝处起步摊铺。

3)压路机沿接缝横向碾压，由前一天压实层逐渐推向新铺层，碾压完毕后再正常碾压。

4)碾压完毕，接缝处纵向平整度应符合相关要求。

### (七)交通管制

(1)级配碎石层在施工完毕，未洒透层沥青或铺封层时，禁止开放交通，以保护表层不受破坏。

(2)级配碎石层施工完成后，应尽快安排上覆层施工。

(3)级配碎石层不宜过冬。必要时应采取措施，保证级配碎石层不发生冻坏现象。

## 四、施工质量控制

施工前和施工过程中，可参照表4-7的所列检查项目与频度，对各种原材料进行抽样试验，质量应符合现行施工技术规范规定的技术要求，每个检查项目的平行试验次数或一次试验的试样数必须按相关试验规程的规定进行，并以平均值评价是否合格。混合料应按表4-8所列的试验项目和要求检测评定。

表 4-7 原材料试验项目和要求

| 材料 | 检查项目 | 目的 | 频度 | 试验方法 |
|---|---|---|---|---|
| 粗集料 | 含水率 | 确定原始含水率 | 每天使用前测 2 个样品 | T0801/T0803 |
| | 级配 | 确定级配是否符合要求，确定材料配合比 | 每档碎石使用前测 2 个样品，使用过程中每 2 000 m³ 测 2 个样品 | T0303 |
| | 液限、塑限(级配碎石或砾石中 0.6 mm 以下的细土) | 求塑性指数，审定是否符合规定 | 每种材料使用前测 2 个样品，使用过程中每 2 000 m³ 测 2 个样品 | T0118 液塑限联合测定法/T0119 滚搓法 |
| | 相对毛体积密度、吸水率 | 评定粒料质量，计算固体体积率 | 每天使用前测 2 个样品，砾石使用过程中，每 2 000 m³ 测 2 个样品，碎石种类变化重做 2 个样品 | T0304 网篮法/T0308 容量瓶法 |
| | 压碎值 | 评定石料的抗压碎能力是否符合要求 | | T0316 |
| | 粉尘含量 | | | T0310 |
| | 针片状颗粒含量 | 评定石料质量 | | T0312 |
| | 软石含量 | | | T0320 |

续表

| 材料 | 检查项目 | 目的 | 频度 | 试验方法 |
|---|---|---|---|---|
| 细集料 | 含水率 | 确定原始含水率 | 每天使用前测2个样品 | T0801/T0803 |
| | 级配 | 确定级配是否符合要求,确定材料配合比 | 每档材料使用前测2个样品,使用过程中每2 000 m³测2个样品 | T0327 |
| | 液限、塑限 | 求塑性指数,审定是否符合规定 | 每种细集料使用前测2个样品,使用过程中每2 000 m³测2个样品 | T0118液塑限联合测定法/T0119滚搓法 |
| | 相对毛体积密度、吸水率 | 评定粒料质量,计算固体体积率 | 使用前测2个样品,使用过程中每2 000 m³测2个样品 | T0328/T0352 |
| 土 | 含水率 | 确定原始含水率 | 每天使用前测2个样品 | T0801/T0803 |
| | 液限、塑限 | 求塑性指数,审定是否符合规定 | 每种土使用前测2个样品,使用过程中每2 000 m³测2个样品 | T0118液塑限联合测定法/T0119滚搓法 |
| | 颗粒分析 | 确定级配是否符合要求 | | T0115 |

表 4-8 混合料试验项目和要求

| 项次 | 检查项目 | 目的 | 频度 | 试验方法 |
|---|---|---|---|---|
| 1 | 重型击实试验 | 最佳含水率和最大干密度 | 材料发生变化时 | T0804 |
| 2 | 承载比(CBR) | 确定非整体性材料是否适宜做基层或底基层 | 材料发生变化时 | T0134 |

(1)混合料级配检验宜在拌合厂运输机皮带上取样;在施工现场取样时,应采取措施确保样品的代表性。

(2)施工过程中应随时检查级配碎(砾)石混合料拌和以及摊铺的均匀性,以达到无粗细集料离析现象。

(3)施工过程中应注意结构层高程、厚度、平整度控制及对离析的检查,若发现问题应及时分析解决。

(4)压实度检查应在碾压结束后立即进行,对于小于规定值的测点应立即进行处理。

(5)高等级公路对级配碎(砾)石混合料质量控制内容,应按表4-9的规定执行。

表 4-9 级配碎(砾)石混合料质量控制内容

| 项目 | | 质量要求或允许差 | 检查频度 | 取样/试验方法 |
|---|---|---|---|---|
| 矿料级配,与生产级配的差/% | 0.075 mm | ±2 | 1次/2 000 m² | 拌合机皮带上取样 |
| | ≤2.36 mm | ±6 | | |
| | ≥4.75 mm | ±7 | | |
| CBR/% | | 不小于设计值 | 1次/3 000 m² | 按《公路土工试验规程》(JTG E40—2007)进行 |
| 含水率/% | | +2,-1 | 1次/2 000 m² | 烘干法 |

注:生产级配指的是通过试铺确定的设计级配。

# 任务3 碎(砾)石结构层质量评定与工程计量

**任务描述**

天然砂砾、级配碎石结构层施工完毕,施工单位应进行自检,并完成质量评定,才能申请交工验收。验收合格后才能进行计量与支付。通过学习本任务,学生应具备碎(砾)石结构层的质量评定与工程计量的能力,能完成碎(砾)石结构层的质量评定与工程计量工作。同时,养成诚实守信的职业品质,并树立工程质量责任意识。

## 一、碎(砾)石结构层的质量评定

碎(砾)石结构层完工后,施工单位、监理单位和建设单位应按相同的工程项目划分进行工程质量的监控和管理。施工单位应将全线以1~3 km作为一个评定路段,按规定频度与方法,对碎(砾)石结构层进行全线自检,并应在规定时间内提交全线检测结果及施工总结报告,申请交工验收。碎(砾)石结构层质量检验评定的基本要求、实测项目、外观质量要求及质量保证资料整理顺序内容如下。天然砂砾用作垫层时,质量要求与级配碎(砾)石的底基层相同。

### (一)基本要求

(1)配料应准确。
(2)塑性指数满足设计要求。

### (二)实测项目和频率

级配碎(砾)石的实测项目见表4-10。

表4-10 级配碎(砾)石实测项目

| 序号 | 检查项目 | | 规定值或允许偏差 | | | | 检查方法和频率 |
|---|---|---|---|---|---|---|---|
| | | | 基层 | | 底基层(垫层) | | |
| | | | 高速、一级公路 | 其他等级公路 | 高速、一级公路 | 其他等级公路 | |
| 1△ | 压实度/% | 代表值 | 98 | 98 | 96 | 96 | 按《公路工程质量检验评定标准》(以下简称《标准》)附录B检查:每200 m 2点 |
| | | 极值 | 94 | 94 | 92 | 92 | |
| 2 | 弯沉值/(0.01 mm) | | 不大于设计值 | | 不大于设计值 | | 按《标准》附录J检查 |
| 3 | 平整度/mm | | ≤8 | ≤12 | ≤12 | ≤15 | 3 m直尺:每200 m测2处×5尺 |
| 4 | 纵断高程/mm | | +5,−10 | +5,−15 | +5,−15 | +5,−20 | 水准仪:每200 m测2个断面 |
| 5 | 宽度/mm | | 满足设计要求 | | 满足设计要求 | | 尺量:每200 m测4点 |
| 6△ | 厚度/mm | 代表值 | −8 | −10 | −10 | −12 | 按《标准》附录H检查:每200 m测2点 |
| | | 合格值 | −10 | −20 | −25 | −30 | |
| 7 | 横坡/% | | ±0.3 | ±0.5 | ±0.3 | ±0.5 | 水准仪:每200 m测2个断面 |

### (三)外观质量

(1)表面应无坑洼、无松散、无碾压轮迹。
(2)表面连续离析不得超过10 m,累计离析不得超过50 m。

## (四)质量保证资料

路面工程按照分部工程1~3 km路段划分段落,沿路线前进方向自下而上分层整理检测资料并进行装订。如果是分幅施工,先左幅后右幅进行装订。

天然砂砾垫层、碎(砾)石结构层内业资料的整理顺序如下。

### 1. 开工报告及附件

(1)工程开工申请批复单。
(2)工程开工申请单(分项)。
(3)施工技术方案报验单。
(4)施工放样报验单(施工中线放样原始记录、高程检测记录、计算表)。
(5)施工图纸。
(6)建筑材料报验单。
(7)进场机械设备报验单。
(8)标准试验报告。
(9)分项工程月进度计划。

### 2. 工序报验资料及附件

(1)中间检验申请单。
(2)施工放样报验单。
(3)碎砾石基层(底基层)现场质量检验报告单。
(4)碎砾石基层(底基层)施工原始记录。
(5)平整度检验记录表。
(6)纵断高程检验记录表、宽度检验记录表、横坡检查记录。
(7)路面结构厚度检验记录表。
(8)压实度试验记录(灌砂法)。
(9)水准测量记录。
(10)含水率试验记录(施工控制)。
(11)路面基层集料技术性能试验、级配试验。

### 3. 分项工程报验资料及附件

(1)中间交工证书。
(2)工程报验单。
(3)分项工程质量检验评定表[级配碎(砾)石基层]。
(4)压实度检验评定表。
(5)平整度检验记录表。
(6)弯沉值检验评定表。
(7)路面结构厚度检验评定表。
(8)纵断高程检验记录表。
(9)横坡检验记录表。
(10)宽度检验记录表。
(11)回弹弯沉测定记录表。
(12)压实度试验记录(灌砂法)。
(13)压实度检验汇总表。
(14)纵断高程检验汇总表。

(15)中线偏位、宽度、横坡、边坡检验汇总表。
(16)平整度、路面厚度检验汇总表。

## 二、碎(砾)石结构层的工程计量

路面施工计量人员应全面熟悉路面施工合同内容,会复核工程量以及现场确认。计量与支付工作还应该注意工作的时效性、数据的准确性以及人员的稳定性。

**(一)计量规定**

(1)碎石、砂砾垫层应按图纸和监理人指示铺筑、经监理人验收合格的该层级顶面面积,按不同厚度以平方米计量,局部不等厚路段可按铺筑压实体积以立方米计量(按铺筑长度与平均厚度截面面积之积)。对个别特殊形状的面积,应采用适当计算方法计量,并经监理人批准以平方米或立方米计量。除监理人另有指示外,超过图纸所规定的面积或体积,均不予计量。

(2)级配碎(砾)石底基层和基层应按图纸和监理人指示铺筑的该层级顶面面积、经监理人验收合格后,按不同厚度以平方米计量,局部不等厚路段可按铺筑压实体积以立方米计量(按铺筑长度与平均厚度截面面积之积)。除监理人另有指示外,超过图纸所规定的面积,均不予计量。

(3)桥梁和明涵处的搭板、埋板下变截面级配碎(砾)石底基层按图纸所示和监理人指示铺筑。监理人验收合格后,以立方米计量。

**(二)支付**

按上述规定计量,经监理工程师验收的列入工程量清单的以下工程子目的工程量,其每一计量单位将以合同单价支付。此项支付包括材料、劳力、设备、运输等及其他为完成天然砂砾垫层、级配碎(砾)石结构层所必需的所有费用,是对完成工程的全部偿付。

**(三)计量清单及内容**

天然砂砾垫层、级配碎(砾)石结构层计量清单及内容见表4-11。

表4-11 碎(砾)石层工程计量清单及内容

| 子目号 | 子目名称 | 单位 | 计量规则 | 工作内容 |
| --- | --- | --- | --- | --- |
| 302—1 | 碎石垫层 | m² | 依据图纸所示压实厚度,按照铺筑的顶面积以平方米为单位计量 | 1. 检查、清除路基上的浮土、杂物,并洒水湿润;<br>2. 摊铺<br>3. 整平、整形<br>4. 洒水、碾压、整修 |
| 302—2 | 砂砾垫层 | m² | | |
| 306—1 | 级配碎石底基层 | m² | 依据图纸所示压实厚度,按照铺筑的顶面积以平方米为单位计量 | 1. 检查、清理下承层、洒水<br>2. 铺筑材料拌和、运输、摊铺<br>3. 整平、整形<br>4. 洒水、碾压、初期养护 |
| 306—3 | 级配碎石基层 | | | |
| 306—4 | 级配砾石底基层 | | | |
| 306—6 | 级配砾石基层 | | | |
| 306—2 | 搭板、埋板下级配碎石底基层 | m³ | 依据图纸所示尺寸、范围,按照铺筑体积以立方米为单位计量 | |
| 306—5 | 搭板、埋板下级配砾石底基层 | | | |

# 任务 4　编制碎(砾)石结构层施工方案

## 任务描述

通过天然砂砾垫层或级配碎(砾)石结构层施工方案的编制,学生应熟悉施工方案编制的依据、内容和方法,巩固和掌握天然砂砾垫层或级配碎(砾)石结构层的专业知识,并进一步学会综合运用已学到的理论知识解决专业问题。通过查阅有关的资料,学生可提高独立分析和解决本专业复杂问题的能力,为今后参加工作打下坚实的基础。

本任务以路面级配碎石底基层施工方案的编制为例,说明碎(砾)石结构层施工方案的编制内容和编制要点。

## 一、工程概况

某公路建设项目道路共 9 392 m,其中需要铺设级配碎石底基层的有 5 991 m。临时施工通道包括 R2、R3、R4、R5、R6、R7、R8、R9、R10、R11、R12、R13、R14、R15、R16、R17 等施工道路。其中,R3 基层宽度为 4.5 m,其余临时施工道路基层宽度为 3.2 m。级配碎石底基层厚度为 30 cm,工程数量为 7 054 m³。

## 二、编制依据

(1)《公路路基设计规范》(JTG D30—2015)。
(2)《公路路基施工技术规范》(JTG/T 3610—2019)。
(3)《公路路面基层施工技术细则》(JTG/T F20—2015)。

## 三、施工准备情况

**1. 施工人员及机械准备情况**

根据总体施工计划针对级配碎石底基层的施工进行组织安排,现场管理人员、施工人员已进场就位,现场管理人员 2 名,测量工程师 2 名,试验工程师 1 名,试验员 3 名,机手 8 名,普工 10 名。测量工程师已对导线点、水准点的加密闭合完毕,达到规范要求。路基交验工作已基本完成,拌合站的安装调试标定工作已结束,挖掘机、推土机、压路机等设备已进场。

**2. 材料准备情况**

路面底基层的级配由 3 种不同粒径的碎石(37.5～19 mm,19～9.5 mm,9.5～4.75 mm)和 4.75 mm 以下石屑组配而成,最大粒径不应超过 37.5 mm(方孔筛)。碎石中针片状颗粒含量不超过 20%,压碎值不大于 30%,碎石中不应含有黏土块、植物等有害颗粒。其级配曲线应是一条圆滑的曲线,其颗粒组成、液限和塑性指数满足表 4-12 的级配规定。

表 4-12　级配碎石颗粒组成要求

| 项目 | 通过下列筛孔质量百分率/% | | | | | | | | 液限/% | 塑性指数 |
|---|---|---|---|---|---|---|---|---|---|---|
| | 37.5 | 31.5 | 19 | 9.5 | 4.75 | 2.36 | 0.6 | 0.075 | | |
| 要求 | 100 | 90～100 | 73～88 | 49～69 | 29～54 | 17～37 | 8～20 | 0～7 | ≤28 | <6 |

## 四、施工方案

施工工艺流程图及施工要点见前文所述。

1. 施工工艺流程图(略)
2. 施工放样(略)
3. 拌和、运输(略)
4. 摊铺(略)
5. 碾压(略)
6. 接缝处理(略)
7. 养护(略)

## 五、质量控制指标、检验频率与方法

见前文所述。

## 六、施工计划

略。

## 七、质量保证措施

为了保证质量,争创优质工程,项目部采取如下措施:

(1)对进入工地的所有原材料,必须经过认真检查,由质检人员和试验人员抽样检验,并对原材料质量提出评价,对不合格材料坚决拒绝接受,并报工地项目经理部的技术负责人备案,施工中的各种配合比及各种数据必须符合规范和经过监理工程师批准后方可进行。

(2)对工地所用的计量仪器、工具、设备,定期请计量部门或厂家派人检查、及时修正。

(3)现场技术员要严格按照图纸、规范、《标准》和监理程序对施工工程进行控制和检查。

(4)各工序采用"三级监理"制,即班组自检、专职人员二检,认为合格后请监理工程师检查认可。任何一环检查有问题,必须找出原因,采取措施补救,对无法补救的地方进行返工处理。

(5)每个工序施工前都要做好技术交底,并且在施工过程中技术人员始终在场,对发现的问题,应及时处理或汇报,密切按照技术员和监理人员的要求组织施工。

## 八、安全保证措施

为了保证施工安全、道路畅通,创造一个良好的施工环境,项目部成立了安全小组,设保通专职负责人1名,定点保通人员4名,巡视安全人员2名。

(1)巡视安全员每天进行巡视检查,对发现有安全隐患的及时提出并改正,并加强交通管制。

(2)保通专职负责人和施工人员每月召开一次安全生产会议,加强安全施工教育,提高人们的安全意识。

(3)安全保通专职员负责检查本合同段保通人员日常工作和本合同段车辆公路保通工作,避免出现交通阻塞现象,并与指挥部密切配合,服从现场路段交警指挥,如出现重大事故立即向上一级有关部门汇报,做到24 h对本路段监控,搞好本段保通工作。

(4) 在施工路段、交通路口、高压电(变压器)、靠近亲水平台、陡坡等危险地点设置醒目的警示牌,保证人身安全。夜间施工要有良好的照明设施,靠近亲水平台路段外侧要摆放安全警示标志。

(5) 所有施工设备和机具在使用前均需由专职安全员检查合格后方可使用,并做好安全用电。

(6) 做好工地材料、设备的安全防盗工作,设专人看守。

## 九、环境保护

在工程施工中,应严格遵守环境保护的有关规定,控制扬尘、噪声,应将施工及生活中所产生的废弃物及时处理,运至监理工程师及当地环保部门同意的指定地点弃置,避免阻塞河流及污染水源。在施工及生活中产生的污水或废水,要集中处理,不得将含有污染物质或可悬浮物质的水排入河流、水道或现有的灌溉系统中。在运输和储存施工材料时,采取可靠措施防止漏失,经常保持工地整洁。保护农田排灌作业,不得随意废置。

### 拓展训练

请结合以下工程资料,编制级配碎石垫层施工方案。

某路面工程 LM2 标合同段,起点里程 K18+585.325,终点里程 K43+500,全长 24.915 km。合同段主线路面采用 20 cm 厚的级配碎石垫层。目前,路面垫层施工所需人员、设备已经进场,部分路基已经通过验收,级配碎石垫层组成设计已报监理工程师批准。依据现场实际结合总体工期要求,项目部于近日将开始路面级配碎石垫层的施工作业。根据设计图纸及业主的要求,结合工程实际情况,级配碎石垫层采用集中厂拌法拌和。

附:施工准备情况。

**1. 施工测量准备**

水准点和导线点已经复测完毕,满足技术规范要求,已报监理工程师批准使用。

**2. 配合比试验情况**

依据设计要求,项目部工地试验室进行了级配碎石配合比试验,试验结果经监理组、总监办检测复核,试验结果如下:

混合料各成分比例为:0~5 mm 碎石:5~10 mm 碎石:10~20 mm 碎石:20~31.5 mm 碎石=36:20:19:25。级配碎石混合料最大干密度为 2.24 g/cm³,最佳含水率为 3.6%(摊铺时含水率)。

**3. 材料、人员及机械设备情况**

(1) 原材料检验及准备情况。碎石选用巢湖石磊石料场生产的碎石,各项指标符合表 4-13 的要求。级配碎石采用连续级配类型,级配参考范围见表 4-14。水采用当地饮用水。

表 4-13 级配碎石原材料技术要求

| 指标 | 塑性指数 | 液限 | 砂当量 | 压碎值 | 洛杉矶磨耗值 | 破裂面 | 水洗法<0.075mm |
|---|---|---|---|---|---|---|---|
| 要求 | <4 | <25 | ≥60% | ≤28% | <30% | 一个破碎面>90%,两个破碎面>80% | ≤1% |

表 4-14 级配碎石参考范围

| 筛孔 | | 31.5 | 26.5 | 19 | 16 | 13.2 | 9.5 | 4.75 | 2.36 | 1.18 | 0.6 | 0.3 | 0.15 | 0.075 |
|---|---|---|---|---|---|---|---|---|---|---|---|---|---|---|
| 级配范围 | 上限 | 100 | 100 | 95 | 88 | 82 | 71 | 55 | 40 | 32 | 25 | 20 | 13 | 8 |
| | 下限 | 100 | 90 | 75 | 66 | 59 | 46 | 30 | 18 | 13 | 9 | 9 | 3 | 0 |
| 中值 | | 100 | 95 | 85 | 77 | 70.5 | 58.5 | 42.5 | 29 | 22.5 | 17 | 17 | 8 | 4 |

(2)施工人员情况见表 4-15。

表 4-15 主要施工人员一览

| 序号 | 职务或工种 | 姓名 | 人数 |
|---|---|---|---|
| 1 | 施工负责人 | ××× | 1 |
| 2 | 技术负责人 | ××× | 1 |
| 3 | 测量负责人 | ××× | 1 |
| 4 | 路面工程师 | ×××等 | 2 |
| 5 | 质检工程师 | ××× | 1 |
| 6 | 摊铺队长 | ××× | 1 |
| 7 | 安全员 | ×××等 | 6 |
| 8 | 技术员 | ×××等 | 3 |
| 9 | 试验员 | ×××等 | 4 |
| 10 | 施工员 | ×××等 | 4 |
| 11 | 司机 | ×××等 | 30 |
| 12 | 普工 | ×××等 | 30 |

(3)机械设备情况见表 4-16。

表 4-16 主要施工机械设备一览

| 序号 | 设备名称 | 机械型号 | 数量(台套) | 技术状况 |
|---|---|---|---|---|
| 1 | 装载机 | ZL50C | 4 | 良好 |
| 2 | 拌合站 | WCD600 型 | 1 | 良好 |
| 3 | 拌合站 | WCD500 型 | 1 | 良好 |
| 4 | 摊铺机 | ABG423 摊铺机 | 2 | 良好 |
| 5 | 压路机 | YZ18 | 1 | 良好 |
| 6 | 压路机 | LSS220 | 2 | 良好 |
| 7 | 压路机 | XP301 胶轮 | 1 | 良好 |
| 8 | 洒水车 | | 2 | 良好 |
| 9 | 自卸汽车 | 15～25 t | 25 | 良好 |
| 10 | 平板振动夯 | | 1 | 良好 |

## 学习检测

1. 什么是级配碎石？什么是级配砾石？什么是填隙碎石？
2. 级配碎石的应用范围及作用是什么？
3. 级配碎石作为基层和底基层用的粗集料，其技术要求中包含哪几项指标？规格有哪几种？
4. 细集料规格有哪几种？
5. 用于二级及二级以上公路基层和底基层的级配碎石或砾石，应由不少于几种规格的材料掺配而成？
6. 简述级配碎石混合料组成设计的步骤。
7. 绘制级配碎石结构层施工工艺流程图。
8. 简述级配碎石结构层施工时原材料中粗集料、细集料的检查项目及目的。
9. 简述级配碎石结构层施工时混合料的检查项目及目的。
10. 简述级配碎石混合料的质量控制内容中的项目。
11. 简述路面结构层施工质量评定包含的内容。
12. 级配碎(砾)石结构层质量评定时的实测项目有哪几项？与路基土石方工程相比，实测项目有何变化？
13. 路面结构层施工质量评定时的质量保证资料包括哪几类？其中，开工报告及附件的内容有哪些？
14. 碎(砾)石结构层工程计量的规定有哪些？支付的规定有哪些？

# 项目五　水泥稳定材料结构层施工

## 项目描述

在公路建设中,水泥稳定材料以其良好的整体性、足够的力学强度、抗水性和耐冻性,广泛应用于路面的基层、底基层中。通过学习本项目,学生应在领会设计意图、明确工程内容、掌握工程特点的基础上,掌握水泥稳定材料的适用范围;通过正确选择合适的原材料及混合料,能合理进行试验段铺筑;按照《公路路面基层施工技术细则》(JTG/T F20—2015)和《标准》的相关规定,能进行水泥稳定材料结构层的施工,从而培养学生进行水泥稳定材料施工的职业能力。

本项目包括认知水泥稳定材料结构层、水泥稳定材料结构层施工、水泥稳定材料结构层质量评定与工程计量三个任务。

## 项目载体

表 5-1 是山西省太原至佳县高速公路西段重交通路段的路面结构设计图。该路段路基干湿类型为中湿,未设垫层。基层、底基层均采用水泥稳定材料。目前,在山西省乃至全国范围内,基层、底基层大多采用水泥稳定材料。

表 5-1　某路段路面结构设计图

| 层位 | 车道类型 | 重 交 通 |
|---|---|---|
| | 干湿类型 | 中　湿 |
| 面层 | 上面层 | 4 cm 细粒式密级配 AC—13 型 SBS 改性沥青混凝土 |
| | 中面层 | 6 cm 中粒式密级配 AC—20 型 SBS 改性沥青混凝土 |
| | 下面层 | 6 cm 中粒式密级配 AC—20 型沥青混凝土 |
| 基层 | 上基层 | 34 cm 水泥稳定碎石 |
| | 下基层 | |
| 底基层(整平层) | | 20 cm 水泥稳定砂砾 |
| 总厚度/cm | | 70 |

请思考：1. 水泥稳定材料在公路工程中的应用有哪些？
    2. 水泥稳定材料在高等级公路中的主要施工方法是什么？
    3. 水泥稳定材料施工如何进行质量控制？
    4. 水泥稳定材料结构层如何进行质量评定与工程计量？

# 任务 1　认知水泥稳定材料结构层

**任务描述**

水泥稳定碎石、水泥稳定砂砾在路面结构层中应用非常广泛，因此，熟练掌握水泥稳定材料的应用要求至关重要。通过学习本任务，学生应能掌握水泥稳定材料的概念、特点、适用范围、强度形成原理、原材料要求及混合料组成设计方法，具备复核路面结构设计图中水泥稳定材料结构层的能力，能完成路面结构设计图与设计说明中水泥稳定材料结构层的复核工作。同时，结合专业特点，养成从事物本质分析工程现象的职业习惯。

## 一、基本概念

以水泥为结合料，通过加水与被稳定材料共同拌和形成的混合料，称为水泥稳定材料，包括水泥稳定级配碎石、水泥稳定级配砾石、水泥稳定石屑、水泥稳定土、水泥稳定砂等。

用水泥稳定级配碎石铺筑的路面基层和底基层，分别称为水泥稳定碎石基层和水泥稳定碎石底基层。

水泥是水硬性结合料，绝大多数土类都可以用水泥来稳定，改善其物理力学性质。水泥稳定材料基层具有良好的整体性、足够的力学强度、抗水性和耐冻性。

## 二、强度形成原理及影响因素分析

水泥与土或集料拌和后，水泥矿物与土中的水分发生水解和水化反应，同时，从溶液中分解出氢氧化钙并形成其他水化物。当水泥的各种水化物生成后，有的自身继续硬化形成水泥石骨架，有的则与有活性的土进行反应。

水泥稳定材料的强度主要由水泥的水化反应、离子交换作用、化学激发作用、碳酸化作用四个过程形成，其中，第一步水泥的水化反应是其强度的主要来源。因此，水泥稳定材料的早期强度较高。

水泥稳定材料强度的影响因素有以下几个方面。

**1. 土质与集料品质**

土的类别、性质与集料品质是影响水泥稳定材料强度的重要因素之一。除有机质或硫酸盐含量高的土外，各种砂砾土、砂土、粉土和黏土均可用水泥稳定。但稳定的效果不尽相同。实践证明，用水泥稳定级配良好的碎（砾）石和砂，效果最好，不但强度高，而且水泥用量最少；其次是砂性土；再次之是粉性土和黏性土。重黏土由于难以粉碎和拌和，水泥用量过高而不经济，不宜单独用水泥稳定。土的液限不大于40%，塑性指数不大于17。

**2. 水泥的成分和剂量**

各种类型的水泥都可以用于稳定土与集料。对于同一种土，水泥矿物成分是决定水泥稳定材料强度的主导因素。在通常的情况下，硅酸盐水泥的稳定效果较好，而铝酸盐水泥则较差。

水泥剂量以水泥质量占全部干燥被稳定材料质量的百分率表示。水泥稳定材料的强度随水泥剂量的增加而增长，但过多的水泥用量，虽可获得强度的增长，但经济上是不合理的。因而存在一个经济用量。所需的水泥用量，按强度和耐久性需要并考虑其经济性，由试验确定。

水泥稳定类材料强度要求较高时，宜采取控制原材料技术指标和优化级配设计等措施，不宜单纯通过增加水泥剂量来提高材料强度。

### 3. 含水率

当混合料中含水率不足时，水泥就要与土或集料争水，若土或集料对水有更大的亲和力，就不能保证水泥的完全水化和水解作用。水泥正常水化所需要的水量约为水泥重量的 20%。另外，水泥稳定材料的含水率不适宜时，也不能保证大土团被粉碎和水泥在土中的均匀分布，更不能保证达到最大压实度的要求。

### 4. 工艺过程及养护条件

水泥、被稳定材料和水拌和得越均匀，水泥稳定材料的强度和稳定性越高。拌和不均匀会使水泥剂量少的位置强度不能满足设计要求，而水泥剂量多的地方则裂缝增加。

从开始加水拌和到完成压实的延迟时间，对水泥稳定材料的密实度和强度有很大的影响。间隔过长，水泥会部分结硬，一方面影响到水泥稳定材料的压实度，而压实度对强度的影响很大；另一方面将破坏已结硬水泥的胶凝作用，使水泥稳定材料的强度下降。

水泥稳定材料的强度也随龄期而增长，为保证水泥的水化，在初期养护阶段应洒水保持潮湿，每天洒水的次数和养护天数视当地气候条件而定。

## 三、应用要求

水泥稳定集料类材料适用于各级公路的基层和底基层，水泥稳定细粒土用于各级公路的底基层以及三、四级公路的基层。

## 四、原材料要求

### (一) 水泥

水泥稳定类结构层使用的水泥应符合国家技术标准的要求，宜采用 42.5 级的普通硅酸盐水泥等。所用水泥的初凝时间应大于 3 h，终凝时间应大于 6 h 以上且小于 10 h。不应使用快硬水泥、早强水泥以及已受潮变质的水泥。掺加缓凝剂或早强剂时，应对混合料进行试验验证。

### (二) 集料

### 1. 粗集料

用作被稳定材料的粗集料宜采用各种硬质岩石或砾石加工成的碎石，也可直接采用天然砾石。粗集料的技术要求应符合表 5-2 的规定。粗集料的规格应符合表 4-3 的规定。

表 5-2 粗集料的技术要求

| 指标 | 层位 | 高速、一级公路 | | 二级及二级以下公路 | 试验方法 |
|---|---|---|---|---|---|
| | | 极重、特重交通 | 重、中等、轻交通 | | |
| 压碎值/% | 基层 | ≤22[①] | ≤26 | ≤35 | T0316 |
| | 底基层 | ≤30 | ≤30 | ≤40 | |
| 针片状颗粒含量/% | 基层 | ≤18 | ≤22 | — | T0312 |
| | 底基层 | — | — | — | |

续表

| 指标 | 层位 | 高速、一级公路 | | 二级及二级以下公路 | 试验方法 |
|---|---|---|---|---|---|
| | | 极重、特重交通 | 重、中等、轻交通 | | |
| 0.075 mm以下粉尘含量/% | 基层 | ≤1.2 | ≤2 | — | T0310 |
| | 底基层 | — | — | — | |
| 软石含量/% | 基层 | ≤3 | ≤5 | — | T0320 |
| | 底基层 | — | — | — | |

①对黄冈岩石料，压碎值可放宽至25%。

高速、一级公路极重、特重交通荷载等级基层的4.75 mm以上粗集料应采用单一粒径的规格料。

天然砾石材料作为高速、一级公路底基层和二级及二级以下公路基层、底基层的被稳定材料，其技术要求应满足表5-2的要求，并应级配稳定、塑性指数不大于9。

应选择适当的碎石加工工艺，用于破碎的原石粒径为破碎后碎石公称最大粒径的3倍以上。高速公路基层用碎石，应采用反击破碎的加工工艺。碎石加工中，根据筛网放置的倾斜角度和工程经验，应选择合理的筛孔尺寸。

**2. 细集料**

细集料应洁净、干燥、无风化、无杂质，并有适当的颗粒级配。细集料的规格应符合表4-4的规定，且有机质含量小于2%，硫酸盐含量不大于0.25%，塑性指数(0.075 mm以下颗粒的)不大于17。

对0～3 mm和0～5 mm的细集料应分别严格控制大于2.36 mm和4.75 mm的颗粒含量。对3～5 mm的细集料应严格控制小于2.36 mm的颗粒含量。高速、一级公路，细集料中小于0.075 mm的颗粒含量应不大于15%；二级以及二级公路，细集料中小于0.075 mm的颗粒含量应不大于20%。

**3. 材料的分档与掺配**

为提高混合料生产过程中集料级配的稳定性和可控性，材料分档应符合表5-3的规定。分档数目包括了粗集料和细集料。

公称最大粒径为19 mm、26.5 mm和31.5 mm的无机结合料稳定碎石或砾石的备料规格宜符合表5-4的规定。

表5-3 材料分档要求

| 层位 | 高速、一级公路 | | 二级及二级以下公路 |
|---|---|---|---|
| | 极重、特重交通 | 重、中等、轻交通 | |
| 基层 | ≥5 | ≥4 | ≥3或4① |
| 底基层 | ≥4 | ≥3或4① | ≥3 |

①对一般工程可选择不小于3档备料，对极重、特重交通荷载等级且强度要求较高时，为保证级配的稳定，宜选择不少于4档备料。

**4. 混合料推荐级配**

(1)采用水泥稳定时，被稳定材料的液限应不大于40%，塑性指数应不大于17。塑性指数大于17时，宜采用石灰稳定或水泥和石灰综合稳定。

(2)采用水泥稳定时，被稳定材料中含有一定量的碎石或砾石，且小于0.6 mm的颗粒含量在30%以下时，塑性指数可大于17，且土的不均匀系数应大于5。其级配可采用表5-4中推荐的级配范围，并应符合下列规定：

1)用于高速、一级公路的底基层,被稳定材料的公称最大粒径应不大于 31.5 mm,级配宜符合表 5-5 中 C-A-1 或 C-A-2 的规定,被稳定材料中不宜含有黏性土或粉性土。

2)用于二级公路基层时,级配宜符合表 5-5 中 C-A-1 的规定,被稳定材料中不宜含有黏性土或粉性土。

3)用于二级公路以下公路的基层时,级配宜符合表 5-5 中 C-A-3 的规定,被稳定材料公称最大粒径应不大于 37.5 mm。

4)用于二级及二级公路以下公路的底基层时,级配宜符合表 5-5 中 C-A-4 的规定,被稳定材料公称最大粒径应不大于 37.5 mm。

(3)采用水泥稳定,被稳定材料为粒径较均匀的砂时,宜在砂中添加适量塑性指数小于 10 的黏性土、石灰土或粉煤灰,加入比例应通过击实试验确定。添加粉煤灰的比例宜为20%~40%。

表 5-4  不同粒径混合料的备料规格

| 公称最大粒径/mm | 类型 | 一档 | 二档 | 三档 | 四档 | 五档 | 六档 |
|---|---|---|---|---|---|---|---|
| 19 | 三档备料 | XG3 | G11 | G8 | — | — | — |
| | 四档备料Ⅰ | XG2 | XG1 | G11 | G8 | — | — |
| | 四档备料Ⅱ | XG3 | G11 | G9 | G5 | — | — |
| | 四档备料Ⅲ① | XG3(1) | XG3(2) | G11 | G8 | — | — |
| | 五档备料Ⅰ | XG2 | XG3 | G11 | G8 | — | — |
| | 五档备料Ⅱ① | XG3(1) | XG3(2) | G11 | G9 | G5 | — |
| 26.5 | 四档备料 | XG3 | G11 | G8 | G3 | — | — |
| | 五档备料Ⅰ | XG3 | G11 | G9 | G5 | G3 | — |
| | 五档备料Ⅱ | XG2 | XG1 | G11 | G8 | G3 | — |
| | 五档备料Ⅲ① | XG3(1) | X3(2) | G11 | G8 | G3 | — |
| | 六档备料Ⅰ | XG2 | XG1 | G11 | G9 | G5 | G3 |
| | 六档备料Ⅱ① | XG3(1) | XG3(2) | G11 | G9 | G5 | G3 |
| 31.5 | 四档备料 | XG3 | G11 | G8 | G2 | — | — |
| | 五档备料Ⅰ | XG3 | G11 | G9 | G2 | — | — |
| | 五档备料Ⅱ | XG3 | G11 | G9 | G4 | G2 | — |
| | 五档备料Ⅲ① | XG3(1) | XG3(2) | G11 | G8 | G2 | — |
| | 六档备料Ⅰ | XG2 | XG1 | G11 | G9 | G5 | G2 |
| | 六档备料Ⅱ① | XG3(1) | XG3(2) | G11 | G9 | G5 | G2 |

①表中 XG3(1) 和 XG3(2) 为两种不同级配规律的 0~5 mm 的细集料。

表 5-5  水泥稳定材料的推荐级配范围

| 筛孔尺寸/mm | 高速公路和一级公路底基层或二级公路基层 | 高速公路和一级公路底基层 | 二级以下公路基层 | 二级及二级以下公路 |
|---|---|---|---|---|
| | C-A-1 | C-A-2 | C-A-3 | C-A-4 |
| 53 | — | — | 100 | 100 |
| 37.5 | 100 | 100 | 90~100 | — |
| 31.5 | 90~100 | — | — | — |

续表

| 筛孔尺寸/mm | 高速公路和一级公路底基层或二级公路基层 C-A-1 | 高速公路和一级公路底基层 C-A-2 | 二级以下公路基层 C-A-3 | 二级及二级以下公路 C-A-4 |
|---|---|---|---|---|
| 26.5 | — | | 66~100 | — |
| 19 | 67~90 | | 54~100 | |
| 9.5 | 45~68 | | 39~100 | |
| 4.75 | 29~50 | 50~100 | 28~84 | 50~100 |
| 2.36 | 18~38 | | 20~70 | |
| 1.18 | | | 14~57 | |
| 0.6 | 8~22 | 17~100 | 8~47 | 17~100 |
| 0.075 | 0~7 | 0~30 | 0~30 | 0~50 |

注：表中水泥稳定材料不包括水泥稳定级配碎石或砾石。

(4)水泥稳定级配碎石或砾石的级配可采用表5-6中推荐的级配范围，并应符合下列规定：

1)用于高速、一级公路时，级配宜符合表5-6中C—B—1、C—B—2的规定。混合料密实时，也可采用C—B—3级配。C—B—1级配宜用于基层，C—B—2级配宜用于基层。

2)用于二级及二级以下公路时，级配宜符合表5-6中C—C—1、C—C—2、C—C—3的规定。C—C—1级配宜用于基层和底基层，C—C—2和C—C—3级配宜用于基层，C—C—3级配宜用于极重、特重交通荷载等级下的基层。

3)被稳定材料的液限不宜大于28%。

4)用于高速、一级公路时，被稳定材料的塑性指数不宜大于5；用于二级及二级以下公路时，不宜大于7。

表5-6 水泥稳定级配碎石或砾石的推荐级配范围

| 筛孔尺寸/mm | 高速公路和一级公路 | | | 二级及二级以下公路 | | |
|---|---|---|---|---|---|---|
| | C-B-1 | C-B-2 | C-B-3 | C-C-1 | C-C-2 | C-C-3 |
| 37.5 | — | — | — | 100 | — | — |
| 31.5 | — | — | 100 | 100~90 | 100 | — |
| 26.5 | 100 | ~ | ~ | 94~81 | 100~90 | 100 |
| 19 | 86~82 | 100 | 68~86 | 83~67 | 87~73 | 100~90 |
| 16 | 79~73 | 93~88 | ~ | 78~61 | 82~65 | 92~79 |
| 13.2 | 72~65 | 86~76 | ~ | 73~54 | 75~58 | 83~67 |
| 9.5 | 62~53 | 72~59 | 38~58 | 64~45 | 66~47 | 71~52 |
| 4.75 | 45~35 | 45~35 | 22~32 | 50~30 | 50~30 | 50~30 |
| 2.36 | 31~22 | 31~22 | 16~28 | 36~19 | 36~19 | 36~19 |
| 1.18 | 22~13 | 22~13 | ~ | 26~12 | 26~12 | 26~12 |
| 0.6 | 15~8 | 15~8 | 8~15 | 19~8 | 19~8 | 19~8 |
| 0.3 | 10~5 | 10~5 | ~ | 14~5 | 14~5 | 14~5 |
| 0.15 | 7~3 | 7~3 | ~ | 10~3 | 10~3 | 10~3 |
| 0.075 | 5~2 | 5~2 | 0~3 | 7~2 | 7~2 | 7~2 |

注：在不影响混合料性能的前提下，允许有2%~3%的超粒径含量。

### (三) 水

凡是饮用水(含牲畜饮用水)均可用于水泥稳定类结构层施工。

## ■ 五、混合料组成设计

### (一) 一般规定

(1) 无机结合材料稳定料组成设计的内容。无机结合材料稳定料组成设计的内容包括原材料检验、混合料的目标配合比设计、混合料的生产配合比设计和施工参数确定四部分。

原材料检验应包括结合料、被稳定材料及其他相关材料的试验。所有检测指标均应满足相关技术标准或技术文件的要求。

目标配合比设计应包括下列技术内容：选择级配范围；确定结合料类型及掺配比例；验证混合料相关的设计及施工技术指标。

生产配合比设计应包括下列技术内容：确定料仓供料比例；确定水泥稳定材料的容许延迟时间；确定结合料剂量的标定曲线；确定混合料的最佳含水率与最大干密度。

无机结合料稳定材料组成设计中的施工参数确定应包含下列技术内容：确定施工中的结合料剂量；确定施工合理含水率及最大干密度；验证混合料强度技术指标。

(2) 确定无机结合料稳定材料最大干密度指标时，宜采用重型击实方法，也可采用振动压实方法。

(3) 应根据材料特点和混合料设计要求，通过配合比设计选择最优的工程级配。

(4) 用于基层的无机结合料稳定材料，强度满足要求时，还应检验其抗冲刷和抗裂性能。

(5) 施工过程中，材料品质或规格发生变化、结合料品种发生变化时，应重新进行材料组成设计。

### (二) 强度与压实度要求

应采用 7 d 龄期无侧限抗压强度作为无机结合料稳定材料施工质量控制的主要指标。高速、一级公路应验证所用材料 7 d 龄期无侧限抗压强度与 90 d 龄期弯拉强度的关系。

水泥稳定材料的 7 d 龄期无侧限抗压强度标准 $R_d$ 应符合表 5-7 的规定。压实度标准见表 5-8。

**表 5-7 水泥稳定材料的 7 d 无侧限抗压强度标准 $R_d$** MPa

| 结构层 | 公路等级 | 极重、特重交通 | 重交通 | 中、轻交通 |
|---|---|---|---|---|
| 基层 | 高速、一级公路 | 5.0~7.0 | 4.0~6.0 | 3.0~5.0 |
| | 二级及二级以下 | 4.0~6.0 | 3.0~5.0 | 2.0~4.0 |
| 底基层 | 高速、一级公路 | 3.0~5.0 | 2.5~4.5 | 2.0~4.0 |
| | 二级及二级以下 | 2.5~4.5 | 2.0~4.0 | 1.0~3.0 |

**表 5-8 水泥稳定材料的压实度标准** %

| 公路等级 | | 基层 | 底基层 |
|---|---|---|---|
| 高速公路和一级公路 | 稳定中、粗粒材料 | ≥98 | ≥97 |
| | 稳定细粒材料 | — | ≥95 |
| 二级及二级以下公路 | 稳定中、粗粒材料 | ≥97 | ≥95 |
| | 稳定细粒材料 | ≥95 | ≥93 |

### (三)目标配合比设计

(1)方法步骤。

1)确定目标级配曲线和合理的变化范围。

2)选择不少于5个结合料剂量,分别确定各剂量条件下混合料的最大干密度和最佳含水率。

3)根据试验确定的最佳含水率、最大干密度和压实度要求静压法成型标准试件,验证不同结合料剂量条件下混合料的技术性能(90 d或180 d龄期弯拉强度和抗压回弹模量、7 d无侧限抗压强度),确定满足设计要求的最佳剂量。

水泥稳定碎石目标
配合比设计案例

(2)水泥稳定材料配合比试验推荐水泥剂量可采用表5-9中的推荐值。

表5-9 水泥稳定材料配合比试验推荐水泥剂量表

| 被稳定材料 | 条件 | | 推荐试验剂量/% |
|---|---|---|---|
| 有级配的碎石或砾石 | 基层 | $R_d \geqslant 5.0$ MPa | 5、6、7、8、9 |
| | | $R_d < 5.0$ MPa | 3、4、5、6、7 |
| 土、砂、石屑等 | | 塑性指数<12 | 5、7、9、11、13 |
| | | 塑性指数≥12 | 8、10、12、14、16 |
| 有级配的碎石或砾石 | 底基层 | — | 3、4、5、6、7 |
| 土、砂、石屑等 | | 塑性指数<12 | 4、5、6、7、8 |
| | | 塑性指数≥12 | 6、8、10、12、14 |
| 碾压贫混凝土 | 基层 | —— | 7、8.5、10、11.5、13 |

(3)强度试验。

1)试件的径高比应为1:1。无机结合料稳定细粒材料的直径应为100 mm,无机结合料稳定中、粗粒材料的试件直径应为150 mm。

2)强度试验时,平行试验的最少试件数量应符合表5-10的规定。试验结果的变异系数大于表中的规定时,应重做试验或增加试件数量。

表5-10 平行试验最少试件数量

| 材料类型 | 变异系数要求 | | |
|---|---|---|---|
| | <10% | 10%~15% | 15%~20% |
| 细粒材料① | 6 | 9 | — |
| 中粒材料② | 6 | 9 | 13 |
| 粗粒材料③ | — | 9 | 13 |

①细粒材料:公称最大粒径小于16 mm的材料。
②中粒材料:公称最大粒径不小于16 mm,且小于26.5 mm的材料。
③粗粒材料:公称最大粒径不小于26.5 mm的材料。

3)根据试验结果,应按式(5-1)计算强度代表值。

$$R_d^0 = \overline{R} \cdot (1 - Z_a C_V) \tag{5-1}$$

式中 $R_d^0$——抗压强度代表值(MPa);

$\overline{R}$——抗压强度平均值(MPa);

$C_v$——试验结果的偏差系数(以小数计);

$Z_a$——保证率系数,高速、一级公路应取保证率 95%,此时即 $Z_a=1.645$;一般公路应取保证率 90%,即 $Z_a=1.282$。

4)强度数据处理时,宜按 3 倍标准差的标准剔除异常数值,且同一组试验样本异常值剔除不应多余 2 个。强度代表值应不小于强度标准值,否则应重新进行配合比设计。

(4)根据拌和均匀性的要求,对水泥稳定材料的水泥剂量应符合表 5-11 的规定。材料组成设计所得的水泥剂量小于表 5-11 规定的最小剂量时,应采用表中规定的最小剂量。

表 5-11 水泥最小剂量 %

| 被稳定材料 | 拌合方法 | |
|---|---|---|
| | 路拌法 | 集中厂拌法 |
| 中、粗粒土 | 4 | 3 |
| 细粒土 | 5 | 4 |

按下列步骤合成目标级配曲线并进行性能验证:

1)按确定的目标级配,根据各档材料的平均筛分曲线,确定其使用比例,得到混合料的合成级配;

2)根据合成级配进行混合料击实试验、强度试验,验证混合料性能。

根据已确定的各档材料使用比例和各档材料级配的波动范围,计算实际生产混合料的级配波动范围;并针对这个波动范围的上下限验证性能。

### (四)生产配合比设计

生产配合比设计是指根据目标配合比确定的各档材料比例,对拌合设备进行调试和标定,确定合理的生产参数。实际上分两个阶段:

第一阶段:进行拌合设备的调试和标定。包括料斗称量精度的标定、结合料剂量的标定、拌合设备加水量的控制等内容,并应符合下列规定:

(1)绘制不少于 5 个点的结合料剂量标定曲线。

(2)按各档材料的比例关系,设定相应的称量装置,调整拌合设备各个料仓的进料速度。

(3)按设定好的施工参数进行第一阶段试生产,验证生产级配。不满足要求时,应进一步调整施工参数。

对水泥稳定材料,应进行不同成型试件条件下的混合料强度试验,绘制相应的延迟时间曲线,并根据设计要求确定容许延迟时间(即满足强度标准的前提下,水泥稳定材料拌和后至碾压成型之前所容许的最大时间间隔)。

第二阶段:分别按不同结合料剂量和含水率进行混合料试拌,并取样、试验。试验应符合下列规定:

(1)通过测定混合料中的实际含水率,确定施工中水流量计的设定范围;

(2)通过测定混合料中的实际结合料剂量,确定施工中结合料掺加的相关技术参数;

(3)通过击实试验,确定结合料剂量变化、含水率变化对混合料最大干密度的影响;

(4)通过抗压强度试验,确定材料实际强度水平和拌和工艺的变异水平。

### (五)混合料生产参数的确定

(1)水泥剂量:工地实际采用的水泥剂量比室内试验确定的多 0.5%~1%。集中厂拌法施工增加 0.5%,路拌法施工增加 1%。

(2) 含水率：考虑施工过程中的气候条件，含水率可增加 0.5%～1.5%。

(3) 最大干密度：以最终合成级配击实试验的结果为标准。

### 拓展训练

背景资料：某高速公路的基层为水泥稳定碎石，设计强度为 3.5 MPa，拟采用 1#料、2#料、3#料、4#料四种集料进行骨架密实型级配设计；并按最佳含水率、规范规定的压实度制作 5 种不同水泥剂量的试件，测 7 d 无侧限抗压强度，根据强度试验结果选择合适的水泥剂量，为施工拌和提供数据。

筛分试验结果如下：1#料、2#料、3#料、4#料的筛分试验结果见表 5-12。

表 5-12 筛分试验结果

| 集料 | 通过下列筛孔（方孔筛，mm）的质量百分率/% | | | | | | |
| --- | --- | --- | --- | --- | --- | --- | --- |
| | 31.5 | 19.0 | 9.5 | 4.75 | 2.36 | 0.6 | 0.075 |
| 1#料 | 100 | 35.6 | 1.1 | 0.2 | 0 | 0 | 0 |
| 2#料 | 100 | 82.7 | 25.2 | 1.9 | 1.1 | 0.6 | 0 |
| 3#料 | 100 | 100 | 85.4 | 15.7 | 5.3 | 0.7 | 0 |
| 4#料 | 100 | 100 | 100 | 98.2 | 74.2 | 34.3 | 2.3 |

结合某工程实例给定资料，完成水稳碎石混合料组成设计计算，填写相关表格。

**1. 级配要求**

参照《公路路面基层技术细则》(JTG/T F20—2015)，确定水泥稳定碎石混合料级配范围（或本教材表 5-6），取 C-B-3 的级配范围，填入表 5-13。

表 5-13 水泥稳定碎石混合料级配范围

| 筛孔/mm | 31.5 | 19.0 | 9.5 | 4.75 | 2.36 | 0.6 | 0.075 |
| --- | --- | --- | --- | --- | --- | --- | --- |
| 上限/% | | | | | | | |
| 下限/% | | | | | | | |

**2. 级配设计**

计算集料比例和合成级配，见表 5-14。

表 5-14 集料比例和合成级配

| 集料比例 1#∶2#∶3#∶4# | 通过下列筛孔（方孔筛，mm）的质量百分率/% | | | | | | |
| --- | --- | --- | --- | --- | --- | --- | --- |
| | 31.5 | 19.0 | 9.5 | 4.75 | 2.36 | 0.6 | 0.075 |
| 27%∶32%∶15%∶26% | 100 | 77.2 | 47.6 | 29.0 | 20.8 | 9.4 | 0.6 |

**3. 确定最佳含水率和最大干密度**

(1) 选择五种水泥剂量：3.0%、3.5%、4.0%、4.5%、5.0%。在能估计合适剂量的情况下，可以将五个不同剂量缩减到三个或四个。

(2) 确定各种水泥剂量混合料的最佳含水率和最大干密度。至少应做三个不同水泥剂量混合料的击实试验，即最小剂量、中间剂量和最大剂量。其他两个剂量混合料的最佳含水率和最大干密度用内插法确定，其结果填入表 5-15 中。

表 5-15 水泥稳定碎石混合料击实试验结果汇总

| 水泥剂量/% | 3.0 | 3.5 | 4.0 | 4.5 | 5.0 |
|---|---|---|---|---|---|
| 最佳含水率/% | 4.3 | | 4.6 | | 4.8 |
| 最大干密度/(g·cm$^{-3}$) | 2.274 | | 2.315 | | 2.362 |

### 4. 无侧限抗压强度试验

根据确定的最佳含水率和最大干密度拌制水泥稳定碎石混合料,采用静压法按压实度(98%)成型无侧限抗压强度试件,试件的制作方法见《公路工程无机结合料稳定材料试验规程》(JTG E51—2009)"T 0843—2009 无机结合料稳定材料试件制作方法(圆柱形)"。本案例是水泥稳定粗粒土,试件的直径×高=150 mm×150 mm,则试件的体积为 $\pi \times 15^2 \div 4 \times 15 = 2\,650.72\ cm^3$。每个水泥剂量制作 9 个试件,单个试件各材料用量的计算方法,以水泥剂量为 4.0% 为例,其计算过程填入表 5-16 中。在标准条件下养生 6 d,浸水 1 d 后取出,进行 7 d 无侧限抗压强度,其试验结果填入表 5-17 中。

表 5-16 水泥稳定碎石单个试件各材料质量计算

| 试件体积 $V$/cm³ | 混合料最大密度 $\rho_{max}$/(g·cm$^{-3}$) | 混合料压实度标准 $\gamma$/% | 混合料最佳含水率 $\omega_{opt}$/% |
|---|---|---|---|
| | | | |
| 混合料质量 $m_0$/g | 质量损耗率 $\delta$/% | 混合料质量 $m_0'$/g | 干混合料质量 $m_1$/g |
| $m_0 = V\rho_{max}(1+0.01\omega_{opt}) \times 0.01\gamma$ | 可取 0~2% | $m_0' = m_0 \times (1+0.01\delta)$ | $m_1 = m_0'/(1+0.01\omega_{opt})$ |
| | 0.70 | | |
| 水泥剂量 $\alpha$/% | 水泥质量 $m_2$/g | 干土质量 $m_3$/g | 水质量 $m_w$/g |
| | $m_2 = m_1 \times \dfrac{0.01\alpha}{1+0.01\alpha}$ | $m_3 = m_1 - m_2$ | $m_w = (m_2+m_3) \times 0.01\omega_{opt}$ |
| 4.0 | | | |

注:本表计算公式见《公路工程无机结合料稳定材料试验规程》(JTG E51—2009)"T 0843—2009 无机结合料稳定材料试件制作方法(圆柱形)"中的式(T 0843—2)~式(T 0843—9)。

表 5-17 水泥稳定碎石混合料 7 d 无侧限抗压强度试验结果

| 水泥剂量/% | 3.0 | 3.5 | 4.0 | 4.5 | 5.0 |
|---|---|---|---|---|---|
| 强度/MPa | 3.52 | 4.15 | 4.85 | 4.52 | 5.09 |
| | 3.37 | 4.09 | 4.44 | 5.17 | 4.84 |
| | 3.35 | 4.21 | 4.98 | 4.52 | 5.30 |
| | 4.17 | 4.38 | 4.77 | 4.54 | 5.75 |
| | 3.57 | 4.57 | 5.15 | 4.62 | 5.56 |
| | 3.68 | 4.68 | 4.98 | 5.32 | 5.69 |
| | 3.41 | 4.73 | 4.56 | 4.98 | 5.60 |
| | 3.49 | 4.12 | 4.39 | 5.20 | 4.84 |
| | 3.30 | 4.59 | 4.44 | 4.74 | 5.94 |
| 强度平均值 $\bar{R}$/MPa | | | | | |
| 标准差 $S$/MPa | | | | | |

续表

| 水泥剂量/% | 3.0 | 3.5 | 4.0 | 4.5 | 5.0 |
|---|---|---|---|---|---|
| 偏差系数 $C_v$/%     $C_v=100 S/\overline{R}$ | | | | | |
| 强度代表值 $R$/MPa | | | | | |
| $R_{0.95}=\overline{R}-Z_a S$ | | | | | |
| $R_d/(1-Z_a C_v)$ | | | | | |
| $\overline{R} \geqslant R_d/(1-Z_a C_v)$（是否满足要求） | | | | | |

注：本案例设计强度 $R_d=3.5$ MPa。本案例为高速公路，$Z_a=1.645$。

本案例中每组有 9 个试件，偏差系数 $C_v$ 应不大于 15%，是否满足细则要求？

本案例设计强度为 3.5 MPa，按表 5-17 的计算结果，设计水泥剂量如何选择？按照《公路路面基层施工技术细则》的规定，本案例水泥稳定碎石混合料的设计水泥剂量应该取多少？

**5. 设计结论**

将水泥稳定碎石基层混合料目标配合比的试验结果汇总填入表 5-18。

**表 5-18　水泥稳定碎石基层混合料目标配合比的试验结果汇总**

| 干质量占干土质量的比例/% | | | | 水泥剂量/% | 最大干密度/(g·cm⁻³) | 最佳含水率/% |
|---|---|---|---|---|---|---|
| 1# | 2# | 3# | 4# | | | |
| | | | | | | |

# 任务 2　水泥稳定材料结构层施工

## 任务描述

水泥稳定材料尤其是水泥稳定碎（砾）石基层（底基层）在沥青路面结构层中属于主要承重结构层，因此，其施工质量的好坏，关系着路面结构整体使用性能的发挥。通过学习本任务，学生应具备水泥稳定碎（砾）石结构层的施工管理、现场质量控制及记录的能力，能编制水泥稳定碎（砾）石基层、底基层施工细则，完成施工技术交底工作。同时，树立工程质量意识，养成勇于探索新技术的职业习惯。

## 一、一般规定

（1）水泥稳定碎（砾）石基层结构一般采用集中厂拌、摊铺机摊铺、压路机碾压密实的施工工艺。

（2）水泥稳定碎（砾）石基层结构压实厚度不应超过 20 cm；当设计厚度超过 20 cm 时，宜分层铺筑。

（3）在正式施工前，必须铺筑试验段，对施工工艺进行总结；试验段的质量检查频率应是正常路段的两倍。

（4）水泥稳定碎（砾）石的施工宜在气温较高季节组织施工。施工期的日最低气温应在 5 ℃以上，在有冰冻的地区，应在第一次重冰冻（-3 ℃～-5 ℃）到来的 15～30 d 之前完成施工。

（5）雨期施工时，应特别注意天气变化，避免水泥稳定碎（砾）石混合料遭受雨淋。降雨时，应停止施工，对已经摊铺的混合料应尽快碾压密实，并及时覆盖。禁止在雨天施工。

（6）无特殊情况，基层施工应连续作业，中午不得停工，尽量减少施工接缝，桥头施工应与正常路段一次成型。

（7）同一路段水泥稳定碎（砾）石左右幅施工应错开。当基层分层施工时，单幅两层连续施工完成并养护到位后，再开始另外单幅的施工。

## 二、施工工艺流程

水泥稳定材料结构层施工的方法主要分为路拌法施工和中心站（厂）集中厂拌法施工两种。用作高速公路、一级公路底基层和二级及二级以下公路基层的水泥稳定材料结构层可采用路拌法施工；对于高速公路、一级公路，以及在居民区修筑的道路，水泥稳定土或集料混合料应当在中心站（厂）采用专用稳定土拌合机械拌制，然后再运输到施工现场进行摊铺，以保证拌和质量，消除"素土"夹层的危险，并可减轻对施工现场的环境污染。

路拌法施工的工艺流程通常按下列顺序进行：

准备下承层→施工放样→备料、摊铺土或集料→洒水闷料→整平和轻压→摆放和摊铺水泥→拌和（干拌）→加水并湿拌→整形→碾压→接缝和调头处的处理→养护。

厂拌法施工的工艺流程通常按图 5-1 的顺序进行（以水泥稳定碎石为例）。

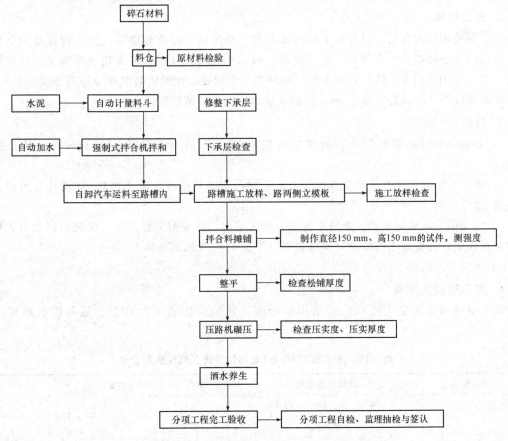

图 5-1　厂拌法水泥稳定碎石施工工艺流程

## 三、施工要点

鉴于目前大多数工程中，多采用集中厂拌法施工，因此，施工要点以厂拌法水泥稳定碎

(砾)石施工为例讲解。路拌法施工可参照本书项目六中路拌法石灰土的施工进行。

(一)施工准备

**1. 准备下承层**

(1)下承层表面应平整、坚实,具有规定的路拱。下承层的平整度和压实度应符合检查验收规定要求。

(2)当水泥稳定碎(砾)石做基层时,要准备底基层,底基层表面应洒水湿润;做底基层时,要准备土基或垫层。所有准备工作均应达到相应的规定要求。

水泥稳定碎石基层
施工现场准备

(3)对槽式断面的路段,两侧路肩上每隔一定距离(5~10 m)交错开挖泄水沟(或做盲沟)。

**2. 施工放样**

(1)在底基层或老路面或土基上恢复中线,直线段每15~20 m设一桩,平曲线段每10~15 m设一桩,并在两侧路肩边缘外设指示桩。

(2)在两侧指示桩上用明显标记标出水泥稳定碎(砾)石结构层边缘的设计高度。

**3. 支立模板**

为了避免碾压时塌肩,保证边部的压实宽度、压实度、标高和横坡,在交验合格的下承层上,按(底)基层摊铺宽度在两侧立模。侧模一般采用钢模,基层分层采用等厚施工,每片侧模采用三根三角钢钎固定。钢钎钉在模板外侧两端及中间处,模板的高度与分层的压实厚度相同,支模时的宽度不小于设计宽度5 cm,以保证成型后的(底)基层宽度。

**4. 备料**

(1)各种不同材料的水泥及不同规格的集料(碎石、砾石、石屑、砂)应隔离,禁止混合堆放。

(2)潮湿多雨地区或其他地区多雨季节施工时,应采取措施,防止集料(特别是石屑和砂等细集料)遭受雨淋。

(3)施工前,应做好水泥、集料等各项材料的采购,并根据工程进度,保证材料供应。材料的储备量应满足连续施工的需要,基层集料应满足5~7 d的用量要求。

(4)重视水泥防潮工作。

**5. 施工机械的准备**

高等级公路水泥稳定碎(砾)石结构层的施工机械应按表5-19配置。低等级公路请参照执行。

表5-19 水泥稳定碎(砾)石结构层施工机械的配备表

| 结构层类型 | | 机械设备名称 | 单位 | 数量 | 备注 |
| --- | --- | --- | --- | --- | --- |
| 底基层 | 水泥稳定碎(砾)石 | 路拌机/拌合机(500以上) | 台 | 2/1 | |
| | | 平地机 | 台 | 1 | |
| | | 推土机 | 台 | 1 | |
| | | 三轮压路机(18~20 t) | 台 | 2 | |
| | | 单钢轮振动压路机(20 t以上) | 台 | 2 | |
| | | 轮胎压路机(25 t以上) | 台 | 1 | |
| | | 自卸汽车(15 t以上) | 辆 | 不少于15 | |

续表

| 结构层类型 | | 机械设备名称 | 单位 | 数量 | 备注 |
|---|---|---|---|---|---|
| 基层 | 水泥稳定碎(砾)石 | 拌合机(500 t/h) | 台 | 1 | |
| | | 摊铺机 | 台 | 2 | 性能一致 |
| | | 单钢轮振动压路机(18 t 以上) | 台 | 不少于2 | |
| | | 单钢轮振动压路机(20 t 以上) | 台 | 不少于2 | |
| | | 轮胎压路机(25 t 以上) | 台 | 不少于2 | |
| | | 自卸汽车(15 t 以上) | 辆 | 不少于15 | |

**6. 试验段施工**

(1)正式开工之前,应进行试验段施工。试验段应选择在验收合格的主线下承层上进行,试验段总长度宜为 200~300 m。

(2)试验段开工前应符合下列规定:

1)提交完整的目标配合比报告和生产配合比报告;

2)正常施工时所配备的施工机械完全进场,且调试完毕;

水泥稳定碎石底基层
试验段施工(视频)

3)全部施工人员到位。

(3)试验段施工期间应及时检测以下技术项目:

1)原材料全部技术指标;

2)混合料拌和时的结合料剂量、含水率、级配,应各不少于 4 个样本;

3)不同松铺系数条件下的实际压实厚度,宜设定 2~3 个松铺系数;

4)不同碾压工艺下的混合料压实度,宜设定 2~3 种压实工艺,每种压实工艺的压实度检测样本应不少于 4 个;

5)混合料压实后的含水率,应不少于 4 个样本;

6)混合料击实试验测定干密度和含水率,应不少于 3 个样本;

7)7 d 龄期无侧限抗压强度试件成型,样本量应符合要求。

(4)养护 7 d 后,试验段应及时检测下列技术项目:

1)标准养护试件的 7 d 无侧限抗压强度;

2)钻芯取样,评价芯样外观,取芯样本量应不少于 9 个;

3)对完整芯样切割成标准试件,测定强度;

4)按车道,每 10 m 一点测定弯沉指标,计算回弹弯沉值。

(5)试验段铺筑阶段应对下列关键工序、工艺进行评价:

1)拌合设备各档材料的进料比例、速度及精度;

2)结合料的进料比例和精度;

3)含水率的控制精度;

4)松铺系数的合理值;

5)拌和、运输、摊铺、碾压机械的协调和配合;

6)压实机械的选择和组合,压实的顺序、速度和遍数。

(6)当使用的原材料和混合料、施工机械、施工方法符合要求,试验段各检测结果符合规定后,按要求编写试铺总结,经审批后作为申报正常路段开工的依据。

(7)试验段经检验合格,作为正常路段的一部分。若不符合要求,经采取补救措施后仍无法满足使用功能的路段应铲除重铺。

## (二)拌和

(1)混合料的拌和能力应与摊铺能力相匹配。

(2)拌合厂设置要求：应安置在地势相对较高的位置，并做好排水设施。拌合场地应平整并具有足够的承载能力。高速、一级公路的拌合厂，场地应采用混凝土硬化，混凝土强度等级应不低于C15，厚度应不小于200 mm。工程所需的原材料严禁混杂，应分档隔仓堆放，并有明显的标志。细集料、水泥等原材料应有覆盖。高速、一级公路上述材料严禁露天堆放，应放置于专门搭建的防雨棚内或库房内。开始拌和前，拌合厂的备料至少应能满足5~7 d的摊铺用料。

(3)高速、一级公路应采用专用稳定土拌合设备拌制混合料。稳定土厂拌设备分为移动式、固定式等结构形式，其生产的能力分为小型(200 t/h以下)、中型(200~400 t/h)、大型(400~600 t/h)和特大型(600 t/h以上)四种。无机结合料稳定中、粗粒材料的拌合设备应满足下列要求：

1)高速、一级公路，拌合设备产量不小于500 t/h(保证连续摊铺)；

2)料仓数目与规定的备料档数相匹配，宜比备料档数增加一个；

3)各料仓间的挡板高度应不小于1 m(防加料时串料)；

4)高速公路基层施工时，料斗与料仓下面应安装称量精度±0.5%的电子秤。

水泥稳定碎石
基层施工工艺

(4)水泥料仓要求：应密闭、干燥，内部装"破拱"装置(防止水泥堵塞)。对高速公路，水泥料仓应配备计重装置，不宜通过电机转速计量水泥添加量。气温高于30 ℃时，水泥进入拌缸温度不宜高于50 ℃(控制降温时出现温缩裂缝)，否则应采取降温措施(如用冰块代替水)。气温低于15 ℃时，水泥进行拌缸温度不宜低于10 ℃。

(5)加水量的计量：应采用流量计的方式。高速、一级公路，水的流量数值应在中央控制室的控制面板上有显示。

(6)拌合机各料仓开口大小和皮带计量精度应事先标定，并在施工过程中经常检查和调整。

(7)为保证混合料拌和的均匀性，高速公路基层的混合料拌和时，宜采用两次拌和的生产工艺，也可采用间歇式拌合生产工艺，拌合时间应不少于15 s。

(8)每次开始拌和前，应检查场内各处集料的含水率，计算当天的施工配合比。天气炎热或运距较远时，对稳定中、粗粒材料，混合料的含水率可高于最佳含水率0.5%~1%；对稳定细粒材料，含水率可高于最佳含水率1%~2%。

水泥稳定碎石
混合料拌和

(9)拌和过程中，应实时监测各料仓的生产计量。高速、一级公路，应每10 min打印各档料仓使用量。若与设计要求相差超10%时，应立即停机，正常后方可继续生产。

(10)对高速、一级公路，应从拌合厂取料，每隔2 h测一次含水率；每隔4 h测一次水泥剂量，并做好记录。

(11)料仓的加料应有足够数量的装载机，以确保拌合楼各仓集料充足并且相互之间数量协调。拌合楼在每天结束后应清理干净，检查并进行适当维护，尤其要注意避免水泥结块而堵塞水泥下料口。

(12)拌合机出料不应采取自由跌落式的落地成堆、装载机装料运输的办法。应配备带活门漏斗的料仓，由漏斗出料直接装车运输。

【主题讨论】 目前公路工程项目拌合站的临时施工道路，大多采用现浇混凝土路面结构，但是现浇水泥混凝土路面结构存在不少问题：①需要养护，养护时间一般不少于28 d，施工队伍进场延迟，从而可能影响工程进度；②项目完成后需要进行拆除，产生大量建筑垃圾，浪费人工、材料。③不满足国家提倡的绿色施工、节能环保的要求。目前,有一种新型临时施工道路,即可周转装配式重载型钢板临时施工道路。这种钢板临时施工道路几乎适用所有的建筑工程临时施工运输道路的施工建设。请查阅资料,谈谈这种临时施工道路的优点及施工方法。

### (三)运输

(1)运输车辆应采用车况良好的大吨位自卸车。运输车辆数量应满足拌和、出料与摊铺需要,并略有富余。

(2)运输车辆在每天开工前,要检验其完好情况。

(3)装料前应将车厢清洗干净。

(4)装车时车辆应前后移动,分三次装料,避免混合料离析。

(5)为减少水分损失,混合料在运输过程中必须用篷布覆盖严密,直到摊铺机前准备卸料时方可掀开。

水泥稳定碎石
混合料运输

(6)发料时,应认真填写发料单:记录车号、出料时间、吨位等。运至摊铺现场,应由收料人核对查收,并注明摊铺时间,以备检查,剔除超出延迟时间的混合料。

(7)应尽快将拌和的混合料运送到铺筑现场。如运输车辆中途出现故障,应尽快排除;如车内混合料不能在初凝时间内运到工地,或预计混合料到碾压最终完成的延迟时间超过水泥初凝时间,必须予以废弃。对高速、一级公路,水泥稳定材料从装车到运至现场,时间不宜超过1 h,超过2 h应作为废料处置。

### (四)摊铺

(1)在水泥稳定碎(砾)石基层边缘设置好高程控制线支架,根据松铺系数计算松铺厚度,决定控制线高度,挂好控制线。

(2)下承层是稳定细粒材料时,宜先将下承层顶面拉毛或采用凸块式压路机碾压,再铺上层混合料;对于下承层是稳定中、粗粒材料时,应先清理干净下承层,并洒铺水泥净浆,再铺上层混合料。水泥净浆按水泥质量计,应为$1.0\sim1.5\ kg/m^2$。水泥净浆稠度以能洒布均匀为宜,洒布长度以不大于摊铺机前30~40 m为宜。

(3)待等候卸料的混合料运输车多于5辆后开始摊铺,并应保持连续摊铺。

半刚性基层层间
处理技术

(4)现场摊铺时,宜采用两台摊铺机梯队作业的方式。在单向双车道路面施工过程中,当单台大功率摊铺机抗离析效果较好时,也可采用单机全断面摊铺的摊铺方式。

(5)采用双机梯队作业时,两台摊铺机型号应相同,前后相距不大于10 m。前台摊铺机采用路侧钢丝和设置在路中的铝合金导梁控制高程,后台摊铺机路侧采用钢丝、路中采用滑靴控制高程和厚度。前后两台摊铺机纵向重叠300~400 mm,中缝辅以人工修整。内侧一台摊铺机应采用宽度自动伸缩式摊铺机,以适应内侧宽度变化的需要。采用单机摊铺时,应采用两侧走钢丝的方法控制高程。

(6)机前应设专人组织自卸车卸料,避免撞击摊铺机。

(7)摊铺前及摊铺过程中,应检查摊铺机各部分的运转情况。

(8)摊铺机的摊铺速度宜控制在1 m/min左右。摊铺过程中,应根据拌和能力和运输能力确定摊铺速度,中途不得随意变更摊铺速度,以避免出现摊铺机停机待料的情况。

水泥稳定碎石
混合料摊铺

(9)高速、一级公路,在摊铺过程中宜设立纵向模板。

(10)摊铺机在安装、操作时,应采取混合料防离析措施。例如,摊铺机前增设橡胶挡板(防止竖向离析),底部距下承层不大于 10 cm。摊铺机的螺旋布料器应有 2/3 埋入混合料中,螺旋布料器应匀速转动,避免过快或停顿。摊铺机后应设专人消除离析现象,铲除局部粗集料集中部位,并用新拌混合料填补。

(11)结构物两侧摊铺应符合以下要求:

1)应在施工前对结构物两侧工作面进行清理和修整,扫除松散材料和所有杂物,处理好欠压实、不平整等问题;

2)正交结构物两侧作为起点时,应采用相应厚度的垫块起始摊铺,并严格按照设计要求衔接路面结构层和过渡板,不得采用人工摊铺;

3)斜交结构物两侧等摊铺机无法工作的部位应采用人工摊铺,并应控制好操作时间、松铺厚度和平整度。

### (五)碾压

(1)在摊铺、修整后,压路机紧跟摊铺机在全宽范围内进行碾压。碾压应遵循"先轻后重、先慢后快、从低到高"的原则。

(2)每台摊铺机后,压路机应紧跟碾压,碾压段落长度一般为 50~80 m。碾压段落必须层次分明,并设置明显的分界标志。

(3)碾压应根据施工情况配备足够数量的碾压设备,并应符合下列规定:双向四车道高速、一级公路的半幅摊铺时,应配备不少于 4 台重型压路机;双向六车道半幅摊铺时,应配备不少于 5 台重型压路机。碾压可参考以下方案:

碾压方案一:

1)初压:双钢轮稳压 2~3 遍;

2)复压:重型振动压路机、18~21 t 三轮压路机或 25 t 以上轮胎压路机;

3)终压:双钢轮终压,消除轮迹。

碾压方案二:

1)初压:25 t 以上胶轮稳压 1~2 遍;

2)复压:重型振动压路机;

3)终压:双钢轮终压,消除轮迹。

(4)水泥稳定材料结构层施工中,应在混合料处于或略大于最佳含水率的状态下碾压。气候炎热干燥时,碾压时的含水率可比最佳含水率大 0.5%~1.5%。

水泥稳定碎石
混合料碾压

(5)压路机碾压时,应重叠 1/3 轮宽。压路机换挡要轻且平顺,不要拉动铺面。在第一遍初步稳压时,倒车后尽量原路返回;换挡位置应在已压好的段落上;在未碾压的一头换挡倒车位置应错开,呈齿状;出现个别拥包时,应进行铲平处理。

(6)专人负责指挥碾压,严禁漏压、产生轮迹。成型后的表面应平整、无轮迹。对稳定细粒材料,最后碾压收面可用凸块式压路机。

(7)出现软弹现象,应及时挖出混合料,换新料碾压。

(8)碾压宜在水泥初凝前及试验确定的延迟时间内完成,并达到要求的压实度。

(9)压路机停机应错开,相互间距约 3 m,且停在已碾压好的路段上。严禁压路机在正在碾压的路段或刚完成的路段上掉头。除非特殊情况,应尽可能避免紧急制动。

(10)为保证水泥稳定碎(砾)石基层边缘压实度,应有 100 mm 的超宽压实;对用方木或型钢模板支撑时,超宽可适当减小。

目前,高速、一级公路路面结构层中基层的厚度普遍比较大,都需要分层摊铺。但是,大厚度基层分层铺筑工艺降低了基层的整体性,容易造成上下施工层粘结不牢、平整度不理想、纵向接缝处理困难、施工离析、施工效率低下等问题。针对这些问题,科研人员研究出了水稳双层连续摊铺工艺。这种工艺施工时,下基层经摊铺、碾压,压实度检测合格后进行上层基层摊铺、碾压,然后统一进行养生、强度检测验收。经实践,这种工艺可以有效地改善层间结合状态,缩短养生周期及节约成本,缩短施工周期,被不少单位使用。但是这种方法缺乏对下层质量的有效控制,下层出现质量问题时,上层也需要同时处理,因此,鉴于目前国内施工现状,需谨慎施工。

其实,双层连续摊铺工艺虽然对层间结合有所改善,但是从本质上还是未完全解决层间结合问题。随着施工机械的发展,大功率抗离析摊铺机和新型压实机械的不断出现,使水稳大厚度整层成型技术成为了现实。水稳大厚度整层成型技术可有效克服离析,实现超宽度、超厚度摊铺,提高了基层混合料摊铺的均匀度、平整度、密实度。施工进度较快,人员投入较少,经济效益也比较突出。其实,这些新技术、新工艺的创造都离不开设备的改进,每个工程技术人员都应树立科技创新意识,积极推进技术的进步。

### (六)接缝处理

**1. 纵缝**

摊铺时应避免纵向接缝。两台摊铺机梯队施工时的纵向接缝应采用斜接缝,压路机跨缝碾压时一次碾压密实。

无法避免存在纵向接缝时,纵缝应垂直相接,严禁斜接,并应符合下列规定:在前一幅摊铺时,宜在靠中央的一侧用方木或钢模板做支撑,方木或钢模板的高度应与稳定材料层的压实厚度相同。摊铺另一幅前拆除支撑。

**2. 横缝**

(1)混合料摊铺时,应连续作业。若因故中断时间超过2 h,则应设横向接缝,并应符合下列规定:

1)人工将末端含水率合适的混合料弄整齐,紧靠混合料末端放置两根方木,方木的高度与混合料压实厚度相同,整平紧靠方木的混合料。

2)方木的另一侧用砾石或碎石回填约3 m长,高度高出方木2~3 cm,并碾压密实。

水泥稳定碎石基层
施工接缝处理

3)重新开始摊铺混合料之前,将砾石或碎石和方木除去,并将下承层断面清扫干净。

4)摊铺机返回到已压实层的末端,重新开始摊铺混合料。

(2)如摊铺中断时间超过2 h未按上述方法处理横向接缝,应按下列方法处理:应将摊铺机附近及其下面未经压实的混合料铲除,并将已压实且高程和平整度符合要求的末端挖成与路中心线垂直并垂直向下的断面,清理干净后,然后再摊铺新的混合料。

(3)每天收工之后,第二天开工的接头断面也应设置横向接缝。具体做法是:压路机碾压完,沿端头斜面行驶至下卧层上停机过夜。第二天将压路机沿斜面行驶至前一天施工的结构层上,并将已压实且高程和平整度符合要求的末端作为接缝位置,沿横向断面垂直挖除该位置至斜面下端头部分的混合料,摊铺机从接缝处起步摊铺。压路机沿接缝横向碾压,由之前的压实层逐渐推向新铺层,碾压完毕后再正常碾压。碾压完毕,接缝处纵向平整度应符合规范要求。

水泥稳定碎石
基层养生

### (七)养护及交通管制

(1)无机结合料稳定材料碾压完毕,经质量检查合格后,应及时养护。

(2)养护期应不少于7 d,宜延长至上层结构开始施工的前2 d。

(3)养护可采取洒水养护、薄膜覆盖养护、土工布覆盖养护、铺设湿砂养护、草帘覆盖养护、洒铺乳化沥青养护等方式。

(4)洒水养护时,每天洒水次数应视气候而定。高温期上、下午各1次。养护期应保持表面湿润。

(5)薄膜覆盖养护时,薄膜厚度应不小于1 mm。薄膜之间应搭接完整。薄膜覆盖后应用砂土堆填,养护至上层施工前1～2 d方可掀开。对蒸发量大的地区或养护时间大于15 d的工程应适当补水。

(6)养护期间,应封闭交通。除洒水车和小型通勤车外,严禁其他车辆通行。

(7)过冬时应采取必要的保护措施,如覆盖10～20 cm砂土保护层,以防止低温损伤。

(8)下基层施工结束7 d后,即可进行上基层水泥稳定碎(砾)石的施工。两层水泥稳定碎(砾)石施工间隔不超过30 d。

(9)上基层则根据透层油类型确定养护工艺,当采用高渗透乳化沥青时,应在碾压成型后表面稍变干燥但尚未硬化的情况下喷洒;当采用煤油稀释沥青时,应在水稳层用土工布覆盖养护3～4 d后及时喷洒,待下封层施工完且水稳层达到7 d强度后方可开放交通。

(10)基层在养护过程中出现收缩裂缝,经过弯沉检测,结构层的承载能力满足设计要求时,可继续铺筑上面的沥青面层,也可在裂缝位置灌缝、铺设玻璃纤维格栅或洒铺热改性沥青处理裂缝。灌缝原则上不对裂缝扩缝。铺设玻璃纤维格栅与洒铺热改性沥青综合处治是当前处治裂缝向上反射的最佳措施,适用于基层裂缝比较严重的路段。

**【主题讨论】** 请结合以下材料,谈谈聚酯玻纤布在公路工程中的应用。

"布"可以修路,你听说过吗?这布不是一般的布,是聚酯玻纤布,专为解决路面裂缝与防水而设计生产的聚酯玻纤复合材料,其在与沥青结合后形成的应力分散防水层结构是防治路面产生反射裂缝和基层水损害的可靠解决方案。这布具有耐高温、可粉碎再生使用、延长道路使用寿命、降低养护成本等优点。可以运用在沥青路面大中修项目的裂缝处置、"白改黑"水泥路面加罩为沥青面层、改扩建道路纵向拼接缝处置、半刚性基层收缩缝处置、桥面防水等方面。聚酯玻纤布施工工序为:工作面清理→放样、划线→喷洒粘结料→铺设聚酯玻纤布→保养维护→沥青混合料摊铺→开放交通。

## 四、施工质量控制

施工前和施工过程中,可参照表5-20所列的检查项目与频度,对各种原材料进行抽样试验,质量应符合现行施工技术规范规定的技术要求,每个检查项目的平行试验次数或一次试验的试样数必须按相关试验规程的规定进行,并以平均值评价是否合格。混合料应按表5-21所列的试验项目和要求检测评定。

水泥稳定材料结构层在铺筑过程中的质量控制包括外形尺寸检查和内在质量检验两部分。外形尺寸检查项目、频度和质量标准应符合表5-22的规定。

施工过程中的内在质量控制分为原材料质量控制、拌和质量控制、摊铺及碾压质量控制四部分。对集中厂拌、摊铺机摊铺的施工工艺,应按后场与前场划分。后场质量控制的项目、内容应符合表5-23的规定,前场质量控制的项目、内容应符合表5-24的规定,实际检测频率应不低于上述表中的要求,检测结果应满足相关技术要求。

EDTA滴定法测水泥剂量的计算

表 5-20 原材料试验项目和要求

| 材料 | 检查项目 | 目的 | 频度 | 试验方法 |
|---|---|---|---|---|
| 粗集料 | | 同级配碎(砾)石 | | |
| 细集料 | | 同级配碎(砾)石 | | |
| 水泥 | 水泥强度等级和初、终凝时间 | 确定水泥的质量是否适宜应用 | 材料组成设计时1个样品,料源或等级有变化时重测 | T0506 ISO法/T0505 |
| 土 | 含水率 | 确定原始含水率 | 每天使用前2个样品 | T0801/T0803 |
| | 液限、塑限 | 求塑性指数,审定是否符合规定 | 每种土使用前2个样品,使用过程中每2 000 m³测2个样品 | T0118液塑限联合测定法/T0119滚搓法 |
| | 颗粒分析 | 确定级配是否符合要求 | 每种土使用前2个样品,使用过程中每2 000 m³测2个样品 | T0115 |
| | 有机质和硫酸盐含量 | 确定土是否适宜于水泥(或石灰)稳定 | 对土有怀疑时做此试验 | T0151/T0153 |

表 5-21 混合料试验项目和要求

| 项次 | 检查项目 | 目的 | 频度 | 试验方法 |
|---|---|---|---|---|
| 1 | 重型击实试验 | 最佳含水率和最大干密度 | 材料发生变化时 | T0804 |
| 2 | 抗压强度 | 配合比试验及施工期间质量评定 | 每次配合比试验 | T0805 |
| 3 | 延迟时间 | 确定延迟时间对混合料密度和抗压强度的影响,确定施工允许的延迟时间 | 水泥品种变化时 | T0805 |
| 4 | 绘制EDTA标准曲线 | 对施工过程中水泥(或石灰)剂量有效控制 | 水泥(石灰)品种变化时 | T0809 |

表 5-22 外形尺寸检查、频度和质量标准

| 工程类别 | 项目 | | 频度 | 质量标准 | |
|---|---|---|---|---|---|
| | | | | 高速、一级公路 | 二级及二级以下公路 |
| 基层 | 纵断高程/mm | | 二级及二级以下公路每20 m 1点;高速、一级公路每20 m 1个断面,每个断面3~5个点 | +5~-10 | +5~-15 |
| | 厚度/mm | 代表值 | 每1 500~2 000 m²测6个点 | ≥-8 | ≥-10 |
| | | 合格值 | | ≥-10 | ≥-20 |
| | 宽度/mm | | 每40 m测1处 | >0 | >0 |
| | 横坡度/% | | 每100 m测3处 | ±0.3 | ±0.5 |
| | 平整度/mm | | 每200 m测2处,每处连续10尺(3 m直尺) | ≤8 | ≤12 |
| | | | 连续式平整度仪的标准差/mm | ≤3.0 | — |
| 底基层 | 纵断高程/mm | | 二级及二级以下公路每20 m测1点;高速、一级公路每20 m测1个断面,每个断面测3~5个点 | +5~-15 | +5~-20 |
| | 厚度/mm | 代表值 | 每1 500~2 000 m²测6个点 | ≥-10 | ≥-12 |
| | | 合格值 | | ≥-25 | ≥-30 |
| | 宽度/mm | | 每40 m测1处 | >0 | >0 |
| | 横坡度/% | | 每100 m测3处 | ±0.3 | ±0.5 |
| | 平整度/mm | | 每200 m测2处,每处连续10尺(3 m直尺) | ≤12 | ≤15 |

表 5-23 施工过程中后场质量控制的关键内容

| 项次 | 项目 | 内容 | 频度 |
|---|---|---|---|
| 1 | 原材料抽检 | 结合料质量 | 每批次 |
| | | 粗、细集料品质 | 异常时,随时试验 |
| | | 级配、规格 | 异常时,随时试验 |
| 2 | 混合料抽检 | 混合料级配 | 每 2 000 m² 测 1 次 |
| | | 结合料剂量 | 每 2 000 m² 测 1 次 |
| | | 混合料最大干密度 | 每个工日 |
| | | 含水率 | 每 2 000 m² 测 1 次 |

表 5-24 施工过程中前场质量控制的关键内容

| 项次 | 项目 | 内容 | 频度 |
|---|---|---|---|
| 1 | 摊铺目测 | 是否离析 | 随时 |
| | | 粗估含水率状态 | 随时 |
| 2 | 碾压目测 | 压实机械是否满足 | 随时 |
| | | 碾压组合、次数是否合理 | 随时 |
| 3 | 压实度检测 | 含水率 | 每一作业段检查 6 次以上 |
| | | 压实度 | 每一作业段检查 6 次以上 |
| 4 | 强度检测 | 前场取样成型试件 | 每一作业段不少于 9 个 |
| 5 | 钻芯检测 | — | 每一作业段不少于 9 个 |
| 6 | 弯沉检测 | — | 每一评定段(不超过 1 km)每车道 40~50 个测点 |

施工过程中的混合料质量检测,应在施工现场的摊铺机位置取样,且应分别来自不同料车。例如,规定每天至少 9 个试件测强度,则每 3 个试件取自 1 辆料车。

施工过程中的压实度检测,应以每天现场取样的击实结果确定的最大干密度为标准。每天取样的击实试验应不少于 3 次平行试验,且相互之间的最大干密度差值应不大于 0.02 g/cm³;否则,应重新试验,并取平均值作为当天压实度的标准。该数值与设计阶段的最大干密度差值大于 0.02 g/cm³ 时,应分析原因,及时处理。压实度检测应采用整层灌砂的试验方法,灌砂深度应与现场摊铺厚度一致。

施工过程中应钻取芯样检测其完整性。用于基层的水泥稳定中、粗粒材料,取芯龄期为 7 d;用于底基层的水泥稳定材料,取芯龄期为 10~14 d。水泥稳定细粒材料的芯样直径宜为 100 mm,水泥稳定中、粗粒材料的芯样直径应为 150 mm。采用随机取样方式,不得在现场人为挑选位置;否则,评价结果无效。芯样顶面、四周应均匀、致密。芯样高度不小于实际摊铺厚度的 90%。取不出完整芯样时,应找出实际路段相应的范围,返工处理。

设计强度大于 3 MPa 的水泥稳定材料的完整芯样应切割成标准试件,检测强度。试件径高比应为 1:1。记录实际养护龄期,根据实际施工情况(如龄期),确定试件强度的评价标准。同一批次强度试验的变异系数应不大于 15%,样本量不少于 9 个。

对高速公路和一级公路的基层、底基层,应在养护 7~10 d 内检测弯沉;不满足要求时,应返工处理。

对高速公路和一级公路,7~10 d 龄期的水泥稳定碎石基层代表弯沉值宜为:对极重、特重交通荷载等级,应不大于 0.15 mm;对重交通荷载等级,应不大于 0.20 mm;对中等交通荷载等级,应不大于 0.25 mm。

各项技术指标质量合格标准见表 5-25。

表 5-25 质量合格标准

| 材料 | 检查项目 | 检查数量 | 标准值 | 低限值 |
|---|---|---|---|---|
| 水泥土 | 压实度/% | 6~10 处 | 95(93) | 91(89) |
| | 水泥剂量/% | 3~6 处 | 设计值 | 1.0 |
| 水泥稳定材料 | 压实度/% | 6~10 处 | 基层 98(97) | 94(93) |
| | | | 底基层 96(95) | 92(91) |
| | 颗粒组成 | 2~3 处 | 规定级配范围 | |
| | 水泥剂量/% | 3~6 处 | 设计值 | 设计值-1.0% |

# 任务3  水泥稳定材料结构层质量评定与工程计量

**任务描述**

水泥稳定材料结构层施工完毕，施工单位应进行自检，并完成质量评定，才能申请交工验收。验收合格后才能进行计量与支付。通过学习本任务，学生应具备水泥稳定材料结构层的质量评定与工程计量的能力，能完成水泥稳定材料结构层的质量评定与工程计量工作。同时，养成诚实守信的职业品质，并树立工程质量责任意识。

## 一、水泥稳定材料结构层的质量评定

水泥稳定材料结构层完工后，施工单位、工程监理单位和建设单位应按相同的工程项目划分进行工程质量的监控和管理。施工单位应将全线以 1~3 km 作为一个评定路段，按规定频度，随机选取测点，对水泥稳定材料结构层进行全线自检，并应在规定时间内提交全线检测结果及施工总结报告，申请交工验收。水泥稳定材料结构层质量评定的基本要求、实测项目、外观质量要求及质量保证资料整理顺序内容如下：

### (一)基本要求

(1)水泥稳定粒料应选择质坚干净的粒料，矿渣应分解稳定，未分解渣块应予剔除。
(2)采用路拌法时，路拌深度应达到层底。
(3)水泥稳定材料碾压终了的时间不应超过水泥的终凝时间。
(4)碾压检查合格后立即覆盖或洒水养生，养生期应符合规范规定。

### (二)实测项目

水泥稳定材料结构层质量检验评定的实测项目、检查频度、质量要求或允许偏差等见表 5-26、表 5-27。

表 5-26 水泥土基层和底基层实测项目

| 项次 | 检查项目 | 规定值或允许偏差 | | | | 检查方法和频率 |
|---|---|---|---|---|---|---|
| | | 基层 | | 底基层 | | |
| | | 高速、一级公路 | 其他公路 | 高速、一级公路 | 其他公路 | |
| 1△ | 压实度/% 代表值 | — | ≥95 | ≥95 | ≥93 | 按《标准》附录B检查，每200 m测2点 |
| | 极值 | — | ≥91 | ≥91 | ≥89 | |

续表

| 项次 | 检查项目 | | 规定值或允许偏差 | | | | 检查方法和频率 |
|---|---|---|---|---|---|---|---|
| | | | 基层 | | 底基层 | | |
| | | | 高速、一级公路 | 其他公路 | 高速、一级公路 | 其他公路 | |
| 2 | 平整度/mm | | — | ≤12 | ≤12 | ≤15 | 3 m 直尺：每 200 m 测 2 处×5 尺 |
| 3 | 纵断高程/mm | | — | +5，−15 | +5，−15 | +5，−20 | 水准仪：每 200 m 测 2 个断面 |
| 4 | 宽度/mm | | 满足设计要求 | | 满足设计要求 | | 尺量：每 200 m 测 4 点 |
| 5△ | 厚度/mm | 代表值 | — | −10 | −10 | −12 | 按《标准》附录 H 检查，每 200 m 测 2 点 |
| | | 合格值 | — | −20 | −25 | −30 | |
| 6 | 横坡/% | | — | ±0.5 | ±0.3 | ±0.5 | 水准仪：每 200 m 测 2 个断面 |
| 7△ | 强度/MPa | | 满足设计要求 | | 满足设计要求 | | 按《标准》附录 G 检查 |

表 5-27 水泥稳定粒料基层和底基层实测项目

| 项次 | 检查项目 | | 规定值或允许偏差 | | | | 检查方法和频率 |
|---|---|---|---|---|---|---|---|
| | | | 基层 | | 底基层 | | |
| | | | 高速、一级公路 | 其他公路 | 高速、一级公路 | 其他公路 | |
| 1△ | 压实度/% | 代表值 | ≥98 | ≥97 | ≥96 | ≥95 | 按《标准》附录 B 检查，每 200 m 测 2 点 |
| | | 极值 | ≥94 | ≥93 | ≥92 | ≥91 | |
| 2 | 平整度/mm | | ≤8 | ≤12 | ≤12 | ≤15 | 3 m 直尺：每 200 m 测 2 处×5 尺 |
| 3 | 纵断高程/mm | | +5，−10 | +5，−15 | +5，−15 | +5，−20 | 水准仪：每 200 m 测 2 个断面 |
| 4 | 宽度/mm | | 满足设计要求 | | 满足设计要求 | | 尺量：每 200 m 测 4 点 |
| 5△ | 厚度/mm | 代表值 | −8 | −10 | −10 | −12 | 按《标准》附录 H 检查，每 200 m 测 2 点 |
| | | 合格值 | −15 | −20 | −25 | −30 | |
| 6 | 横坡/% | | ±0.3 | ±0.5 | ±0.3 | ±0.5 | 水准仪：每 200 m 测 2 个断面 |
| 7△ | 强度/MPa | | 满足设计要求 | | 满足设计要求 | | 按《标准》附录 G 检查 |

**(三)外观质量要求**

(1)表面应无坑洼、无松散、无碾压轮迹。
(2)水泥稳定材料表面连续离析不得超过 10 m，累计离析不得超过 50 m。

**(四)质量保证资料整理顺序**

**1. 开工报告及附件**

开工报告和附件的内容及整理顺序同碎(砾)石结构层。

水泥稳定碎石基层
施工常见质量问题分析

**2. 工序报验资料及附件(各层报)**

(1)中间检验申请单。
(2)施工放样报验单。
(3)水泥稳定粒料(水泥稳定土)基层和底基层现场质量检验报告单。
(4)水泥稳定土基层(底基层)施工原始记录。
(5)平整度检验记录表。
(6)纵断高程检验记录表、宽度检验记录表、横坡检查记录。
(7)路面结构厚度检验记录表。
(8)压实度试验记录(灌砂法)。
(9)无侧限抗压强度试验报告单。
(10)水泥(石灰)剂量试验(EDTA滴定法)。
(11)水准测量记录。
(12)含水率试验记录(施工控制)。
(13)路面基层集料技术性能试验、级配试验。

**3. 分项工程报验资料及附件**

(1)中间交工证书。
(2)工程报验单。
(3)分项工程质量检验评定表(水泥稳定××基层)(分项评定)。
(4)压实度检验评定表。
(5)平整度检验记录表。
(6)纵断高程检验记录表。
(7)宽度检验记录表。
(8)路面结构厚度检验评定表。
(9)横坡检验记录表。
(10)无侧限抗压强度评定表。
(11)压实度试验记录(灌砂法)。
(12)压实度检验汇总表。
(13)纵断高程检验汇总表。
(14)中线偏位、宽度、横坡、边坡检验汇总表。
(15)平整度、路面厚度检验汇总表。
(16)无侧限抗压强度试验汇总表。

## 二、水泥稳定材料结构层的工程计量

### (一)计量规定

(1)水泥稳定材料结构层应按图纸和监理工程师指示铺筑,经监理工程师验收合格的顶面面积,按不同厚度以平方米计量。
(2)任何地段的长度应沿路幅中线水平量测。对个别特殊形状的面积,承包人可采用适当计算方法计量,并经监理工程师批准,以平方米计量。除监理工程师另有指示外,超过图纸所规定的面积,均不予计量。
(3)桥梁和明涵处的搭板、埋板下变截面水泥稳定土底基层、基层按图纸所示和监理人的指示铺筑。经监理人验收合格后,以立方米计量。

(4)混合料拌合厂(站)、储料场的建设、拆除、恢复均包含在相应工程项目中,不另行计量。

### (二)支付

按上述规定计量,经监理工程师验收的列入工程量清单的以下工程子目的工程量,其每一计量单位将以合同单价支付。此项支付包括材料、劳力、设备、运输等及其他为完成水泥稳定材料结构层所必需的所有费用,是对完成工程的全部偿付。

### (三)计量清单及内容

水泥稳定材料结构层计量清单及内容见表5-28。

表5-28 水泥稳定材料结构层工程计量清单及内容

| 子目号 | 子目名称 | 单位 | 计量规则 | 工作内容 |
| --- | --- | --- | --- | --- |
| 304—1 | 水泥稳定土底基层 | m² | 依据图纸所示压实厚度,按照铺筑的顶面面积以平方米为单位计量 | 1. 检查、清理下承层、洒水<br>2. 拌和、运输、摊铺<br>3. 整平、整形<br>4. 洒水、碾压、初期养护 |
| 304—3 | 水泥稳定土基层 | | | |
| 304—2 | 搭板、埋板下水泥稳定土底基层 | m³ | 依据图纸所示尺寸、范围,按照铺筑体积以立方米为单位计量 | |

【**主题讨论**】 利用沙漠沙子修路,造价可降低30%。从2021年3月2日起,陕西省开始实施一批新的地方标准,其中包括《水泥稳定风积沙路面基层施工技术规范》。风积沙是沙漠地区在风力作用下形成的粉粒、黏粒含量少的沙物质,其分布广泛,储量丰富。因此,采用风积沙作为建筑工程原材料,因地制宜、就地取材,对于推动西部沙漠地区基础设施建设的发展很有必要且很有意义。请进一步查阅资料,谈谈该技术的关键点及意义。

**学习检测**

1. 什么是水泥稳定材料?包括哪些?公路路面中有何应用?
2. 水泥稳定材料强度主要由哪些过程形成?其强度的主要来源是什么反应?这对其应用有何影响?
3. 水泥稳定材料的强度影响因素包括哪几个方面?
4. 什么是水泥剂量?水泥剂量的增长对强度有何影响?
5. 水泥稳定材料强度要求高时,单纯提高水泥剂量是否合理?为什么?应该采取什么措施?
6. 水泥稳定材料结构层用于基层和底基层时,使用的水泥有何要求?
7. 无机结合料稳定材料组成设计的内容包括哪些?
8. 无机结合料稳定材料目标配合比设计的内容包括哪些?步骤有哪些?
9. 无机结合料稳定材料生产配合比设计指的是什么?
10. 什么是容许延迟时间?如何确定?如何应用?
11. 水泥稳定材料结构层施工对季节和气温有何要求?
12. 绘制水泥稳定材料结构层厂拌法施工工艺流程图。
13. 水泥稳定碎石拌合厂的设置有何要求?
14. 高等级公路水泥稳定碎石拌合设备应满足哪些要求?水泥料仓有何要求?

15. 水泥稳定碎石混合料运输过程中应注意哪些问题？
16. 为加强层间结合，水泥稳定碎石混合料摊铺前应对下承层采取哪些措施？
17. 水泥稳定碎石混合料摊铺过程中，采用双机梯队作业时，前后两台摊铺机控制高程的方式有何不同？
18. 水泥稳定碎石基层碾压时可采取的压路机组合方式有哪些？若路段位于居民区，为减少振动碾压对居民产生的影响，该如何选择？
19. 水泥稳定碎石基层施工纵向接缝如何处理？
20. 水泥稳定碎石基层养护的方式有哪些？
21. 水泥稳定材料混合料的检查项目有哪些？目的分别是什么？
22. 水泥稳定碎石基层施工前后场质量控制的内容分别有哪些？
23. 水泥稳定碎石基层质量评定时的实测项目有哪些？与级配碎石相比有何区别？

# 项目六 石灰稳定材料结构层施工

### 项目描述

在公路建设中,基层尤其是底基层材料主张就地取材,因此在石灰产地,石灰稳定材料就显示出其经济适用的优势。通过学习本项目,学生应在领会设计意图、明确工程内容、掌握工程特点的基础上,掌握石灰稳定材料的适用范围;通过正确选择合适的原材料及混合料,能合理进行试验段铺筑;按照《公路路面基层施工技术细则》(JTG/T F20—2015)和《标准》的相关规定,能进行石灰稳定材料结构层的施工,从而培养学生进行石灰稳定材料施工的职业能力。

本项目包括认知石灰稳定材料结构层、石灰稳定材料结构层施工、石灰稳定材料结构层质量评定与工程计量三个任务。

### 项目载体

表6-1是陕西212省道公路B合同段陇县至陕甘界二级公路改造工程的路面结构设计图。原有一6 m宽的砂石路,等级低,路况差。改造方法主要是沿老路进行加宽,改弯取直,加大曲线半径,新建路面结构层。底基层采用34 cm厚的石灰稳定土,配合比为石灰:土=10:90。目前,石灰稳定材料以其板体性好、价格低廉的优势在全国一些省份应用较多,石灰还可以用于改善路基土,提高其强度。

表6-1 路面结构设计图

| 干湿类型<br>层 位 | 中 湿 |
|---|---|
| 面层 | 5 cm沥青碎石 |
| 基层 | 22 cm水泥稳定碎石 |
| 底基层 | 34 cm石灰稳定土 |
| 总厚度/cm | 61 |

请思考：1. 石灰稳定材料在公路工程中的应用主要有哪些？
2. 石灰稳定材料基层、底基层如何施工？
3. 石灰稳定材料施工如何进行质量控制？
4. 石灰稳定材料结构层如何进行质量评定与工程计量？

# 任务 1　认知石灰稳定材料结构层

## 任务描述

石灰稳定材料结构层也是路面半刚性基层的类型之一，其中，石灰土因其板体性好、价格低廉，在一些地区应用较广，也常用于路基路床的改善。通过学习本任务，学生应能掌握石灰稳定材料的概念、特点、适用范围、强度形成原理及影响因素、原材料要求及混合料组成设计方法，具备复核路面结构设计图中石灰稳定材料结构层的能力，能完成路面结构设计图与设计说明中石灰稳定材料结构层的复核工作。同时，养成查阅技术规范，对比分析工程问题的职业习惯。

## 一、基本概念

以石灰为结合料，通过加水与被稳定材料共同拌和形成的混合料，称为石灰稳定材料，包括石灰稳定级配碎石土、石灰土等。用石灰稳定细粒土得到的强度符合规定要求的混合料，称为石灰土。

用石灰稳定材料铺筑的路面基层和底基层，分别称为石灰稳定材料基层和底基层。

## 二、强度形成原理及影响因素分析

在土中掺入适当的石灰，并在最佳含水率下压实后，既发生了一系列的物理力学作用，也发生了一系列的物理化学作用，从而使土的性质发生根本的改变。石灰稳定土强度形成主要依靠离子交换作用、结晶硬化作用、火山灰作用、碳酸化作用形成。在初期，主要表现在土的结团、塑性降低、最佳含水率的增大和最大密实度的减小等，而后期变化主要表现在结晶结构的形成，从而提高其板体性、强度和稳定性。其中，火山灰作用是石灰稳定材料获得强度与水稳性的基本原因，但这种作用比较缓慢。

石灰稳定土强度的影响因素有以下几个方面。

**1. 土质**

各种成因的粉质黏土、粉质砂土、粉土类土、黏土类土都可以用石灰来稳定，但生产实践表明，黏质土较好，其稳定的效果显著，强度也高。当采用塑性指数过高的土时不易粉碎，且增加干缩裂缝；采用塑性指数偏小的土时容易拌和，但难以碾压成型，稳定效果不显著。选用土质，既要考虑其强度，还要考虑到施工时易于粉碎、便于碾压成型。一般选用塑性指数为 15～20 的黏质土。塑性指数偏大的黏质土，要加强粉碎，粉碎后，土中 15～25 mm 的土块不宜超过 5%。经验证明，塑性指数小于 12 的土不宜用石灰稳定。对于硫酸盐类含量超过 0.8% 或有机质含量超过 10% 的土，对强度有显著影响，不宜直接采用。

**2. 灰质**

石灰的等级越高（即活性 $CaO+MgO$ 的含量越高）时，稳定效果越好；石灰的细度越大，其表面积越大，在相同剂量下与土粒的作用越充分，因而效果越好。同时，石灰消解后不能在空气中存放过久，以免碳化降低活性。

### 3. 石灰剂量

石灰剂量是指石灰质量占全部被稳定材料颗粒干质量的百分率。石灰剂量对石灰稳定土强度影响显著，石灰剂量较低（小于3%~4%）时，石灰主要起稳定作用，土的塑性、膨胀、吸水量减小，使土的密实度、强度得到改善。随着剂量的增加，强度和稳定性均提高，但剂量超过一定范围时，强度反而降低。生产实践中常用的最佳剂量范围，对于黏性土及粉性土为8%~14%；对砂性土则为9%~16%。剂量的确定应根据结构层技术要求进行混合料组成设计。

### 4. 含水率

水是石灰稳定土的重要组成部分，具有以下作用：
(1) 水使石灰与土发生物理化学反应，形成强度。
(2) 水是土的粉碎、拌和与压实的必要条件，最佳含水率下可达到最佳压实效果。
(3) 养护时保持一定湿度。

不同土质的石灰稳定土有不同的最佳含水率，需通过标准击实试验确定，并用以控制施工中的实际加水量。

### 5. 压实度

石灰稳定土的强度随压实度的增加而增长。实践证明，石灰稳定土的压实度每增减1%，强度增减约4%。密实的石灰稳定土，其抗冻性、水稳定性也好，缩裂现象也少。

### 6. 龄期

石灰稳定土强度具有随龄期增长的特点。石灰稳定土初期强度低，随着时间的逐渐增长而趋于稳定。一般情况下，石灰稳定土的强度在90 d以前增长比较显著，以后则比较缓慢。石灰稳定土的这种特性对施工程序的衔接有相当的灵活性。

### 7. 养护条件

养护条件主要指温度与湿度。养护条件不同，其强度也有差异。当温度高时，物理化学反应、硬化、强度增长快；反之，强度增长慢，在负温条件下甚至不增长。因此，要求施工的最低温度应在5 ℃以上。经验证明，夏季施工的石灰稳定土强度高，质量可以保证。湿度条件对石灰稳定土的强度有很大影响，在一定潮湿条件下养护，强度的形成比在一般空气中养护要好。

## 三、应用要求

石灰稳定材料适用于各级公路的底基层以及二级和二级以下公路的基层。由于石灰土容易产生收缩裂缝，且抗冲刷能力差，因此，不得用于二级公路的基层和二级以下公路高级路面的基层。

多雨地区，应避免在雨期进行石灰稳定材料结构层的施工。雨期石灰稳定中粒土和粗粒土施工时，应采用排除表面水的措施，防止运到路上的集料过分潮湿，还应采取措施保护石灰免遭雨淋。

## 四、原材料选择

### (一) 石灰

(1) 石灰的技术要求应符合表6-2中Ⅰ、Ⅱ、Ⅲ级消石灰或生石灰的技术规定。高速、一级公路用石灰不应低于Ⅱ级技术要求,二级公路用石灰不应低于Ⅲ级技术要求,二级公路以下公路用石灰不宜低于Ⅲ级技术要求。

(2)高速、一级公路的基层,宜采用磨细生石灰粉。二级以下公路使用等外石灰时,有效氧化钙含量应在20%以上,且混合料强度应满足要求。

(3)施工中应尽量缩短石灰的存放时间,宜分批进料,做到既不影响施工进度,又不过多存放。如在野外堆放时间较长,应采取覆盖封存措施。

(4)使用消石灰时,石灰消解宜在使用前7~10 d进行。消石灰应过10 mm筛后使用。消解石灰用水应适量,不得形成扬尘或灰膏而影响使用。

(5)使用生石灰时,应采用1 mm筛孔过筛,去除烧结不透的石灰。

表 6-2 生石灰、消石灰的技术要求

| 项目 | 类别 | 钙质生石灰 | | | 镁质生石灰 | | | 钙质消石灰 | | | 镁质消石灰 | | | 试验方法 |
|---|---|---|---|---|---|---|---|---|---|---|---|---|---|---|
| | | Ⅰ | Ⅱ | Ⅲ | Ⅰ | Ⅱ | Ⅲ | Ⅰ | Ⅱ | Ⅲ | Ⅰ | Ⅱ | Ⅲ | |
| 有效钙加氧化镁含量/% | | ≥85 | ≥80 | ≥70 | ≥80 | ≥75 | ≥65 | ≥65 | ≥60 | ≥55 | ≥60 | ≥55 | ≥50 | T0813 |
| 未消化残渣含量/% | | ≤7 | ≤11 | ≤17 | ≤10 | ≤14 | ≤20 | — | — | — | — | — | — | T0815 |
| 含水率/% | | — | — | — | — | — | — | ≤4 | ≤4 | ≤4 | ≤4 | ≤4 | ≤4 | T0801 |
| 细度 | 0.60 mm方孔筛的筛余/% | | | | | | | 0 | ≤1 | ≤1 | 0 | ≤1 | ≤1 | T0814 |
| | 0.15 mm方孔筛的筛余/% | | | | | | | ≤13 | ≤20 | | ≤13 | ≤20 | | T0814 |
| 钙镁石灰的分类界限,氧化镁含量/% | | ≤5 | | | >5 | | | ≤4 | | | >4 | | | T0812 |

### (二)土

(1)塑性指数为15~20的黏性土以及含有一定数量黏性土的中粒土和粗粒土均适宜于用石灰稳定。用石灰稳定无塑性指数的级配砂砾、级配碎石和未筛分碎石时,应添加15%左右的黏性土。塑性指数在15以上的黏性土更适宜于用石灰和水泥综合稳定。塑性指数在10以下的粉质砂土和砂土用石灰稳定时,应采取适当的措施或采用水泥稳定。塑性指数偏大的黏性土,应加强粉碎,粉碎后土块的最大尺寸不应大于15 mm。可以采用两次拌合法,第一次加部分石灰拌和后,闷放1~2 d,再加入其余石灰,进行第二次拌和。土中有机质含量应不大于10%,硫酸盐含量应不大于0.8%。

(2)级配碎石、未筛分碎石、砂砾、碎石土、砂砾土、煤矸石和各种粒状矿渣等均适宜用做石灰稳定土的材料。石灰稳定土中碎石、砂砾或其他粒状材料的含量应在80%以上,并应具有良好的级配。具体要求同水泥稳定材料中的粗、细集料要求。

### (三)水

凡是饮用水(含牲畜饮用水)均可用于石灰稳定材料结构层施工。

## 五、混合料组成设计

石灰稳定材料的 7 d 无侧限抗压强度标准 $R_d$ 应符合表 6-3 的规定,压实度标准见表 6-4。石灰稳定材料混合料组成设计方法同水泥稳定材料。

**表 6-3　石灰稳定材料的 7 d 无侧限抗压强度标准 $R_d$**　　　　　　　　　　　　MPa

| 结构层 | 高速、一级公路 | 二级及二级以下公路 |
|---|---|---|
| 基层 | — | ≥0.8 |
| 底基层 | ≥0.8 | 0.5～0.7 |

**表 6-4　石灰稳定材料的压实度标准**　　　　　　　　　　　　%

| 公路等级 | | 基层 | 底基层 |
|---|---|---|---|
| 高速、一级公路 | 稳定中、粗粒材料 | — | ≥97 |
| | 稳定细粒材料 | — | ≥95 |
| 二级及二级以下公路 | 稳定中、粗粒材料 | ≥97 | ≥95 |
| | 稳定细粒材料 | ≥95 | ≥93 |

# 任务 2　石灰稳定材料结构层施工

## 任务描述

通过学习本任务,学生应具备石灰稳定类材料结构层的施工管理、现场质量控制及记录的能力,能编制石灰稳定类材料基层、底基层施工细则,完成施工技术交底工作。同时,养成查阅技术规范、解决工程问题的职业习惯,并树立科技创新意识。

## 一、施工工艺流程

石灰稳定类结构层施工的方法主要分为路拌法施工、中心站(厂)集中厂拌法施工和人工沿路拌合法施工三种。

用作高速公路、一级公路底基层的石灰稳定材料结构层宜采用厂拌法施工,对于二、三、四级公路一般采用路拌法施工;对于三、四级公路,在无路拌机械的情况下,也可采用人工沿路拌合法施工。

限于篇幅,本任务只介绍石灰稳定土路拌法施工。厂拌法施工参考水泥稳定材料施工。

路拌法施工的工艺流程通常按图 6-1 的顺序进行。

## 二、施工技术要点

### (一)准备工作

**1. 准备下承层**

石灰稳定材料层的下承层准备工作同水泥稳定碎(砾)石的下承层准备。

**2. 施工放样**

在底基层或土基上恢复中线,直线段每 15～20 m 设一桩,平曲线段每 10～15 m 设一桩,

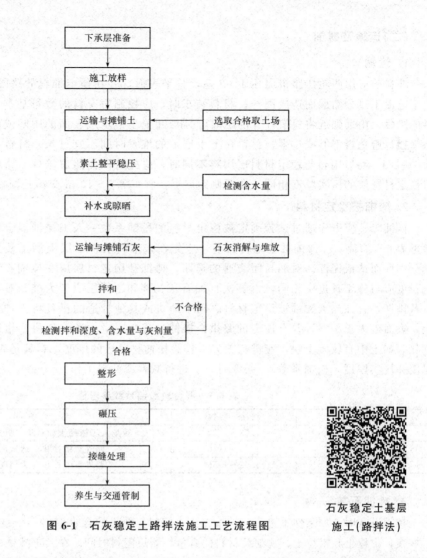

图 6-1 石灰稳定土路拌法施工工艺流程图

石灰稳定土基层施工（路拌法）

并在对应断面的路肩外侧设指示桩。在两侧指示桩上用红漆标出石灰稳定材料层边缘的设计高。

### 3. 备料

(1) 被稳定材料。采集材料前，应先将树木、草皮和杂土清除干净。料中的超尺寸颗粒应予筛除。应在预定采料深度范围内自上而下采集材料，不宜分层采集，不应将不合格材料采集在一起。分层采集材料时，应将不同层位的材料混合装车运送到现场。对于塑性指数小于 15 的黏性土，机械拌和时，可视土质和机械性能确定土是否需要过筛。

(2) 石灰。石灰宜选择临近水源、地势较高且宽敞的场地集中覆盖封存堆放。预计堆放时间较长时，应用土或其他材料覆盖封存，石灰堆放在集中拌合厂地时，宜搭设防雨棚。生石灰应在使用前 7～10 d 充分消解，消解后的石灰应保持一定的湿度，以免过干飞扬，但也不能过湿成团。消石灰宜过 10 mm 筛，并尽快使用。

(3) 材料用量。根据各段石灰稳定材料层的宽度、厚度及预定的压实度（换算为压实密度），计算各路段需要的干燥材料数量。根据料场材料的含水量和运料车辆的吨位，计算每车料的堆放距离。根据石灰稳定土层的厚度和预定的干密度及石灰剂量，计算每平方米石灰稳定土需用的石灰质量，并计算每车石灰的摊铺面积，如使用袋装生石灰粉，则计算每袋石灰的摊铺面积。计算每车石灰的卸放位置，即纵向和横向间距，或计算每袋石灰的纵横间距。

### (二)运输及摊铺

**1. 运输**

堆料前应用两轮压路机碾压 1~2 遍,整平表面,并在预定堆料的路段上洒水,使其湿润,但不应由于过分潮湿而造成泥泞。材料装车时,应控制每车料的数量基本相等。在同一料场供料的路段,由远到近将料按计算的距离(间距)卸置于下承层表面的中间或两侧。卸料距离应严格掌握,避免料不够或过多。材料在下承层上的堆置时间不宜过长。材料运送宜比摊铺工序提前 1~2 d。路肩用料与稳定材料层用料不同时,应先将两侧路肩培好。路肩料层的压实厚度应与稳定材料层的压实厚度相同。在两侧路肩上,宜每隔 5~10 m 交错开挖临时泄水沟。

**2. 摊铺被稳定材料**

摊铺时,应事先通过试验确定被稳定材料的松铺系数。人工摊铺混合料时,其松铺系数可参考表 6-5 的值。在摊铺被稳定材料前,应先在未堆料的下承层上洒水使其湿润,但不应由于过分潮湿而造成泥泞。对能封闭交通的道路,摊铺被稳定材料应在摊铺石灰的前一天进行。摊料长度应与施工日进度相同,以够次日加石灰、拌和、碾压成型为准。对不能封闭交通的道路以及雨期,宜在当天摊铺被稳定材料。用平地机或其他合适的机具将土均匀摊铺在预定的宽度上,表面应力求平整,并有规定的路拱。摊铺过程中,应注意将土块、超尺寸颗粒及其他杂物拣除。如土中有较多土块,应进行粉碎。检验松铺材料层的厚度,看其是否符合预计要求(松铺厚度=压实厚度×松铺系数)。必要时,应进行减料或补料工作。

表 6-5 混合料松铺系数参考值

| 材 料 名 称 | 松 铺 系 数 | 说 明 |
|---|---|---|
| 石灰土 | 1.53~1.58 | 现场人工摊铺土和石灰,机械拌和,人工整平 |
| 石灰土 | 1.65~1.70 | 路外集中拌和,运到现场人工摊铺 |
| 石灰土、砂砾 | 1.52~1.56 | 路外集中拌和,运到现场人工摊铺 |

**3. 摊铺石灰**

摊铺石灰时,如黏性土过干,应事先洒水闷料,使土的含水率略小于最佳值。细粒材料宜闷料一夜;中粒土和粗粒土,视细粒材料的含量,缩短闷料时间。在人工摊铺的材料层上,用 6~8 t 两轮压路机碾压 1~2 遍,使其表面平整,并有一定密实度。然后,按计算的每车石灰的纵横间距,用石灰在被稳定材料层上做卸置石灰的标记,同时划出摊铺石灰的边线,用刮板将卸置的石灰均匀摊开。石灰摊铺完后,表面应没有空白位置。应量测石灰的松铺厚度,校核石灰用量。

### (三)拌和与洒水

(1)采用专用稳定材料拌和设备拌和时,应设专人跟随拌和机,随时检查拌和深度,并配合拌合机操作员调整拌和深度,除直接铺在土基上的一层外,严禁在拌和层底部留有"素土"夹层。拌和深度应达到稳定层底并宜侵入下承层不小于 5~10 mm,以利上下层粘结。

(2)二级以下公路在没有专用拌和设备的情况下,可用农用旋转耕作机与多铧型或平地机相配合拌和,拌合时间不宜过长。

(3)拌和石灰稳定碎石或砾石,先将石灰和需添加的黏性土拌和均匀,然后均匀地摊铺在碎石或砂砾层上,再一起进行拌和。用石灰稳定塑性指数大的黏土时,由于黏土难以粉碎,宜采用两次拌合法。即先加 70%~100%预定剂量的石灰进行拌和,闷放 1~2 d,然后补足需用的石灰,进行第二次拌和。

(4)在拌和过程中,应及时检查含水率。混合料的含水率宜略大于最佳值,含水率不足时,宜用喷管式洒水车补充洒水。洒水车不应在正进行拌和以及当天计划拌和的路段上调头和停留,以防局部水量过大。拌和机械应紧跟在洒水车后面进行拌和。尤其在纵坡大的路段上更应配合紧密，减少水分流失。

(5)在洒水过程中，要人工配合拣出超尺寸颗粒，清除粗细石料"窝"以及局部过湿之处。拌和完成的标志是：混合料色泽一致，没有灰条、灰团和花面，以及无明显粗细集料离析现象。

### (四)整形与碾压

**1. 整形**

(1)平地机整形。混合料拌和均匀后，应及时用平地机初步整形。在直线段，平地机由两侧向路中心刮平；在平曲线段，平地机由内侧向外侧刮平。必要时，再返回刮一遍。在初平的路段上，应用拖拉机、平地机或轮胎压路机快速碾压一遍。整形前，对局部低洼处应用齿耙将其表层 50 mm 以上的材料耙松，并用新拌的混合料找平，再碾压一遍。应用平地机再整形一次，将高处料直接刮出路外，严禁形成薄层贴补现象。反复整形，直至满足技术要求，每次整形都应达到规定的坡度和路拱。特别要注意接缝处的整平，接缝必须顺适平整。

(2)人工整形。人工整形时，应用锹和耙先将混合料摊平，用路拱板整形。用拖拉机初压 1~2 遍后，应根据实测松铺厚度，确定纵横断面高程，并设置标记和挂线。

在整形过程中，严禁任何车辆通行，并保持无明显的粗细集料离析现象。

**2. 碾压**

碾压时，应根据路宽、压路机的轮宽和轮距的不同，制订碾压方案，使各部分碾压到的次数尽量相同，路面的两侧宜多压 2~3 遍。

整形后，当混合料的含水率满足要求时，应立即对结构层进行全宽碾压。直线段，由两侧路肩向路中心碾压。平曲线段，由内侧路肩向外侧路肩进行碾压。碾压时，轮迹应重叠 1/2 的轮宽，后轮应超过两段的接缝处。后轮压完路面全宽时即为一遍。碾压一直进行到要求的密实度为止，一般需 6~8 遍。

压路机前两遍达到碾压速度宜为 1.5~1.7 km/h，以后宜为 2.0~2.5 km/h。

严禁压路机在已完成或正在碾压的路段上掉头或紧急制动。

碾压过程中，石灰稳定材料的表面应始终保持湿润。如表面水蒸发得快，应及时补洒少量的水。如有"弹簧"、松散、起皮等现象，应及时翻开重新拌和，或用其他方法处理，使其达到质量要求。

在碾压结束之前，用平地机终平一次，纵坡、路拱和超高应符合设计要求。终平应仔细进行，必须将局部高出部分刮除并扫出路外，对于局部低洼之处，不再进行找补，留待铺筑面层时处理。

### (五)养护

石灰稳定材料结构层的养护同水泥稳定材料结构层的养护。

石灰土基层施工常见的质量问题及措施

### (六)"机械掉头"的处理和接缝施工

**1. "机械掉头"的处理**

拌合机械及其他机械不宜在已压成的石灰稳定材料层上调头。如必须在上进行掉头，应采取措施(如覆盖一张厚塑料布或油毡纸，再铺上约 100 mm 厚的土、砂或砾石)保护调头部分，使石灰稳定土表层不受破坏。整平时，宜用平地机将塑料布或油毡纸上的大部分材料除去，再人工除去余下的材料，并收起塑料布或油毡纸。

**2. 接缝施工**

(1)纵向接缝施工。石灰稳定材料层的施工应尽可能避免纵向接缝，必须分两幅施工时，纵缝应垂直相接，并按下述方法处理：在前一幅施工时，在靠中央一侧应用方木或钢模板做支撑，方木或钢模板的高度与稳定土层的压实厚度相同。混合料拌和结束后，靠近支撑木(或板)的部分,应人工进行补充拌和,再整形和碾压。在铺筑后一幅前,拆除支撑木(或板)。后一幅混合料拌和结束后,靠近前一幅的部分,应人工进行补充拌和,再整形和碾压。

(2)横向接缝施工。每天施工到最后一段应做好横向施工缝。应在已经碾压完成的无机结合料稳定材料层的末端,挖一条横贯铺筑层全宽的宽约 300 mm 的槽,直至下承层顶面,形成与路的中心线垂直并垂直向下的断面,并放两根与压实厚度等厚、长为全宽一半的方木紧贴垂直面。用挖出的材料回填槽内其余部分。第二天邻接作业段拌和后除去方木,用混合料回填。靠近方木未能拌和的一小段,应人工补充拌和。整平时,接缝处的稳定材料应较已完成断面高出约 50 mm。新混合料碾压过程中,应将接缝修整平顺。

另外,两工作段的搭接部分,应采用对接形式。前一段拌和后,留 5~8 m 不进行碾压。后一段施工时,将前段留下未压部分,再加部分无机结合料重新拌和,并与后一段一起碾压。

## 三、施工过程中的质量控制

施工前和施工过程中,可参照表 6-6 所列检查项目与频度,对各种原材料进行抽样试验。混合料应按表 6-7 所列的试验项目和要求检测评定。其他可参照水泥稳定材料的要求。

表 6-6 施工过程中材料质量检查项目与频度

| 材料 | 检查项目 | 目的 | 频度 | 试验方法 |
|---|---|---|---|---|
| 石灰 | 含水率 | 确定原始含水率 | | T0801/T0803 |
| | 有效钙、氧化镁 | 确定石灰质量 | 做材料组成设计和生产使用时分别测2个样品,以后每月测2个样品 | T0811/T0812/T0813 |
| | 残渣含量 | 确定石灰质量 | 做材料组成设计和生产使用时分别测2个样品,以后每月测2个样品 | T0815 |
| 土 | | 同水泥稳定材料 | | |
| 集料 | | 同水泥稳定材料 | | |

表 6-7 混合料试验项目和要求

| 项次 | 检查项目 | 目的 | 频度 | 试验方法 |
|---|---|---|---|---|
| 1 | 重型击实试验 | 最佳含水率和最大干密度 | 材料发生变化时 | T0804 |
| 2 | 抗压强度 | 配合比试验及施工期间质量评定 | 每次配合比试验 | T0805 |
| 3 | 绘制 EDTA 标准曲线 | 对施工过程中石灰剂量有效控制 | 石灰品种变化时 | T0809 |

石灰稳定材料结构层在铺筑过程中的质量控制与水泥稳定材料的要求基本相同。请参照水泥稳定材料施工的内容与《公路路面基层施工技术细则》(JTG/T F20—2015)学习。

# 任务 3 石灰稳定材料结构层质量评定与工程计量

### 任务描述

石灰稳定材料结构层施工完毕,施工单位应进行自检,并完成质量评定,才能申请交工验收。验收合格后才能进行计量与支付。通过学习本任务,学生应具备石灰稳定材料结构层的质量评定与工程计量的能力,能完成石灰稳定材料结构层的质量评定与工程计量工作。同时,养成诚实守信的职业品质,并树立工程质量责任意识。

## 一、石灰稳定材料结构层的质量评定

石灰稳定材料结构层工程完工后,施工单位、工程监理单位和建设单位应按相同的工程项目划分进行工程质量的监控和管理。施工单位应将全线以 1~3 km 作为一个评定路段,按规定频度与方法,对石灰稳定材料结构层进行全线自检,并应在规定时间内提交全线检测结果及施工总结报告,申请交工验收。石灰稳定材料结构层工程质量检验评定时的基本要求、实测项目、外观质量要求及质量保证资料整理顺序的内容如下。

### (一)基本要求

(1)应选择质坚干净的粒料,石灰应充分消解,矿渣应分解稳定,未分解渣块应予剔除。
(2)路拌法路拌深度应达到层底。
(3)石灰类材料应处于最佳含水率状态下碾压。
(4)碾压检查合格后立即覆盖或洒水养生,养生期应符合规范规定。

### (二)实测项目

石灰稳定材料结构层质量评定的实测项目、检查频度、质量要求或允许偏差等见表 6-8、表 6-9。

表 6-8 石灰土基层和底基层实测项目

| 项次 | 检查项目 | | 规定值或允许偏差 | | | | 检查方法和频率 |
|---|---|---|---|---|---|---|---|
| | | | 基层 | | 底基层 | | |
| | | | 高速、一级公路 | 其他公路 | 高速、一级公路 | 其他公路 | |
| 1△ | 压实度/% | 代表值 | — | ≥95 | ≥95 | ≥93 | 按《标准》附录B检查,每200 m测2点 |
| | | 极值 | — | ≥91 | ≥91 | ≥89 | |
| 2 | 平整度/mm | | — | ≤12 | ≤12 | ≤15 | 3 m直尺:每200 m测2处×5尺 |
| 3 | 纵断高程/mm | | — | +5,-15 | +5,-15 | +5,-20 | 水准仪:每200 m测2个断面 |
| 4 | 宽度/mm | | — | 满足设计要求 | 满足设计要求 | | 尺量:每200 m测4点 |
| 5△ | 厚度/mm | 代表值 | — | -10 | -10 | -12 | 按《标准》附录H检查,每200 m测2点 |
| | | 合格值 | — | -20 | -25 | -30 | |
| 6 | 横坡/% | | — | ±0.5 | ±0.3 | ±0.5 | 水准仪:每200 m测2个断面 |
| 7△ | 强度/MPa | | 满足设计要求 | | 满足设计要求 | | 按《标准》附录G检查 |

表 6-9 石灰稳定粒料(碎石、砂砾或矿渣等)基层和底基层实测项目

| 项次 | 检查项目 | | 规定值或允许偏差 | | | | 检查方法和频率 |
|---|---|---|---|---|---|---|---|
| | | | 基层 | | 底基层 | | |
| | | | 高速、一级公路 | 其他公路 | 高速、一级公路 | 其他公路 | |
| 1△ | 压实度/% | 代表值 | — | ≥97 | ≥96 | ≥95 | 按《标准》附录B检查,每200 m测2点 |
| | | 极值 | — | ≥93 | ≥92 | ≥91 | |
| 2 | 平整度/mm | | — | ≤12 | ≤12 | ≤15 | 3 m直尺:每200 m测2处×5尺 |
| 3 | 纵断高程/mm | | — | +5,-15 | +5,-15 | +5,-20 | 水准仪:每200 m测2个断面 |
| 4 | 宽度/mm | | 满足设计要求 | | 满足设计要求 | | 尺量:每200 m测4点 |
| 5△ | 厚度/mm | 代表值 | — | -10 | -10 | -12 | 按《标准》附录H检查,每200 m测2点 |
| | | 合格值 | — | -20 | -25 | -30 | |

续表

| 项次 | 检查项目 | 规定值或允许偏差 | | | | 检查方法和频率 |
|---|---|---|---|---|---|---|
| | | 基层 | | 底基层 | | |
| | | 高速、一级公路 | 其他公路 | 高速、一级公路 | 其他公路 | |
| 6 | 横坡/% | — | ±0.5 | ±0.3 | ±0.5 | 水准仪：每200 m测2个断面 |
| 7△ | 强度/MPa | 满足设计要求 | 满足设计要求 | | | 按《标准》附录G检查 |

### (三)外观质量要求

(1)表面应无坑洼、无松散、无碾压轮迹。

(2)石灰稳定粒料基层和底基层表面连续离析不得超过10 m，累计离析不得超过50 m。

### (四)质量保证资料及整理顺序

**1. 开工报告及附件**

开工报告及附件的内容及整理顺序同碎(砾)石结构层。

**2. 工序报验资料及附件(各层报)**

(1)中间检验申请单。

(2)施工放样报验单。

(3)石灰稳定粒料(水泥稳定土)基层和底基层现场质量检验报告单。

(4)石灰稳定土基层(底基层)施工原始记录。

(5)平整度检验记录表。

(6)纵断高程检验记录表、宽度检验记录表、横坡检查记录。

(7)路面结构厚度检验记录表。

(8)压实度试验记录(灌砂法)。

(9)无侧限抗压强度试验报告单。

(10)水泥(石灰)剂量试验(EDTA滴定法)。

(11)水准测量记录。

(12)含水率试验记录(施工控制)。

(13)路面基层集料技术性能试验、级配试验。

**3. 分项工程报验资料及附件**

(1)中间交工证书。

(2)工程报验单。

(3)分项工程质量检验评定表(石灰稳定××基层)(分项评定)。

(4)～(16)同水泥稳定材料结构层的要求。

## 二、石灰稳定材料结构层的工程计量

### (一)计量规定

(1)石灰稳定材料结构层应按图纸和监理工程师指示铺筑，经监理工程师验收合格的顶面面积，按不同厚度以平方米计量。

(2)任何地段的长度应沿路幅中线水平量测。对个别特殊形状的面积，承包人可采用适当计算方法计量，并经监理工程师批准，以平方米计量。除监理工程师另有指示外，超过图纸所规定的面积，均不予计量。

(3)桥梁和明涵处的搭板、埋板下变截面石灰稳定土底基层、基层按图纸所示和监理人的指示铺筑。经监理人验收合格后,以立方米计量。

(4)混合料拌合厂(站)、贮料场的建设、拆除、恢复均包含在相应工程项目中,不另行计量。

## (二)支付

按上述规定计量,经监理工程师验收的列入工程量清单的以下工程子目的工程量,其每一计量单位将以合同单价支付。此项支付包括材料、劳力、设备、运输等及其他为完成石灰稳定材料结构层所必需的所有费用,是对完成工程的全部偿付。

## (三)计量清单及内容

石灰稳定材料结构层计量清单及内容见表6-10。

表6-10 石灰稳定材料结构层工程计量清单及内容

| 子目号 | 子目名称 | 单位 | 计量规则 | 工作内容 |
| --- | --- | --- | --- | --- |
| 303—1 | 石灰稳定土底基层 | m² | 依据图纸所示压实厚度,按照铺筑的顶面积以平方米为单位计量 | 1. 检查、清理下承层、洒水 2. 拌和、运输、摊铺 3. 整平、整形 4. 洒水、碾压、初期养护 |
| 303—3 | 石灰稳定土基层 | | | |
| 303—2 | 搭板、埋板下石灰稳定土底基层 | m³ | 依据图纸所示尺寸、范围,按照铺筑体积以立方米为单位计量 | |

### 学习检测

1. 什么是石灰稳定材料?包括哪些类型?石灰土指的是什么?
2. 石灰稳定材料强度形成主要靠哪些作用?其中什么作用是其形成强度的基本原因?
3. 影响石灰稳定材料强度的因素有哪些?
4. 什么是石灰剂量?石灰剂量对石灰稳定材料的强度有何影响?生产中常用的石灰剂量是多少?本项目引用的载体中,石灰:土=10:90,表示石灰剂量为多少?
5. 石灰稳定材料所需的石灰有何要求?施工过程中应对石灰检查哪些项目?目的是什么?
6. 绘制路拌法石灰土基层施工工艺流程图。
7. 路拌法石灰稳定土基层施工时,如何计算每车土的堆放距离?如何计算每车(或每袋)石灰的摊铺面积?
8. 路拌法石灰稳定土基层施工时,如何避免拌合层底留有"素土夹层"?
9. 路拌法石灰稳定土基层施工时,现场拌和完成的标志是什么?
10. 石灰稳定材料结构层质量评定时,实测项目有哪些?

# 项目七　综合稳定材料结构层施工

### 📖 项目描述

综合稳定材料,尤其是二灰稳定材料、水泥粉煤灰稳定材料以其后期强度高、耐久性好、造价较低等优点在公路建设中得到了应用。本项目以二灰稳定材料为代表进行综合稳定材料结构层施工介绍。通过学习本项目,学生应在领会设计意图、明确工程内容、掌握工程特点的基础上,掌握二灰稳定材料的适用范围;通过正确选择合适的原材料及混合料,能合理进行试验段铺筑;按照《公路路面基层施工技术细则》(JTG/T F20—2015)和《标准》的相关规定,能进行二灰稳定材料结构层的施工,从而培养学生进行二灰稳定材料施工的职业能力。

本项目包括认知二灰稳定材料结构层、二灰稳定材料结构层施工、二灰稳定材料结构层质量评定与工程计量、编制半刚性基层施工方案四个任务。

### 📖 项目载体

表7-1是山西省平鲁神电运煤通道公路二期工程的行车道及路缘带路面结构设计图。该公路采用一级公路的建设标准。全线路面采用沥青混凝土路面,上、下行车道采用相同的路面结构。基层、底基层均采用半刚性材料,其中,底基层采用了石灰粉煤灰稳定砂砾。

表7-1　路面结构设计图

| 层位 | 车道类型 | 重交通 |
|---|---|---|
| | 干湿类型 | 干燥或中湿 |
| 面层 | 上面层 | 5 cm中粒式密级配AC—16型SBS改性沥青混凝土 |
| | 下面层 | 6 cm中粒式密级配AC—20型沥青混凝土(抗车辙剂) |

续表

| 基层 | 20 cm 水泥稳定碎石 |
|---|---|
| 底基层 | 30 cm 二灰稳定砂砾(加 2%水泥) |
| 垫层 | 15 cm 天然砂砾 |
| 总厚度/cm | 76 |

请思考：1. 什么是综合稳定材料？在公路工程中的应用有哪些？
2. 表 7-1 中，混合料中加 2%水泥的作用是什么？
3. 二灰稳定材料结构层如何进行施工及质量控制？
4. 二灰稳定材料结构层如何进行质量评定与工程计量？

# 任务 1　认知二灰稳定材料结构层

## 任务描述

综合稳定材料结构层也属于路面半刚性基层的类型，其中，水泥粉煤灰稳定碎石、二灰稳定碎石以其优良的路用性能应用于公路基层中，二灰砂砾、二灰土则多用于底基层。通过学习本任务，学生应能掌握综合稳定材料的概念、特点、适用范围、原材料要求及混合料组成设计方法，具备复核路面结构设计图中综合稳定材料结构层的能力，能完成路面结构设计图与设计说明中综合稳定材料结构层的复核工作。同时，树立科技创新意识、环保意识。

## 一、基本概念

综合稳定材料是指以两种或两种以上材料为结合料，通过加水与被稳定材料共同拌和形成的混合料，包括水泥石灰稳定材料、水泥粉煤灰稳定材料、石灰粉煤灰稳定材料等。其中，石灰粉煤灰稳定材料又可分为石灰粉煤灰、石灰粉煤灰土、石灰粉煤灰砂、石灰粉煤灰砂砾、石灰粉煤灰碎石、石灰粉煤灰矿渣、石灰粉煤灰煤矸石等。这些材料分别简称二灰、二灰土、二灰砂、二灰砂砾、二灰碎石、二灰矿渣、二灰煤矸石等。而工业废渣稳定材料是指以石灰或水泥为结合料，以煤渣、钢渣、矿渣等工业废渣为主要被稳定材料，通过加水拌和形成的混合料。

二灰稳定材料初期强度低，但随着龄期的增长，强度的增长幅度大。二灰稳定材料还具有水硬性、缓凝性、抗裂性好、板体性好、抗磨性差、温度影响较大等特点。限于篇幅，这里以二灰稳定材料为例，阐述其应用。

## 二、应用要求

二灰稳定集料类材料适用于各级公路的基层和底基层，二灰、二灰土、二灰砂用于各级公路的底基层以及三、四级公路的基层。冰冻地区、多雨潮湿地区，石灰粉煤灰稳定集料类材料宜用于高速公路、一级公路的下基层或底基层。

二灰稳定类结构层施工期的气温要求同水泥稳定材料结构层。

工业废渣在公路基层中的应用

### 三、原材料要求

#### （一）石灰

石灰的质量要求同石灰稳定材料的要求。

#### （二）粉煤灰

干排或湿排的硅铝粉煤灰（含有 2%～6% 的氧化钙）和高钙粉煤灰（含有 10%～40% 的氧化钙）等均可应用。粉煤灰中 $SiO_2$、$Al_2O_3$ 和 $Fe_2O_3$ 的总含量应大于 70%，粉煤灰的烧失量不应超过 20%，比表面积宜大于 2 500 $cm^2/g$（或 90% 通过 0.3 mm 筛孔，70% 通过 0.075 mm 筛孔）。湿粉煤灰的含水率不宜超过 35%。

#### （三）被稳定材料

二灰稳定材料中的粗、细集料要求与水泥稳定材料中的粗、细集料要求基本相同。

二灰稳定材料可采用表 7-2 推荐的级配范围，并应符合下列规定：

（1）用于高速、一级公路的基层时，石灰粉煤灰的总质量宜占 15%，应不大于 20%，被稳定材料的公称最大粒径应不大于 26.5 mm，级配宜符合表 7-2 中 LF－A－2L 和 LF－A－2S 的规定。

（2）用于高速、一级公路的底基层时，各档被稳定材料总质量宜不小于 80%，级配宜符合表 7-2 中 LF－A－1L 和 LF－A－1S 的规定。对极重、特重交通荷载等级，级配宜符合表 7-2 中 LF－A－2L 和 LF－A－2S 的规定。

（3）用于二级及二级以下公路基层时，被稳定材料的公称最大粒径应不大于 31.5 mm，总质量宜不小于 80%，并符合表 7-2 中 LF－B－2L 和 LF－B－2S 的规定。

（4）用于二级及二级以下公路底基层时，被稳定材料的总质量不宜小于 70%，并符合表 7-2 中 LF－B－1L 和 LF－B－1S 的规定。对极重、特重交通荷载等级，级配可选择符合表 7-2 中 LF－B－2L 和 LF－B－2S 的规定。

**表 7-2　二灰稳定级配碎石或砾石的推荐级配范围**

| 筛孔尺寸/mm | 高速公路和一级公路 | | | | 二级及二级以下公路 | | | |
|---|---|---|---|---|---|---|---|---|
| | 稳定碎石 | | 稳定砾石 | | 稳定碎石 | | 稳定砾石 | |
| | LF－A－1S | LF－A－2S | LF－A－1L | LF－A－2L | LF－B－1S | LF－B－2S | LF－B－1L | LF－B－2L |
| 31.5 | 100 | — | 100 | — | 100～90 | 100 | 100～90 | 100 |
| 26.5 | 95～91 | 100 | 96～93 | 100 | 94～81 | 100～90 | 95～84 | 100～90 |
| 19 | 85～76 | 89～82 | 88～81 | 91～86 | 83～67 | 87～73 | 87～72 | 91～77 |
| 16 | 80～69 | 84～73 | 84～75 | 87～79 | 78～61 | 82～65 | 83～67 | 86～71 |
| 13.2 | 75～62 | 78～65 | 79～69 | 82～72 | 73～54 | 75～58 | 79～62 | 81～65 |
| 9.5 | 65～51 | 67～53 | 71～60 | 73～62 | 64～45 | 66～47 | 72～54 | 74～55 |
| 4.75 | 45～35 | 45～35 | 55～45 | 55～45 | 50～30 | 50～30 | 60～40 | 60～40 |
| 2.36 | 31～22 | 31～22 | 39～27 | 39～27 | 36～19 | 36～19 | 44～24 | 44～24 |
| 1.18 | 22～13 | 22～13 | 28～16 | 28～16 | 26～12 | 26～12 | 33～15 | 33～15 |

续表

| 筛孔尺寸 /mm | 高速公路和一级公路 | | | | 二级及二级以下公路 | | | |
|---|---|---|---|---|---|---|---|---|
| | 稳定碎石 | | 稳定砾石 | | 稳定碎石 | | 稳定砾石 | |
| | LF—A—1S | LF—A—2S | LF—A—1L | LF—A—2L | LF—B—1S | LF—B—2S | LF—B—1L | LF—B—2L |
| 0.6 | 15～8 | 15～8 | 20～10 | 20～10 | 19～8 | 19～8 | 25～9 | 25～9 |
| 0.3 | 10～5 | 10～5 | 14～6 | 14～6 | — | — | — | — |
| 0.15 | 7～3 | 7～3 | 10～3 | 10～3 | — | — | — | — |
| 0.075 | 5～2 | 5～2 | 7～2 | 7～2 | 7～2 | 7～2 | 10～2 | 10～2 |

#### （四）水

凡是饮用水（含牲畜饮用水）均可用于二灰稳定材料结构层施工。

### 四、混合料组成设计

混合料的组成设计应按照《公路路面基层施工技术细则》（JTG/T F20—2015）的要求进行。组成设计的内容包括：根据二灰稳定材料混合料的强度标准，通过试验选取最适于稳定的土，确定石灰与粉煤灰的比例，确定石灰粉煤灰与土的比例，确定混合料的最佳含水率。

**1. 二灰稳定材料混合料配比范围**

二灰稳定材料混合料采用质量配合比计算，以石灰：粉煤灰：集料（或土）的质量比表示。

（1）对于硅铝粉煤灰，采用石灰粉煤灰做基层或底基层时，石灰与粉煤灰的比例可以是1：2～1：9。

（2）采用二灰土做基层或底基层时，石灰与粉煤灰的比例常用1：2～1：4，石灰粉煤灰与细粒土的比例可以是30：70～90：10（采用30：70比例时，石灰与粉煤灰之比宜为1：2～1：3）。

（3）采用二灰粒料做基层时，石灰与粉煤灰的比例常用1：2～1：4；石灰粉煤灰与级配粒料的比例可以是20：80～15：85。

为提高石灰工业废渣的早期强度，可外加1%～2%的水泥。

**2. 二灰稳定土底基层混合料的组成设计**

（1）二灰稳定土混合料组成设计各项试验应按《公路工程无机结合料稳定材料试验规程》（JTG E51—2009）的要求进行。

（2）用重型击实法确定最佳含水率和最大干密度，取符合强度要求的最佳配合比作为二灰稳定土的生产配合比。

（3）对塑性指数为8～12、液限小于50%、有机质含量不大于10%的粉砂土，可在石灰、粉煤灰土中外加1%～2%的水泥；水泥可选用42.5级的普通硅酸盐水泥或矿渣硅酸盐水泥，使二灰稳定土混合料满足抗压强度的规定。

（4）对于塑性指数大于20、自由膨胀率不大于65%、有机质含量不大于10%的高塑性土，根据土的塑性指数，需将土分别掺入一定剂量（3%～5%）的生石灰拌匀，闷置7 d进行改性，测定其自由膨胀率和塑性指数。选取改性后土的自由膨胀率小于40%，且塑性指数降到18～20的掺灰剂量作为高塑性土改性的石灰剂量；在满足以上要求的前提下，应选用小的石灰剂量作为改性土用石灰的掺量。将改性后的土再按一般性土的方法进行二灰稳定土的设计和施工。改性土中生石灰加上二灰稳定土用消石灰和粉煤灰之和以不超过二灰稳定土总质量的40%为宜,且改性用生石灰加上二灰稳定土用消石灰之和与粉煤灰质量比以小于1:2为宜。

(5)具体步骤。

1)制备同一种土样,4~5种不同配合比的二灰土混合料。其配合比应在上述所列范围内。对于二灰混合料或其他混合料,其配合比也应在上述所列相应的范围内。

2)确定各种二灰土或二灰混合料的最佳含水量和最大干压实密度。

3)按工地预定达到的压实度,分别计算不同配合比时二灰土或二灰试件的干压密实度。

4)按最佳含水量和计算得到的干压实密度制备试件。进行强度试验时,作为平行试验的试件数量同水泥稳定材料的试件数量规定。如试验结果的偏差系数大于规定的值,则应重做试验,并找出原因,加以解决。如不能降低偏差系数,则应增加试验数量。

5)试件在规定温度下保湿养护6 d,浸水1 d后,进行无侧限抗压强度试验。计算试验结果的平均值和偏差系数。二灰稳定材料的7 d无侧限抗压强度标准见表7-3。压实度标准同水泥稳定材料。

表 7-3　二灰稳定材料的 7 d 无侧限抗压强度标准 $R_d$　　　　MPa

| 结构层 | 公路等级 | 极重、特重交通 | 重交通 | 中、轻交通 |
|---|---|---|---|---|
| 基层 | 高速、一级公路 | ≥1.1 | ≥1.0 | ≥0.9 |
| 基层 | 二级及二级以下 | ≥0.9 | ≥0.8 | ≥0.7 |
| 底基层 | 高速、一级公路 | ≥0.8 | ≥0.7 | ≥0.6 |
| 底基层 | 二级及二级以下 | ≥0.7 | ≥0.6 | ≥0.5 |

6)根据强度标准,选定合适的混合料配比,具体方法同水泥稳定材料。

**3. 二灰稳定碎石基层混合料组成设计**

(1)二灰碎石混合料配合比设计应采用重型击实法,根据施工图设计确定的强度标准,通过试验选择骨架嵌挤、均匀密实、施工和易性好的混合料结构,并确定石灰和粉煤灰的剂量、最大干密度和最佳含水率。

(2)设计步骤。

二灰土配合比设计案例

1)取工地实际使用的集料,分别进行筛分,按颗粒组成进行计算。二灰碎石混合料组成的设计级配应符合《公路沥青路面设计规范》(JTG D50—2017)或《公路路面基层施工技术细则》(JTG/T F20—2015)的范围要求。

2)取工地使用的材料,石灰、粉煤灰与级配集料的比例以及石灰与粉煤灰比例参考前文所述。当制备不同比例的混合料时,可采用重型击实法确定各组混合料的最佳含水率和最大干密度。

3)在最佳含水率状态下,按要求压实度(重型击实标准,98%)制备混合料试件,在标准条件下养护6 d,浸水1 d后取出测定无侧限抗压强度。

4)二灰碎石混合料7 d浸水无侧限抗压强度设计标准应满足表7-3的要求;对于组成设计,应采用一个限值。

5)计算抗压强度代表值,取符合强度要求的配合比作为二灰碎石的生产配合比,方法同二灰稳定土。

# 任务2　二灰稳定材料结构层施工

**任务描述**

通过学习本任务，学生应具备二灰稳定材料结构层施工管理、现场质量检测及记录的能力，能编制二灰稳定材料结构层施工细则，完成施工技术交底工作。同时，养成查阅技术规范、解决工程问题的职业习惯，并树立科技创新意识、环保意识。

## 一、一般规定

(1)高等级公路二灰稳定土底基层一般应采用中心站集中厂拌法施工，特殊情况可采用路拌法。二灰稳定碎石基层应采用集中厂拌、摊铺机摊铺、压路机碾压的施工工艺。

(2)在正式施工前，必须铺筑试验段，对施工工艺进行总结；试验段的质量检查频率应是正常路段的两倍。

(3)压实厚度不应超过20 cm，设计厚度超过20 cm时，宜分层铺筑。压实厚度可根据所选用的压路机种类、吨位确定。施工段落的长度应与配套的施工机械相匹配，每个施工段落长度以200 m为宜。

(4)施工期的日最低气温应在5 ℃以上，宜在温暖气候养护15 d以上。多雨地区，应避免在雨季进行二灰稳定土底基层施工。

## 二、施工工艺流程

**1. 路拌法施工的工艺流程**

路拌法施工的工艺流程通常按下列的顺序进行：

准备下承层→施工放样→运输和摊铺土→运输和摊铺粉煤灰→运输和摊铺石灰→拌和洒水→整形→碾压→接缝和调头处理。

**2. 厂拌法施工的工艺流程**

厂拌法施工的工艺流程通常按图7-1的顺序进行。

## 三、施工技术要点

路拌法二灰稳定土底基层的施工技术要点可参考石灰土的施工，厂拌法二灰稳定碎石的施工要点可参考水泥稳定碎石的施工。这里仅将几点有区别的要点进行阐述，其余的不再重复。

**1. 粉煤灰备料**

(1)场地集中堆放的粉煤灰应予以覆盖，避免雨淋。如在堆放过程中，部分粉煤灰凝结成块，使用前应将灰块打碎。

(2)运到现场的粉煤灰应含有足够的水分(含水量为15%～20%)，以防飞扬。特别在干燥和多风季节，必须使料堆表面保持潮湿，或者覆盖。

**2. 路拌法施工(二灰稳定土)**

(1)根据用土比例和每车土量，将素土或改性土按指定位置堆放，均匀卸在路槽顶面，并用推土机配合平地机粗平，用轻型压路机稳压一遍，检查布土厚度和含水率。

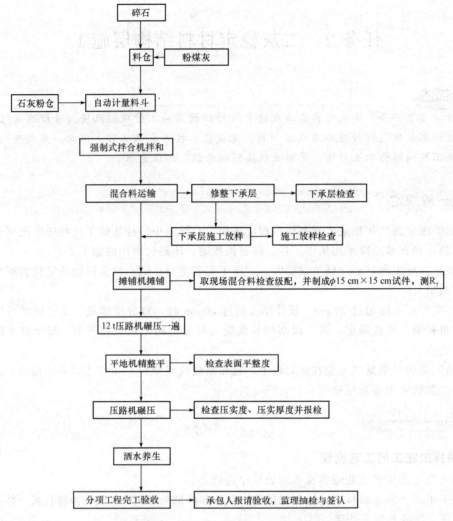

图 7-1 二灰碎石厂拌法施工工艺流程图

(2) 根据粉煤灰用量比例和每车粉煤灰的数量，将粉煤灰均匀卸在摊平并打好方格的土层上，用人工或机械将粉煤灰摊平。检查粉煤灰的摊铺厚度和含水率，用路拌机拌和均匀，粗平、稳压。

(3) 石灰应在使用前一周充分消解，并通过 10 mm 筛孔；在粗平、稳压的粉煤灰土层上用布灰机或打方格人工布灰，均匀摊平，布石灰量应稍高于设计剂量。

(4) 需外掺水泥时，还应均匀撒布水泥。

(5) 石灰布料后，应在当天采用路拌机进行拌和。拌和过程中应注意混合料的含水率和拌和深度，不得出现素土夹层；随时检查拌和的均匀性，不允许出现花白条带；土块应打碎，最大尺寸不大于 15 mm。

(6) 检查松铺厚度和混合料的含水率、石灰剂量，并按规定取样制备抗压强度试件。根据天气情况，夏天作业时混合料含水率应较最佳含水率高 1%～2%。

(7) 拌和好的混合料不得过夜，应当天碾压成型。掺加水泥的二灰稳定土更应缩短拌合时间，从加入水泥起到碾压结束应在水泥初凝时间内完成。

(8)底基层表面高出设计高程部分应予刮除并将刮下的二灰稳定土清除;局部低于设计高程之处,不能进行贴补,必须将其挖除重铺。

对于二灰稳定中、粗粒材料,应先将石灰、粉煤灰拌和均匀,然后均匀地摊铺在材料层上,再一起拌和。

**3. 中心站集中厂拌法施工**

当采用生石灰时,应将生石灰粉装入储料罐中;当采用水泥、石灰综合稳定时,则水泥应装入另一个储料罐中。粉煤灰可通过料仓配料。

二灰稳定土基层施工

### 四、施工质量控制

施工前和施工过程中,可参照表7-4所列的检查项目与频度,对各种原材料进行抽样试验。混合料的质量控制可参照水泥稳定材料、石灰稳定材料的要求。

表7-4 施工过程中材料质量检查项目与频度

| 材料 | 检查项目 | 目的 | 频度 | 试验方法 |
|---|---|---|---|---|
| 石灰 | 同石灰稳定材料 | | | |
| 粉煤灰 | 含水率 | 确定原始含水率 | 每天使用前测2个样品 | T0801/T0803 |
| | 烧失量 | 确定粉煤灰是否适用 | 做材料组成设计前测2个样品 | T0817 |
| | 细度 | 确定粉煤灰质量 | 做材料组成设计前测2个样品 | T0818 |
| | 二氧化硅等氧化物的含量 | 确定粉煤灰质量 | 每天使用前测2个样品 | T0816 |
| 土 | 同水泥稳定材料 | | | |
| 集料 | 同水泥稳定材料 | | | |

二灰稳定材料结构层在铺筑过程中的质量控制与水泥稳定材料的要求基本相同。请参照水泥稳定材料施工的内容与《公路路面基层施工技术细则》(JTG/T F20—2015)学习。

## 任务3 二灰稳定材料结构层质量评定与工程计量

**任务描述**

二灰稳定材料结构层施工完毕,施工单位应进行自检,并完成质量评定,才能申请交工验收。验收合格后才能进行计量与支付。通过学习本任务,学生应具备二灰稳定材料结构层的质量评定与工程计量的能力,能完成二灰稳定材料结构层的质量评定与工程计量工作。同时,养成诚实守信的职业品质,并树立工程质量责任意识。

### 一、二灰稳定材料结构层的质量评定

二灰稳定材料结构层工程完工后,施工单位应将全线以1~3 km作为一个评定路段,按规定频度与方法,对二灰稳定材料结构层进行全线自检,并应在规定时间内提交全线检测结果及施工总结报告,申请交工验收。二灰稳定材料结构层工程质量评定的基本要求、实测项目、外观质量要求及质量保证资料整理顺序如下。

**(一)基本要求**

(1)应选择质坚干净的粒料,石灰应充分消解,矿渣应分解稳定,未分解渣块应予剔除。

(2)路拌深度应达到层底。
(3)石灰类材料应处于最佳含水率状态下碾压。
(4)碾压检查合格后立即覆盖或洒水养生,养生期应符合规范规定。

### (二)实测项目

二灰稳定材料结构层质量评定的实测项目、检查频度、质量要求或允许偏差等见表7-5、表7-6。

**表7-5 二灰土基层和底基层实测项目**

| 项次 | 检查项目 | | 规定值或允许偏差 | | | | 检查方法和频率 |
|---|---|---|---|---|---|---|---|
| | | | 基层 | | 底基层 | | |
| | | | 高速、一级公路 | 其他公路 | 高速、一级公路 | 其他公路 | |
| 1△ | 压实度/% | 代表值 | — | ≥95 | ≥95 | ≥93 | 按《标准》附录B检查,每200 m测2点 |
| | | 极值 | — | ≥91 | ≥91 | ≥89 | |
| 2 | 平整度/mm | | — | ≤12 | ≤12 | ≤15 | 3 m直尺:每200 m测2处×5尺 |
| 3 | 纵断高程/mm | | — | +5,−15 | +5,−15 | +5,−20 | 水准仪:每200 m测2个断面 |
| 4 | 宽度/mm | | — | 满足设计要求 | 满足设计要求 | 满足设计要求 | 尺量:每200 m测4点 |
| 5△ | 厚度/mm | 代表值 | — | −10 | −10 | −12 | 按《标准》附录H检查,每200 m测2点 |
| | | 合格值 | — | −20 | −25 | −30 | |
| 6 | 横坡/% | | — | ±0.5 | ±0.3 | ±0.5 | 水准仪:每200 m测2个断面 |
| 7△ | 强度/MPa | | — | 满足设计要求 | 满足设计要求 | 满足设计要求 | 按《标准》附录G检查 |

**表7-6 二灰稳定粒料基层和底基层实测项目**

| 项次 | 检查项目 | | 规定值或允许偏差 | | | | 检查方法和频率 |
|---|---|---|---|---|---|---|---|
| | | | 基层 | | 底基层 | | |
| | | | 高速、一级公路 | 其他公路 | 高速、一级公路 | 其他公路 | |
| 1△ | 压实度/% | 代表值 | ≥98 | ≥97 | ≥96 | ≥95 | 按《标准》附录B检查,每200 m测2点 |
| | | 极值 | ≥94 | ≥93 | ≥92 | ≥91 | |
| 2 | 平整度/mm | | ≤8 | ≤12 | ≤12 | ≤15 | 3 m直尺:每200 m测2处×5尺 |
| 3 | 纵断高程/mm | | +5,−10 | +5,−15 | +5,−15 | +5,−20 | 水准仪:每200 m测2个断面 |
| 4 | 宽度/mm | | 满足设计要求 | 满足设计要求 | 满足设计要求 | 满足设计要求 | 尺量:每200 m测4点 |
| 5△ | 厚度/mm | 代表值 | −8 | −10 | −10 | −12 | 按《标准》附录H检查,每200 m测2点 |
| | | 合格值 | −15 | −20 | −25 | −30 | |
| 6 | 横坡/% | | ±0.3 | ±0.5 | ±0.3 | ±0.5 | 水准仪:每200 m测2个断面 |
| 7△ | 强度/MPa | | 满足设计要求 | 满足设计要求 | 满足设计要求 | 满足设计要求 | 按《标准》附录G检查 |

### (三)外观质量要求

(1)表面应无坑洼、无松散、无碾压轮迹。
(2)表面连续离析不得超过10 m,累计离析不得超过50 m。

### (四)质量保证资料

**1. 开工报告及附件**

开工报告及附件的内容及整理顺序同碎(砾)石结构层。

**2. 工序报验资料及附件(各层报)**

(1)中间检验申请单。
(2)施工放样报验单。
(3)二灰稳定粒料(二灰稳定土)基层和底基层现场质量检验报告单。
(4)二灰稳定土基层(底基层)施工原始记录。
(5)平整度检验记录表。
(6)纵断高程检验记录表、宽度检验记录表、横坡检查记录。
(7)路面结构厚度检验记录表。
(8)压实度试验记录(灌砂法)。
(9)无侧限抗压强度试验报告单。
(10)水泥(石灰)剂量试验(EDTA 滴定法)。
(11)水准测量记录。
(12)含水率试验记录(施工控制)。
(13)路面基层集料技术性能试验、级配试验。

**3. 分项工程报验资料及附件**

(1)中间交工证书。
(2)工程报验单。
(3)分项工程质量检验评定表(二灰稳定××基层)(分项评定)。
(4)~(16)同水泥稳定材料结构层的要求。

## 二、二灰稳定材料结构层的工程计量

### (一)计量规定

(1)二灰稳定材料结构层应按图纸和监理工程师指示铺筑,经监理工程师验收合格的顶面面积,按不同厚度以平方米计量。

(2)任何地段的长度应沿路幅中线水平量测。对个别特殊形状的面积,承包人可采用适当计算方法计量,并经监理工程师批准,以平方米计量。除监理工程师另有指示外,超过图纸所规定的面积,均不予计量。

(3)桥梁和明涵处的搭板、埋板下变截面石灰粉煤灰稳定土底基层按图纸所示和监理人的指示铺筑。经监理人验收合格后,以立方米计量。

(4)混合料拌合厂站、贮料场的建设、拆除、恢复均包含在相应工程项目中,不另行计量。

### (二)支付

按上述规定计量,经监理工程师验收的列入工程量清单的以下工程子目的工程量,其每一计量单位将以合同单价支付。此项支付包括材料、劳力、设备、运输等及其他为完成二灰稳定材料结构层所必需的所有费用,是对完成工程的全部偿付。

### (三)计量清单及内容

二灰稳定材料结构层计量清单及内容见表 7-7。

表 7-7 二灰稳定材料结构层工程计量清单及内容

| 子目号 | 子目名称 | 单位 | 计量规则 | 工作内容 |
|---|---|---|---|---|
| 305—1 | 二灰稳定土底基层 | m² | 依据图纸所示压实厚度，按照铺筑的顶面积以平方米为单位计量 | 1. 检查、清理下承层、洒水<br>2. 拌和、运输、摊铺<br>3. 整平、整形<br>4. 洒水、碾压、初期养护 |
| 305—2 | 搭板、埋板下二灰稳定土底基层 | m³ | 依据图纸所示尺寸、范围，按照铺筑体积以立方米为单位计量 | 1. 检查、清理下承层、洒水<br>2. 铺筑材料拌和、运输、摊铺<br>3. 整平、整形<br>4. 洒水、碾压、初期养护 |
| 305—3 | 二灰稳定土基层 | m² | 依据图纸所示压实厚度，按照铺筑的顶面积以平方米为单位计量 | 1. 检查、清理下承层、洒水<br>2. 铺筑材料拌和、运输、摊铺<br>3. 整平、整形<br>4. 洒水、碾压、初期养护 |
| 305—4 | 石灰煤渣稳定土基层 | | | |

**【主题讨论】** 结合以下材料，查阅《公路工程利用建筑垃圾技术规范》(JTG/T 2321—2021)，谈谈建筑垃圾在公路工程中的应用。

我国"十四五"规划纲要明确指出，加快发展方式绿色转型。城市更新及高质量发展过程中，建筑垃圾从城市"负担"变为建设"材料"，在循环利用中找到了新的位置。这一过程不仅需要技术的创新，更需要发展理念的更新。在新发展理念指引下，打造低碳、环保、节能城市，就是要通过资源利用最大化，实现环境效益、经济效益、社会效益相统一，推动城市绿色发展。

2021年3月27日，西安外环高速建设项目已消纳建筑垃圾600余万吨，减少建筑垃圾占地约3 000亩。据估算，仅此一项就可节约工程造价约1.7亿元，减少建筑垃圾清运消纳费约2.5亿元，共计4.2亿元。

西安外环高速建设项目采用建筑垃圾砖与混凝土分离设备，将建筑垃圾转变为再生骨料，代替部分碎石，应用于路面基层及底基层的铺设和混凝土预制构件的制作；采用筛分出的大粒径(8~24 cm)建筑垃圾再生块料，替代传统的砂砾或漂卵石，应用于软土地基处理。

这系列创新技术将建筑垃圾变为合格的建筑材料，应用于高速公路建设当中，既节省了建筑垃圾处置费、减少了土地占用，又大幅降低了工程建设造价，更推进资源全面节约和循环利用，实现了生产系统和生活系统循环链接。

在全长70.16 km的西安外环高速公路南段，建筑垃圾资源化利用得到进一步大规模推广，有效解决了西安市周边建筑垃圾处理难题，为保护环境发挥了积极作用，助力西安外环高速公路南段打造交通行业"绿色公路、品质工程、智慧交通"的示范工程。

# 任务4 编制半刚性结构层施工方案

**任务描述**

通过半刚性结构层施工方案的编制，学生应进一步熟悉施工方案编制的步骤和方法，巩固和掌握半刚性结构层的专业知识，并进一步学会综合运用已学到的理论知识，解决专业问题。通过查阅有关的资料，学生可提高独立分析和解决基层施工过程中复杂问题的能力，为今后参加工作打下坚实的基础。

请根据工程具体情况,编制厂拌法水泥稳定碎石基层施工方案。

基础资料:太原至佳县高速公路西段路面工程第 SLM3 合同段桩号 K126+000~K145+619.429,路面长 19.647 km,包括主线(含桥梁及隧道)和方山互通路面、通信管道工程。本合同段底基层佳县至太原方向(左幅)设计为 38 cm 水泥稳定碎石;太原至佳县方向(右幅)设计为 34 cm 水泥稳定碎石。计划开工的 K143+226~K145+619.429 段基层工程量为 28 663 $m^2$。

水稳碎石基层计划开工时间为 20××年 7 月 9 日,完工时间为 20××年 7 月 30 日。在施工中每道工序完成后,首先自检,自检合格后报请监理工程师,经监理工程师检验合格后,进行下一道工序的施工。

附:

### 1. 材料情况

(1)水泥:采用山西"中盛东坡"矿渣硅酸盐水泥,其代号、强度等级为 P·S·A 32.5,初凝时间大于 3 h,终凝时间不宜小于 6 h,以保证有足够的延迟时间,保证强度的形成。

(2)碎石:选用临县优质碎石,经检测全部符合规范及设计要求。

(3)水:已选用合适的水源,并有 400 $m^3$ 水池,足够工程施工需要。

(4)配合比设计。水泥:10~30 mm 碎石:5~10 mm 碎石:0~5 mm 石屑=4.8:35:35:30。确定最大干密度为 2.310 $g/cm^3$,最佳含水率为 5.3%。

### 2. 人员安排

| | |
|---|---|
| 技术负责人:××× | 施工负责人:××× |
| 质检负责人:××× | 质 检 员:××× |
| 施 工 员:×××,×××,×××, | |
| 放 线 员:××× | 试 验 员:×××,××× |
| 料场普工:20 人 | 施工现场普工:23 人 |

### 3. 机械配置

| | |
|---|---|
| WBS-650 T 厂拌设备 1 套 | 300 kW 发电机 1 台 |
| RP751 W 摊铺机 2 台 | ZL50 装载机 4 台 |
| 220 振动压路机 2 台 | 25 T 胶轮压路机 1 台 |
| 6 000 L 洒水车 2 辆 | 25 T 自卸车 15 辆 |
| 3Y18/21 静压 1 台 | |

### 4. 检测仪器

| | |
|---|---|
| 灌砂法 1 套 | $DS_3$ 水准仪 2 台 |
| 索佳 2110 全站仪 1 台 | 5 m 直尺 1 把 |
| 3 m 直尺 1 把 | 钻芯取样机 1 台 |

### 5. 小型施工器具

| | |
|---|---|
| 筛子 2 个 | 铁耙子 2 个 |

水泥稳定碎石
基层施工方案

 学习检测

1. 什么是综合稳定材料?具体有哪些类型?
2. 公路上常用的工业废渣有哪几种?
3. 二灰稳定材料中,对粉煤灰有哪些技术要求?施工过程中应检查哪些项目?
4. 什么是二灰土?二灰土做基层或底基层时,混合料采用什么配合比计算?二灰土的配合比如何选用？二灰碎石的配合比如何选用？

5. 为提高石灰工业废渣的早期强度可外加什么？加多少？

6. 二灰碎石基层混合料组成设计的步骤是什么？

7. 路拌法施工二灰土基层时，对场地集中堆放的粉煤灰有何要求？对运到现场的粉煤灰有何要求？

8. 绘制路拌法二灰土基层的施工工艺流程图。

9. 绘制厂拌法二灰碎石基层施工工艺流程图。

# 项目八 其他类型基层施工

### 项目描述

基层的类型多种多样,近年来沥青稳定级配碎石以其较高的强度特点,较多地应用于高等级公路的基层中,贫混凝土基层则以其刚度大的优势,多用于重载交通,尤其是重载交通的隧道路面结构中。通过学习本项目,学生应在了解沥青稳定碎石基层与贫混凝土基层的应用要求、施工工艺的基础上,通过正确选择合适的原材料及混合料,能合理进行试验段铺筑;按照《公路沥青路面施工技术规范》(JTG F40—2004)、《公路水泥混凝土路面施工技术细则》(JTG/T F30—2014)和《标准》的相关规定,能参与组织沥青稳定碎石基层与贫混凝土基层的施工,从而培养学生进行沥青稳定碎石基层与贫混凝土基层施工的职业能力。

本项目包括沥青稳定碎石基层施工与贫混凝土基层施工两个任务。

## 任务1 沥青稳定碎石基层施工

### 案例导入

表 8-1 是山西省太原至佳县高速公路西段特重交通路段的路面结构设计图。该路段路基干湿类型为中湿,未设垫层。上基层采用了密级配 ATB—25 型沥青稳定碎石材料。目前,密级配沥青稳定碎石材料已广泛应用于路面基层中。

表 8-1 路面结构设计图

| 层 位 | 车道类型 干湿类型 | 特 重 交 通 中 湿 |
|---|---|---|
| 面层 | 上面层 | 4 cm 细粒式密级配 AC—13 型 SBS 改性沥青混凝土 |
| | 下面层 | 6 cm 中粒式密级配 AC—20 型 SBS 改性沥青混凝土 |
| 基层 | 上基层 | 12 cm 密级配 ATB—25 型沥青稳定碎石 |
| | 下基层 | 38 cm 水泥稳定碎石 |

续表

| | |
|---|---|
| 底基层（整平层） | 30 cm 水泥稳定砂砾 |
| 总厚度/cm | 90 |

请思考：1. 沥青稳定碎石与沥青混凝土有何区别？在公路工程中的应用有哪些？
2. 沥青稳定碎石在高等级公路中的主要施工方法是什么？
3. 沥青稳定碎石施工如何进行质量控制？

**任务描述**

路面结构中，应用沥青稳定碎石基层可在提高基层结构强度的同时，减薄沥青面层的厚度。沥青稳定碎石基层施工质量的好坏，很大程度上影响着沥青路面结构使用功能的发挥。通过学习本任务，学生应初步具备沥青稳定碎石基层的施工、管理、现场质量控制的能力，能编制沥青稳定碎石基层施工细则，完成施工技术交底工作。同时，养成通过对比分析解决工程问题的职业习惯和勇于开拓创新的职业精神。

## 一、基本概念

沥青稳定碎石混合料指的是由沥青、粗集料、细集料和矿粉组成，按一定配合比设计方法进行材料组成设计的混合料，将其拌和、摊铺碾压成型，在路面结构中作基层使用的称为沥青稳定碎石基层。

按照其设计空隙率和用途不同，沥青稳定碎石混合料可分为：

(1)密级配沥青稳定碎石(ATB)，设计空隙率为3%～6%，用作基层。
(2)半开式沥青稳定碎石(AM)，设计空隙率为6%～12%，可作基层或三、四级公路面层。
(3)开级配沥青稳定碎石(ATPB)，用作排水基层。

开级配沥青稳定碎石 ATPB 因设计空隙率大，物理力学性质和耐久性相对较差，在我国的工程应用尚不多，ATB 是沥青稳定碎石基层的主要形式。

ATB 的配合比设计和施工工艺与沥青混凝土基本相同，在材料物理力学性质上非常相似，但因用作基层，其公称最大粒径比一般的沥青混凝土更大一些，常用的 ATB 类型有 ATB—25、ATB—30 和 ATB—40，分属粗粒式和特粗式沥青混合料。公称最大粒径较大时，施工难度加大，因此应用中以 ATB—25 和 ATB—30 最为常见。

与沥青混凝土相比，其主要功能上的区别有：

(1)因公称最大粒径较大，具有更好的抗剪和抗变形能力，特别适用于高温重载有抗车辙性能要求的路面。
(2)一般使用非改性沥青，且沥青用量稍低，抗拉强度和抗拉疲劳性能较差。
(3)铺筑在半刚性基层材料层上时，对可能出现的反射裂缝的适应和调整能力更好。

密级配沥青碎石属于柔性基层的一种，其物理力学性能要优于级配碎石。其与级配碎石的主要区别有：

(1)材料组成不同，增加了沥青，与沥青面层联结整体性好。
(2)强度构成不同，除嵌挤形成的内摩擦角外还有沥青提供的粘结力，模量较高。
(3)力学性能不同，除具有更好的抗压抗剪能力外，还具有一定抗拉能力。
(4)排水性能不同，因空隙率小，排水效率低于级配碎石。

密级配沥青碎石与半刚性基层相比，则不易产生收缩开裂，同沥青面层一起构成全厚式沥青路面（厚度在20 cm以上），在国外应用非常广泛。

ATB混合料组成设计采用马歇尔试验方法。由于其公称最大粒径更大，为消除试件尺寸效应，对ATB-30和ATB-40需采用大型马歇尔试验。ATB混合料配合比设计后，可不进行动稳定度、低温弯曲、破坏应变、残留稳定度（浸水或冻融）及渗水系数试验。

## 二、应用要求

（1）基层结构应采用集中厂拌、摊铺机摊铺、压路机碾压密实的施工工艺。

（2）密级配沥青稳定碎石基层（以下简称"沥青碎石基层"）结构，混合料公称最大粒径应与层厚相适应，压实厚度宜不小于集料公称最大粒径的3倍，其中，ATB-25适宜压实厚度为8～12 cm，ATB-30适宜压实厚度为9～15 cm。

（3）沥青碎石基层在正式施工前，必须铺筑试验段，对施工工艺进行总结；试验段的质量检查频率应是正常路段的2倍。

（4）沥青碎石基层施工前，应对混合料进行配合比设计。配合比设计分为目标配合比设计、生产配合比设计和生产配合比验证三个阶段。在施工过程中，不得随意变更经设计确定的标准配合比。

（5）沥青碎石基层施工，对同一拌合厂两台拌合机，若使用相同品种的矿料，可使用同一目标配合比，但每台拌合机必须独立进行生产配合比设计。若矿料产地、品种等发生变化，必须重新进行目标配合比及生产配合比设计。

（6）沥青碎石基层与下卧层之间应喷洒透层沥青，并根据需要设置下封层；如沥青碎石基层的下卧层为级配碎石时，应设置透层，施工间隔时间应尽量缩短。

（7）沥青碎石基层应在不低于10 ℃的气温下进行施工，同时，严禁在雨天、路面潮湿的情况下施工。施工期间，应注意天气变化，已摊铺的沥青碎石基层因遇雨未进行压实的，应予以铲除。雨天过后，等下卧层完全干燥后，方可进行沥青碎石基层的施工。

## 三、施工工艺流程

沥青稳定碎石基层施工工艺流程图如图8-1所示。

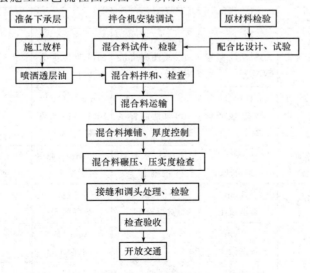

**图8-1　沥青稳定碎石基层施工工艺流程图**

### 四、施工要点、质量控制与交工验收

沥青稳定碎石基层的施工要点、质量控制以及交工验收的内容与要求参考沥青混凝土面层施工,详见本书教学单元三。

# 任务 2　贫混凝土基层施工

## ❖ 案例导入

表 8-2 是山西省太原至佳县高速公路西段隧道路面结构图。无论特重交通路段,还是重交通路段都采用了复合式路面,即"沥青混凝土面层+水泥混凝土面层"的结构,基层均采用了贫混凝土基层。目前,贫混凝土基层已广泛应用于水泥混凝土路面重、特重和极重交通路面结构,尤其是隧道复合式路面的基层中。

表 8-2　某隧道路面结构图

| 车道类型 | | 特重交通 | | 重交通 | | 人行横洞 | 车行横洞 |
|---|---|---|---|---|---|---|---|
| 类型 | 层位 | 有仰拱 | 无仰拱 | 有仰拱 | 无仰拱 | | |
| 面层 | 上面层 | 4 cmAC-13 SBS改性沥青混凝土 | 4 cmAC-13 SBS改性沥青混凝土 | 4 cmAC-13 SBS改性沥青混凝土 | 4 cmAC-13 SBS改性沥青混凝土 | | |
| | 下面层 | 6 cmAC-20 SBS改性沥青混凝土 | 6 cmAC-20 SBS改性沥青混凝土 | 6 cmAC-20 SBS改性沥青混凝土 | 6 cmAC-20 SBS改性沥青混凝土 | | |
| 面板 | | 28 cm水泥混凝土 | 28 cm水泥混凝土 | 26 cm水泥混凝土 | 26 cm水泥混凝土 | 18 cm水泥混凝土 | 18 cm水泥混凝土 |
| 基层 | | 15 cm贫混凝土 | 15 cm贫混凝土 | 15 cm贫混凝土 | 15 cm贫混凝土 | | 10 cm贫混凝土 |
| 整平层 | | — | 10 cm贫混凝土 | — | 10 cm贫混凝土 | | |
| 总厚度/cm | | 53 | 63 | 51 | 61 | 18 | 28 |

请思考：1. 什么是贫混凝土？在公路工程中的应用有哪些？
2. 贫混凝土基层在高等级公路中的主要施工方法是什么？
3. 贫混凝土基层配合比设计时根据什么确定水泥剂量？掺入少量粉煤灰的作用是什么？

### 任务描述

水泥用量较低的水泥混凝土称为贫混凝土，用贫混凝土做基层可以大大提高基层的刚度，满足重载交通的需要。通过学习本任务，并结合教学单元四水泥混凝土路面施工的学习，学生应初步具备贫混凝土基层的施工管理、现场质量控制的能力，能编制贫混凝土基层施工细则，完成施工技术交底工作。同时，养成通过对比分析解决工程问题的职业习惯，体会道路科技工作者勇于开拓创新的职业精神。

水泥混凝土基层又称为刚性基层。在重载交通、运输煤、矿石、建筑材料等的公路上，沥青路面结构选用贫混凝土做基层比较实用。在交通繁重的公路上，水泥混凝土路面结构应优先选用贫混凝土、碾压混凝土（采用振动碾压成型的水泥混凝土 RCC）做基层。

贫混凝土是由粗、细集料与一定的水泥和水配制而成的一种混凝土材料，由于水泥用量少，故称为贫混凝土。贫混凝土具有较高的强度和刚度，水稳性好，抗冲刷能力强。

由于贫混凝土采用的结合料是水泥，其材料组成类型与水泥稳定（二灰）碎石相比，没有质的变化，只是水泥用量有所增加，从水稳碎石的3%～6%增加到8%～12%。可以看作处于水泥稳定（二灰）碎石和水泥混凝土（水泥剂量为12%～15%）之间的一种材料，其性质也处于这两者之间。其力学特性中最重要的就是其收缩特性，且因为其水泥用量介于水稳碎石和水泥混凝土之间，其开裂趋势也处于两者之间。

贫混凝土由于胶结料含量少，空隙率一般较大，有利于界面水的排放。贫混凝土能缓和土基的不均匀变形，可消除对路面的不利影响。另外，贫混凝土还可以利用地方小泥窑生产的水泥，也可使用低标准的当地集料。

贫混凝土的强度大大高于二灰稳定粒料、水泥稳定碎石等半刚性基层材料。其主要适用于重交通、特重交通及运煤、矿石、建筑材料等公路工程。

贫混凝土基层材料配合比设计应根据 28 d 龄期的抗弯拉强度试验确定水泥剂量，一般宜为 8%～12%。贫混凝土的强度应符合表 8-3 的要求，施工质量管理与控制宜用 7 d 龄期的抗压强度评价。

表 8-3 贫混凝土基层材料的强度要求

| 试验项目 | 技术要求 | |
| --- | --- | --- |
| | 特重交通、重交通 | 中等交通 |
| 28 d 龄期抗弯拉强度/MPa | 2.5～3.5 | 2.0～3.0 |
| 28 d 龄期抗压强度/MPa | 12～20 | 9～16 |
| 7 d 龄期抗压强度/MPa | 9～15 | 7～12 |

贫混凝土基层集料的最大粒径一般不应超过 31.5 mm。

贫混凝土基层中可掺入水泥质量 20%～40%的粉煤灰，以降低收缩裂缝、提高后期强度，利于环境保护和降低造价。掺入粉煤灰的贫混凝土基层，28 d 龄期的抗弯拉强度要求与表 8-3 相同。但是由于掺加粉煤灰贫混凝土基层的强度增长较慢，施工质量检验采用 14 d 的抗压强度进行评价，14 d 的抗压强度合格值应符合表 8-3 中 28 d 抗压强度的 85%。

贫混凝土基层应设置纵、横缝，并灌入填缝料，必要时在缝顶一定宽度范围内粘贴土工织物、玻纤格栅灯材料局部加强，其上应设置热沥青或改性乳化沥青、改性沥青粘结层等。

贫混凝土基层属于刚性基层，在原材料选择、配合比设计和施工技术要求等方面，均与半刚性基层差异较大，而更接近于水泥混凝土，原则上可沿用水泥混凝土现有的原材料选择、配合比设计和施工设备、铺筑技术及所有的试验检测方法和手段。具体方法参见本书教学单元四的内容。

贫混凝土基层施工

## 拓展学习

### 其他类型基层

(1)水泥乳化沥青综合稳定碎石基层。在水泥稳定碎石变形释放的过程中，材料的刚度越大，则在板体内产生的内部拉应力越大，材料越容易拉裂。因此，减少收缩裂缝的另一个途径就是降低其刚度。在水泥稳定碎石中加入少量的乳化沥青进行综合稳定就是种降低刚度的技术途径。

乳化沥青的加入，使水泥稳定碎石的性质发生了如下改变：

(1)慢裂型乳化沥青缓慢破乳，释放的水分供水泥发生水化反应，延缓了干缩过程，减小了收缩应力。

(2)材料内部的结合方式发生了变化，从依赖水化产物的胶凝作用，到胶凝与沥青粘结共同作用，沥青一定程度上干扰了水化和胶凝作用的充分发挥，降低了材料刚度。

(3)水泥结合料用量虽有降低，但仍提供了早期强度，因沥青结合料具有蠕变松弛特性，由于水泥、沥青的综合作用，物理力学性能下降不多。

在半刚性基层材料中掺入沥青类结合料，使其刚度处于半刚性基层和柔性基层之间，希望其同时具有半刚性基层和柔性基层的优点，有研究者将其称为"半柔性基层材料"。但因易与"半刚性材料"概念相混淆，未被广泛接受。这种基层材料在应用中最大的缺点是其经济性较差。

(2)再生材料基层。路面再生材料包括水泥混凝土旧板破碎利用及就地原位碎石化利用，沥青路面厂拌热再生利用和沥青路面厂拌及就地冷再生利用。

水泥混凝土旧板破碎利用就是通过轧石设备将旧板加工或碎石化后再利用。就地原位碎石化就是通过多锤头设备或共振设备将旧混凝土板破碎原位再利用。

沥青路面厂拌热再生就是将铣刨旧料运至拌合厂，经破碎筛分，然后以一定比例与新集料、新沥青、再生剂拌和形成热拌沥青混合料。

路面大修改造时，需对病害严重的旧沥青路面进行处治，其中一种技术手段就是冷再生技术。就地冷再生技术是指常温下将旧沥青路面以及部分基层材料经过现场破碎加工后，根据级配需要添加一定量的新集料，同时加入一定剂量的稳定剂和适量的水，在自然环境温度下连续完成材料的铣刨、破碎、添加、拌和、摊铺及压实成型路面基层。厂拌冷再生就是运送至拌合厂加工形成的混合料经运输、摊铺、碾压形成的路面基层。

冷再生过程中最为常用的稳定剂主要为水泥乳化沥青（或泡沫沥青）。这种材料与水泥乳化沥青综合稳定碎石基层在材料组成和物理力学性能上具有一定相似性。

泡沫沥青使用我国公路工程常用普通沥青（如 70 号、90 号），热沥青罐车与再生机相连，沥青通过泵输送至特殊的喷嘴,并在此发泡后喷射入铣刨和拌和合,与旧沥青路面材料及新添加的材料拌和、摊铺和压实后形成再生基层。

 **学习检测**

1. 沥青稳定碎石混合料与沥青混凝土混合料有何异同?
2. 沥青稳定碎石混合料用于公路基层有何优势?
3. 沥青稳定碎石混合料用于路面基层常用的公称最大粒径是多少?
4. 绘制沥青稳定碎石基层施工工艺流程图。
5. 什么是贫混凝土?有何特点?
6. 贫混凝土用于路面基层有何优势?路面基层在什么情况下用贫混凝土比较实用?
7. 贫混凝土基层材料配合比设计是根据什么指标确定水泥剂量的?水泥剂量一般为多少?
8. 贫混凝土基层中掺入一定量的粉煤灰有何好处?

 **能力提升**

一、单项选择题

1. 下列选项中,不属于嵌锁型粒料基层的是( )。
   A. 填隙碎石基层　　　　　　　　B. 泥结碎石基层
   C. 级配碎石基层　　　　　　　　D. 泥灰结碎石基层
2. 下列选项中,适用于各级公路基层和底基层的材料是( )。
   A. 泥结碎石　　　　　　　　　　B. 级配碎石
   C. 泥灰结碎石　　　　　　　　　D. 填隙碎石
3. 不能用于二级和二级以上公路高级路面基层的是( )。
   A. 水泥稳定细粒土　　　　　　　B. 水泥稳定煤矸石
   C. 水泥稳定砂砾　　　　　　　　D. 水泥稳定碎石土
4. 二级公路无机结合料稳定碎石基层施工中,其拌和工艺和摊铺工艺推荐采用( )。
   A. 集中厂拌和摊铺机摊铺　　　　B. 人工路拌和摊铺机摊铺
   C. 人工路拌和推土机摊铺　　　　D. 集中厂拌和推土机摊铺
5. 无机结合料稳定材料组成设计流程正确的是( )。
   A. 施工参数确定→生产配合比设计→目标配合比设计→原材料检验
   B. 施工参数确定→目标配合比设计→生产配合比设计→原材料检验
   C. 原材料检验→生产配合比设计→目标配合比设计→施工参数确定
   D. 原材料检验→目标配合比设计→生产配合比设计→施工参数确定
6. 无机结合料稳定土基层摊铺完成后,紧跟摊铺机及时碾压的设备宜选用( )。
   A. 重型振动压路机　　　　　　　B. 三轮压路机
   C. 轻型两轮压路机　　　　　　　D. 轮胎压路机
7. 下列措施中,可防止水泥稳定土基层裂缝的是( )。
   A. 采用塑性指数较高的土　　　　B. 养生结束后应及时铺筑下封层
   C. 采用快凝水泥　　　　　　　　D. 采用较高的水泥用量

8. 下列水泥稳定料粒基层质量检验的实测项目中，属于关键项目的是(　　)。
   A. 平整度　　　　　B. 压实度　　　　　C. 纵断高程　　　　　D. 横坡
9. 关于石灰稳定土基层施工备料，下列叙述正确的是(　　)。
   A. 当生石灰堆放时间较长时，应露天堆放，不得覆盖
   B. 消石灰应保持一定湿度，但不可过湿成团
   C. 生石灰应在加水消解后马上使用，不得隔夜使用
   D. 消石灰无须过筛即可使用
10. 稳定土拌合设备按生产能力分为小型、中型、大型和特大型四种，大型稳定土拌合设备的生产能力是(　　)。
    A. 200～300 t/h　　　　　　　　　　B. 200～400 t/h
    C. 400～500 t/h　　　　　　　　　　D. 400～600 t/h
11. 采用圆柱体试件测试水泥稳定碎石(最大粒径 31.5 mm)的无侧限抗压强度，制备式件的尺寸应是(　　)。
    A. 直径 100 mm，高：直径＝1：1　　　B. 直径 100 mm，高：直径＝1.5：1
    C. 直径 150 mm，高：直径＝1：1　　　D. 直径 150 mm，高：直径＝1.5：1
12. 无侧限抗压强度试验中，适用于无机结合料稳定土(最大粒径不超过 25 mm)的试模尺寸是(　　)。
    A. 试模的直径×高＝50 mm×50 mm　　B. 试模的直径×高＝100 mm×100 mm
    C. 试模的直径×高＝150 mm×150 mm　D. 试模的直径×高＝250 mm×250 mm
13. 无机结合料对生石灰和消石灰的技术要求中，共同的技术指标名称是(　　)。
    A. 未消化残渣含量　　　　　　　　　B. 氧化镁含量
    C. 含水率　　　　　　　　　　　　　D. 细度

二、多项选择题
1. 无机结合料稳定材料组成设计所确定的施工参数包括(　　)。
   A. 结合料的剂量　B. 最佳含水率　C. 合理含水率　D. 最大松铺厚度
   E. 最大干密度
2. 可能造成水泥稳定碎石基层产生裂缝的原因有(　　)。
   A. 在保证强度的情况下，尽量降低水泥稳定碎石混合料的水泥用量
   B. 碾压时混合料含水率偏大，不均匀　　C. 混合料碾压成型后及时洒水养生
   D. 增加碎石级配中细粉料的含量　　　　E. 混合料碾压成型后马上铺筑封层
3. 能有效防治水泥稳定土基层裂缝的措施有(　　)。
   A. 采用塑性指数较高的土
   B. 控制压实含水量，根据土的性质采用最佳含水率
   C. 在保证水泥稳定土强度的前提下，尽可能增加水泥用量
   D. 一次成型，尽可能使用快凝水泥
   E. 加强对水泥稳定土的养护，避免水分挥发过大
4. 为防止水泥稳定碎石基层裂缝病害，可采取的预防措施有(　　)。
   A. 在保证强度的情况下，适当增加水泥稳定碎石混合料的水泥用量
   B. 碎石级配应接近要求级配范围的中值
   C. 严格控制集料中黏土含量
   D. 养护结束后应及时铺筑下封层
   E. 宜在气温较低的季节组织施工

5. 石灰稳定碎石底基层的石灰质量控制应检验石灰的( )含量。
A. 有效钙　　　B. 二氧化硅　　　C. 氧化镁　　　D. 氧化铝
E. 氧化铁
6. 对石灰稳定土底基层裂缝病害防治有利的做法有( )。
A. 石灰土成型后及时洒水养生
B. 控制压实含水率在最佳含水率±1%范围之内
C. 在土中掺入适量的砂性土，降低土的塑性指数
D. 安排在温差较大的冬季进行施工
E. 加强石灰剂量控制，保证拌合均匀
7. 石灰稳定碎石基层质量检验应实测( )。
A. 横坡度　　　　　　　　　B. 平整度
C. 渗水系数　　　　　　　　D. 厚度
E. 中线平面偏位

### 三、案例分析题

（一）**背景材料**：某施工单位承接了一段长30 km的沥青混凝土路面施工，其中基层采用厂拌二灰稳定碎石，施工前选择了相应的施工机械并经计算确定了机械台数，施工工艺如下图所示。

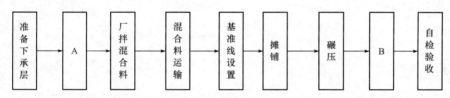

其中部分路段采用两幅施工，纵缝采用斜缝连接；同日施工的两个工作段接缝处，要求前一段拌和整修后，留5～8 m不进行碾压，作为后一段摊铺部分的高程基准面，后段摊铺完成后立即碾压以消除缝迹。

二灰基层施工完毕后，且在面层施工前，检测了以下项目：弯沉、回弹模量、压实度、平整度、纵断高程、宽度。

**问题**：1. 二灰基层施工准备中，计算机械台数需要考虑哪些因素？
2. 补充方框A、B内的工序。
3. 改正接缝处理中错误的做法。
4. 指出二灰基层质量检测评定实测项目中的错项，并补充漏项。

（二）**背景材料**：某施工单位承接了一条二级公路的施工，路线全长30.85 km，路基宽度为8.5 m，路面宽度为2×3.5 m。该工程内容包括路基、桥梁及路面工程等。为减少桥头不均匀沉降，导致桥头跳车，桥台与路堤交接处采取的主要施工内容包括：地基清表、挖台阶、台背分层填筑、铺设土工格栅、设置桥头搭板、路面铺筑等。路面结构层为：SMA-13上面层+AC-16中面层+AC-20下面层+水泥稳定碎石基层+水泥稳定碎石底基层。

该项目实施过程中产生了以下事件：

事件一：针对基层与底基层的施工，施工单位在施工组织设计中做了详细要求，现摘录4条技术要点如下：

1. 应在下承层施工质量检测合格后，开始摊铺上层结构层，采用两层连续摊铺时，下层质量出了问题时，上层应同时处理。
2. 分层摊铺时，应先将下承层顶面拉毛或采用凸块压路机碾压，再摊铺上层混合料。
3. 对无法使用机械摊铺的超宽路段，应采用人工同步摊铺、修整，并同时碾压成型。

4. 气候炎热，干燥时碾压稳定中、粗混合料，含水率比最佳含水率降低 0.5~1.5 个百分点。

事件二：施工单位对 K5+500~K5+800 路段的基层完成碾压并经压实度检查合格后，及时实施养护，但因养护条件欠佳，导致基层出现了裂缝。经过弯沉检测，该段基层的承载力满足设计要求。施工单位对裂缝采取了相应的技术措施处理后，继续铺筑上面的沥青混凝土面层。

**问题：**

1. 对事件一中的 4 条技术要点逐条判断对错，并改正错误之处。
2. 写出两条可对事件二中裂缝修复的技术措施。

# 教学单元三　沥青面层施工

• **单元简介**

　　沥青面层的施工方法可分为层铺法、路拌法和厂拌法。层铺法是采用分层洒布沥青、分层撒布矿料和碾压的方法修筑路面，主要用于沥青表面处治和沥青贯入式；路拌法是指用人工或机械将矿料和沥青材料就地拌和、摊铺、碾压密实后形成沥青结构层的施工方法，因其矿料为冷料，沥青黏稠度低，故混合料强度低，目前使用很少；厂拌法是集中设置拌合站，采用专门设备，将具有规定级配的矿料和沥青加热拌和，然后将混合料运至工地摊铺、碾压成型的施工方法。目前，热拌热铺沥青混合料是沥青路面常用的铺筑方法。

　　本教学单元分 2 个项目，分别是沥青混凝土面层施工、其他沥青面层施工。

# 项目九 沥青混凝土面层施工

 **项目描述**

沥青混凝土面层是指按级配原理选配的矿料与适量的沥青在严格控制条件下均匀拌和，经摊铺压实而成型的沥青面层。沥青混凝土由于本身的结构强度高，若基层坚实，路面结构合理，可以承受繁重交通；又因其空隙率小，受水和空气等的侵蚀作用小，故耐久性好，使用寿命长，适用于各级公路。通过学习本项目，学生应在领会设计意图、明确工程内容、掌握工程特点的基础上，掌握沥青混凝土材料的适用范围；通过正确选择合适的原材料及混合料配合比设计，能合理进行试验段铺筑；按照《公路沥青路面施工技术规范》（JTG F40—2004）和《标准》的相关规定，组织沥青混凝土面层的施工，从而培养学生进行沥青混凝土面层施工的职业能力。

本项目包括识读沥青路面结构图、沥青混凝土面层施工、沥青混凝土面层质量评定与工程计量、编制沥青混凝土面层施工方案四个任务。

 **项目载体**

表9-1是山西省太原至佳县高速公路西段重交通路段的一种路面结构设计图。该路段面层均采用了沥青混凝土材料，为提高路面的使用性能，上面层和中面层采用了SBS改性沥青混凝土。目前，在山西省乃至全国范围内，高等级公路面层大多采用的是沥青混凝土，而且低等级公路也不断用沥青混凝土面层代替了其他类型面层，只是厚度较薄。

**表9-1　路面结构设计图**

| 层 位 | 车道类型<br>干湿类型 | 重 交 通<br>中 湿 |
|---|---|---|
| 面层 | 上面层 | 4 cm 细粒式密级配 AC—13 型 SBS 改性沥青混凝土 |
| | 中面层 | 6 cm 中粒式密级配 AC—20 型 SBS 改性沥青混凝土 |
| | 下面层 | 6 cm 中粒式密级配 AC—20 型沥青混凝土 |
| 基层 | 上基层 | 34 cm 水泥稳定碎石 |
| | 下基层 | |
| 底基层（整平层） | | 20 cm 水泥稳定砂砾 |
| 总厚度/cm | | 70 |

请思考：1. 沥青混凝土面层的基本要求有哪些？
2. 沥青混凝土面层对原材料及混合料的要求有哪些？
3. 沥青混凝土面层如何施工？如何进行质量控制？
4. 沥青混凝土面层如何进行质量评定与工程计量？

# 任务1　识读沥青路面结构图

### 任务描述

沥青路面是用沥青材料做结合料粘结矿料修筑面层与各类基层和垫层组成的路面结构，是我国高等级公路的主要路面形式。施工单位在接到路面施工图设计文件后，应组织有关技术人员对施工图设计文件进行复核，充分领会设计意图。通过学习本任务，学生应具备识读沥青路面结构图的工作能力，能完成复核沥青路面施工图表与路面工程量的工作，并正确填写图纸复核表。同时，养成通过工程图纸获取工程信息，并能科学分析的职业习惯。

## 一、公路沥青路面结构图的基本组成

公路沥青路面结构图的基本组成有以下内容。

**1. 路面结构图（横断面图）**

包括各组成部分的尺寸标注（主要是宽度）和各结构层的名称、厚度。

**2. 设计参数**

以列表的形式表示，说明设计参数的名称和取值。

**3. 路缘石大样图**

图中显示路缘石横断面尺寸、埋深及材料类型等。

**4. 路面排水结构图**

图中显示路面内部排水结构横断面尺寸、埋深及材料类型等。

**5. 路面工程数量表**

按路段长度计算路面各结构层的工程数量。路面工程数量表在设计图纸上可不显示。

**6. 附注（设计说明）**

逐条说明图中尺寸单位及比例（尺）、对原材料及混合材料的技术要求、施工注意事项等内容。

**7. 图纸下框内容**

由设计单位名称，工程名称，图纸名称，设计（者）、复核（者）、审核（者）签字栏，比例（图纸比例大小），图号（图纸编号）、日期等组成。

## 二、识读沥青路面结构设计图

图 9-1、图 9-2 是山西省太佳高速公路沥青路面结构设计图。由于该高速公路沿线结构设计类型较多，因此，设计参数未一一列出。

从图 9-1 得知，该公路自然区划属于 $III_1$ 区，为山西山地、盆地中冻区。

该图适用于佳县～太原方向，属于特重交通荷载等级。

代号Ⅰ-1的结构图适用于路堤以及土方路堑段。路基土为粉性土,路基干湿类型为中湿,因此不需要设垫层。面层为 4 cm 细粒式 SBS 改性沥青混凝土与 6 cm 中粒式 SBS 改性沥青混凝土。12 cm 密级配沥青稳定碎石(ATB-25)可称为下面层或上基层。再往下为 38 cm 水泥稳定级配碎石基层,30 cm 水泥稳定砂砾底基层。路面结构总厚度为 90 cm。为防止雨水下渗,半刚性基层顶面设置下封层。

岩石路段有两种结构。代号Ⅰ-2的结构图适用于隧道进出口路基段;代号Ⅰ-3的结构图适用于挖石路基段。代号Ⅰ-2的结构图中,面层的上面为 4 cm 细粒式 SBS 改性沥青混凝土与 6 cm 中粒式 SBS 改性沥青混凝土,下面为 28 cm 的水泥混凝土面板,两种力学特性完全不同的材料形成了复合式路面。上面的沥青混凝土层可以有效地改善水泥混凝土面层接缝引起的行车不舒适以及噪声大的缺点。基层为 15 cm 的贫混凝土,下设 10 cm 整平层。路面结构总厚度为 63 cm。这种路面组合可以有效减薄路面结构层厚度,减少隧道土石方的开挖量。代号Ⅰ-3的结构图与代号Ⅰ-1的结构图相比,将 30 cm 水泥稳定砂砾底基层换成了 15 cm 水泥稳定级配碎石整平层。路面结构总厚度为 75 cm。

从中央分隔带边缘构造图可知,该中央分隔带属于封闭式,即表面被水泥混凝土进行了封面。左侧路缘带位置路面结构同行车道处。中央分隔带自上而下为 6 cm 厚的 C20 水泥混凝土、16 cm 厚的石灰土(配合比为 6:100,即石灰剂量为 6%),共 22 cm 厚,与沥青层厚度相当。以下的结构层同行车道位置。中央分隔带边缘设路缘石,宽度为 20 cm,高度为 22 cm,由 C20 水泥混凝土预制块砌筑而成。中央分隔带开口处路面结构同行车道处。

从路堤路面边部构造图可知,硬路肩与行车道结构完全相同。土路肩部位基层顶面比面层宽出 10 cm,基层顶面比底基层宽出 15 cm。为排除渗入路面结构内的水分,土路肩部位从上往下 30 cm 厚度以下为填土,以上为级配砂砾。土路肩边部设 12 cm 厚的路边石。4 cm 厚的表面层延伸到土路肩 50 cm 宽。级配砂砾与路面结构层及填土之间设防渗土工布,防止进入级配砂砾中的水分下渗到填土中,破坏路基边坡,保证水分通过级配砂砾结构层横向排出。

与路堤路面边部构造图相比,路堑路面边部构造图在边部设有矩形边沟,砌筑厚度为 30 cm。该砌筑厚度占土路肩宽度的 30 cm,土路肩剩余宽度 45 cm 范围内与路堤路面边部构造图相同。渗入级配砂砾中的水分通过埋入边沟中的排水管排到边沟中。

从图 9-2 得知,该图适用于太原~佳县方向,属于重交通荷载等级。

代号Ⅱ-1的结构图适用于路堤以及土方路堑段。路基土为粉性土,路基干湿类型为中湿,因此不需要设垫层。上面层为 4 cm 细粒式 SBS 改性沥青混凝土,中面层为 6 cm 中粒式 SBS 改性沥青混凝土,下面层为 6 cm 中粒式沥青混凝土。基层为 34 cm 水泥稳定级配碎石,底基层为 20 cm 水泥稳定砂砾。路面结构总厚度为 70 cm。

岩石路段代号Ⅱ-2的结构图适用于隧道进出口路基段;代号Ⅱ-3的结构图适用于挖石路基段。代号Ⅱ-2的结构图中,除下面层为 26 cm 的水泥混凝土面板外,其余和图 9-1 中代号Ⅰ-2的结构相同。路面结构总厚度为 61 cm。代号Ⅱ-3的结构图与代号Ⅱ-1的结构图相比,将 20 cm 水泥稳定砂砾底基层换成了 15 cm 水泥稳定级配碎石整平层。路面结构总厚度为 65 cm。

中央分隔带边缘构造图、路堤路面边部构造图、路堑路面边部构造图均与图 9-1 相同。

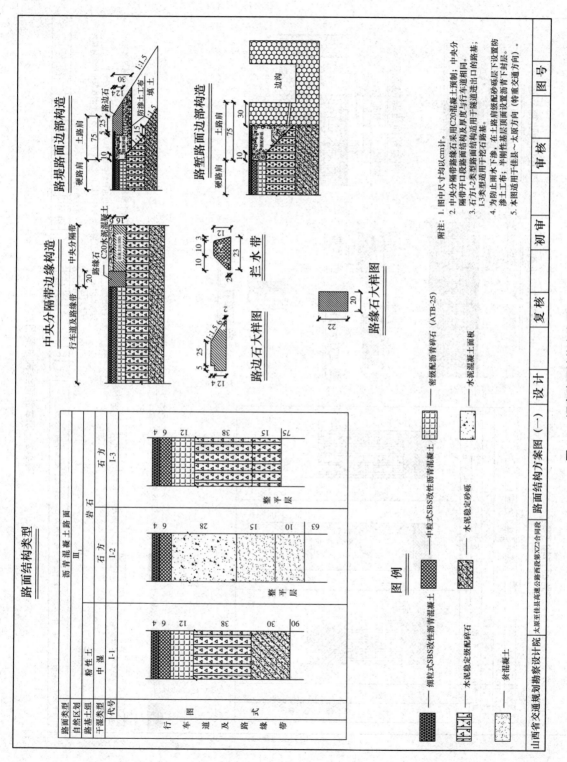

图 9-1 沥青路面结构方案图1

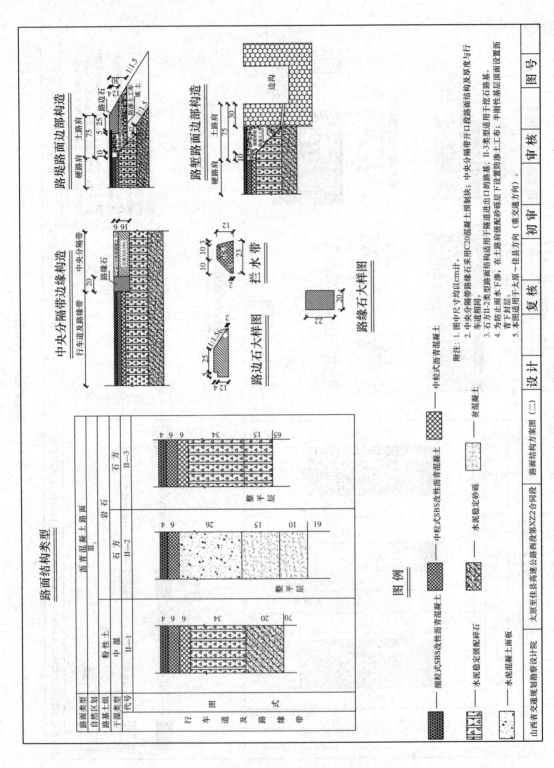

图 9-2 沥青路面结构方案图2

## 拓展训练

阅读某二级公路沥青路面结构设计图(图 9-3),完成以下题目。

**1. 路面结构图**

本设计公路等级为_____级,路基宽_____m,路面宽_____m,硬路肩宽_____m,土路肩宽_____m。行车道与硬路肩路拱横坡度为_____%,土路肩横坡度为_____%。

路面结构图中面层分_____层,分别是_____、_____。面层间要喷洒_____。面层下设计有_____cm 的_____,其作用是_____。

路面结构图中基层为_____cm 厚的_____,配合比为_____,指的是_____比。其抗压回弹模量比面层材料_____(大或小),由此判断半刚性基层沥青路面结构中_____层是主要承重结构层。底基层为_____cm_____,是_____的简称。配合比为_____。底基层厚度远远大于基层厚度,这样做的好处是_____。设计文件中要求的基层、底基层 7 d 无侧限抗压强度应不小于_____MPa、_____MPa。

**2. 路缘石大样图**

路面结构图中的路缘石有两种,分别是_____缘石和_____缘石。这样设计主要是针对路面表面排水方式的。_____缘石尺寸为_____,适用于_____路段;_____缘石尺寸为_____,适用于_____路段。高路缘石靠近行车道一侧做成_____形状,半径为_____cm。路缘石为混凝土预制块,强度等级为_____。施工时,路缘石下面铺_____cm 厚的砂浆调平层,要求_____设置,以给路面边部下渗水留出通道。

**3. 设计参数**

本设计路段桩号为_____,自然区划是_____,自然区划名称是_____。

(1)交通条件。沥青路面标准轴载指的是_____轮组_____轴_____。车道系数指的是_____,本设计取值为_____。路面设计年限为_____年。根据设计使用年限内设计车道累计大型客车和货车交通量大小,将交通荷载等级划分为_____种,分别是_____。不同交通荷载等级的路面结构厚度不同。该路面属于_____交通荷载等级。

(2)路基强度指标。路基强度指标包括表征路基承载能力的_____和_____,还有表征路基土抗剪切能力的_____和_____。其中路面结构设计用的是_____,符号为_____。本设计中,路基土为_____土,路基干湿类型为_____,确定的路基强度指标为_____MPa。

(3)参照表 1-31、表 1-32,选定路面各结构层模量值,并填入设计参数表中。

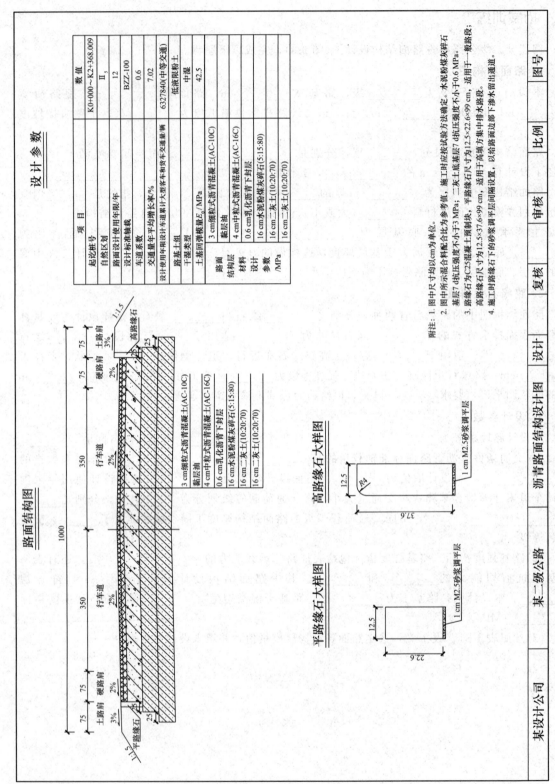

图9-3 某二级公路沥青路面结构设计

# 任务 2　沥青混凝土面层施工

## 任务描述

沥青面层直接承受行车荷载与自然条件的作用,其施工质量的好坏直接影响道路的使用性能。通过学习本任务,学生应具备沥青混凝土面层的施工管理、现场质量控制及记录的能力,能编制沥青混凝土面层施工细则,完成施工技术交底工作。同时,养成善于总结分析、乐于探索新技术的职业习惯。

## 一、一般规定

高等级公路沥青面层施工应符合下列规定:

(1)混合料公称最大粒径应与层厚相适应,满足现行《公路沥青路面设计规范》(JTG D50—2017)的要求。

(2)热拌沥青混合料面层施工前,应对混合料进行配合比设计。在施工过程中,不得随意变更经设计确定的标准配合比。

(3)对同一拌合厂两台拌合机,若使用相同品种的矿料和沥青,可使用同一目标配合比,但每台拌合机必须独立进行生产配合比设计。当矿料和沥青产地、品种等发生变化时,必须重新进行设计。

(4)热拌沥青混合料面层施工,应采用集中厂拌混合料、摊铺机摊铺、压路机碾压的施工工艺。

(5)在正式施工前,必须铺筑试验段,对施工工艺进行总结;试验段的质量检查频率应是正常路段的两倍。

(6)各层沥青混合料应满足所在层位的功能性要求,以便于施工,减少离析。

(7)各沥青层层间宜设黏层,施工间隔应尽量缩短,做到连续施工并粘结成整体。

(8)高速、一级公路沥青面层应在不低于10 ℃(其他等级不低于5 ℃)的气温下进行施工,同时严禁雨天、路面潮湿的情况下施工。施工期间,应注意天气变化,已摊铺的沥青层因遇雨未进行压实的应予以铲除。雨天过后,待下卧层完全干燥后,方可进行沥青面层的施工。

## 二、施工工艺流程

热拌沥青混合料面层的施工工艺流程图如图9-4所示。

## 三、施工要点

### (一)施工准备

**1. 准备下承层**

铺筑沥青面层前,应检查基层或下卧沥青层的质量,不符合要求的不得铺筑沥青面层。下卧层已被污染时,必须清洗或经铣刨处理后,方可铺筑沥青混合料。

**2. 施工放样**

提前恢复中线,中面层桥头处和下面层摊铺前,中分带、路肩外侧直线段宜每10 m设一个边桩,平曲线段宜每5 m设一个边桩;中、上面层在中分带、路肩外边缘处应设置指示标志;应明显标记出施工桩号,用白灰画出各结构层的边缘线。

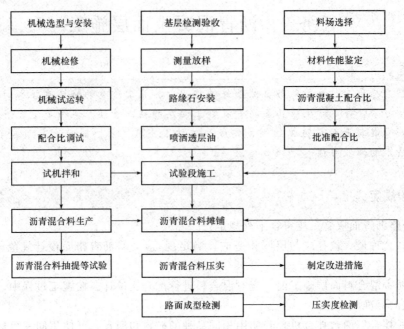

图 9-4 沥青混凝土面层施工工艺流程

### 3. 施工温度的确定

石油沥青加工及沥青混合料施工温度应根据沥青标号及黏度、气候条件、铺装层的厚度确定。

(1)普通沥青混合料的施工温度宜通过在 135 ℃及 175 ℃条件下测定的黏度—温度曲线确定。缺乏黏温曲线数据时，可参照表 9-2 的范围选择，并根据实际情况确定使用高值或低值。当表中温度不符合实际情况时，容许作适当调整。

(2)聚合物改性沥青混合料的施工温度根据实践经验并参照表 9-3 选择。通常宜较普通沥青混合料的施工温度提高 10 ℃～20 ℃。对采用冷态胶乳直接喷入法制作的改性沥青混合料，集料烘干温度应进一步提高。

表 9-2 热拌沥青混合料的施工温度　　　　　　　　　　　　℃

| 施工工序 | | 石油沥青的标号 | | | |
|---|---|---|---|---|---|
| | | 50 号 | 70 号 | 90 号 | 110 号 |
| 沥青加热温度 | | 160～170 | 155～165 | 150～160 | 145～155 |
| 矿料加热温度 | 间歇式拌合机 | 集料加热温度比沥青温度高 10～30 | | | |
| | 连续式拌合机 | 矿料加热温度比沥青温度高 5～10 | | | |
| 沥青混合料出料温度 | | 150～170 | 145～165 | 140～160 | 135～155 |
| 混合料贮料仓储存温度 | | 贮料过程中温度降低不超过 10 | | | |
| 混合料废弃温度高于 | | 200 | 195 | 190 | 185 |
| 运输到现场温度不低于 | | 150 | 145 | 140 | 135 |
| 混合料摊铺温度不低于 | 正常施工 | 140 | 135 | 130 | 125 |
| | 低温施工 | 160 | 150 | 140 | 135 |
| 开始碾压的混合料内部温度，不低于 | 正常施工 | 135 | 130 | 125 | 120 |
| | 低温施工 | 150 | 145 | 135 | 130 |

续表

| 施工工序 | | 石油沥青的标号 | | | |
|---|---|---|---|---|---|
| | | 50 号 | 70 号 | 90 号 | 110 号 |
| 碾压终了的表面温度不低于 | 钢轮压路机 | 80 | 70 | 65 | 60 |
| | 轮胎压路机 | 85 | 80 | 75 | 70 |
| | 振动压路机 | 75 | 70 | 60 | 55 |
| 开放交通的路表温度不高于 | | 50 | 50 | 50 | 45 |

注：①沥青混合料的施工温度采用具有金属探测针的插入式数显温度计测量。表面温度可采用表面接触式温度计测定。当采用红外线温度计测量表面温度时，应进行标定。
②表中未列入的 130 号、160 号及 30 号沥青的施工温度由试验确定。

表 9-3　聚合物改性沥青混合料的正常施工温度范围　　　　　　　　　　　　℃

| 工序 | 聚合物改性沥青品种 | | |
|---|---|---|---|
| | SBS 类 | SBR 胶乳类 | EVA、PE 类 |
| 沥青加热温度 | 160～165 | | |
| 改性沥青现场制作温度 | 165～170 | — | 165～170 |
| 成品改性沥青加热温度，不大于 | 175 | | 175 |
| 集料加热温度 | 190～220 | 200～210 | 185～195 |
| 改性沥青 SMA 混合料出厂温度 | 170～185 | 160～180 | 165～180 |
| 混合料最高温度（废弃温度） | 195 | | |
| 混合料储存温度 | 拌和出料后降低不超过 10 | | |
| 摊铺温度不低于 | 160 | | |
| 初压开始温度不低于 | 150 | | |
| 碾压终了的表面温度不低于 | 90 | | |
| 开放交通时的路表温度不高于 | 50 | | |

注：当采用表列以外的聚合物或天然沥青改性沥青时，施工温度由试验确定。

**4. 原材料准备**

(1)沥青。沥青路面使用的沥青包括道路石油沥青、乳化沥青、液体石油沥青、煤沥青、改性沥青、改性乳化沥青等。其技术要求及适用范围应符合现行的《公路沥青路面施工技术规范》(JTG F40—2004)的规定。

道路石油沥青使用广泛，它的标号分为 160 号、130 号、110 号、90 号、70 号、50 号、30 号共 7 个标号，每个标号的道路石油沥青又分为 A、B、C 三个等级，各个沥青等级的适用范围应符合表 9-4 的规定。

表 9-4　道路石油沥青的适用范围

| 沥青等级 | 适用范围 |
|---|---|
| A 级沥青 | 各个等级的公路，适用于任何场合和层次 |
| B 级沥青 | (1)高速公路、一级公路沥青下面层及以下的层次，二级及二级以下公路的各个层次；<br>(2)用作改性沥青、乳化沥青、改性乳化沥青、稀释沥青的基质沥青 |
| C 级沥青 | 三级及三级以下公路的各个层次 |

道路石油沥青的质量检测指标、技术要求及试验方法见《公路沥青路面施工技术规范》(JTG F40—2004)。

沥青路面采用的沥青标号，宜按照公路等级、气候条件、交通条件、路面类型及在结构层中的层位及受力特点、施工方法等，结合当地的使用经验，经技术论证后确定。道路石油沥青在储运、使用及存放过程中应有良好的防水措施，避免雨水或加热管道蒸气进入沥青中。

(2)粗集料。沥青层用粗集料包括碎石、破碎砾石、筛选砾石、钢渣、矿渣等。高速公路和一级公路不得使用筛选砾石和矿渣。粗集料必须由具有生产许可证的采石场生产或施工单位自行加工。

粗集料应该洁净、干燥、表面粗糙，其质量检测项目、技术要求及试验方法见《公路沥青路面施工技术规范》(JTG F40—2004)的规定。当单一规格集料的质量指标达不到有关规定要求，而按照集料配合比计算的质量指标符合要求时，工程上允许使用。对受热易变质的集料，宜采用经拌合机烘干后的集料进行检验。

高速公路、一级公路沥青路面表面层(或磨耗层)粗集料的磨光值应符合《公路沥青路面施工技术规范》(JTG F40—2004)的有关要求。

粗集料与沥青的黏附性应符合《公路沥青路面施工技术规范》(JTG F40—2004)的有关要求。当使用不符合要求的粗集料时，宜掺加消石灰、水泥或用饱和石灰水处理后使用，必要时可同时在沥青中掺加耐热、耐水、长期性能好的抗剥落剂，也可采用改性沥青的措施，使沥青混合料的水稳定性检验达到要求。掺加外加剂的剂量由沥青混合料的水稳定性检验确定。

(3)细集料。沥青路面的细集料包括天然砂、机制砂、石屑。细集料必须由具有生产许可证的采石场、采砂场生产。细集料应洁净、干燥、无风化、无杂质，并有适当的颗粒级配，其质量检测项目、技术要求及试验方法见《公路沥青路面施工技术规范》(JTG F40—2004)的规定。

细集料的洁净程度，天然砂以小于 0.075 mm 含量的百分数表示，石屑和机制砂以砂当量(适用于 0~4.75 mm)或亚甲蓝值(适用于 0~2.36 mm 或 0~0.15 mm)表示。

天然砂可采用河砂或海砂，通常宜采用粗、中砂，规格应符合《公路沥青路面施工技术规范》(JTG F40—2004)的规定。砂的含泥量超过规定时应水洗后使用，海砂中的贝壳类材料必须筛除。热拌密级配沥青混合料中天然砂的用量不宜超过集料总量的 20%。

石屑是指采石场破碎石料时通过 4.75 mm 或 2.36 mm 的筛下部分，其规格应符合《公路沥青路面施工技术规范》(JTG F40—2004)的要求。高速、一级公路的沥青混合料，宜将 S14(公称粒径 3~5 mm)与 S16(公称粒径 0~3 mm)组合使用，S15(公称粒径 0~5 mm)可在沥青稳定碎石基层或其他等级公路中使用。机制砂宜采用专用的制砂机制造，并选用优质石料生产，其级配应符合 S16 的要求。

(4)填料。沥青混合料的矿粉必须采用石灰岩或岩浆岩中的强基性岩石等憎水性石料经磨细得到的矿粉，原石料中的泥土杂质应除净。矿粉应干燥、洁净，能自由地从矿粉仓流出，其质量检测项目、技术要求及试验方法见《公路沥青路面施工技术规范》(JTG F40—2004)的规定。

拌合机的粉尘可作为矿粉的一部分回收使用，但每盘用量不得超过填料总量的 25%，掺有粉尘填料的塑性指数不得大于 4%。

粉煤灰作为填料使用时，用量不得超过填料总量的 50%，粉煤灰的烧失量应小于 12%。与矿粉混合后的塑性指数应小于 4%，其余质量要求与矿粉相同。高速公路、一级公路的沥青面层不宜采用粉煤灰做填料。

(5)改性沥青。改性沥青可单独或复合采用高分子聚合物、天然沥青及其他改性材料生产。生产改性沥青的基质沥青应与改性剂有良好的配伍性。

供应商在提供改性沥青的质量报告时，应提供基质沥青的质量检验报告或沥青样品。

改性沥青宜在固定式工厂或在现场设厂集中生产，也可在拌合厂现场边生产边使用；改性沥青的加工温度不宜超过180℃。现场生产的改性沥青宜随配随用；若需短时间保存，在使用前必须搅拌均匀，以确保不发生离析。改性沥青生产设备应设置采样口，以便随机采集样品；采集的试样应立即在现场灌模。

成品改性沥青到达施工现场后，应存储在沥青罐中；沥青罐中必须设置搅拌设备，使用前改性沥青必须搅拌均匀。在施工过程中，应定期取样检验产品质量，质量不符合要求的改性沥青不得使用。

(6)原材料检验与存储要求。热拌沥青混合料拌和前，应对每批到场的沥青检查其生产厂家所附的试验报告、数量、生产日期及试验结果等。对每批沥青进行抽检，若抽检中发现有不符合要求的，应加倍检验；若仍有不符合要求的，应退货。

沥青路面施工准备

对进场的碎石、砂、石屑、矿粉等材料都要严格检查，不合格材料严禁入场。经选择确定的材料在施工过程中应保持稳定，不得随意变更。

堆料场储存的集料应为平均日用量的5倍以上，集料应加遮盖，以防雨水。集料的含水量过大则意味着加热时间长，生产能力降低。集料要干净，无垃圾、尘土等杂物，堆放要有序，严格防止不同粒径的集料混杂。

矿粉和沥青贮量应为平均日用量的2倍以上，储存的矿粉必须遮盖，不得浸水，否则影响矿料配合比精度和拌合机生产效率。

**【主题讨论】**请结合以下材料，进一步查阅资料，谈谈钢渣在公路工程中的应用。

钢渣是炼钢过程中排出的废渣，主要是由造渣材料、冶炼反应物、侵蚀脱落炉体、补炉材料、金属炉料带入的杂质和为调整钢渣性质而加入的造渣材料所组成的复合固溶体。废弃钢渣侵占耕地、河道，造成环境污染，如何将其变废为宝，一度成为一个难题。

钢渣的物理力学性能堪比天然集料，还具有很好的耐磨、防滑、抗车辙性能，完全可以满足道路材料的有关要求。将钢渣用作集料配制沥青混合料，是钢渣资源化利用的一个重要途径。

钢渣碱度较高恰恰是有益于用作沥青混凝土集料的特性。沥青混凝土主体构架主要由集料与沥青接触而成，沥青分子与集料之间通过机械粘结和极性作用进行黏附，这也是评价沥青混凝土优劣的重要参数。沥青中含有环烷酸，与钢渣碱性集料接触时，环烷酸中所含羧基会与钢渣表面碳氢键吸引，使得沥青分子更为牢固吸附在集料表面，从而提高沥青与集料的黏附性。钢渣改善沥青混凝土黏附性还有助于提高一系列路用性能。

钢渣沥青混凝土技术应用前，需要通过对钢渣沥青混合料进行高温稳定性、动稳定度、水稳定性、低温稳定性、体积稳定性等试验，确保其路用性能完全能满足规范要求。

钢渣沥青混凝土不仅有性能优势，还有价格优势。钢渣不仅价格低廉，经过破碎筛分后，还可以回收其中的金属Fe。这样既实现了资源的循环利用，又能够降低工程的造价。

钢渣沥青混凝土目前已经在邯郸市武安西三环道路工程、山西阳蟒高速公路等项目中进行了应用，积极响应了我国提倡的生态环保理念，实现了工业固废的再生循环利用。

**5. 沥青混合料配合比设计**

沥青混合料的配合比设计应通过目标配合比设计、生产配合比设计及生产配合比验证三个阶段，确定沥青混合料的材料品种及配合比、矿料级配、最佳沥青用量。

目标配合比设计方法参见相关教材。这里主要介绍生产配合比设计及生产配合比的验证方法。

沥青混凝土配合比设计

(1)生产配合比设计。

1)确定拌合机热料筛分用的振动筛。振动筛应根据混合料的规格选用。筛网的筛分能力(即每小时通过的集料量)与混合料级配、集料品种、类型、集料的洁净程度、筛孔尺寸、筛子的倾角和振荡力有关。

2)原材料复核与拌合机冷料流量确定。

①对进场的原材料应进行原材料筛分试验复核工作,并与目标配合比设计所用原材料进行比较。

AC-13目标配合比设计案例

②对沥青拌合设备冷料仓的送料速度与电机转速的关系应进行标定,并根据形成的关系曲线,选定相应的电机转速进行送料。

生产热拌沥青混合料,通常采用4~5种不同粗细规格的集料,每种集料置于相应的冷料仓中。各个冷料仓的集料通过仓口下的小皮带(或履带)输送到通往拌合机的大输送带上,仓口开启的大小和皮带运行的速度均直接影响各冷料仓供料的多少,因此,可通过调整冷料仓出料口的开启大小和皮带运行的速度来控制各冷料仓的供料数量(在实际生产中,一般均固定出料口的开启度,通过改变皮带运行的速度调整供料的数量),使混合料的颗粒组成符合目标配合比。

沥青混合料冷料仓的标定案例

3)确定各热料仓集料和矿粉的用量。必须从二次筛分后进入各热料仓的集料取样进行筛分,通过计算,使合成矿质混合料的级配与目标配合比相接近(级配符合性要求见表9-5),以确定各热料仓集料和矿粉的用料比例,供拌合机控制室使用。

表9-5 生产配合比合成级配符合性要求

| 筛孔尺寸/mm | 合成级配与目标配合比级配差值/% |
|---|---|
| 0.075 | ±1 |
| ≤2.36 | ±2 |
| ≥4.75 | ±3 |

4)确定最佳油石比(最佳沥青用量)。

①AC型混合料取目标配合比设计的最佳油石比OAC、OAC±0.3%和OAC±0.6%等5个油石比;根据计算的矿料配合比例,用试验室小型拌合机拌制沥青混合料进行试验,按目标配合比设计方法选定最佳油石比。

②生产配合比确定的最佳油石比与目标配合比确定的最佳油石比之差应不超过±0.2%,且生产配合比与目标配合比设计的空隙率之差应不超过±0.2%。如超出此规定,应分析原因,重新进行生产配合比设计,并进行混合料性能检验。

5)沥青混合料性能检验。按以上生产配合比,用室内小型拌合机拌制沥青混合料制备试件,并进行水稳定性检验。

(2)生产配合比设计验证(试拌)。

1)应采用生产用拌合机对生产配合比进行试拌。试拌时,拌合机各项参数(矿料加热温度、沥青加热温度、冷料仓进料比例及进料速度)须按正常生产状态进行设置。

2)试拌后的沥青混合料应进行马歇尔试验或旋转压实检验,并进行沥青含量、筛分试验。混合料级配与生产配合比之差应符合现行《公路沥青路面施工技术规范》(JTG F40—2004)的规定。

3)试拌后的沥青混合料各项技术指标经检验合格后,方可铺筑试铺路段。否则,应分析原因改正后再次进行拌合机试拌,直至试拌沥青混合料满足相关技术要求。

要强调的是,经设计确定的标准配合比在施工过程中不得随意变更。生产过程中应加强跟踪检测,严格控制进场材料的质量。生产过程中如遇材料发生变化并经检测沥青混合料的矿料级配、马歇尔技术指标不符合要求时,应及时调整配合比,使沥青混合料的质量符合要求并保持相对稳定,必要时重新进行配合比设计。

**6. 施工机械的准备**

施工前,应对沥青混合料拌合机、摊铺机、压路机等各种施工机械和设备进行调试;对机械设备的配套情况、技术性能、计量设备等进行检查或标定。高等级公路沥青混凝土面层的施工机械应按表9-6配置。低等级公路请参照执行。

表9-6 沥青混凝土面层施工机械的配备表

| 结构层类型 | | 机械设备名称 | 单位 | 数量 | 备注 |
| --- | --- | --- | --- | --- | --- |
| 面层 | 热拌沥青混合料 | 间歇式沥青拌合设备(3 000型以上) | 台 | 1 | 应配备混合料生产质量动态监控仪 |
| | | 摊铺机 | 台 | 2 | 性能一致 |
| | | 双钢轮振动压路机(11 t以上) | 台 | 不少于3 | 宜配置间隔式喷水装置 |
| | | 轮胎压路机(25 t以上) | 台 | 不少于3 | |
| | | 自卸汽车(15 t以上) | 辆 | 不少于15 | |

**7. 试验段施工**

高速公路和一级公路、特殊地区公路或采用新技术、新工艺、新材料的路面工程,应采用两种或两种以上的试铺方案铺筑试验路段,并进行相关试验分析,从中选出最佳施工方案和施工方法以指导大面积路面施工。其他等级公路在缺乏施工经验或初次使用重大设备时,也应铺筑试验段。当同一施工单位在材料、机械设备及施工方法与其他工程完全相同时,也可利用其他工程的结果,不再铺筑试验路段。试验路段的长度应根据试验目的确定,通常宜为100~200 m,并宜选在正线上铺筑。所铺筑的试验段应具有代表性,施工机械和工艺过程要与以后全面施工时相同。

通过试验路段铺筑可确定路面各结构层适宜的松铺厚度、最佳机械配置、相应的碾压遍数和施工组织方法等。热拌热铺沥青混合料路面试验段铺筑分为试拌及试铺两个阶段,具体来讲,应达到下述目的:

(1)根据各种机械的施工能力相匹配的原则,确定适宜的施工机械,按生产能力决定机械数量与组合方式。

(2)通过试拌决定:

1)拌合机的控制参数——拌合数量、时间、温度及上料速度等;

2)验证沥青混合料的配合比设计和沥青混合料的技术性质,确定正式生产用的矿料配合比和油石比。

(3)通过试验段决定:

1)检验沥青混合料施工性能,评价是否利于摊铺和压实,要求混合料均匀不离析、不结块;

2)摊铺机的操作方式——摊铺温度、摊铺速度、初步振捣夯实的方法和强度、自动找平方式等;

3)压实机具的选择、组合,压实顺序、碾压温度、碾压速度及遍数;

4)施工缝处理方法;

5)松铺系数。

(4)确定施工产量及作业段的长度。

(5)全面检查材料及施工质量是否符合要求。

(6)修订施工组织计划,确定施工组织及管理体系、质保体系、人员、机械设备、检测设备、通信及组织方式。

铺筑过程中,应检查施工工艺、技术措施是否符合要求,并记录试验与检测。当使用的原材料和混合料、施工机械、施工方法符合要求,试验段各检测结果符合规定后,按要求编写试铺总结,经审批后作为申报正常路段开工的依据。

试验段经检验合格,作为正常路段的一部分。若不符合要求,经采取补救措施后仍无法满足使用功能的路段应铲除重铺。

沥青混凝土下面层(AC—25C)试验段施工总结

### (二)拌和

(1)沥青混合料应采用间歇式拌合机。在施工过程中,应安排专人对沥青拌合设备进行日常检查维护,确保拌合机运转正常。

(2)集料上料过程中,装载机应从底部按顺序竖直装料,以减小集料离析。

(3)拌合机须配备计算机设备。拌和过程中,应逐盘采集并打印各个传感器的材料用量和沥青混合料拌合量、拌合温度等各种参数,随时在线检查矿料级配和油石比,并定期对拌合机的计量和测温进行校核。每个台班结束时,应打印出一个台班的统计量,按现行《公路沥青路面施工技术规范》(JTG F40—2004)规定的方法进行沥青混合料生产质量及铺筑厚度的总量检验。总量检验的数据有异常波动时,应立即停止生产,分析原因。

(4)道路石油沥青混合料每盘的拌合周期一般不少于 45 s,其中,干拌时间一般不少于5 s;改性沥青混合料拌合时间应适当延长。拌合时间应根据具体情况由试拌确定,保证沥青均匀裹覆。

(5)应严格控制沥青和集料的加热温度以及沥青混合料的出厂温度。每次拌和时,开始几盘集料应提高加热温度,并干拌几锅集料废弃,再正式加沥青拌和混合料。

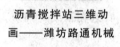

沥青搅拌站三维动画——潍坊路通机械

(6)拌合机的矿粉仓应配备振动装置,以防止矿粉起拱。添加消石灰、水泥等外掺剂时,宜增加粉料仓,也可由专用管线和螺旋升送器直接加入拌合锅;若与矿粉混合使用时,应注意避免两者因密度不同而发生离析。

(7)拌合机必须有二级除尘装置,经一级除尘的粉尘可直接回收使用,二级除尘的粉尘严禁使用,直接湿排处理。

沥青混凝土拌和

(8)拌合机宜备有保温性能好的成品储料仓,储存过程中,混合料降温不得大于 10 ℃,且不能有沥青滴漏。道路石油沥青混合料的储存时间不得超过 72 h;改性沥青混合料的储存时间不宜超过 24 h。

(9)应目测检查混合料有无异常现象,如混合料有花白、冒青烟和离析等现象。若有异常,应查明原因,及时调整。

(10)沥青混合料试件制备前,应在达到击实成型温度的烘箱中短期老化 2 h。对于在储存仓中存储时间超过 2 h 的混合料,可不再进行短期老化处理。

(11)每台拌合机应定期检查拌合机热料仓矿料的组成情况,以 1 次/d 为宜。

(12)使用改性沥青时,应随时检查沥青泵、管道、计量器是否受堵;堵塞时应及时清洗。

(13)沥青混合料出厂时,应逐车检测沥青混合料的重量和温度,记录出厂时间,签发运料单。

【主题讨论】 随着国家迅速加快产业结构调整,公众环保意识不断提升,随之而来的各项环保政策似疾风骤雨,让沥青混合料生产行业压力倍增。许多管理不善、设备陈旧、环保性能差的搅拌设备已无法在舆论和政策法规的夹缝中生存,关停者甚众。发展环保型沥青搅拌站已为人所共识。请查阅资料,了解一下环保沥青混凝土搅拌站的环保措施体现在哪几方面。

### (三)运输

(1)厂(场、站)拌沥青混合料通常采用大吨位的自卸车运往铺筑现场,一般应不小于15 t,车辆数量应根据运输距离、摊铺速度确定,适当留有富余。摊铺机前方应有不少于5辆运料车等候卸料为宜,以确保现场连续摊铺的需要。沥青混合料所需要的运输车辆数量可按式(9-1)计算。

$$n = a\frac{t_1 + t_2 + t_3}{T} \tag{9-1}$$

式中 $n$——所需的车辆数;

$a$——储备系数,视交通情况而定,一般取 $a=1.1\sim1.2$;

$t_1$——运送沥青混合料到铺筑现场所需的时间(min);

$t_2$——由铺筑现场返回拌合厂所需的时间(min);

$t_3$——在工地卸料和其他等待的时间(min);

$T$——拌制一车沥青混合料所需的时间(min);

$$T = \frac{60\,m}{Q}$$

沥青混凝土运输

$m$——运输车辆的轴载质量(t);

$Q$——搅拌设备的生产率(t/h)。

(2)运输车辆在每天使用前后,应检验其完好性;装料前应将车厢清洗干净,并涂抹适量的隔离剂。

(3)应采用数字显示插入式热电偶温度计检测沥青混合料的出厂温度和运到现场温度,温度计插入深度应大于150 mm。在运料卡车侧面中部应设专用检测孔,孔口距车厢底面高度约为300 mm。测试方法应符合现行《公路路基路面现场测试规程》(JTG E60—2008)的规定。

(4)拌合机或储料仓向运料车放料时,料车应"前、后、中"移动,分3~5次装料。

(5)运料车进入摊铺现场时,轮胎上不得粘有泥土等可能污染路面的脏物,否则,应将轮胎清洁后,方可进入施工现场。

(6)运料车应采用厚苫布覆盖严密,苫布至少应下挂到车厢板的一半;卸料过程中宜继续覆盖直到卸料结束。在气温较低时,运料车车厢侧面应加装保温层,确保混合料温度稳定。

(7)卸料过程中,运料车应在摊铺机前10~30 cm处停住,运料车不得撞击摊铺机。卸料过程中运料车应挂空挡,靠摊铺机推动前进。

(8)运输到摊铺现场的混合料,如温度不符合要求或遭雨淋,应做废弃处理。

### (四)摊铺

**1. 摊铺机基准线(面)的设置**

见本书项目二。

**2. 摊铺机的工作原理**

混合料运输车将混合料卸入摊铺机接料斗后,由其底部的纵向输送带经流量控制装置将混合料送入螺旋布料器，再由其向两侧输送到预定的摊铺宽度。随着摊铺机向前行驶，螺旋布料器输送的混合料就到了熨平装置的夯击锤或振动梁的前缘。先由夯击锤或振动梁夯击或振动，同时将多余的混合料挤走，最后用熨平板熨平。沥青混合料摊铺机操作示意图如图9-5所示。

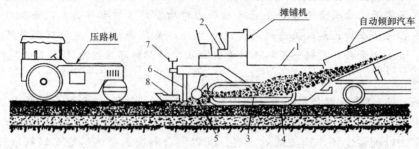

**图 9-5　沥青混合料摊铺机操作示意图**
1—料斗；2—驾驶台；3—送料器；4—履带；5—螺旋摊铺器；
6—振捣器；7—厚度调节螺杆；8—熨平板

### 3. 摊铺机作业要点

（1）沥青混合料摊铺时，应单幅一次性摊铺，可采用两台摊铺机梯队同时摊铺作业，也可采用一台摊铺机摊铺。两台摊铺机摊铺时，摊铺机必须为同一机型，新旧程度和性能相近，以保证铺筑均匀、一致。

（2）摊铺机开工前，应提前 0.5～1 h 预热熨平板，使其温度不低于 100 ℃。铺筑过程中，应使熨平板的振捣或夯锤压实装置具有适宜的振动频率和振幅，以保证面层的初始压实度达85%左右。熨平板连接应紧密，避免摊铺的混合料出现划痕。

摊铺机平衡梁走线绳

（3）下面层摊铺和桥面上下铺装层摊铺时，应采用钢丝引导控制高程的方式。钢丝为扭绕式，直径不小于 6 mm，钢丝拉力大于 800 N，每 10 m 设一座钢丝支架。当采用两台摊铺机实施摊铺施工时，靠中央分隔带侧摊铺机在前，其左侧架设钢丝，摊铺机上安装横坡仪控制摊铺层横坡；后面摊铺机右侧架设钢丝，左侧在摊铺好的层面上走"雪橇"控制高程。中、上面层应采用非接触式平衡梁控制摊铺厚度。两台摊铺机摊铺层的纵向热接缝，应采用斜接缝，避免出现缝痕。两台摊铺机前后距离不应超过 10 m。

平衡梁走路沿石

（4）调好螺旋布料器两端的自动料位器，并使料门开度、链板送料器的速度和螺旋布料器的转速相匹配。螺旋布料器内混合料表面以略高于螺旋布料器 2/3 高度为宜，熨平板挡板前混合料的高度应在全宽范围内保持一致，以减少离析现象。

沥青混凝土面层摊铺

（5）摊铺机作业方向应与路面车辆行驶方向一致，摊铺速度应根据拌合机的产量、施工机械配套情况及摊铺厚度、摊铺宽度按式（9-2）求得，一般应控制在 2～3 m/min，做到缓慢、稳定、连续摊铺。在摊铺机起步正常后，严禁随意调整摊铺速度，做到每天仅在收工时停机一次。

$$V=\frac{100Q}{60bh\gamma} \tag{9-2}$$

式中　$V$——摊铺机摊铺速度（m/min）；
　　　$Q$——沥青混合料供给能力（t/h）；
　　　$h$——压实后的摊铺厚度（cm）；
　　　$b$——摊铺宽度（m）；

$\gamma$——沥青混合料压实后的密度(一般取 2.35 t/m³)。

(6)面层压实前,禁止人员踩踏。一般不宜人工整修;若出现局部离析等特殊情况,应在技术人员指导下,由施工人员进场找补或更换混合料。

(7)在桥隧过渡段,应严格按照设计要求进行施工,提前做好工作面准备,处理好欠压实、松散、不平整等问题,并扫除松散材料和所有杂物。

(8)摊铺过程中,应随时检测松铺厚度,发现异常应立即调整。沥青混合料的松铺系数应根据混合料类型由试铺试压确定。摊铺过程中应随时检查摊铺层厚度及路拱、横坡,并利用一个评定周期的沥青混合料总生产量、施工总面积、沥青混合料密度按式(9-3)校验该摊铺层的平均压实厚度:

$$H = \frac{\sum m_i}{A \times d} \times 1\,000 \tag{9-3}$$

式中 $H$——该评定周期沥青路面摊铺层的平均施工压实厚度(mm);

$m_i$——每一盘沥青混合料的质量,脚标 $i$ 为依次记录的盘次,$\sum m_i$ 为一个评定周期内沥青混合料的总生产量(t);

$A$——该评定周期沥青路面摊铺层的总面积,当遇有加宽等情况时,铺筑面积应按实际计算(m²);

$d$——评定周期内摊铺层的现场压实密度的平均值,由钻孔试件的干燥密度(即试验室标准密度乘以压实度)测定得到(t/m³)。

(9)中央分隔带路缘石应在摊铺面层前完工。铺筑时,应在靠近路缘石位置适量多铺混合料,并确保该处沥青混合料的压实度。

(10)运料车辆在卸料更换时,应做到快捷、有序,以保证摊铺机料斗不脱料,尽量减少摊铺机料斗在摊铺过程中拢料。

(11)在路面狭窄和加宽部分、平曲线半径过小的匝道、斜交桥头等摊铺机不能摊铺的部位,可辅用人工摊铺混合料。人工摊铺应严格控制操作时间、松铺厚度、平整度等。

(12)沥青路面施工的最低气温应符合规范要求,根据下卧层表面温度调整沥青混合料的最低摊铺温度。

(13)摊铺遇雨时,应立即停止施工,并清除已摊铺尚未压实成型的混合料。

【主题讨论】 听说过3D技术"打印"公路路面吗?请结合以下材料,进一步查阅资料谈谈沥青路面如何实现智能摊铺。

传统的摊铺施工工艺,需要选多个点测标高、测温度,频繁的测量工作以及误差的叠加,让现场作业人员苦不堪言。而沥青面层3D智能摊铺系统让沥青面层的施工变得简单高效。沥青面层3D智能摊铺系统是通过全站仪跟踪安装在摊铺机身上的光学标靶,向机身上的系统播发位置信息,从而获得±3 mm以内的定位精度,自动控制熨平板到设计高程,安装在熨平板上的坡度传感器可以准确捕捉到熨平板姿势,使系统调整熨平板到设计坡度,从而可以准确控制摊铺厚度和坡度。

### (五)碾压

(1)对于沥青面层施工,应配备足够数量的压路机。当施工气温低、风速大、碾压层薄时,应增加压路机数量。

(2)沥青混合料面层的压实应采用重型压路机,双钢轮压路机应不小于 12 t,轮胎压路机应不小于 25 t,必要时应采用 30 t 以上的轮胎压路机进行碾压作业。

(3)应选择合理的压路机组合方式及碾压步骤。初压应在混合料不产生推移、开裂等情况下,尽量在较高温度下进行。初压一般采用双钢轮压路机;AC型混合料复压宜采用轮胎压路机,终压采用双钢轮压路机。单幅两车道可按表 9-7 执行。

(4)压路机应以缓慢而均匀的速度碾压。压路机的适宜碾压速度随初压、复压、终压及压路机的类型而区别,应符合表 9-8 的要求。

表 9-7　AC 沥青混合料面层碾压模式

| 碾压阶段 | 压路机类型 | 数量 | 碾压模式 |
| --- | --- | --- | --- |
| 初压 | 双钢轮振动压路机(11 t 以上) | 2 台 | 整幅范围内,前后振压 2 遍 |
| 复压 | 轮胎压路机(25 t 以上) | 3 台 | 整幅范围内套轮循环碾压,各 2 遍 |
| 终压 | 双钢轮振动压路机(12 t 以上) | 1 台 | 静压 1~2 遍 |

表 9-8　AC 沥青混合料面层碾压速度

| 压路机类型 | 初压速度/(km·h$^{-1}$) | | 复压速度/(km·h$^{-1}$) | | 终压速度/(km·h$^{-1}$) | |
| --- | --- | --- | --- | --- | --- | --- |
| | 适宜 | 最大 | 适宜 | 最大 | 适宜 | 最大 |
| 钢轮压路机 | 1.5~2 | 3 | 2.5~3.5 | 5 | 2.5~3.5 | 5 |
| 轮胎压路机 | — | — | 3.5~4.5 | 8 | — | — |
| 钢轮振动压路机 | 1.5~2(静压) | 5(静压) | 4~5(振动) | 8(振动) | 2~3(静压) | 5(静压) |

(5)为避免碾压时混合料推挤产生拥包,碾压时驱动轮应朝向摊铺机;碾压路线及方向不应突然改变;压路机起动、停止时必须减速缓行,不得制动;压路机折回位置应呈阶梯状,不应在同一横断面。

(6)面层的碾压方式、温度应按试验段总结执行,并依据气温变化作必要调整。

(7)在当天碾压完成的沥青面层上,不得停放压路机及其他施工设备;并防止矿料、油料和杂物散落在沥青面层上。

沥青混凝土面层碾压

(8)碾压现场应设专岗对碾压温度、碾压工艺进行管理和检查,做到不漏压、不超压。初压、复压、终压段落应设置明显标志。

(9)宜用沾有隔离剂的拖布擦涂轮胎,以防止沥青混合料粘轮。禁止使用柴油、机油等作为压路机隔离剂。

(10)钢轮压路机碾压过程中,应使用洁净的可饮用水作为隔离剂,喷水量不宜过大,使钢轮表面湿润不粘轮为度。

(11)碾压成型的面层外观应均匀。

(12)压实完成 12 h 后或路面温度低于 50 ℃时,方能允许施工车辆通行。

【主题讨论】　请结合以下材料,并查阅资料谈谈沥青路面无人机施工技术在生产中的应用。

5G 时代已然来临,机械施工的智能化、无人化、标准化成为行业发展趋势。艳阳下机器轰鸣,一台台压路机往前推进,一米米沥青路面不断延伸……然而,这些压路机中却空无一人。你见过这样的场景吗?没错,这就是高速公路沥青路面无人机群施工技术。首先,远程监控数据中心根据参数设置规划出最优作业路径;然后,向机载控制系统输出控制指令,自主操控压路机,实现整个机群的无人作业。这项技术的应用,成功实现了复杂工况下的设备无人作业,施工轨迹精确控制在 2~3 厘米,大幅提高了施工质量,大大节省了作业成本。无人机群配备了多级安全防范措施,实时监测现场施工情况,可实现自动预警、紧急停车、自动进退场、自动避障等安全防护,为道路施工保驾护航。

(六)接缝处理

1. 纵向施工缝

当采用两台摊铺机梯队摊铺产生的纵向接缝时,应采用松铺斜接缝,以热接缝形式做一次跨接缝碾压。

如果两台摊铺机相隔距离较长，先摊铺层应留下 10~20 cm 宽暂不碾压，作为后续摊铺的基准面，并跨缝一次碾压密实。对于路面将产生的纵向冷接缝，应在混合料尚未完全冷却前，用镐刨除边缘留下的毛茬，不宜在冷却后用切割机切割做纵向接缝。

碾压时，对重叠在已铺层上的 50~100 mm 混合料，推向新铺混合料，将压路机的大部分行驶在新铺层上，压路机小部分 100~150 mm 行驶在已铺层上，或者碾压时由热铺面向冷铺面碾压，直至留下 100~150 mm，再跨缝压实。上、下层纵缝位置应横向错开 15 cm（热接缝）以上或 30~40 cm（冷接缝）。

**2. 横向施工缝**

横向施工缝全部采用平接缝。

在铺设当天混合料冷却但尚未结硬时，将 3 m 直尺沿纵向放置，在摊铺段端部的直尺呈悬臂状，以摊铺层与直尺脱离接触处定出接缝位置；用凿岩机或人工用镐垂直刨除端部层厚不足的部分，使接缝能成直角连接，并涂抹改性乳化沥青。继续摊铺时，刨除的断面应保持干燥，摊铺机熨平板从接缝处起步摊铺；碾压时用钢轮压路机进行横向压实，从先铺面层上跨缝逐渐移向新铺面层。接缝碾压完毕再纵向碾压新铺面层。上、下层横缝应错开 1 m 以上。

沥青混凝土面层接缝施工

当天碾压完毕后，应将压路机行驶至未铺新面层的下卧层上，第二天压路机行驶至新施工面层上后，再按上述要求铲除接缝处斜坡层，并继续摊铺沥青混合料。

中、上面层横向施工缝应远离桥梁伸缩缝 20 m 以外，以确保伸缩缝两边铺装层表面的平顺。

路面标准化施工视频

仔细分析，传统的沥青路面分层摊铺技术是存在一些问题的。比如，层间易污染、黏层洒布不均匀等严重影响层间黏结质量；人工清扫以及黏层洒布作业等层间油费用；摊铺厚度小，温度散失快；每层的摊铺厚度远小于压实机械的最佳压实厚度，造成压实机械使用浪费，机械工作强度小，机械总体使用效率低；施工周期长，交通管理工作量大等。

随着技术的发展，沥青路面双层摊铺技术应运而生。这种技术可通过两种施工方式实现：(1)热接热：使用一套压实机械将两层沥青混合料共同碾压成型。注意必须保证两层的铺筑作业紧密衔接，实现"热接热"的摊铺施工；(2)专用双层摊铺机：用两套运输设备把两种沥青混合料输送到摊铺机，把不同配合比、不同厚度的两层沥青混合料一次摊铺完成，然后使用一套压实设备一起碾压成型。

沥青路面双层摊铺技术的优势在于：

(1)提高层间黏结效果

可使上下相邻两层之间能够达到很好的层间嵌挤效果，减少层间粘结不足造成的沥青路面损害，提高路面结构的整体性，具有良好的工程效果。

(2)施工周期快

双层摊铺可以同时摊铺两种不同类型的沥青混和料，在沥青路面厚度不变情况下，使上、下层沥青混合料的摊铺与碾压过程合二为一，特别适合于目前国内高速公路建设工期紧张的情况。

(3)解决了传统分层摊铺层间易污染问题

双层摊铺路面磨耗层（上面层）与中面层是热结合，层间无污染，整体刚度、强度高。

(4)优化路面结构

从面层结构功能分析，上面层除作为磨耗层，还兼有封水，抗滑等功能，造价较高，采用双层摊铺技术可减少上面层厚度，从而降低工程造价。从抗车辙角度分析，双轮荷载作用下沿路面深度方向的最大剪应力一般出现在路面以下 4~8cm，因此中面层厚度对路面抗车辙能力意义重大，采用双层摊铺技术提高中面层结构的厚度，从而提高路面抗车辙能力。

### 四、施工过程中的质量控制

**(一)沥青混合料出厂检验项目和频率**

沥青混合料出厂时应逐车检测沥青混合料的重量和温度，记录出厂时间，签发运料单。沥青混合料拌合厂(场、站)应按下列步骤对沥青混合料生产过程进行质量控制,并按表 9-9 规定的项目和频度检查沥青混合料产品的质量,如实计算产品的合格率。

(1)观察料堆和皮带输送机各种材料的质量和均匀性,检查泥块及超粒径碎石,检查冷料仓有无窜仓。目测混合料拌和是否均匀、有无花白料、油石比是否合适,检查集料和混合料的离析情况。

(2)检查沥青混合料拌合厂(场、站)控制室各项设定参数、显示屏的示值,核对计算机采集和打印记录的数据与显示值是否一致。进行沥青混合料生产过程的在线监测、总量检验,对沥青混合料的生产质量实施动态管理。

(3)检测沥青混合料的材料加热温度、混合料出厂温度,取样抽提、筛分检测混合料的矿料级配和油石比。抽提筛分应至少检查 0.075 mm、2.36 mm、4.75 mm、公称最大粒径及中间粒径等 5 个筛孔的通过率。

(4)取样成型沥青混合料试件进行马歇尔试验,测定空隙率、稳定度、流值,计算合格率。对 VMA、VFA 指标可只作记录。同时按规范确定标准密度。

注意:沥青混合料的存放时间对体积指标有一定影响,施工质量检验的马歇尔试验以拌合厂取样后立即成型的试件为准,但成型温度和试件高度必须符合试验要求。

表 9-9 热拌沥青混合料的检查频度和质量要求

| 项目 | | 检查频度及单点检验评价方法 | 质量要求或允许偏差 | | 试验方法或试验规程 |
|---|---|---|---|---|---|
| | | | 高速、一级公路 | 其他等级公路 | |
| 混合料外观 | | 随时 | 观察集料粗细、均匀性、离析、油石比、色泽、冒烟、有无花白料、油团等各种现象 | | 目测 |
| 拌和温度 | 沥青、集料的加热温度 | 逐盘检测评定 | 符合规范规定 | | 传感器自动检测、显示并打印 |
| | 混合料出厂温度 | 逐车检测评定 | 符合规范规定 | | 传感器自动检测、显示并打印,出厂时逐车按 T0981 人工检测 |
| | | 逐盘测量记录,每天取平均值评定 | 符合规范规定 | | 传感器自动检测、显示并打印 |
| 矿料级配(筛孔) | 0.075 mm | 逐盘在线检测 | ±2%(2%) | | 计算机采集数据计算 |
| | ≤2.36 mm | | ±5%(4%) | | |
| | ≥4.75 mm | | ±6%(5%) | | |
| | 0.075 mm | 逐盘检查,每天汇总 1 次取平均值评定 | ±1% | | 总量检验法 |
| | ≤2.36 mm | | ±2% | | |
| | ≥4.75 mm | | ±2% | | |
| | 0.075 mm | 每台拌合机每天 1~2 次,以 2 个试样的平均值评定 | ±2%(2%) | ±2% | T0725 抽提筛分与标准级配比较的差 |
| | ≤2.36 mm | | ±5%(3%) | ±6% | |
| | ≥4.75 mm | | ±6%(4%) | ±7% | |
| 沥青用量(油石比) | | 逐盘在线监测 | ±0.3% | | 计算机采集数据计算 |
| | | 逐盘检查,每天汇总 1 次取平均值评定 | ±0.1% | — | 总量检验法 |
| | | 每台拌合机每天 1~2 次,以 2 个试样的平均值评定 | ±0.3% | ±0.4% | 抽提 T0722、T0721 |
| 马歇尔试验:空隙率、稳定度、流值 | | 每台拌合机每天 1~2 次,以 4~6 个试件的平均值评定 | 符合《公路沥青路面施工技术规范》(JTG F40—2004)的规定 | | T0702、T0709 及配合比设计方法 |

续表

| 项目 | 检查频度及单点检验评价方法 | 质量要求或允许偏差 | | 试验方法或试验规程 |
|---|---|---|---|---|
| | | 高速、一级公路 | 其他等级公路 | |
| 浸水马歇尔试验 | 必要时(试件数同马歇尔试验) | 符合《公路沥青路面施工技术规范》(JTG F40—2004)的规定 | | T0702、T0709 |
| 车辙试验 | 必要时(以3个试件的平均值评定) | 符合《公路沥青路面施工技术规范》(JTG F40—2004)的规定 | | T0719 |

注：1. 单点检验是指试验结果以一组试验结果的报告值为一个测点的评价依据，一组试验(如马歇尔试验、车辙试验)有多个试样时，报告值的取用按《公路工程沥青及沥青混合料试验规程》(JTG E20—2011)的规定执行。
2. 对高速公路和一级公路，矿料级配和油石比必须进行总量检验和抽提筛分的双重检验控制，互相校核，表中括号内的数字是对SMA的要求。油石比抽提试验应事先进行空白试验标定，提高测试数据的准确度。

### (二)沥青混合料路面铺筑过程中的质量控制

热拌沥青混合料路面在铺筑过程中必须随时对铺筑质量进行检查、评定，质量检查的内容、频度、允许偏差应符合表9-10的规定。

**1. 施工厚度的控制**

沥青面层的厚度是沥青路面结构强度的基本保证，因此，沥青面层施工厚度的检测显得尤为重要。施工过程中厚度的检测应按以下方法进行，检测结果应相互校核，当差值较大时，通常以总量检验为准。

(1)利用摊铺过程在线控制，即不断地用插尺或其他工具插入摊铺层测量松铺厚度。

(2)利用拌合厂沥青混合料总生产量与实际铺筑的面积计算平均厚度进行总量检验。

(3)当具有地质雷达等无破损检验设备时，可利用其连续检测路面厚度，但其测试精度需经标定认可。

(4)待路面完全冷却后，在钻孔检测压实度的同时测量沥青层的厚度。

**2. 压实度的控制**

沥青面层的压实度是指按规定方法采取的混合料试件毛体积密度与标准密度百分比。沥青混合料面层的压实度应采取重点对碾压工艺进行过程控制，适度钻孔抽检压实度的方法。

(1)碾压工艺的控制包括压路机的配置(台数、吨位及机型)、排列碾压方式、压路机与摊铺机的距离、碾压温度、碾压速度、压路机洒水(雾化)情况、碾压段长度、调头方式等。

(2)碾压过程中宜采用核子密度仪等无破损检测设备进行压实密度过程控制，测点随机选择，一组不少于13点，取平均值，与标定值或试验路段测定值比较评定。测定温度应与试验路段测定时一致，检测精度通过试验路段与钻孔试件标定。

**表9-10 热拌沥青混合料路面施工过程中工程质量的控制标准**

| 项目 | 检查频度及单点检验评价方法 | 质量要求或允许偏差 | | 试验方法或试验规程 |
|---|---|---|---|---|
| | | 高速、一级公路 | 其他等级公路 | |
| 外观 | 随时 | 表面平整密实，不得有明显轮迹、裂缝、推挤、油丁、油包等缺陷，且无明显离析 | | 目测 |
| 接缝 | 随时 | 紧密平整、顺直、无跳车 | | 目测 |
| | 逐条缝检测评定 | 3 mm | 5 mm | T0931 |

续表

| 项目 | | 检查频度及单点检验评价方法 | 质量要求或允许偏差 | | 试验方法或试验规程 |
|---|---|---|---|---|---|
| | | | 高速、一级公路 | 其他等级公路 | |
| 施工温度 | 摊铺温度 | 逐车检测评定 | 符合规范规定 | | T0981 |
| | 碾压温度 | 随时 | 符合规范规定 | | 插入式温度计实测 |
| 厚度① | 每一层次 | 随时,厚度 50 mm 以下<br>厚度 50 mm 以上 | 设计值的 5%<br>设计值的 8% | 设计值的 8%<br>设计值的 10% | 施工时插入法量测松铺厚度及压实厚度 |
| | 每一层次 | 1 个台班区段的平均值<br>厚度 50 mm 以下<br>厚度 50 mm 以上 | −3 mm<br>−5 mm | — | 总量检验法 |
| | 总厚度 | 每 2 000 m² 一点单点评定 | 设计值的 −5% | 设计值的 −8% | T0912 |
| | 上面层 | 每 2 000 m² 一点单点评定 | 设计值的 −10% | 设计值的 −10% | |
| 压实度② | | 每 2 000 m² 检查 1 组,逐个试件评定并计算平均值 | 试验室标准密度的 97%(98%)<br>最大理论密度的 93%(94%)<br>试验段密度的 99%(99%) | | T0924、T0922 及《公路沥青路面施工技术规范》(JTG F40—2004)附录 E |
| 平整度④<br>(最大间隙) | 上面层 | 随时,接缝处单杆评定 | 3 mm | 5 mm | T0931 |
| | 中下面层 | 随时,接缝处单杆评定 | 5 mm | 7 mm | T0931 |
| 平整度<br>(标准差) | 上面层 | 连续测定 | 1.2 mm | 2.5 mm | T0932 |
| | 中面层 | 连续测定 | 1.5 mm | 2.8 mm | |
| | 下面层 | 连续测定 | 1.8 mm | 3.0 mm | |
| | 基层 | 连续测定 | 2.4 mm | 3.5 mm | |
| 宽度 | 有侧石 | 检测每个断面 | ±20 mm | ±20 mm | T0911 |
| | 无侧石 | 检测每个断面 | 不小于设计宽度 | 不小于设计宽度 | |
| 纵断面高程 | | 检测每个断面 | ±10 mm | ±15 mm | T0911 |
| 横坡度 | | 检测每个断面 | ±0.3% | ±0.5% | T0911 |
| 沥青面层层面上的渗水系数③,不大于 | | 每 1 km 不少于 5 点,每点 3 处取平均值 | 300 mL/min(普通密级配沥青混合料)<br>200 mL/min(SMA 混合料) | | T0971 |

①表中厚度检测频度指高速、一级公路的钻孔频度,其他等级公路可酌情减少状况,且通常采用压实度钻孔试件测定。上面层的允许误差不适用于磨耗层。
②括号中的数值是对 SMA 路面的要求,对马歇尔成型试件采用 50 次或 35 次击实的混合料,压实度应适当提高要求。
③渗水系数适用于公称最大粒径等于或小于 19 mm 的沥青混合料,应在铺筑成型后未遭行车污染的情况下测定,且仅适用于要求密水的密级配沥青混合料、SMA 混合料,不适用于 OGFC 混合料。表中渗水系数以平均值评定,合格率不得小于 90%。
④3 m 直尺主要用于接缝检测,对正常生产路段,采用连续式平整度仪测定。

(3)在路面完全冷却后,随机选点钻孔取样,如一次钻孔同时有多层沥青层时需用切割机切割,待试件充分干燥后(在第二天之后),分别测定密度。钻孔后应及时将孔中灰浆淘净,吸净余水,待干燥后以相同的沥青混合料分层填充夯实。为减少钻孔数量,有关施工、监理、监督各方宜合作进行钻孔检测,以避免重复钻孔。

(4)测试压实度的一组数据最少为3个钻孔试件,当一组检测的合格率小于60%,或平均值 $\bar{x}_3$ 小于要求的压实度时,可增加一倍检测点数。如6个测点的合格率小于60%,或平均值 $\bar{x}_6$ 仍然达不到压实度要求时,允许再增加一倍检测点数,要求其合格率大于60%,且 $\bar{x}_{12}$ 达到规定的压实度要求(注意记录所有数据不得遗弃)。如仍然不能满足要求的,应核查标准密度的准确性,以确定是否需要返工以及返工的范围。

当所有钻孔试件检测的压实度持续稳定并符合要求时,钻孔频度可减少至每公里不少于一个孔。施工过程中钻孔的试件宜编号贴上标签予以保存,以备工程交工验收时使用。

### 3. 渗水情况检测

大气降水(雨、雪)通过路面孔隙或裂缝渗入沥青路面结构中,会导致基层软化、沥青面层开裂、松散等病害。在多雨地区,应特别重视路面结构层的水稳定性和面层的透水性问题。路面渗水系数是指在规定的条件下,单位时间内渗入路面结构中水的体积,用 $C_W$ 表示,单位为 mL/min。

压实成型的沥青路面应按随机选点检测渗水情况,渗水系数的平均值宜符合表9-10的要求。如需要测定构造深度时,宜在测定渗水的同时在附近选点测定,记录实测结果。

### 4. 平整度控制

沥青面层的平整度关系到沥青路面的使用性能,施工过程中必须随时用3 m直尺对接缝及与构造物的连接处进行平整度的检测,正常路段的平整度采用连续式平整度仪或颠簸累积仪测定。

### 5. 外观检查

施工过程中应随时对沥青路面进行外观评定,尤其特别注意防止粗、细集料的离析和沥青混合料温度不均匀,造成路面局部渗水严重或压实不足,酿成隐患。外观检查的主要项目包括色泽、油膜厚度、表面空隙等。

### 6. 施工动态质量管理

高速公路和一级公路沥青路面的施工,应利用计算机实行动态质量管理,计算平均值、极差、标准差及变异系数以及各项指标的合格率。施工的关键工序或重要部位宜拍摄照片或进行录像,作为实态记录及保存资料的一部分。

## 五、沥青混合料路面施工中的异常现象

### 1. 每天拌和的第一盘沥青混合料易出现废料

主要原因是拌合设备刚开始启动,集料和沥青预加热没有达到规定的温度。解决措施是适当减少进入烘干筒的材料数量和提高开始时的火焰温度,保证在开机时粗、细集料和沥青的加热温度略高于规定值。

### 2. 热仓料出现超尺寸颗粒

主要原因可能是最大筛孔的振动筛破损或振动筛上超尺寸颗粒从边框空隙落到下层筛网。有时也极易造成"油包"等现象。解决措施是检查振动筛,调整冷料仓上料速度。

### 3. 出现花白料

主要原因可能是料温偏低、拌合时间偏短或吸尘不理想,无形中造成填充料的量偏多。

解决的办法是根据检查确定的原因或升高集料加热温度，或增加拌合时间，或减少矿粉用量。

**4. 出现枯料**

原因可能是原材料中细集料的含水率偏大，造成在烘干筒中细集料加热温度达到规定值，而粗集料的温度大大超过了规定值。解决措施是避免料场中细集料受雨淋，对于含水率大于7%的细集料不允许使用。

**5. 混合料没有色泽**

主要原因是沥青加热温度过高，一般的石油沥青当温度超过180 ℃时，沥青极易老化。解决措施是控制沥青的加热温度到施工规定的温度界限内。

**6. 矿料颗粒形成明显变化**

引起的原因可能是冷料颗粒组成发生了大变化或振动筛网上热料过多，来不及正常筛分就进入热料仓，最终导致热料仓中集料颗粒组成发生了大的变化。应检查原因或采取相应的措施，或经试验重新确定混合料配合比。

**7. 混合料离析现象**

沥青混合料的离析（主要是粗集料或细集料分别过于集中）一般分为集料离析和温度离析两种，从路表面看有片状的也有条状的。这是造成沥青混合料不均匀性的一个主要原因。产生离析的原因较多，概括起来主要有混合料的级配、拌合机械施工情况、装料和运输途中情况、摊铺碾压情况等因素，每一个施工环节都可能造成离析。摊铺机摊铺后出现离析现象时，可适当地采用人工补撒的方法予以补救。

沥青混凝土面层施工常见质量问题分析

**8. 摊铺后沥青层表面异常现象**

在摊铺层表面有时可看到个别超尺寸颗粒被熨平板带动形成的或长或短的小沟。在摊铺层表面有少数超尺寸颗粒因被熨平板带动而在其后面形成小坑洞。消除这类缺陷的根本办法是分析拌合厂超尺寸颗粒进入混合料的原因：可能是热料二次筛分用的最大筛孔尺寸偏大，也可能是最大筛孔尺寸的筛网有破洞或其周边有较大缝隙所致。出现这类问题时，可采用人工及时补撒适量的细集料予以消除。

 拓展学习

沥青混合料路面"离析"现象分析报告见表9-11。

表9-11 沥青混合料路面"离析"现象分析报告

| 项目名称 | 某高速公路沥青混凝土路面 |
|---|---|
| 背景材料 | 沥青混凝土路面，上面层为4 cm SMA—13，中面层为6 cm AC—20，下面层为7 cm AC—25，基层采用35 cm二灰碎石，底基层采用二灰土，基层顶面按两次洒布工艺做一层下封层。沥青面层严格按照规范进行了三阶段配合比设计 |
| 质量问题 | 当年10—12月份施工的沥青下面层，在第二年2—3月的检查时，发现有局部离析现象，尤其在下雨天或雨刚停时，主要呈现为块状离析和条带状离析，即表面粗料较多，细料较少，粗细料分布不够均匀，如下图所示。由于沥青路面离析会严重影响沥青路面的水稳定性和抗变形能力，因此，应进行处理 |

续表

| 项目名称 | 某高速公路沥青混凝土路面 |
|---|---|
| 现场图片 | |
| 调查结果 | 经调查,将离析现象分为三类:第一类芯样表面离析,但较密实,倒水检查时不渗漏;第二类芯样表面离析,内部有小孔隙,倒水检查时基本上不渗漏;第三类芯样内部空隙较多,倒水检查时很快渗漏 |
| 原因分析 | (1)集料离析:从贮料罐向运输车里输送时;运输车里的混合料卸向摊铺机时;摊铺机收斗产生离析。<br>(2)温度离析:运料汽车周边混合料的温度会大大低于混合料中部的温度,出现温度离析;向摊铺机卸料时 |
| 处理建议 | (1)属于第一类情况,只是表面现象,内部不离析,直接采取在中面层表面喷洒乳化沥青黏层油。<br>(2)第二类情况,对芯样做压实度检验,检验合格的,用第一类处理方法;不合格,则用切割机按标出的范围垂直切至基层表面,用集中拌和的沥青混凝土混合料人工摊铺。<br>(3)第三类情况,全部用切割机切除后,重新补以新拌沥青混合料碾压密实。<br>所有离析段处理完毕后,质量经有关部门检测,满足规范要求 |
| 经验总结 | (1)生产过程中供料均衡。<br>(2)严格控制混合料级配。<br>(3)保证摊铺机摊铺速度控制在 2~2.5 m/min;摊铺机料位适当调高,防止送料不均衡;熨平板振幅频调整为 4~6 级,增加初始压实度;每车料卸完,尽量及早收起料斗。<br>(4)拌和后的混合料必须使用储料仓,严格控制碾压温度及混合料温度的均匀性。<br>(5)实行摊铺质量的动态控制 |
| 新技术方案 | 采用沥青混合料转运车,有效解决离析现象 |

### 拓展训练

某热拌沥青混合料间歇式拌合机的生产率为 200 t/h,目标配合比为 1♯仓(石屑):2♯仓(2.36~4.75):3♯仓(4.75~13.2):4♯仓(13.2~31.5):矿粉=26.5%:13.0%:31.5%:25.5%:3.5%,油石比为 3.9%。请测出各冷料仓在不同转速下对应的 3 min 流量及粗、细集料的含水率,并调试各冷料仓的供料速度,使各冷料仓按目标配合比准确进料。

**1. 确定冷料仓转速与流量的关系**

(1)测出冷料仓转速与 3 min 流量的关系,填入表 9-12 中。

表 9-12 冷料仓转速与 3 min 流量的关系

| 转速/(r·min$^{-1}$) | 冷料仓 3 min 流量/(kg·3 min$^{-1}$) | | | |
|---|---|---|---|---|
| | 1♯仓(石屑) | 2♯仓(2.36~4.75) | 3♯仓(4.75~13.2) | 4♯仓(13.2~31.5) |
| 20 | 909 | 362 | 975 | 744 |

续表

| 转速/(r·min$^{-1}$) | 冷料仓 3 min 流量/(kg·3 min$^{-1}$) | | | |
|---|---|---|---|---|
| | 1#仓(石屑) | 2#仓(2.36~4.75) | 3#仓(4.75~13.2) | 4#仓(13.2~31.5) |
| 50 | 2 245 | 911 | 2 442 | 1 765 |
| 70 | 3 162 | 1 283 | 3 434 | 2 530 |

(2)将 3 min 流量换算为 1 h 的流量,填入冷料仓转速与 1 h 流量的关系表,见表9-13。

表 9-13 冷料仓转速与 1 h 流量的关系

| 转速/(r·min$^{-1}$) | 冷料仓 1 h 流量/(t·h$^{-1}$) | | | |
|---|---|---|---|---|
| | 1#仓(石屑) | 2#仓(2.36~4.75) | 3#仓(4.75~13.2) | 4#仓(13.2~31.5) |
| 20 | | | | |
| 50 | | | | |
| 70 | | | | |

## 2. 画出转速与流量的关系曲线图

横坐标为转速 $x$(r/min),纵坐标为流量 $y$(t/h)。利用 EXCEL 表格绘制转速与流量的关系曲线图。

图 9-6 流量与转速的关系曲线图

从图 9-6 中获得,4 个料仓转速和流量的线性回归方程。

1#仓:_____；2#仓:_____；

3♯仓：_____；4♯仓：_____。

**3. 计算拌合楼产量为 200 t/h 时，各冷料仓每小时的进料数量**

(1)测得各集料的含水率。1♯仓的含水率为2.5%，2♯仓的含水率为1%，3♯仓的含水率为1%，4♯仓的含水率为1%。

(2)已知目标配合比为 1♯仓:2♯仓:3♯仓:4♯仓:矿粉＝26.5%:13.0%:31.5%:25.5%:3.5%，油石比为3.9%，计算各集料占沥青混合料的质量百分率。

26.5＋13.0＋31.5＋25.5＋3.5＋3.9＝_____。
1♯仓：_____；2♯仓：_____；
3♯仓：_____；4♯仓：_____。

(3)拌合楼产量为 200 t/h 时，计算各集料干质量。
1♯仓：_____；2♯仓：_____；
3♯仓：_____；4♯仓：_____。

(4)将各集料干质量按含水率换算为各冷料仓每小时的进料数量。
1♯仓：_____；2♯仓：_____；
3♯仓：_____；4♯仓：_____。

**4. 确定转速(横坐标)**

在转速与流量的关系曲线图(图9-6)上，由已知的各冷料仓每小时的产量(纵坐标)，确定转速(横坐标)。

1♯仓：_____；
2♯仓：_____；
3♯仓：_____；
4♯仓：_____。

通过计算，将结果汇总到表9-14中。

表9-14 冷料仓的标定

| 转速/(r·min$^{-1}$) | 冷料仓 1 h 流量/(t·h$^{-1}$) | | | | | | |
| --- | --- | --- | --- | --- | --- | --- | --- |
| | 1♯仓（石屑） | 2♯仓（2.36～4.75） | 3♯仓（4.75～13.2） | 4♯仓（13.2～31.5） | 矿粉 | 沥青 | 求和 |
| 20 | | | | | — | — | — |
| 50 | | | | | — | — | — |
| 70 | | | | | — | — | — |
| 目标配合比/% | | | | | | | |
| 各集料占沥青混合料的百分率/% | | | | | | | |
| 集料含水率/% | | | | | — | — | |
| 各材料干质量/(t·h$^{-1}$) | | | | | | | |
| 各料仓每小时的进料质量/(t·h$^{-1}$) | | | | | | — | |
| 由线性回归方程求得转数/(r·min$^{-1}$) | | | | | | — | — |

注：本表最后一行也可不用公式求转数，而直接用 Excel 函数 FORECAST( ) 求解。

## 任务3 沥青混凝土面层质量评定与工程计量

**任务描述**

沥青混凝土面层施工完毕,施工单位应进行自检,并完成质量评定,才能申请交工验收。验收合格后才能进行计量与支付。通过学习本任务,学生应具备沥青混凝土面层的质量评定与工程计量的能力,能完成沥青混凝土面层的质量评定与工程计量工作。同时,养成诚实守信的职业品质,并树立工程质量责任意识。

### 一、沥青混凝土面层的质量评定

沥青混凝土面层工程完工后,施工单位、工程监理单位和建设单位应按相同的工程项目划分进行工程质量的监控和管理。施工单位应将全线以1~3 km作为一个评定路段,每一侧车行道按规定频度与方法,对沥青面层进行全线自检,将单个测定值与规定的质量要求或允许偏差进行比较,计算合格率;然后计算一个评定路段的平均值、极差、标准差及变异系数。施工单位应在规定时间内提交全线检测结果及施工总结报告,申请交工验收。

沥青混凝土面层质量评定的基本要求、实测项目、外观质量要求及质量保证资料整理顺序如下。

#### (一)基本要求

(1)基层质量应符合规范规定并满足设计要求,表面干燥、清洁、无浮土。

(2)应严格控制沥青混合料拌和的加热温度。拌和后的沥青混合料应均匀,无花白、无粗细料分离和结团成块现象。

(3)应按规定要求控制碾压工艺,严格控制摊铺和碾压温度。

#### (二)实测项目

热拌沥青混合料路面交工验收阶段的检查项目、检查频度、质量要求或允许偏差等见表9-15。

表9-15 沥青混凝土面层实测项目

| 项次 | 检查项目 | | 规定值或允许偏差 | | 检查方法和频率 |
| --- | --- | --- | --- | --- | --- |
| | | | 高速公路、一级公路 | 其他公路 | |
| 1△ | 压实度/% | | 试验室标准密度的96%(98%);<br>最大理论密度的92%(94%);<br>试验段密度的98%(99%) | | 按《标准》附录B检查,每200 m测1点;核子(无核)密度仪每200 m测1处,每处5点 |
| 2 | 平整度 | $\sigma$/mm | ≤1.2 | ≤2.5 | 平整度仪:全线每车道连续检测。按每100 m计算IRI或$\sigma$ |
| | | $IRI$/(m·km$^{-1}$) | ≤2.0 | ≤4.2 | |
| | | 最大间隙$h$/mm | — | ≤5 | 3 m直尺:每200 m测2处×5尺 |
| 3 | 弯沉值/0.01 mm | | 不大于设计验收弯沉值 | | 按《标准》附录J检查 |
| 4 | 渗水系数/(mL·min$^{-1}$) | | SMA路面:≤120;<br>其他沥青混凝土路面:≤300 | — | 渗水试验仪:每200 m测1处 |

续表

| 项次 | 检查项目 | | 规定值或允许偏差 | | 检查方法和频率 |
|---|---|---|---|---|---|
| | | | 高速公路、一级公路 | 其他公路 | |
| 5 | 摩擦系数 | | 满足设计要求 | — | 摆式仪：每200 m测1处；横向力系数测定车：全线连续检测，按《标准》附录L评定 |
| 6 | 构造深度 | | 满足设计要求 | — | 铺砂法：每200 m测1处 |
| 7△ | 厚度/mm | 代表值 | 总厚度：≤－5%H<br>上面层：≤－10%h | ≤－8%H | 按《标准》附录H检查，每200 m测1点 |
| | | 合格值 | 总厚度：≤－10%H<br>上面层：≤－20%h | ≤－15%H | |
| 8 | 中线平面偏位/mm | | 20 | 30 | 全站仪：每200 m测2点 |
| 9 | 纵断高程/mm | | ±15 | ±20 | 水准仪：每200 m测2个断面 |
| 10 | 宽度/mm | 有侧石 | ±20 | ±30 | 尺量：每200 m测4个断面 |
| | | 无侧石 | 不小于设计值 | | |
| 11 | 横坡/% | | ±0.3 | ±0.5 | 水准仪：每200 m测2个断面 |
| 12△ | 矿料级配 | | 满足生产配合比设计要求 | | T0725，每台班1次 |
| 13△ | 沥青含量 | | 满足生产配合比设计要求 | | T0722，T0721，T0735，每台班1次 |
| 14 | 马歇尔稳定度 | | 满足生产配合比设计要求 | | T0709，每台班1次 |

注：1. 表内压实度高速、一级公路应选用2个标准评定，以合格率低的作为评定结果；其他公路选用1个标准评定。括号内是指SMA路面的标准。

2. 表列沥青层厚度仅规定负允许偏差。$H$为沥青总厚度，$h$为沥青上面层厚度；其他公路的厚度代表值和合格值允许偏差按总厚度计，当$H\leqslant 60$ mm时，允许偏差分别为$-5$ mm和$-10$ mm；当$H>60$ mm时，允许偏差分别为$-8\%H$和$-15\%H$。

### (三)外观质量要求

(1)裂缝、松散、推挤、碾压轮迹、油丁、泛油、离析的累计长度不得超过50 m。

(2)搭接处烫缝应无枯焦。

(3)路面应无积水。

### (四)质量保证资料整理顺序

**1. 开工报告及附件**

开工报告及附件的内业资料整理顺序同基层各结构层的要求。

**2. 工序报验资料及附件(上、中、下面层报)**

(1)沥青混合料用材料。

1)中间检验申请单。

2)沥青混合料用材料现场质量检验报告单。
3)沥青混合料粗集料技术性能试验、矿料级配试验。
4)沥青混合料细集料技术性能试验。
5)沥青混合料矿粉技术性能试验。
6)道路石油沥青技术性能试验。

(2)热拌沥青混合料。
1)中间检验申请单。
2)热拌沥青混合料现场质量检验报告单。
3)热拌沥青混合料生产记录表。
4)热拌沥青混合料出厂温度检测记录。
5)沥青混合料的矿料级配检验、沥青含量试验。
6)沥青混合料马歇尔稳定度试验记录(蜡封法、表干法)。

(3)沥青混凝土面层。
1)中间检验申请单。
2)热拌沥青混合料现场质量检验报告单。
3)热拌沥青混合料路面施工原始记录。
4)热拌沥青混合料摊铺温度检测记录、碾压温度检测记录。
5)路面结构厚度检验记录表。
6)沥青路面压实度检验(表干法、蜡封法)。
7)平整度检验记录表。
8)宽度、纵断高程、横坡检验记录表。
9)水准测量记录。
10)路面渗水系数检查记录表。

### 3. 分项工程报验资料及附件

(1)中间交工证书。
(2)工程报验单。
(3)分项工程质量检验评定表(沥青混凝土面层)。
(4)沥青路面压实度检验评定表及检验表(表干法、蜡封法)。
(5)平整度检验记录表(3m直尺、连续式平整度仪)。
(6)弯沉检验评定表及回弹弯沉值测定记录表。
(7)路面渗水系数检查记录表。
(8)抗滑构造深度检验记录表(铺砂法)。
(9)摩擦系数检验记录表。
(10)路面摩擦系数评定表(摩擦系数测定车)。
(11)路面结构厚度检验评定表。
(12)中线偏位检验记录表。
(13)纵断高程检验记录表。
(14)宽度检验记录表。
(15)横坡检验记录表。
(16)压实度检验汇总表。
(17)纵断高程检验汇总表。
(18)中线偏位、宽度、横坡、边坡检验汇总表。

(19)平整度、路面厚度检验汇总表。
(20)沥青混合料马歇尔稳定度试验汇总表。

## 二、沥青混凝土面层的工程计量

### (一)计量规定

(1)沥青混凝土面层应按图纸所示和监理工程师指示铺筑，经监理工程师验收合格的顶面面积，按粗、中、细粒式沥青混凝土和不同厚度分别以平方米计量。
(2)除监理工程师另有指示外，超过图纸所规定的面积，均不予计量。
(3)沥青混凝土路面所需的外掺剂不另行计量。
(4)沥青混合料拌合厂(站)、贮料场的建设、拆除、恢复均包含在相应工程项目中，不另行计量。

### (二)支付

按上述规定计量，经监理工程师验收的列入工程量清单的以下工程子目的工程量，其每一计量单位将以合同单价支付。此项支付包括材料、劳力、设备、运输等及其他为完成沥青混凝土面层所必需的所有费用，是对完成工程的全部偿付。

### (三)计量清单及内容

沥青混凝土面层计量清单及内容见表9-16。

表9-16 沥青混凝土面层工程计量清单及内容

| 子目号 | 子目名称 | 单位 | 计量规则 | 工作内容 |
|---|---|---|---|---|
| 309—1<br>309—2<br>309—3 | 细粒式沥青混凝土面层<br>中粒式沥青混凝土面层<br>粗粒式沥青混凝土面层 | m² | 依据图纸所示级配类型及铺筑压实厚度，按照铺筑的顶面面积以平方米为单位计量 | 1. 检查和清理下承层；<br>2. 拌和设备安装、调试、拆除；<br>3. 沥青加热、保温、输送、配运料，矿料加热烘干，拌和出料；<br>4. 运输、推铺、碾压、成型；<br>5. 接缝；<br>6. 初期养护 |

# 任务4 编制沥青混凝土面层施工方案

**任务描述**

通过沥青混凝土面层施工方案的编制，学生应进一步熟悉施工方案编制的步骤和方法，巩固和掌握沥青混凝土面层施工的专业知识，并进一步学会综合运用已学到的理论知识，解决专业问题。通过查阅有关的资料，学生可提高独立分析和解决路面施工过程中复杂问题的能力，为专业知识的积累打下坚实的基础。

请根据工程具体情况，编制沥青混凝土下面层施工方案。

基础资料：太原至佳县高速公路西段路面工程第SLM3合同段桩号K126+000～K145+619.429，路面长19.647 km，包括主线(含桥梁及隧道)和方山互通路面、通信管道工程。本合同段太原至佳县方向(右幅)设计为6 cm沥青混凝土下面层。计划开工的K143+226～K145+619.429段沥青混凝土下面层工程量为12 359 m²。

计划开工时间为20××年8月18日，完工时间为20××年8月30日。在施工中每道工序的完成，首先自检，自检合格后报请监理工程师，经监理工程师检验合格后，进行下一道工序的施工。

附：

**1. 人员、机械配置情况**

(1)人员安排：

技术负责人：×××　　　　施工负责人：×××

质检负责人：×××　　　　质　检　员：×××

施　工　员：×××，×××，×××

放　线　员：×××　　　　试　验　员：×××、×××

料场普工：20人　　　　　施工现场普工：23人

(2)机械配置：

沥青混合料拌合站1套；

ABG—423沥青摊铺机2台；

DD—110双钢轮振动压路机1台；

DD—130双钢轮振动压路机2台；

胶轮压路机1台；

洒水车1辆；15 t自卸车15辆。

**2. 原材料情况**

(1)碎石：采用××厂生产的碱性石灰岩碎石。

(2)细集料：采用××厂生产的0～3 mm石屑、水洗砂。

(3)沥青：采用××牌70—A沥青，用量为3.5%。

沥青针入度：67(0.1 mm)；10 ℃延度：>100 cm；软化点：48.0 ℃。

 学习检测

1. 沥青路面与水泥混凝土路面相比有何优缺点？
2. 列举你所掌握的沥青面层的类型。
3. 沥青路面使用的沥青包括哪些类型？常用的道路石油沥青有几个标号？每个标号又分为几个等级？如何选用？
4. 沥青面层用粗集料有哪些类型？粗集料碎石优选碱性岩石还是酸性岩石加工？粗集料与沥青的黏附性不符合要求时，可采取哪些措施？
5. 沥青面层用细集料有哪些类型？高等级公路应优选哪种细集料？细集料的洁净程度用什么指标衡量？
6. 沥青混凝土面层用填料有何要求？
7. 沥青面层对施工气候条件有何要求？
8. 绘制沥青混凝土面层施工工艺流程图。
9. 沥青面层施工过程中要对哪些施工温度进行控制？沥青混合料的施工温度可用什么温度计检测？

10. 沥青混合料配合比设计分为哪几步？各解决什么问题？
11. 沥青混凝土面层试验段铺筑的目的是什么？
12. 沥青混合料拌和要点有哪些？
13. 沥青混合料运输要点有哪些？
14. 沥青混合料摊铺机的工作原理是什么？
15. 沥青混合料摊铺中应注意什么？
16. 沥青混凝土碾压分为哪几步？作用分别是什么？适宜的压实机具组合是什么？
17. 沥青混合料出厂检验项目有哪些？哪些可进行在线监测？哪些可进行总量检验？
18. 沥青混合料铺筑过程中，施工厚度的检测方法有哪几种？如何应用？
19. 沥青面层的压实度指的是什么？压实度的控制采取什么方法？碾压工艺的控制包括哪些？
20. 沥青路面的渗水系数指的是什么？
21. 沥青混合料出现花白料、枯料、没有色泽的原因分别是什么？如何解决？
22. 沥青混合料的离析一般分为哪两种？通过查阅资料，了解摊铺作业转运车在解决离析问题方面的应用。
23. 热拌沥青混合料铺筑过程中的质量检查项目有哪些？
24. 沥青混凝土面层质量评定时的实测项目有哪些？
25. 沥青混凝土面层平整度检测方法有哪些？分别对应什么指标？
26. 沥青混凝土面层抗滑检测方法有哪些？分别对应什么指标？
27. 沥青混凝土面层的工程计量有何规定？

# 项目十 其他沥青面层施工

## 项目描述

沥青混凝土面层无疑是目前各级公路主要采用的路面面层类型,但是,有时为了提高路面的使用性能,一些公路路面表面层采用了沥青玛琋脂碎石混合料(Stone Mastic Asphalt,SMA);也有一些新建低等级公路或公路养护项目采用沥青表面处治路面或沥青贯入式路面。另外,沥青路面还有一些功能性结构层,如透层、黏层、封层。通过学习本项目,学生应了解 SMA 面层、沥青贯入式面层、沥青表面处治面层以及透层、黏层、封层的施工要求,并能初步组织施工。

本项目包括 SMA 面层施工、功能结构层施工、沥青表面处治与沥青贯入式施工三个任务。

## 任务1 SMA 面层施工

### ❖ 案例导入

表 10-1 是山西省临汾至吉县高速公路 LM2 合同段特重交通路段的路面结构设计图。该路段上面层采用了密级配 SMA 沥青混合料。目前,SMA 较广泛应用于高等级公路表面层,提高道路的抗滑性能,改善其他路用性能。

表 10-1 路面结构设计图

| 层位 | 车道类型 | 特重交通 |
|---|---|---|
| | 干湿类型 | 中湿 |
| 面层 | 上面层 | 4 cm 细粒式密级配改性沥青 SMA-13 混合料 |
| | 中面层 | 6 cm 中粒式密级配 AC-20 SBS 改性沥青混凝土 |
| | 下面层 | 8 cm 中粒式密级配 AC-20 沥青混凝土 |

续表

| 车道类型 | | 特重交通 |
|---|---|---|
| 干湿类型 层 位 | | 中湿 |
| 基层 | 上基层 | 12 cm 密级配 ATB-25 沥青稳定碎石 |
| | 下基层 | 38 cm 水泥稳定碎石 |
| 底基层(整平层) | | 30 cm 水泥稳定砂砾 |
| 总厚度/cm | | 98 |

请思考：1. SMA 混合料的特点是什么？有何优点？
2. SMA 混合料在公路工程中的主要应用有哪些？
3. SMA 面层的施工方法与沥青混凝土面层相比有何区别？

### 任务描述

沥青路面中，SMA 以其优良的路用性能，逐渐应用于高速、一级公路的表面层以及机场道路等重要的路面工程中。通过学习本任务，学生应了解 SMA 的特点、适用范围、相对于沥青混凝土面层施工的不同点，具备初步进行 SMA 面层的施工管理、现场质量控制的能力，能初步完成 SMA 面层施工细则的编写工作。同时，通过阅读素材，体会道路科技工作者的专业情怀与创新精神，树立科技创新意识。

## 一、基本概念

沥青玛琋脂碎石路面是指用沥青玛琋脂碎石混合料作面层或抗滑层的沥青路面，简称 SMA 路面。

沥青玛琋脂碎石混合料是一种以沥青、矿粉及纤维稳定剂组成的沥青玛琋脂结合料，填充于间断级配的矿料骨架中所形成的沥青混合料。

SMA 的结构组成可概括为"三多一少"，即粗集料多、矿粉多、沥青多、细集料少。由于粗集料良好的嵌挤作用，混合料有非常好的高温抗车辙能力，同时由于沥青玛琋脂良好的粘结作用，混合料的低温抗裂性能和水稳定性也有较大的改善。添加纤维稳定剂，使沥青结合料保持高黏度，其摊铺和压实效果较好。间断级配在表面形成大孔隙，构造深度大，抗滑性能好。同时混合料的空隙率又很小，耐老化性能及耐久性都很好，从而全面提高了沥青混合料的路面性能。总之，SMA 路面具有抗滑耐磨、密实耐久、耐疲劳、抗高温车辙、减小低温开裂等优点，比较适用于高速公路、一级公路的抗滑表层，厚度一般为 3.5~4 cm。

SMA 结构特点及路用性能

## 二、SMA 面层对材料要求

粗集料、细集料、填料及改性沥青的要求与沥青混凝土面层基本相同。SMA 面层每层的压实层厚度不宜小于集料公称最大粒径的 2~2.5 倍。由于其主要用于抗滑表面层，因此，细集料要求选用优质的机制砂，不宜使用天然砂。矿粉要求不能使用回收粉尘。

SMA 的纤维稳定剂宜采用木质素纤维。木质素纤维应按沥青混合料总质量的 0.3%~0.4% 掺入混合料中。

### 三、施工要点

限于篇幅，这里主要介绍与沥青混凝土面层施工有别的几点要求。

**1. 沥青用量**

SMA 经马歇尔试验确定的沥青用量宜采用《公路工程沥青及沥青混合料试验规程》(JTG E20—2011)中的"谢伦堡沥青析漏试验"及"肯塔堡沥青混合料飞散试验方法"进行检验；如检验不合格时，应调整结合料用量或重新进行混合料设计。

**2. 喷洒黏层油**

为使沥青面层充分粘结成整体，应特别注意防止层间施工污染，并在中面层表面强制性洒黏层油。黏层油采用改性乳化沥青（不稀释），用量约 0.4~0.6 L/m²，黏层油采用沥青洒布车喷洒，洒布速度和喷洒量应保持稳定。

**3. 拌和**

生产添加纤维的沥青混合料时，纤维必须在混合料中充分分散，拌和均匀。拌合机应配备同步投料装置。松散的絮状纤维可与沥青同时或稍后喷入拌合锅，拌合时间宜延长 5 s 以上。颗粒纤维可与粗集料同时加入，干拌 5~10 s。工程量很小时，也可分装成塑料小包由人工直接投入拌合锅。

改性沥青 SMA 混合料的拌合周期一般为 60~70 s，详见表 10-2。拌合时间应根据具体情况由试拌确定，保证沥青均匀裹覆。SMA 混合料成品仅限当天使用。

表 10-2　改性沥青 SMA 混合料拌合时间及加料次序

| 生产次序 | 1 | 2 | 3 |
|---|---|---|---|
| 生产环节 | 加集料、加矿粉 | 加沥青、加纤维 | 出料 |
| 拌合时间 | 干拌约为 10 s，湿拌约为 50 s，总拌合周期为 60~70 s | | |

**4. 运输**

由于 SMA 混合料中的沥青玛碲脂黏性较大，故运输车需涂刷较多的油水混合液。同时，为了防止 SMA 混合料表面结成硬壳，运输过程中，车辆顶面需加保温盖，而且在同等条件下，使用 SMA 还需增加运输车辆。

**5. 摊铺**

由于 SMA 产量低，为保持连续不间断的摊铺，摊铺机的速度需放慢。

**6. 碾压**

由于轮胎式压路机的搓揉使沥青玛碲脂产生上浮，极易使路面抗滑能力下降，有时甚至造成泛油，因此，SMA 面层的碾压应采用钢轮压路机，不宜使用轮胎压路机。实践经验证明，SMA 面层的碾压可以采用振动压路机，但要避免粗集料碾碎和泛油现象发生。

SMA 路面碾压应遵循"紧跟、慢压、高频、低幅"的原则。若发现碾压有推移现象，应检查级配、油石比是否符合规定；若发现玛碲脂上浮，石子压碎、棱角磨光等，应停止碾压。碾压模式见表 10-3，碾压速度见表 10-4。

表 10-3　SMA 混合料面层碾压模式

| 碾压阶段 | 压路机类型 | 数量 | 碾压模式 |
|---|---|---|---|
| 初压 | 双钢轮振动压路机（11 t 以上） | 2 台 | 整幅范围内，前后振压 2 遍 |
| 复压 | 双钢轮振动压路机（11 t 以上） | 2 台 | 整幅范围内套轮循环，前后振压各 2 遍 |
| 终压 | 双钢轮振动压路机（11 t 以上） | 1 台 | 静压 1~2 遍 |

表 10-4  SMA 混合料面层碾压速度

| 压路机类型 | 初压速度/(km·h$^{-1}$) | 复压速度/(km·h$^{-1}$) | 终压速度/(km·h$^{-1}$) |
| --- | --- | --- | --- |
| 静压钢轮压路机 | 2～3 | 2.5～5 | 2.5～5 |
| 钢轮振动压路机 | 2～4 | 4～5 | — |

**【主题讨论】** 请阅读"小龙虾'吃'出了一项新专利"的故事,谈谈道路科技工作者的专业思维与专业情怀。

对长沙人而言,小龙虾是再熟悉不过的夜宵"网红"。但在科研人员眼里,吃剩的龙虾壳居然可以"变废为宝"。长沙理工大学交通运输工程学院博士团队通过吃小龙虾"吃"出了一项新专利。

谈起研发过程,长沙理工大学交通运输工程学院吕松涛教授觉得既意外又惊喜。2019 年 6 月的一个夜晚,他和团队师生在结束了一天紧张的科研学习后,相约去学校东门吃夜宵。小龙虾是大家的最爱,不一会儿一大盆小龙虾便化为了每人桌前一座座红色的小山。大家正打算像往常一样将龙虾壳清理掉时,吕松涛忽然抛出了个问题:"龙虾壳经过 200 ℃以上的高温油爆后还能完好无损,说明其高温性能相当不错,如果把它用到基质沥青里面是不是能提高沥青的高温性能呢?"

这个看似不经意间提出的问题,却正好契合了当前国际上关于生物沥青的研究热点。于是,在接近一年的时间里,团队成员围绕"小龙虾"进行了大量的调研。大家发现,吃剩下的龙虾壳因为用途有限,除了少量用于生产低价值的水生饲料和生物肥料外,大部分都是直接作为垃圾丢弃掉,由此产生了较为严重的环境问题。他们也越发意识到发掘龙虾壳应用价值的重要意义。

就这样,团队成员夏诚东博士带着郭燕鹏、胡隆两名硕士开始了将龙虾壳"变废为宝"的旅程:

第一步:对龙虾壳进行清洗、去油、烘干处理。

第二步:将处理后的虾壳进行研磨,得到粒径≤0.15 mm 的粉末。

第三步:将龙虾壳粉末将入加热融化后的基质沥青,经充分搅拌后得到龙虾壳粉改性沥青。大量反复的试验检测证明,掺入龙虾壳粉可以有效改善沥青的高温性能。

目前,团队的这一成果已在国际知名期刊发表并申请了国家发明专利,所开发的道路新材料龙虾壳生物沥青对于提升传统路面材料性能、减少生物废料对环境的污染等具有重要的意义;同时使看似没有关联的学科——生物学和食品科学技术与交通运输工程得到了一次完美的结合。

回忆这次吃出来的"意外收获",夏诚东不无感慨:"基于在道路路面材料方面的长期研究工作基础,这个项目在技术攻关方面是比较顺利的,但是收集龙虾壳废料、清洗龙虾壳的过程非常'痛苦',经常一蹲就是大半天,常常都是汗流浃背。"眼下又到了吃小龙虾的旺季,团队成员都很开心:"今后我们吃小龙虾时可以说是在为科研做贡献了。"

该研究团队还将在龙虾壳沥青混合料低温性能、疲劳性能、试验路铺设等方面持续进行深入研究,让龙虾壳这种常见的"废料"的功能更好地发挥出来,真正做到变废为宝。

# 任务 2　功能结构层施工

## ❖ 案例导入

表 10-5 是山西省长安高速公路长治至平顺方向特重交通路段的路面结构设计图。该路段沥青稳定碎石结构层下面采用了乳化沥青稀浆封层作为下封层，起防水作用。在 38 cm 水泥稳定碎石基层施工完毕，要求洒透层油，而在沥青层之间未连续施工，或受污染时要求洒黏层油，加强粘结。

表 10-5　路面结构设计图

| 车道类型 | | 特　重　交　通 |
|---|---|---|
| 层　位 | 干湿类型 | 中　湿 |
| 面层 | 上面层 | 4 cm 细粒式密级配 AC－13 沥青混凝土 |
| | 下面层 | 5 cm 中粒式密级配 AC－20 沥青混凝土 |
| 基层 | 上基层 | 12 cm 密级配 ATB－25 沥青稳定碎石 |
| | 封层 | 1 cm ES－3 乳化沥青稀浆封层 |
| | 下基层 | 38 cm 水泥稳定碎石 |
| | 底基层 | 20 cm 水泥稳定碎石 |
| 总厚度/cm | | 80 |

请思考：1. 透层、黏层、封层的概念分别是什么？
　　　　2. 透层、黏层、封层分别用在什么场合？
　　　　3. 透层与下封层的区别有哪些？

> **任务描述**
>
> 透层、黏层、封层作为功能结构层,可以避免层间滑动位移产生,保持路面结构的整体性,在路面结构中起着非常重要的作用。通过学习本任务,学生应掌握透层、黏层、封层的概念、作用、材料要求、施工技术、质量要求,初步具备透层、黏层、封层的施工管理、现场质量控制的能力,能完成透层、黏层、封层施工细则的编写工作。同时,通过阅读素材,体会道路科技工作者的开拓创新精神,树立科技创新意识。

## 一、一般规定

(1)半刚性基层表面宜喷洒透层油,在透层油渗透入基层后,方可开展下道工序。

(2)在使用无机结合料铺筑的基层上应铺筑下封层。下封层宜采用单层式层铺法表面处治施工。

(3)透层、封层及黏层施工宜采用智能型沥青洒布车一次均匀洒布。

(4)下封层在正式施工前,应按要求做试铺路段,经质量检查合格并进行试铺总结后,方可正式施工。

(5)沥青面层之间如不是连续施工,则必须喷洒黏层油;如连续施工且无污染,可不喷洒黏层油。

(6)黏层应在上覆层施工前1~2 d进行,不宜过早施工。

(7)结构物与沥青层接触部位必须均匀涂刷黏层油,同时还应注意保护桥头、涵顶及路面两侧的结构物不受污染。

(8)透层、下封层及黏层应在干燥和较热的天气施工。气温低于10 ℃或大风、即将降雨时不得施工。

(9)透层、下封层及黏层施工结束后,应立即进行封闭管理,以避免后期污染。

## 二、透层的施工

### (一)材料规格和用量

透层油的材料根据基层类型选择渗透性好的液体沥青、乳化沥青、煤沥青。透层油的黏度通过调节稀释剂的用量或乳化沥青的浓度得到适宜的黏度,基质沥青的针入度通常不宜小于100。透层用乳化沥青的蒸发残留物含量允许根据渗透情况适当调整。当使用成品乳化沥青时,可通过稀释得到要求的黏度。透层用液体沥青的黏度通过调节煤油或轻柴油等稀释剂的品种和掺量,经试验确定。透层油的质量应符合规范的要求。透层油的用量应通过试洒确定,不宜超出表10-6要求的范围。

透层

表10-6 沥青路面透层材料的规格和用量表

| 用途 | 液体沥青 | | 乳化沥青 | | 煤沥青 | |
|---|---|---|---|---|---|---|
| | 规格 | 用量/(L·m$^{-2}$) | 规格 | 用量/(L·m$^{-2}$) | 规格 | 用量/(L·m$^{-2}$) |
| 无结合料粒料基层 | AL(M)-1、2或3<br>AL(S)-1、2或3 | 1.0~2.3 | PC-2<br>PA-2 | 1.0~2.0 | T-1<br>T-2 | 1.0~1.5 |
| 半刚性基层 | AL(M)-1或2<br>AL(S)-1或2 | 0.6~1.5 | PC-2<br>PA-2 | 0.7~1.5 | T-1<br>T-2 | 0.7~1.0 |
| 注:表中用量是指包括稀释剂和水分等在内的液体沥青、乳化沥青的总量。乳化沥青中的残留物含量以50%为基准。 | | | | | | |

## (二)施工工艺流程

透层油施工工艺流程图如图 10-1 所示。

## (三)施工技术要点

(1)透层施工前,应对基层进行全面调查,及时处理相关缺陷。清扫路面,遮挡防护路缘石及人工构造物污染。

(2)在无结合料粒料基层上洒布透层油时,宜在铺筑沥青层前 1~2 天洒布。而用于半刚性基层的透层油宜紧接在基层碾压成型后表面稍变干燥,但尚未硬化的情况下喷洒。

(3)应使用智能型沥青洒布车喷洒沥青。洒布数量宜通过试验确定,喷洒数量应符合表 10-6 的规定。喷洒应均匀,注意起步或终止以及纵向搭接处的喷洒数量,做到既不漏喷也不多喷。沥青洒布车喷嘴的轴线应与路面垂直,并保证所有喷嘴的角度一致,同时调整洒布管的高度,尽量使同一地点能够接受到两个或三个喷嘴喷洒的沥青。

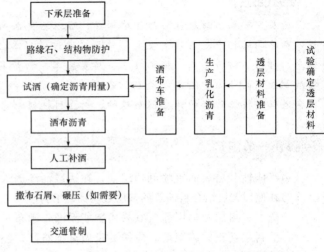

图 10-1 透层油施工工艺流程图

透层施工要点

透层油洒布不均匀,有花白遗漏的应人工补洒,喷洒过量的立即撒布石屑或砂吸油,必要时作适当碾压。透层油洒布后,不得在表面形成能被运料车和摊铺机粘起的油皮。透层油达不到渗透深度要求时,应更换透层油稠度或品种。

(4)透层油洒布后的养护时间随透层油的品种和气候条件由试验确定,确保液体沥青中的稀释剂全部挥发,乳化沥青渗透且水分蒸发,然后尽早铺筑沥青面层,防止工程车辆损坏透层。

(5)喷洒后通过钻孔或挖掘确认透层油渗透入基层的深度宜不小于 5(无机结合料稳定集料基层)~10 mm(无结合料基层),并能与基层联结成为一体。沥青层必须在透层油完全渗透入基层后方可铺筑。

## (四)质量控制

(1)透层油的质量应符合现行《公路沥青路面施工技术规范》(JTG F40—2004)的相关规定。

(2)施工过程中,应随时进行外观检查,确保透层油洒布均匀,数量符合规定。

(3)应在下卧层上放置固定面积的搪瓷盘。沥青喷洒后测定盘中洒入沥青数量,测定沥青洒布量。

(4)采用钻孔或挖掘检查透层油渗透入基层的深度,宜不小于 5 mm;对于级配碎石基层透层油的渗透深度,应通过试验确定。

(5)透层的检测项目、频率、技术标准及试验方法应符合表 10-7 的规定。

表 10-7 透层检测标准

| 检测项目 | 检测频率 | 技术标准 | 试验方法 |
| --- | --- | --- | --- |
| 外观 | 随时 | 外观均匀一致,与下卧层表面牢固粘结,不起皮 | 目测为主 |
| 沥青 | 每批检查 1 次 | 符合现行《公路沥青路面施工技术规范》(JTG F40—2004)的规定 | 按现行《公路工程沥青及沥青混合料试验规程》(JTG E20—2011)进行 |
| 洒布量 | 1 000 m² 一组 | 满足设计要求 | 洒布时固定容器收集 |

**【主题讨论】** 沥青洒布车从诞生到现在已经有100多年历史,我国在20世纪50年代,开始从苏联引进技术生产沥青洒布车,其发展历程大体可分为三个阶段,即引进模仿期、改进提升期和创新智造期。未来,沥青洒布车将向系列化、个性化、智能化方向发展。请查阅资料,谈谈沥青洒布车的技术变迁与发展趋势。

## 三、黏层施工

### (一)材料规格和用量

黏层油宜采用快裂或中裂乳化沥青、改性乳化沥青,也可采用快凝、中凝液体石油沥青,其规格和质量应符合《公路沥青路面施工技术规范》(JTG F40—2004)的要求,所使用的基质沥青标号宜与主层沥青混合料相同。

黏层油的品种和用量应根据下卧层的类型通过试洒确定,并符合表10-8的要求。当黏层油上铺筑薄层大空隙排水路面时,黏层油的用量宜增加到 $0.6 \sim 1.0 \ L/m^2$。在沥青层之间兼作封层而喷洒的黏层油宜采用改性沥青或改性乳化沥青,其用量不宜少于 $1.0 \ L/m^2$。

黏层

表10-8 沥青路面黏层材料的规格和用量表

| 下卧层类型 | 液体沥青 | | 乳化沥青 | |
|---|---|---|---|---|
| | 规格 | 用量/(L·m$^{-2}$) | 规格 | 用量/(L·m$^{-2}$) |
| 新建沥青层或旧沥青路面 | AL(R)-3~AL(R)-6<br>AL(M)-3~AL(M)-6 | 0.3~0.5 | PC-3<br>PA-3 | 0.3~0.6 |
| 水泥混凝土 | AL(M)-3~AL(M)-6<br>AL(S)-3~AL(S)-6 | 0.2~0.4 | PC-3<br>PA-3 | 0.3~0.5 |

注:表中用量是指包括稀释剂和水分等在内的液体沥青、乳化沥青的总量。乳化沥青中的残留物含量以50%为基准。

### (二)施工工艺流程

黏层油施工工艺流程图如图10-2所示。

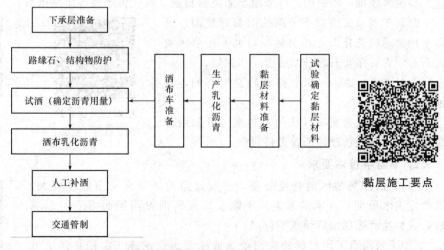

图10-2 黏层油施工工艺流程图

### (三)施工技术要求

(1)气温低于10℃时,不得喷洒黏层油。寒冷季节施工不得不喷洒时,可以分成两次喷洒。路面潮湿时不得喷洒黏层油,用水洗刷后需待表面干燥后喷洒。

(2)黏层油宜采用沥青洒布车喷洒,并选择适宜的喷嘴,洒布速度和喷洒量保持稳定。当采用机动或手摇的手工沥青洒布机喷洒时,必须由熟练的技术工人操作,均匀洒布。

沥青洒布车黏层施工(视频)

(3)喷洒的黏层油必须呈均匀雾状,在路面全宽度内均匀分布成一薄层,不得有洒花漏空或成条状,也不得有堆积。喷洒不足的要补洒,喷洒过量处应予刮除。

(4)喷洒黏层油后,严禁运料车外的其他车辆和行人通过。

(5)黏层油宜在当天洒布,待乳化沥青破乳、水分蒸发完成,或稀释沥青中的稀释剂基本挥发完成后,紧跟着铺筑沥青层,确保黏层不受污染。

### (四)质量控制

(1)黏层油的质量应符合现行《公路沥青路面施工技术规范》(JTG F40—2004)的相关规定。

(2)施工过程中,应随时进行外观检查,确保黏层油洒布均匀,数量符合规定。

(3)黏层油的检测项目、频率、技术标准及试验方法同透层油。

## 四、封层施工

### (一)上封层与下封层技术要求

**1. 上封层技术要求**

(1)根据情况可选择乳化沥青稀浆封层、微表处、改性沥青集料封层、薄层磨耗层或其他适宜的材料。

(2)上封层的下卧层必须彻底清扫干净,对车辙、坑槽、裂缝进行处理或挖补。

(3)上封层的类型应根据使用目的、路面的破损程度选用。

1)裂缝较细、较密的,可采用涂洒类密封剂、软化再生剂等涂刷罩面;

2)对二级及二级以下公路的旧沥青路面,可以采用普通的乳化沥青稀浆封层,也可在喷洒道路石油沥青后撒布石屑(砂)后碾压作封层;

3)对高速公路、一级公路有轻微损坏的,宜铺筑微表处;

4)对用于改善抗滑性能的上封层,可采用稀浆封层、微表处或改性沥青集料封层。

精细抗滑保护层施工工艺(视频)

纤维碎石封层施工工艺(视频)

**2. 下封层技术要求**

(1)多雨潮湿地区的高速公路、一级公路的沥青面层空隙率较大,有严重渗水可能,或铺筑基层后不能及时铺筑沥青面层而需通行车辆时,宜在喷洒透层油后铺筑下封层。

(2)下封层宜采用层铺法表面处治或稀浆封层法施工。稀浆封层可采用乳化沥青或改性乳化沥青作结合料。下封层的厚度不宜小于6mm,且做到完全密水。

封层做法

(3)以层铺法沥青表面处治铺筑下封层时,通常采用单层式,矿料用量宜为 5～8 m³/1 000 m²,沥青用量可采用要求范围的中高限。具体工艺见本项目的任务 3。

### (二)稀浆封层与微表处施工

**1. 适用情况**

微表处主要用于高速公路及一级公路的预防性养护以及填补轻度车辙,也适用于新建公路的抗滑磨耗层。稀浆封层一般用于二级及二级以下公路的预防性养护,也适用于新建公路的下封层。

**2. 对材料的要求**

(1)沥青:微表处必须采用改性乳化沥青,稀浆封层可采用普通乳化沥青或改性乳化沥青,其品种和质量应符合现行《公路沥青路面施工技术规范》(JTG F40—2004)的要求。

(2)集料:稀浆封层和微表处应选择坚硬、粗糙、耐磨、洁净的集料。各项性能应符合现行施工技术规范的要求。其中,微表处用通过 4.75 mm 筛的合成矿料的砂当量不得低于 65%,稀浆封层用通过 4.75 mm 筛的合成矿料的砂当量不得低于 50%。当用于抗滑表层时,还应符合现行施工技术规范对磨光值的要求。细集料宜采用碱性石料生产的机制砂或洁净的石屑。对集料中的超粒径颗粒必须筛除。

**3. 矿料级配**

根据铺筑厚度、处治目的、公路等级等条件,按照现行施工技术规范的规定选用合适的矿料级配。

**4. 混合料**

稀浆封层和微表处的混合料中乳化沥青及改性乳化沥青的用量,应通过配合比设计确定。混合料的质量应符合现行施工技术规范的技术要求。

**5. 施工要点**

(1)下卧层的准备:稀浆封层和微表处施工前,应彻底清除原路面的泥土、杂物,修补坑槽、凹陷,较宽的裂缝宜清理灌缝。在水泥混凝土路面上铺筑微表处时宜洒布黏层油,过于光滑的表面需拉毛处理。

微表处罩面技术(视频)

(2)混合料拌制:混合料的拌制宜采用拌合厂机械拌合的方式。当采用阳离子乳化沥青拌合时,宜先用水使集料湿润,若湿润后仍难以与乳液拌合均匀时,应改用破乳速度更慢的乳液,或用 1%～3% 浓度的氯化钙水溶液代替水润湿集料表面。混合料适宜的拌合时间应根据实际情况调节并通过试拌确定,矿料中加进乳液后的机械拌合时间不宜超过 30 s,人工拌合时间不宜超过 60 s。

稀浆封层

(3)混合料摊铺:稀浆封层和微表处必须使用专用的摊铺机进行摊铺。单层微表处适用于旧路面车辙深度不大于 15 mm 的情况,超过 15 mm 的必须分两层铺筑,或先用 V 形车辙摊铺箱摊铺,深度大于 40 mm 时不适宜微表处处理。

(4)接缝处理:稀浆封层和微表处两幅纵缝搭接的宽度不宜超过 80 mm,横向接缝宜做成对接缝。分两层铺筑时,第一层摊铺后至少应开放交通 24 h 后方可进行第二层摊铺。

稀浆封层车摊铺(视频)

(5)施工气温控制:稀浆封层和微表处的最低施工温度不得低于 10 ℃,严禁在雨天施工,摊铺后尚未成型混合料遇雨时应予铲除。

(6)施工过程质量控制:稀浆封层和微表处铺筑后的表面不得有超粒径料拖拉的严重划痕,横向接缝和纵向接缝处不得出现余料堆积或缺料现象,用3 m直尺测量接缝处的不平整度不得大于6 mm。对微表处不得有横向波浪和深度超过6 mm的纵向条纹。经养护和初期交通碾压稳定的稀浆封层和微表处,在行车作用下应不飞散且完全密水。

稀浆封层施工

### (三)沥青同步碎石封层施工

沥青同步碎石封层即用同步碎石封层车将沥青与一定规格、干净的碎石同步喷洒在原路面上,经过胶轮碾压机和行驶车辆的自然碾压,形成一种以沥青为结合料的碎石封层(磨耗层)。与传统的碎石封层相比,其主要的特点有:良好的防滑性、防水性,对原路面病害的修复作用好,施工工期短,施工工艺简单,实用性强,应用范围广,同时降低了道路养护成本。

#### 1. 施工工艺流程

沥青同步碎石封层的施工工艺流程如下:

原有旧路面的处理→施工材料的准备→沥青同步碎石封层车现场喷洒→胶轮压路机碾压→开放交通→清扫路面、回收剩余集料。

#### 2. 施工技术要点

(1)封层前要对原路面进行认真清扫,作业过程中应保证足够数量的胶轮压路机,以便在沥青温度降低之前或乳化沥青破乳后能及时完成碾压工序。另外,封层后即可通车,但在初期应限制车速,待2 h后可完全开放交通,从而防止快速行车造成石子飞溅。

改性沥青应力吸收层(同步碎石封层)
(视频)

(2)使用改性沥青作为粘结料时,为保证雾状喷洒而形成均匀、等厚度的沥青膜,必须保证沥青的温度为160~170 ℃。

(3)同步碎石封层车的喷油嘴高度不同,所形成的沥青膜厚度会不同(因为各个喷嘴喷出的扇形雾状沥青重叠情况不同),通过调整喷嘴高度使得沥青膜的厚度符合要求。

(4)同步碎石封层车应以适宜的速度均匀行驶,在此前提下石料和粘结料两者的撒布率必须匹配。

(5)作为表面处治层或磨耗层的碎石封层,其使用条件是原路面平整度和强度满足要求。

【主题讨论】请结合以下材料,谈谈沥青路面"雾封层"预防性养护技术。

沥青路面是目前全世界应用最为广泛的路面结构,有很好的安全性、舒适性和美观性等诸多优点。但沥青路面也有天然的不足之处,就是沥青材料不可抗拒的自然老化问题,再加上气候环境、交通荷载等因素的影响,一般使用2~3年的时间,就会出现沥青的柔韧性和弹性下降、路面松动、裂痕、泛白、渗水过大等现象,沥青路面进入"亚健康"状态,如继续蔓延,极易诱发病害集中爆发。针对这一问题,全世界诞生了很多预防性养护技术,虽然技术路线各不相同,但其目的高度相似,那就是及时采取预防性措施,延缓沥青老化、控制病害蔓延、延长使用寿命,提高沥青路面的整体服务质量。

沥青路面的"雾封层"是一种可以早期介入的养护技术,对沥青路面的结构、外观和功能都没有很大的改变,即可起到恢复沥青性能、稳定集料、降低渗水系数等积极的作用,从而达到延缓沥青老化、控制病害蔓延、延长使用寿命、提高沥青路面的整体服务质量的目的,再加之操作简单、性价比高,是一种较为理想的沥青路面早期预防性养护技术。

沥青路面"雾封层"预防性养护技术,从材料上可分为水溶性和油溶性两大类。

水溶性材料基本都是采用改性乳化沥青,配合增加粘结、增加强度、加速干燥等组分,与一定比例的硬质砂混合后喷洒到沥青路面,形成2~5 mm厚的隔离层,阻隔紫外线、水、腐蚀物等对沥青路面的伤害。

油溶性材料基本都是以液态的沥青提取物为基础，配合还原剂、抗老化剂、降黏剂、增强剂、消光剂等组分，喷洒于沥青路面。其养护机理与水溶性材料大不相同，防护作用并非依靠隔离层，而是渗透至路面 2～10 mm 以下，对沥青路面起到浸润和还原的作用，与沥青路面形成一个整体，修复缺陷，提高沥青路面自身的防护能力。

两类材料各有千秋，优点和缺点都比较明显。比如水溶性材料在路面上形成一定的厚度，可以将砂子固定，不会降低路面的摩擦系数，这是两者相比最突出的优点，可恰恰这一优点会对路面的构造深度有一定的负面影响，同时形成的厚度隔离层会增加剥落的风险，从这个角度讲，优点又变成了不可避免的缺点；再比如油溶性材料可以渗透至路面以下，对老化沥青有很好的还原作用，能从根本上提高沥青路面的性能和自身的防护能力，相比之下这是油溶性材料最突出的优点，可因为在表面形成的厚度不够，对砂子的固定能力太弱，无法含砂使用，初期的路面摩擦系数有明显降低，这又成了油溶性材料的最大缺点。如此一来，就不能全面满足沥青路面预防性养护的全部诉求，出现了"扬长不能避短"的尴尬局面，长此以往，势必会对沥青路面的早期预防性养护形成一定的制约，也会增加养护单位的选择性困难，只好顾此失彼。如能将材料和工艺加以改进，将两者的优点保留并融合，还能规避其缺点，真正做到扬长避短，对沥青路面的预防性养护工作和雾封层技术的市场推广工作都具有重大意义和推动作用。

## 任务 3　沥青表面处治与沥青贯入式施工

❖ 案例导入

表 10-9 是山西省苛临高速公路被交道路中三级公路建设标准的沥青路面结构设计图。该道路采用沥青表面处治结构层作为面层。沥青表面处治常可以作为三、四级公路面层以及高等级公路的下封层。

表 10-9　路面结构设计图

| 公路等级 | 三级公路 |
|---|---|
| 层　位　　　干湿类型 | 中　湿 |
| 面层 | 4 cm 沥青表面处治 |
| 基层 | 15 cm 水泥稳定砂砾（或碎石） |
| 底基层 | 20 cm 综合稳定土或石灰土 |
| 总厚度/cm | 39 |

请思考：1. 沥青表面处治在公路工程中的应用有哪些？
2. 沥青表面处治如何施工？质量如何控制？
3. 沥青表面处治与沥青贯入式的区别有哪些？

## 任务描述

沥青表面处治、沥青贯入式通常用于低等级公路的路面。通过学习本任务，学生应理解沥青表面处治、沥青贯入式结构层的概念、适用情况、施工规定与施工要点，具备沥青表面处治、沥青贯入式结构层的施工管理、现场质量检测及记录的能力，能完成沥青表面处治、沥青贯入式结构层施工细则的编写工作。同时，了解传统施工工艺在我国道路建设史上的积极作用，养成尊重传统工艺的职业素养。

## 一、沥青表面处治施工

### (一)基本概念

沥青表面处治路面是指用沥青和集料按层铺法铺筑而成的厚度不超过 3 cm 的沥青面层。当采用乳化沥青作结合料时，称为乳化沥青表面处治路面。沥青表面处治结构层按层铺的次数及厚度，可分为：单层式(厚度 10~15 mm)、双层式(厚度 15~25 mm)、三层式(厚度 25~30 mm)。

沥青表面处治适用于三级和三级以下公路路面面层以及高等级公路下封层。

沥青表面处治宜选择在干燥和较热的季节施工，并在最高温度低于 15 ℃到来以前半个月及雨期前结束。

### (二)层铺法沥青表面处治施工

**1. 材料规格与用量**

沥青表面处治可采用道路石油沥青、乳化沥青、煤沥青铺筑，沥青标号应按现行施工技术规范的相关规定选用。沥青表面处治的集料最大粒径应与处治层的厚度相等，其规格和用量宜按表 10-10 选用；沥青表面处治施工后，应在路侧另备 S12(5~10 mm)碎石或 S14(3~5 mm)石屑、粗砂或小砾石 2~3 m³/1 000 m² 作为初期养护用料。

**2. 施工工艺及技术要点**

下面以三层式沥青表面处治为例，来说明层铺法沥青表面处治的施工工艺及技术要点。

(1)清扫基层、喷洒透层油：在清扫干净的碎(砾)石路面上或各类基层上铺筑沥青表面处治时，应喷洒透层油。在旧沥青路面、水泥混凝土路面、块石路面上铺筑沥青表面处治路面时，可在第一层沥青用量中增加 10%~20%，不再另洒透层油或黏层油。

(2)洒布第一层沥青：施工时应采用沥青洒布车喷洒沥青。其洒布长度应与矿料撒布能力相协调。沥青要洒布均匀。当发现洒布沥青后有空白、缺边时，应立即用人工补洒，有积聚时应立即刮除。洒布设备的喷嘴应适用于沥青的稠度，确保能呈雾状，与洒油管呈15°~25°的夹角。洒油管的高度应使同一地点接受 2~3 个喷油嘴喷洒的沥青，不得出现花白条。

沥青洒布温度应根据施工气温以及沥青标号确定，一般情况下，石油沥青宜为 130~170 ℃，煤沥青宜为 80~120 ℃，乳化沥青宜在常温下洒布。加温洒布的乳液温度不得超过 60 ℃。前后两车喷洒的接茬处用铁板或建筑纸铺 1~1.5 m，使搭接良好。分几幅浇洒时，纵向搭接宽度宜为 100~150 mm。洒布第二、三层沥青的搭接缝应错开。

表 10-10 沥青表面处治材料规格和用量

| 沥青种类 | 类型 | 厚度/mm | 集料/(m³/1 000 m²) 第一层 规格用量 | 集料/(m³/1 000 m²) 第二层 规格用量 | 集料/(m³/1 000 m²) 第三层 规格用量 | 沥青或乳液用量/(kg·m⁻²) 第一次 | 沥青或乳液用量/(kg·m⁻²) 第二次 | 沥青或乳液用量/(kg·m⁻²) 第三次 | 沥青或乳液用量/(kg·m⁻²) 合计用量 |
|---|---|---|---|---|---|---|---|---|---|
| 石油沥青 | 单层 | 1.0<br>1.5 | S12 7~9<br>S10 12~14 | | | 1.0~1.2<br>1.4~1.6 | | | 1.0~1.2<br>1.4~1.6 |
| 石油沥青 | 双层 | 1.5<br>2.0<br>2.5 | S10 12~14<br>S9 16~18<br>S8 18~20 | S12 7~8<br>S12 7~8<br>S12 7~8 | | 1.4~1.6<br>1.6~1.8<br>1.8~2.0 | 1.0~1.2<br>1.0~1.2<br>1.0~1.2 | | 2.4~2.8<br>2.6~3.0<br>2.8~3.2 |
| 石油沥青 | 三层 | 2.5<br>3.0 | S8 18~20<br>S6 20~22 | S12 12~14<br>S12 12~14 | S12 7~8<br>S12 7~8 | 1.6~1.8<br>1.8~2.0 | 1.2~1.4<br>1.2~1.4 | 1.0~1.2<br>1.0~1.2 | 3.8~4.4<br>4.0~4.6 |
| 乳化沥青 | 单层 | 0.5 | S14 7~9 | | | 0.9~1.0 | | | 0.9~1.0 |
| 乳化沥青 | 双层 | 1.0 | S12 9~11 | S14 4~6 | | 1.8~2.0 | 1.0~1.2 | | 2.8~3.2 |
| 乳化沥青 | 三层 | 3.0 | S6 20~22 | S10 9~11 | S12 4~6<br>S14 3.5~4.5 | 2.0~22 | 1.8~2.0 | 1.0~1.2 | 4.8~5.4 |

注：1. 煤沥青表面处治的沥青用量可比石油沥青用量增加 15%~20%；
2. 表中的乳液用量按乳化沥青的蒸发残留物含量的 60% 计算，如沥青含量不同应予折算；
3. 在高寒地区及干旱风沙大的地区，可超出高限 5%~10%。

(3)撒布第一层矿料：洒布主层沥青后应立即用集料撒布机或人工撒布第一层主集料。撒布集料后应及时扫匀，达到全面覆盖、厚度一致、集料不重叠，也不露出沥青的要求。局部有缺料时适当找补，积料过多的将多余集料扫出。两幅搭接处，第一幅洒布沥青应暂留 100~150 mm 宽度不撒布石料，待第二幅一起撒布。

(4)碾压：撒布主集料后，不必等全段撒布完，立即用 6~8 t 钢筒双轮压路机从路边向路中心碾压 3~4 遍，每次轮迹重叠约 300 mm。碾压速度开始不宜超过 2 km/h，以后可适当增加。

(5)第二、三层的施工方法和要求应与第一层相同，但可以采用 8 t 以上的压路机碾压。

(6)初期养护：沥青表面处治施工后，应进行初期养护。当发现有泛油时，应在泛油部位补撒与最后一层矿料规格相同的嵌缝料并扫匀；当有过多的浮动矿料时，应扫出路外。

**3. 注意事项**

(1)双层式或单层式沥青表面处治浇洒沥青及撒布集料的次数相应减少。

(2)喷洒沥青材料时，应对道路人工构造物、路缘石等外露部分作防污染遮盖。

(3)沥青表面处治施工应确保各工序紧密衔接，每个作业段长度应根据施工能力确定，并在当天完成。人工撒布集料时应等距离划分段落备料。

(4)除乳化沥青表面处治应待破乳、水分蒸发并基本成型后方可通车外，沥青表面处治在碾压结束后即可开放交通，并通过开放交通补充压实，成型稳定。在通车初期应设专人指挥交通或设置障碍物控制行车，限制行车速度不超过 20 km/h，严禁畜力车及铁轮车行驶，使路面全部宽度均匀压实。

**(三)施工过程中的质量控制**

沥青表面处治路面施工过程中质量检查的内容、频度、允许偏差应符合表 10-11 的规定。

表 10-11 沥青表面处治施工过程中的质量控制标准

| 项目 | 检查频度及单点检验评价方法 | 质量要求或允许偏差 | 试验方法或试验规程 |
|---|---|---|---|
| 外观 | 随时 | 集料嵌挤密实,沥青撒布均匀,无花白料,接头无油包 | 目测 |
| 集料及沥青用量 | 每日1次逐日评定 | ±10% | 每日施工长度的实际用量与计划用量比较,T0982 |
| 沥青洒布温度 | 每车1次评定 | 符合规范规定 | 温度计测量 |
| 厚度(路中及路侧各1点) | 不少于每2 000 m² 一点,逐点评定 | −5 mm | T0912 |
| 平整度(最大间隙) | 随时,以连续10尺的平均值评定 | 10 mm | T0931 |
| 宽度 | 检测每个断面逐个评定 | ±30 mm | T0911 |
| 横坡度 | 检测每个断面逐个评定 | ±0.5% | T0911 |

### (四)质量评定要求

**1. 基本要求**

(1)下承层表面应坚实、稳定、平整、清洁、干燥。

(2)沥青浇洒应均匀,无露白,不得污染其他构筑物。

(3)集料应趁热撒铺,扫布均匀,不得有重叠现象,压实平整。

**2. 实测项目**

沥青表面处治路面交工验收阶段的检查项目、检查频度、质量要求或允许偏差等见表10-12。

表 10-12 沥青表面处治面层实测项目

| 项次 | 检查项目 | | 规定值或允许偏差 | 检查方法和频率 |
|---|---|---|---|---|
| 1 | 平整度 | $\sigma$/mm | ≤4.5 | 平整度仪:全线每车道连续按每100 m 计算 $IRI$ 或 $\sigma$ |
| | | $IRI$/(m·km$^{-1}$) | ≤7.5 | |
| | | 最大间隙 h/mm | ≤10 | 3 m 直尺:每200 m 测2处×5尺 |
| 2 | 弯沉值/(0.01 mm) | | 不大于设计值 | 按《标准》附录J检查 |
| 3△ | 厚度/mm | 代表值 | ≤−5 | 按《标准》附录H检查,每200 m 每车道1点 |
| | | 合格值 | ≤−10 | |
| 4 | 沥青总用量 | | ±0.5% | 每工作日每层洒布查一次 |
| 5 | 中线平面偏位/mm | | 30 | 全站仪:每200 m 测2点 |
| 6 | 纵断高程/mm | | ±20 | 水准仪:每200 m 测2个断面 |
| 7 | 宽度/mm | 有侧石 | ±30 | 尺量:每200 m 测4处 |
| | | 无侧石 | 不小于设计 | |
| 8 | 横坡/% | | ±0.5 | 水准仪:每200 m 测2个断面 |

**3. 外观质量**

(1)表面应无拖痕,松散、推挤、油丁、泛油、离析的累计长度不得超过50 m。

(2)路面应无积水。

## 二、沥青贯入式施工

### (一)基本概念

沥青贯入式路面是在初步压实的碎石层上，分层浇洒沥青、撒布嵌缝料，或再在上部铺筑热拌沥青混合料封层，经压实而成的沥青路面。为了克服沥青贯入式的缺点，可采用上拌下贯式沥青路面。

沥青贯入式路面适用于三级及以下公路路面面层，也可作为沥青路面的联结层或基层。

### (二)一般规定

(1)沥青贯入式面层的厚度宜为 4~8 cm，但乳化沥青贯入式面层的厚度不宜超过 5 cm。当贯入层上部加铺拌和的沥青混合料面层成为上拌下贯式路面时，拌合层的厚度宜不小于 1.5 cm。

(2)沥青贯入式面层的最上层应撒布封层料或加铺拌合层。沥青贯入层作为联结层使用时，可不撒表面封层料。

(3)沥青贯入式面层宜选择在干燥和较热的季节施工，并宜在日最高温度降低至 15 ℃ 以前半个月结束，使贯入式结构层通过开放交通碾压成型。

### (三)材料规格和用量

**1. 集料**

沥青贯入面层的集料应选择有棱角、嵌挤性好的坚硬石料，其规格和用量宜根据贯入层厚度按表10-13选用，上拌下贯式路面的材料规格和用量按表10-14选用。当使用破碎砾石时，其破碎面应符合现行《公路沥青路面施工技术规范》(JTG F40—2004)的要求。沥青贯入层主层集料中大于粒径范围中值的数量不宜少于 50%。表面不加铺拌合层的贯入式路面在施工结束后每 1 000 m² 宜另备 2~3 m³ 与最后一层嵌缝料规格相同的细集料等供初期养护使用。主层集料最大粒径宜与贯入层厚度相当。当采用乳化沥青时，主层集料最大粒径可采用厚度的 0.8~0.85 倍，数量宜按压实系数 1.25~1.30 计算。

**2. 结合料**

沥青贯入式面层的结合料可采用道路石油沥青、煤沥青或乳化沥青，用量应按表10-13、表10-14选用，沥青标号按现行施工技术规范要求选用。

表10-13 沥青贯入式面层材料规格和用量

(用量单位：集料 m³/1 000 m²；沥青及沥青乳液 kg/m²)

| 沥青品种 | 石油沥青 | | | | | |
|---|---|---|---|---|---|---|
| 厚度/cm | 4 | | 5 | | 6 | |
| 规格和用量 | 规格 | 用量 | 规格 | 用量 | 规格 | 用量 |
| 封层料 | S14 | 3~5 | S14 | 3~5 | S13(S14) | 4~6 |
| 第三遍沥青 | | 1.0~1.2 | | 1.0~1.2 | | 1.0~1.2 |
| 第二遍嵌缝料 | S12 | 6~7 | S11(S10) | 10~12 | S11(S10) | 10~12 |
| 第二遍沥青 | | 1.6~1.8 | | 1.8~2.0 | | 2.0~2.2 |
| 第一遍嵌缝料 | S10(S9) | 12~14 | S8 | 12~14 | S8(S6) | 16~18 |
| 第一遍沥青 | | 1.8~2.0 | | 1.6~1.8 | | 2.8~3.0 |
| 主层石料 | S5 | 45~50 | S4 | 55~60 | S3(S4) | 66~76 |
| 沥青总用量 | 4.4~5.1 | | 5.2~5.8 | | 5.8~6.4 | |

续表

| 沥青品种 | 石油沥青 | | | | 乳化沥青 | | | |
|---|---|---|---|---|---|---|---|---|
| 厚度/cm | 7 | | 8 | | 4 | | 5 | |
| 规格和用量 | 规格 | 用量 | 规格 | 用量 | 规格 | 用量 | 规格 | 用量 |
| 封层料 | S13(S14) | 4~6 | S13(S14) | 4~6 | S13(S14) | 4~6 | S14 | 4~6 |
| 第五遍沥青 | | | | | | | | 0.8~1.0 |
| 第四遍嵌缝料 | | | | | | | S14 | 5~6 |
| 第四遍沥青 | | | | | | 0.8~1.0 | | 1.2~1.4 |
| 第三遍嵌缝料 | | | | | S14 | 5~6 | S12 | 7~9 |
| 第三遍沥青 | | 1.0~1.2 | | 1.0~1.2 | | 1.4~1.6 | | 1.5~1.7 |
| 第二遍嵌缝料 | S10(S11) | 11~13 | S10(S11) | 11~13 | S12 | 7~8 | S10 | 9~11 |
| 第二遍沥青 | | 2.4~2.6 | | 2.6~2.8 | | 1.6~1.8 | | 1.6~1.8 |
| 第一遍嵌缝料 | S6(S8) | 18~20 | S6(S8) | 20~22 | S9 | 12~14 | S8 | 10~12 |
| 第一遍沥青 | | 3.3~3.5 | | 4.4~4.2 | | 2.2~2.4 | | 2.6~2.8 |
| 主层石料 | S2 | 80~90 | S1(S2) | 95~100 | S5 | 40~45 | S4 | 50~55 |
| 沥青总用量 | | 6.7~7.3 | | 7.6~8.2 | | 6.0~6.8 | | 7.4~8.5 |

注：1. 煤沥青贯入式的沥青用量可较石油沥青用量增加15%~20%。
2. 表中乳化沥青是指乳液的用量，并适用于乳液浓度约为60%的情况，如果浓度不同，用量应予换算。
3. 在高寒地区及干旱风砂大的地区，可超出高限，再增加5%~10%。

**表 10-14  上拌下贯式路面的材料规格和用量**

（用量单位：集料 m³/1 000 m²；沥青及沥青乳液 kg/m²）

| 沥青品种 | 石油沥青 | | | | | |
|---|---|---|---|---|---|---|
| 厚度/cm | 4 | | 5 | | 6 | |
| 规格和用量 | 规格 | 用量 | 规格 | 用量 | 规格 | 用量 |
| 第二遍嵌缝料 | S12 | 5~6 | S12(S11) | 7~9 | S12(S11) | 7~9 |
| 第二遍沥青 | | 1.4~1.6 | | 1.6~1.8 | | 1.6~1.8 |
| 第一遍嵌缝料 | S10(S9) | 12~14 | S8 | 16~18 | S8(S7) | 16~18 |
| 第一遍沥青 | | 2.0~2.3 | | 2.6~2.8 | | 3.2~3.4 |
| 主层石料 | S5 | 45~50 | S4 | 55~60 | S3(S2) | 66~76 |
| 沥青总用量 | | 3.4~3.9 | | 4.2~4.6 | | 4.8~5.2 |
| 沥青品种 | 石油沥青 | | 乳化沥青 | | | |
| 厚度/cm | 7 | | 5 | | 6 | |
| 规格和用量 | 规格 | 用量 | 规格 | 用量 | 规格 | 用量 |
| 第四遍嵌缝料 | | | | | S14 | 4~6 |
| 第四遍沥青 | | | | | | 1.3~1.5 |
| 第三遍嵌缝料 | | | S14 | 4~6 | S12 | 8~10 |
| 第三遍沥青 | | | | 1.4~1.6 | | 1.4~1.6 |
| 第二遍嵌缝料 | S10(S11) | 8~10 | S12 | 9~10 | S9 | 8~12 |
| 第二遍沥青 | | 1.7~1.9 | | 1.8~2.0 | | 1.5~1.7 |
| 第一遍嵌缝料 | S6(S8) | 18~20 | S8 | 15~17 | S6 | 24~26 |
| 第一遍沥青 | | 4.0~4.2 | | 2.5~2.7 | | 2.4~2.6 |
| 主层石料 | S2(S3) | 80~90 | S4 | 50~55 | S3 | 50~55 |
| 沥青总用量 | | 5.7~6.1 | | 5.9~6.2 | | 6.7~7.2 |

注：1. 煤沥青贯入式的沥青用量可较石油沥青用量增加15%~20%。
2. 表中乳化沥青是指乳液的用量，并适用于乳液浓度约为60%的情况。
3. 在高寒地区及干旱风砂大的地区，可超出高限，再增加5%~10%。
4. 表面加铺拌合层部分的材料规格及沥青（或乳化沥青）用量按热拌沥青混合料（或乳化沥青碎石混合料路面）的有关规定执行。

**3. 材料规格和用量**

沥青贯入式面层各层分次沥青用量应根据施工气温及沥青标号等在规定范围内选用。在寒冷地带或当施工季节气温较低、沥青针入度较小时，沥青用量宜用高限。在低温潮湿气候下用乳化沥青贯入时，应按乳液总用量不变的原则进行调整，上层较正常情况适当增加，下层较正常情况适当减少。

**（四）施工工艺流程与施工要点**

**1. 施工工艺流程**

沥青贯入式面层施工工艺流程如下，实际施工时根据撒布嵌缝料和洒布沥青的遍数予以调整。

清扫基层→喷洒透层或黏层沥青（乳化沥青贯入式或沥青贯入式厚度小于 5 cm）→摊铺主层矿料→碾压→洒布第一遍沥青→撒布第一遍嵌缝料→碾压→洒布第二遍沥青→撒布第二遍嵌缝料→碾压→洒布第三遍沥青→撒布封层料→碾压→初期养护。

**2. 施工要点**

(1) 摊铺主层矿料：采用碎石摊铺机、平地机或人工摊铺主层集料。铺筑后严禁车辆通行。

(2) 碾压主层集料：撒布后应采用 6~8 t 的轻型钢筒式压路机自路两侧向路中心碾压，碾压速度宜为 2 km/h，每次轮迹重叠约 30 cm，碾压一遍后检验路拱和纵向坡度。当不符合要求时，应调整找平后再压。然后，用重型的钢轮压路机碾压，每次轮迹重叠轮宽的 1/2 左右，宜碾压 4~6 遍，直至主层集料嵌挤稳定，无显著轮迹为止。

(3) 浇洒第一层沥青：浇洒方法与沥青表面处治施工相同。采用乳化沥青贯入时，为防止乳液下漏过多，可在主层集料碾压稳定后，先撒布一部分上一层嵌缝料，再浇洒主层沥青。

(4) 撒布第一层嵌缝料：采用集料撒布机或人工撒布，撒布后尽量扫匀，不足处应找补。当使用乳化沥青时，石料撒布必须在乳液破乳前完成。

(5) 碾压第一层嵌缝料：立即用 8~12 t 钢筒式压路机碾压嵌缝料，轮迹重叠轮宽的 1/2 左右，宜碾压 4~6 遍，直至稳定为止。碾压时随压随扫，使嵌缝料均匀嵌入。因气温较高使碾压过程中发生较大推移现象时，应立即停止碾压，待气温稍低时再继续碾压。

(6) 按上述方法浇洒第二层沥青、撒布第二层嵌缝料，然后碾压，再浇洒第三层沥青。

(7) 按撒布嵌缝料方法撒布封层料。

(8) 采用 6~8 t 压路机作最后碾压，宜碾压 2~4 遍，然后开放交通。

沥青贯入式路面开放交通后，应按现行施工技术规范的要求控制交通，作初期养护。

**（五）施工过程中的质量控制**

沥青贯入式面层施工过程中质量检查的内容、频度、允许偏差应符合表 10-15 的规定。

**表 10-15　沥青贯入式面层施工过程中工程质量的控制标准**

| 项目 | 检查频度及单点检验评价方法 | 质量要求或允许偏差 | 试验方法或试验规程 |
| --- | --- | --- | --- |
| 外观 | 随时 | 集料嵌挤密实，沥青撒布均匀，无花白料，接头无油包 | 目测 |
| 集料及沥青用量 | 每日 1 次总量评定 | ±10% | 每日施工长度的实际用量与计划用量比较，T0982 |
| 沥青洒布温度 | 每车 1 次逐点评定 | 符合施工技术规范规定 | 温度计测量 |
| 厚度 | 每 2 000 m² 一点逐点评定 | −5 mm 或设计厚度的−8% | T0912 |
| 平整度（最大间隙） | 随时，以连续 10 尺的平均值评定 | 8 mm | T0931 |

续表

| 项目 | 检查频度及单点检验评价方法 | 质量要求或允许偏差 | 试验方法或试验规程 |
|---|---|---|---|
| 宽度 | 检测每个断面 | ±30 mm | T0911 |
| 横坡度 | 检测每个断面 | ±0.5% | T0911 |

### (六)质量评定要求

**1. 基本要求**

(1)上拌沥青混合料每日应做沥青含量、矿料级配和马歇尔稳定度试验。

(2)沥青贯入式面层施工前,应先做好路面结构层与路肩的排水。

(3)碎石层应平整坚实,嵌挤稳定;沥青贯入应深透,浇洒应均匀,不得污染其他构筑物。

(4)沥青材料的各项指标应符合设计要求和施工规范。

(5)嵌缝料应趁热撒铺,扫料均匀,不应有重叠现象。

(6)上层采用拌合料时,混合料应均匀,无花白、无粗细料分离和结团成块现象;摊铺应平顺,接茬平顺,及时碾压。

**2. 实测项目**

沥青贯入式路面交工验收阶段的检查项目、检查频度、质量要求或允许偏差等见表10-16。

**表10-16 沥青贯入式面层(或上拌下贯式面层)实测项目**

| 项次 | 检查项目 | | 规定值或允许偏差 | 检查方法和频率 |
|---|---|---|---|---|
| 1 | 平整度 | $\sigma$/mm | ≤3.5 | 平整度仪:全线每车道连续按每100 m计算 $IRI$ 或 $\sigma$ |
|  |  | $IRI$/(m·km$^{-1}$) | ≤5.8 |  |
|  |  | 最大间隙 $h$/mm | ≤8 | 3 m 直尺:每200 m测2处×5尺 |
| 2 | 弯沉值/0.01 mm | | 不大于设计值 | 按《标准》附录J检查 |
| 3△ | 厚度/mm | 代表值 | ≤-8%H 或 -5 mm | 按《标准》附录H检查,每200 m每车道1点 |
|  |  | 合格值 | ≤-15%H 或 -10 mm |  |
| 4 | 沥青总用量 | | ±0.5% | 每工作日每层洒布查一次 |
| 5 | 中线平面偏位/mm | | 30 | 全站仪:每200 m测2点 |
| 6 | 纵断高程/mm | | ±20 | 水准仪:每200 m测4个断面 |
| 7 | 宽度/mm | 有侧石 | ±30 | 尺量:每200 m测4处 |
|  |  | 无侧石 | 不小于设计值 |  |
| 8 | 横坡/% | | ±0.5 | 水准仪:每200 m测4个断面 |

注:1. 当设计厚度≥60 mm时,按厚度百分率控制;当设计厚度<60 mm时,按厚度不足的毫米数控制。H为设计厚度(mm)。

2. 沥青总用量按《公路路基路面现场测试规程》(JTG 3450—2019)中 T0982 的方法,每工作日每层洒布沥青检查一次,并计算同一路段的单位面积的总沥青用量。

**3. 外观质量要求**

(1)面层不得松散,不得漏洒,应无波浪、油包。

(2)路面应无积水。

**拓展学习　沥青路面再生技术**

沥青路面再生是采用沥青路面再生设备，将一定比例的新集料、再生结合料、沥青再生剂等新材料与沥青混合料回收料、无机回收料等沥青路面回收料进行拌和，并经摊铺、压实，形成路面结构层的技术。沥青路面再生利用可为国家节约大量的沥青与砂石材料，缓解资源消耗压力，有利于处治废料，循环利用资源，保护生态环境。沥青路面再生利用还可以降低工程造价，提高寿命周期成本效益。因此，沥青路面再生利用应该成为我国公路建设可持续发展和保护生态环境的战略手段，可以期待显著的经济效益和社会效益。

沥青路面再生分为厂拌热再生、就地热再生、厂拌冷再生、就地冷再生、全深再生。

厂拌热再生是在拌和厂将沥青混合料回收料（RAP）破碎、筛分后，以一定的比例与新矿料、新沥青、沥青再生剂等加热拌和为混合料，然后铺筑形成沥青路面的技术。其优点是可以重复使用旧沥青路面材料，具有较高的经济性；可修复路面的绝大多数破坏，如松散、泛油、推挤、磨光、车辙、裂缝等；再生混合料有热拌沥青混合料相同的路用性能，可以用于沥青路面的表层；运输、摊铺和碾压设备及施工工艺与传统的热拌沥青混合料基本相同，只需要对现有的拌和设备作较小的改动。缺点是回收的沥青混合料（RAP）用量较少，一般为混合料总量的 $10\sim30\%$，连续式拌和楼RAP最高用量可以超过 $50\%$；混合料生产效率低、工期长；施工对交通的干扰较大、运输费用较高；出料温度略低，再生混合料比热拌沥青混合料硬，可供碾压的时间略有减少。

就地热再生采用专用设备对沥青路面就地进行加热、翻松，掺入一定数量的新沥青、新沥青混合料、沥青再生剂等，经热态拌和、摊铺、碾压等工序，实现旧沥青路面面层再生的技术。分为复拌再生和加铺再生。复拌再生是将旧沥青路面加热、翻松，就地掺加一定数量的沥青再生剂、新沥青混合料、新沥青（需要时），经热态拌和、摊铺、压实成型。加铺再生是将旧沥青路面加热、翻松，就地掺加一定数量的沥青再生剂、新沥青（需要时），拌和形成再生沥青混合料，利用再生复拌机的第一熨平板摊铺再生沥青混合料，利用再生复拌机的第二熨平板同时将新沥青混合料摊铺于再生混合料之上，两层一起压实成型。就地热再生的优点是工序少，工期短；节约运输成本，降低工程造价；能保证路面的高程和桥梁的净空。缺点是只能处理表层病害；要求有大的工作平面；污染环境。

厂拌冷再生在拌和厂将沥青混合料回收料（RAP）或者无机回收料（RAI）破碎、筛分后，以一定的比例与新矿料、再生结合料、水等在常温下拌和为混合料，然后铺筑形成沥青路面的技术。优点是铣刨的旧沥青混合料可以全部回收利用，降低了原材料成本，减少环境污染。用乳化沥青作为有机再生结合料以及水泥或石灰作为无机再生结合料，可形成一种复合有机水硬性材料，提供足够的承载力。因乳化沥青具有无毒、无臭、不易燃烧、生产工艺简单、价格低廉等特点，保证了储存稳定性、拌合稳定性，改善了施工条件，延长了可施工季节。缺点是主要用做基层或底基层，需要加铺一定厚度的罩面层；再生混合料强度的形成需要较长的时间。施工对交通的干扰较大、运输费用较高。

就地冷再生（指沥青层的就地冷再生）是采用专用设备对沥青层进行就地铣刨，掺入一定数量的新矿料、再生结合料、水，经过常温拌和、摊铺、压实等工序，实现旧沥青路面再生的技术。就地冷再生能比较彻底地解决各种路面病害，如纵横缝、坑洞、车辙、不规则裂缝，旧料利用率高，节约运输成本，降低工程造价；节约能源，减少了烟尘、废气对环境的污染；减少沥青路面的反射裂缝，延长路面的使用寿命，提高行车舒适性。缺点是质量控制和质量保证不可靠；施工气候条件要求高，需要相对温暖、干燥的施工条件；再生后的路面水稳定性差；需加铺热拌沥青混凝土罩面层；再生后的路面通常需经过一段时间的养护。

全深再生技术是采用专用设备对沥青层及部分下承层进行就地翻松，或是将沥青层部分或全部铣刨移除后对部分下承层进行就地翻松,同时接入一定数量的新矿料、再生结合料、水等经过常温拌和、摊铺、压实等工序,实现旧沥青路面再生的技术。该分为两种,一种是对沥青层和部分下承层一起进行的再生;另一种是铣刨了部分或全部沥青层后对下承层进行的再生。全深再生技术的优点是可以消除龟裂,横向、纵向以及反射裂缝,提高路面行驶质量;可以提高路面的抗冻能力;可以节约材料和能源,消除粉尘、烟尘,避免材料废弃,工艺环保;工程造价低。缺点是施工气候条件要求高;再生后的路面水稳定性差;需加铺热拌沥青混凝土罩面层;再生后的路面通常需经过一段时间的养护;没有成熟的经验。

沥青路面再生技术(视频)　　沥青路面厂拌热再生技术　　沥青路面就地热再生技术　　沥青路面厂拌冷再生技术

乳化沥青厂拌冷再生技术(视频)　　沥青路面就地冷再生技术　　乳化沥青就地冷再生技术(视频)　　沥青路面全深再生技术

 **学习检测**

1. 什么是沥青玛瑞脂碎石混合料?
2. SMA 的结构组成有何特点?该结构对路面使用性能有何好处?
3. SMA 面层主要适用于什么情况?
4. SMA 面层对原材料及混合料的要求与沥青混凝土有何区别?
5. SMA 面层施工与沥青混凝土面层施工相比有何区别?
6. 透层材料可以用哪些沥青?绘制透层油施工工艺流程图。
7. 透层油施工主要检测哪些项目?透层的渗透深度如何检测?其质量标准是什么?
8. 黏层材料可用哪些沥青?黏层施工与透层施工有何区别?
9. 什么是封层?下封层与透层的应用有何区别?
10. 稀浆封层与微表处的适用范围有何区别?
11. 什么是沥青同步碎石封层?
12. 什么是沥青表面处治路面?什么是沥青贯入式路面?适用范围分别是什么?
13. 沥青表面处治面层结构有何特点?
14. 绘制三层式沥青表面处治面层施工工艺流程图。
15. 沥青表面处治路面与沥青贯入式路面施工过程中质量控制的项目有哪些?
16. 沥青表面处治路面与沥青贯入式路面质量评定时的实测项目有哪些?

## 能力提升

### 一、单项选择题

1. 下列反映沥青混合料受水损害时抵抗剥落能力的指标是( )。
   A. 稳定度　　B. 残留稳定度　　C. 流值　　D. 饱和度
2. 沥青路面透层施工中，透层油洒布后待充分渗透，一般不少于( )后才能摊铺上层。
   A. 12 h　　B. 24 h　　C. 36 h　　D. 48 h
3. 在旧水泥混凝土路面上加铺沥青混凝土结构层时，在两者之间应设置( )。
   A. 透层　　B. 黏层　　C. 封层　　D. 防水层
4. 下列说法中，属于沥青路面黏层主要作用的是( )。
   A. 为使沥青面层与基层结合良好，在基层上浇洒乳化沥青等而形成透入基层表面的薄层
   B. 封闭某一层起保水、防水作用
   C. 使上下沥青结构层或沥青结构层与结构物(或水泥混凝土路面)完全结成一个整体
   D. 基层与沥青表面层之间的过渡和有效联结
5. 沥青玛琋脂碎石的简称是( )。
   A. SAC　　B. SBS　　C. SMA　　D. AC—16
6. 沥青玛琋脂碎石混合料属于( )结构。
   A. 密实—悬浮　　　　　　B. 密实—骨架
   C. 骨架—空隙　　　　　　D. 骨架—悬浮
7. SMA混合材料拌制时，若混合料出厂温度为195 ℃，则该批混合料的正确处理方法是将混合料( )。
   A. 冷却至合格出厂温度后运至现场摊铺　　B. 送至现场后冷却至合格摊铺温度时摊铺
   C. 与冷料同时回炉拌制　　D. 废弃
8. 下列指标中，属于沥青混凝土路面检验项目的是( )。
   A. 渗水系数　　B. 纵横缝顺直度　　C. 面板的弯拉强度　　D. 相邻板高差
9. 沥青混合料配合比设计中，若SRS改性剂的添加量为5%，表明SBS改性剂质量占( )总质量的5%。
   A. 混合料　　B. 骨料　　C. 改性沥青　　D. 基质沥青
10. 下列乳化沥青品种中，属于阳离子乳化沥青的是( )。
    A. PA—1　　B. BA—1　　C. PC—1　　D. BN—1
11. 一级公路沥青混凝土路面的沥青混合料搅拌设备应使用( )。
    A. 自落间歇式搅拌设备　　　　B. 强制间歇式搅拌设备
    C. 连续滚筒式搅拌设备　　　　D. 间断滚筒式搅拌设备

### 二、多项选择题

1. 热拌沥青混合料配合比设计应通过目标配合比设计、生产配合比设计、生产配合比验证三个阶段，以确定沥青混合料的( )。
   A. 材料品种　　B. 配合比　　C. 渗水系数
   D. 矿料级配　　E. 最佳沥青用量
2. 关于沥青混合料压实，下列说法正确的有( )。
   A. 压路机采用2~3台双轮双振压路机及2~3台重量不小于16 t胶轮压路机组成
   B. 采用雾状喷水法，以保证沥青混合料在碾压过程中不粘轮

C. 在当天成型的路面上，不得停放各种机械设备或车辆
D. 初压应采用钢轮压路机紧跟摊铺机振动碾压
E. 压路机不得在未碾压成型路段上转向、掉头、加水或停留

3. 沥青混凝土路面施工质量控制关键点有(　　)。
A. 沥青材料的检查与试验
B. 沥青混凝土配合比设计和试验
C. 沥青混凝土的拌和、运输及摊铺温度控制
D. 沥青混凝土施工机械设备配置与压实方案
E. 沥青混凝土摊铺厚度及水胶比的控制

4. 沥青混凝土面层的质量检验实测项目中，下列选项属于关键项目的有(　　)。
A. 厚度　　　　　　B. 平整度　　　　　　C. 弯沉值
D. 压实度　　　　　E. 中线平面偏位

5. 关于沥青混凝土路面中封层作用，下列说法正确的有(　　)。
A. 封闭某一层，起保水、防水作用
B. 增加基层的整体强度和厚度
C. 起基层与沥青表面之间的过渡和有效联结作用
D. 起路的某一层表面破坏离析松散处的加固补强作用
E. 沥青层面铺筑前要临时开放交通，防止基层因天气或车辆作用出现水毁

6. 关于沥青混凝土路面施工时选用沥青，下列说法正确的有(　　)。
A. 在夏季温度高且持续时间长的地区修建高速公路，应采用稠度大、黏度大的沥青
B. 对日温差、年温差大的地区，宜选用针入度指数小的沥青
C. 当高温要求与低温要求发生矛盾时，应优先考虑满足低温性能的要求
D. 汽车荷载剪应力大的路面结构层，宜选用稠度大、黏度大的沥青
E. 当缺乏所需标号的沥青时，可采用不同标号掺配的调和沥青

7. 关于沥青混凝土搅拌设备和工艺，下列说法错误的有(　　)。
A. 根据工作量和工期来选择搅拌设备的生产能力和移动方式
B. 矿粉加热温度应略高于沥青加热温度
C. 高等级公路一般选用生产量高的强制间歇式搅拌设备
D. 沥青混合料应严格按施工图设计用量进行拌合
E. 沥青混合料用自卸汽车运至工地时，车厢底板及周壁应涂一薄层油水混合液

### 三、案例分析题

(一)背景材料：某施工单位承接了某一级公路水泥混凝土路面"白改黑"工程施工，该工程路基宽为 $2 \times 12$ m，路面宽度为 $2 \times 10$ m，长为 45.5 km，工期为 4 个月。施工内容包括：旧路面病害的治理、玻纤格栅铺设、6 cm 厚 AC—20 下面层摊铺、5 cm 厚 AC—16 中面层摊铺、4 cm 厚 SBS 改性沥青 SMA 上面层摊铺。设计中规定上面层 SMA 混合料必须采用耐磨值高的玄武岩碎石。

施工单位采用厂拌法施工。为保证工期，施工单位配置了 2 台 3 000 型间歇式沥青混凝土拌合站(假设 SMA 沥青混合料的压实密度为 2.36 $t/m^3$，每台 3 000 型拌合站每拌制一满盘料的重量为 3 000 kg)，4 台 10 m 可变宽摊铺机，8 台双钢轮压路机及 4 台胶轮压路机。

玻纤格栅采用人工铺设：先洒一层热沥青作黏层油(0.4~0.6 $kg/m^2$)，然后用固定器将一端固定好，用人工将玻纤格栅拉平、拉紧后，用固定器固定另一端。

施工单位采用马歇尔试验配合比设计法通过三阶段确定了混合料的材料品种、配合比、矿料级配及最佳沥青用量，用以指导施工。

问题：
1. 该工程中，铺设玻纤格栅的主要作用是什么？
2. 指出并改正玻纤格栅施工的错误之处。
3. 配合比设计包含了哪三个阶段？
4. 该工程 SMA 沥青混合料最少需要拌制多少盘？（列式计算）

**(二)背景材料**：某施工单位承建了一段二级公路沥青混凝土路面工程，路基宽度 12 m。上面层采用沥青混凝土(AC—13)，下面层采用沥青混凝土(AC—20)；基层采用 18 cm 厚水泥稳定碎石，基层宽度 9.5 m；底基层采用级配碎石，沥青混合料指定由某拌合站定点供应，现场配备了摊铺机、运输车辆。基层采用两侧装模，摊铺机铺筑。

施工过程中发生如下事件：

事件一：沥青混凝土下面层施工前，施工单位编制了现场作业指导书，其中部分要求如下：
(1)下面层摊铺采用平衡梁法；
(2)摊铺机每次开铺前，将熨平板加热至 80 ℃；
(3)采用雾状喷水法，以保证沥青混合料碾压过程不粘轮；
(4)摊铺机无法作业的地方，可采取人工摊铺施工。

事件二：施工单位确定的级配碎石底基层实测项目有压实度、纵断高程、宽度、横坡等。

事件三：施工单位试验室确定的基层水泥稳定碎石集料比例为：1 号料：25%；2 号料：35%；3 号料：25%；4 号料：15%。水泥剂量为 4.5%（外掺），最大干容重为 2.4 t/m³，压实度 98%。

问题：
1. 本项目应采用什么等级的沥青？按组成结构分类，本项目沥青混凝土路面属于哪种类型？
2. 沥青混凝土路面施工还需要配备哪些主要施工机械？
3. 逐条判断事件一中现场作业指导书的要求是否正确，并改正错误。
4. 补充事件二中级配碎石底基层实测项目的漏项。
5. 列式计算事件三中 1 km 基层需 1 号料和水泥的用量（不考虑材料损耗、以 t 为单位，计算结果保留小数点后 2 位）。

# 教学单元四  水泥混凝土面层施工

- **单元简介**

　　水泥混凝土面层施工方法根据铺筑设备的不同，可分为滑模摊铺机施工、三辊轴机组施工、小型机具施工、碾压混凝土施工。不同等级的公路对水泥混凝土面层施工方法的选用有所区别。

　　本教学单元以普通水泥混凝土面层施工为重点，按照完整的工作过程，详细讲解其结构设计图的复核、施工工艺及要点、质量评定与工程计量。对其他水泥混凝土面层，如钢筋混凝土面层、钢纤维混凝土面层的施工侧重于与普通水泥混凝土面层施工的区别，只做简要阐述。

　　本教学单元分2个项目，分别是普通水泥混凝土面层施工和其他水泥混凝土面层施工。

# 项目十一　普通水泥混凝土面层施工

## 项目描述

刚性路面中,普通水泥混凝土面层以其相对简单的结构、足够的强度与刚度,广泛应用于重载交通路面结构中。通过学习本项目,学生应在领会设计意图、明确工程内容、掌握工程特点的基础上,通过正确选择合适的原材料及混合料配合比设计,能合理进行试验段铺筑;按照《公路工程技术标准》(JTG B01—2014)、《公路水泥混凝土路面施工技术细则》(JTG/T F30—2014)和《标准》的相关规定,组织普通水泥混凝土面层施工,从而培养学生水泥混凝土面层施工的职业能力。

本项目包括识读普通水泥混凝土路面结构设计图、普通水泥混凝土面层施工、普通水泥混凝土面层质量评定与工程计量、编制普通水泥混凝土面层施工方案四个任务。

## 项目载体

表 11-1 是Ⅳ区某新建一级公路水泥混凝土路面结构设计图。面层采用 26 cm 普通水泥混凝土面板,单向路幅宽度为 0.5 m 路缘带+2×3.75 m(行车道)+2.5 m(硬路肩),水泥混凝土板的平面尺寸取 5.0 m×4.25 m 和 5.0 m×3.75 m,纵缝为设拉杆平缝,横缝为设传力杆的假缝,硬路肩面层采用与行车道面层等厚的混凝土,并设拉杆与行车道板相连。

表 11-1　某新建一级公路水泥混凝土路面结构设计图

| 公路自然区划 | Ⅳ区 |
| --- | --- |
| 交通荷载等级 | 重交通 |
| 面层 | 26 cm 水泥混凝土 |
| 基层 | 20 cm 水泥稳定砂砾 |
| 底基层 | 18 cm 级配碎石 |
| 总厚度/cm | 64 |

请思考:1. 水泥混凝土路面的概念是什么?有哪些类型?
2. 水泥混凝土面层的结构组成有哪些?结构设计图中有哪些信息?
3. 水泥混凝土面层对原材料及混合料的要求有哪些?
4. 水泥混凝土面层如何施工?如何进行质量控制?
5. 水泥混凝土面层如何进行质量评定与工程计量?

# 任务1　识读普通水泥混凝土路面结构图

**任务描述**

施工单位在接到普通水泥混凝土路面施工图设计文件后,应组织有关技术人员对施工图设计文件进行复核,充分领会设计意图。通过学习本任务,学生应具备识读水泥混凝土路面结构图的工作能力,能完成复核水泥混凝土路面施工图表与路面工程量的工作,并正确填写图纸复核表。同时,养成通过工程图纸获取工程信息,并能科学分析的职业习惯。

## 一、公路水泥混凝土路面结构设计图基本组成

公路水泥混凝土路面设计图由以下内容组成。

**1. 路面结构图(横断面图)**

包括各组成部分的尺寸标注(主要是宽度)和各结构层的名称、厚度。

**2. 设计参数**

以列表的形式表示,说明设计参数的名称和取值。

设计参数包括:公路自然区划、设计车速(km/h)、设计基准期(年)、交通量年平均增长率(%)、设计车道标准轴载累计作用次数(次)、交通等级、安全等级、最大温度梯度(℃/m)、路基土类、路基干湿类型、路床顶综合回弹模量(MPa)、基层及垫层回弹模量(MPa)、混凝土弯拉强度标准值(MPa)、混凝土弯拉弹性模量标准值(GPa)等。

**3. 水泥混凝土面板平面布置图**

图中应显示路中心线、行车道、路肩等平面相对位置;板长及板宽尺寸;横向缩缝、胀缝、施工缝、纵向缩缝、施工缝平面位置;传力杆、拉杆直径及间距布置;接缝材料用量等。

**4. 水泥混凝土路面接缝构造图**

图中显示横向缩缝、胀缝、施工缝剖面构造及尺寸,纵向缩缝、施工缝剖面构造及尺寸。

**5. 路缘石大样图**

图中应显示路缘石横断面尺寸、埋深及材料类型等。

**6. 路面排水结构图**

图中应显示路面内部排水结构横断面尺寸、埋深及材料类型等。

**7. 路面工程数量表**

按路段长度计算路面各结构层的工程数量。路面工程数量表在设计图纸上可不显示。

**8. 附注(设计说明)**

逐条说明图中尺寸单位及比例(尺)、对原材料及混合材料的技术要求、施工注意事项等内容。

**9. 图纸下框内容**

由设计单位名称,工程名称,图纸名称,设计(者)、复核(者)、审核(者)签字栏,比例(图纸比例大小)、图号(图纸编号)、日期等组成。

## 二、识读水泥混凝土路面结构设计图

针对前述项目载体,对应图11-1所示为水泥混凝土路面结构设计图、图11-2所示为水泥混凝土路面板块划分图,图11-3所示为接缝设计与局部配筋图。

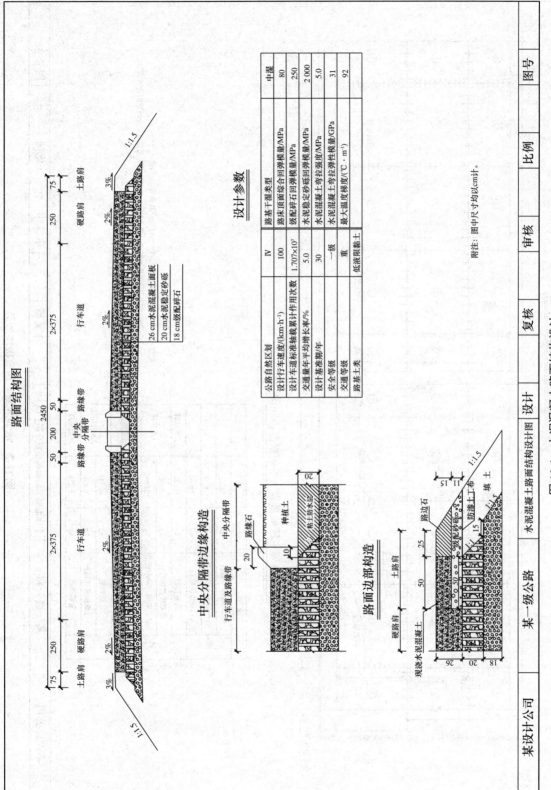

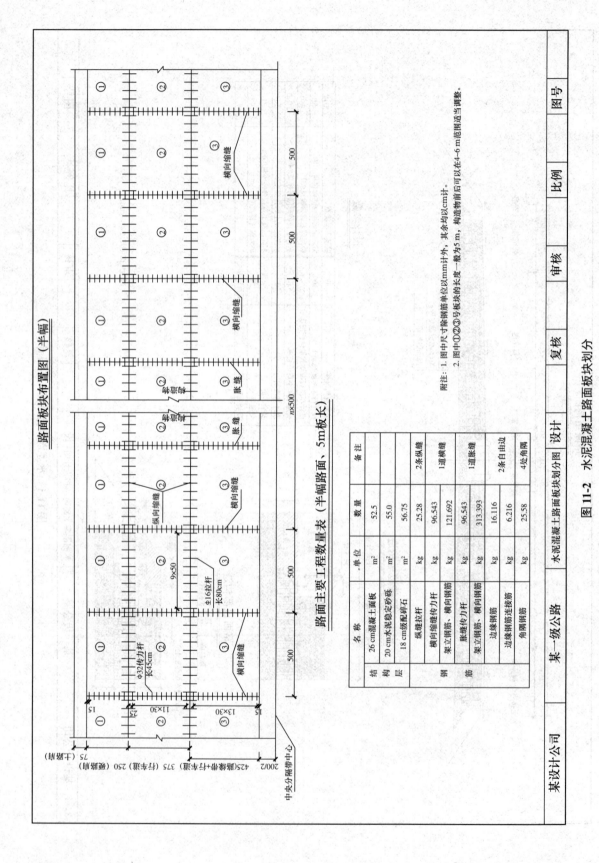

图 11-2 水泥混凝土路面板块划分

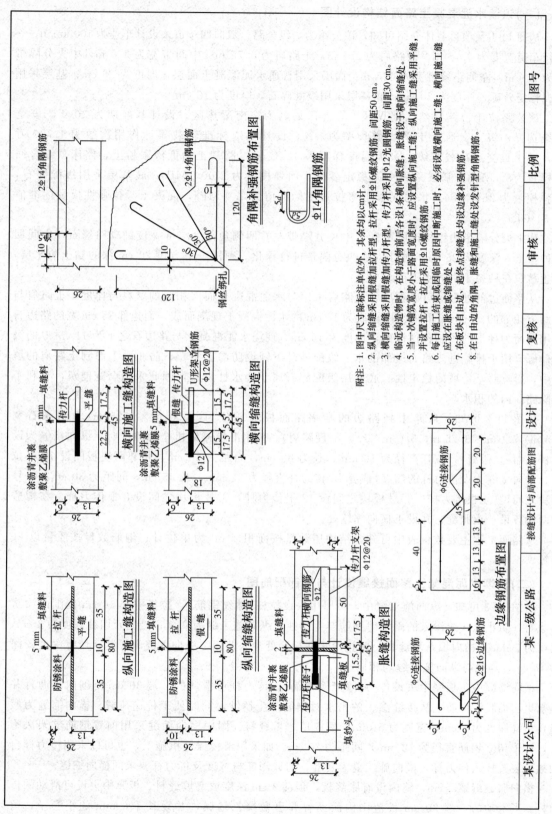

图 11-3 接缝设计与局部配筋

### (一)识读水泥混凝土路面结构设计图

从图 11-1 及项目载体介绍可知,该公路为一级公路,双向四车道,设计车速为 100 km/h。一个行车道宽度为 3.75 m。硬路肩为 2.5 m,土路肩为 0.75 m。中间带宽为 3.0 m,中央分隔带宽为 2.0 m,左侧路缘带宽为 0.5 m。面层采用普通水泥混凝土面层,厚度为 26 cm;基层采用水泥稳定砂砾,厚度为 20 cm;底基层采用级配碎石,厚度为 18 cm。

该公路位于公路自然区划Ⅳ区,自然区划名为东南湿热区。设计基准期为 30 年,安全等级选择一级。交通量年平均增长率为 5%,设计车道标准轴载累计作用次数为 1 707 万次,属于重交通荷载等级。最大温度梯度为 92 ℃/m。路基土为低液限粉土,路床顶综合回弹模量为 80 MPa。基层采用水泥稳定砂砾,回弹模量为 2 000 MPa;底基层采用级配碎石,回弹模量为 250 MPa。水泥混凝土弯拉强度标准值为 5.0 MPa,混凝土弯拉弹性模量标准值为 31 GPa。

从中央分隔带边缘构造图可知,中央分隔带左右两侧边部 20 cm 宽度铺砌路缘石,中间回填种植土,深度为 26 cm,便于对中央分隔带进行绿化。种植土下方设 20 cm 深的黏土防水层,防止蓄积在种植土中的水下渗。

从路面边部处理图可以看出,硬路肩采用与水泥混凝土面层相同的材料与厚度,土路肩与硬路肩相邻的 50 cm 宽度内采用厚度为 15 cm 的水泥混凝土现浇而成,而边部 25 cm 宽的路边石采用断面为梯形的预制构件铺砌,厚度为 15 cm。现浇水泥混凝土与路边石之下为 11 cm 厚的级配砂砾,用于排除进入路面边部的水。级配砂砾下铺设防渗土工布,防止水下渗到土路肩的填土中,影响路基边坡的稳定性。底基层级配碎石属于透水性材料,因此采用全宽铺筑,有利于排除路面内的积水。

从图 11-2 可知,从路中到路边的半幅路面板块划分为:5.0 m×4.25 m(含路缘石宽 0.5 m),5.0 m×3.75 m,5.0 m×2.5 m(硬路肩)。采用滑模摊铺机全幅摊铺时,纵向接缝为设拉杆的缩缝(假缝),拉杆直径为 16 mm,长为 80 cm,间距为 50 cm,相邻两块板间设 10 根拉杆。横向接缝为设传力杆的缩缝(假缝),传力杆直径为 32 mm,长 45 cm,间距为 30 cm。③号板块之间设 14 根传力杆,②号板块之间设 12 根传力杆,①号板块之间设 8 根传力杆。在构造物两侧各设一道胀缝,并设于横向缩缝处。

从路面工程主要数量表中可知,结构层数量按面积以 $m^2$ 为单位计;钢筋数量按质量以 kg 计算。

### (二)识读水泥混凝土路面接缝设计与局部配筋图

从图 11-3 可知,纵向施工缝中,板厚中央设拉杆(螺纹钢筋),拉杆中部 10 cm 范围内涂防锈涂料,防止从接缝渗入的雨水对钢筋产生锈蚀。纵向施工缝为真缝,接缝处切缝深度为 3 cm,宽度为 5 mm,槽内填塞填缝料,防止雨水从接缝处渗入路面。纵向缩缝为假缝,切缝深度较深为 10 cm,其他与纵向施工缝均相同。

横向缩缝中,板厚中央设传力杆(光圆钢筋),传力杆可滑动的一端 30 cm 范围内涂沥青并裹敷聚乙烯膜,可防止从接缝渗入的雨水对钢筋产生锈蚀,同时便于传递荷载。横向缩缝为假缝,切缝深度为 6 cm,宽度为 5 mm,槽内填塞填缝料。图中横向缩缝采用前置钢筋支架法施工,U 形架立钢筋直径为 12 mm,间距为 20 cm。如采用滑模摊铺机施工,也可以采用传力杆自动插入装置插入传力杆。横向施工缝为真缝,切缝深度与宽度及传力杆要求同横向缩缝。

横向胀缝缝宽 2 cm,缝内设有胀缝板,顶部 3 cm 深度填塞填缝料。板厚中央设可滑动的传力杆,可滑动的一端 30 cm 长范围内涂沥青并裹敷聚乙烯膜,并设长 100 mm 的小套子,留 30 mm 空隙填以纱头,保证传力杆有效传递荷载。其他构造与横向施工缝相同。

局部钢筋包括边缘钢筋与角隅钢筋。边缘钢筋采用 2 根直径为 16 mm 的螺纹钢筋，置于面层底面之上 6 cm 处，钢筋两端向上 45°弯起，间距为 10 cm，用直径为 6 mm 的钢筋连接。角隅钢筋采用 2 根直径为 14 mm 的螺纹钢筋，置于面层上部，距顶面 6 cm，距边缘为 10 cm。角隅钢筋长度大于 $2\times120$ cm＝240 cm。

## 拓展训练

阅读某二级公路水泥混凝土路面设计图纸(图 11-4 和图 11-5)，完成以下题目。

### (一)某二级公路水泥混凝土路面结构设计图(图 11-4)

**1. 路面结构图**

(1)路基宽：_____；路面宽：_____；土路肩宽：_____。

(2)路拱横坡度：_____；土路肩横坡度：_____。

(3)路面结构中，面层为_____cm 的水泥混凝土面板，基层为_____cm 的水泥稳定碎石；底基层为_____cm 的石灰土。

(4)水泥稳定碎石(6∶94)表示：_____；石灰土(12%)表示：_____。

**2. 设计参数**

(1)公路自然区划 $Ⅱ_5$ 区指的是_____区。

(2)根据设计车道标准轴载累计作用次数 $6.124\times10^6$，判断属于重交通等级，是否正确？

(3)路基、水泥稳定碎石、石灰土的设计参数为_____。

(4)水泥混凝土面板的设计参数为：_____；用符号_____表示；查设计规范复核其取值的正确性。

(5)最大温度梯度的符号是_____，单位是_____，表示_____，复核其取值的正确性。

**3. 水泥混凝土面板平面布置图**

(1)水泥混凝土面板长_____m，宽_____m。

(2)相邻两块板的纵向接缝为_____缝，缝中设置有_____根_____杆，直径_____mm，间距_____cm。

(3)相邻两块板的横向接缝在一般路段为_____(设，不设)传力杆的缩缝，在临近胀缝的_____条缩缝为_____(设，不设)传力杆的缩缝，缝中设置有_____根传力杆，直径_____mm，间距_____cm。

(4)临近涵洞或固定构造物，应对称设置_____缝，一般设置在_____位置处，本设计在两侧对称各设_____条；

(5)纵向接缝中最外侧的拉杆距横向接缝的距离为_____cm，规范要求不小于_____cm；横向接缝中最外侧的传力杆距纵向接缝或自由端的距离为_____cm，规范要求不小于_____cm。

**4. 水泥混凝土每道缝钢筋数量表**

以"水泥混凝土每道缝钢筋数量表"的第一栏为例，复核其数量的正确性。

**5. 附注**

附注中关于水泥稳定碎石、石灰土的配合比为参考值，施工时应按照试验法确定，其 7 d 抗压强度分别不小于 3 MPa、0.7 MPa，现行规范对此的要求是_____。

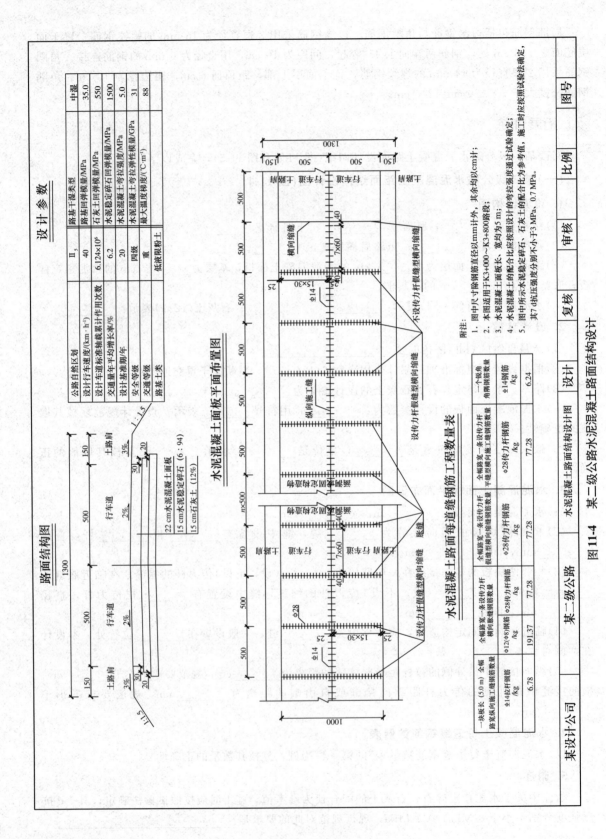

图 11-4 某二级公路水泥混凝土路面结构设计

(二)某二级公路水泥混凝土面板接缝设计图(图 11-5)

**1. 不设传力杆假缝型横向缩缝**

横向缩缝处锯切槽口宽度_____cm，深度_____cm，规范要求是_____，是否满足要求？

**2. 设传力杆假缝型横向缩缝**

(1)横向缩缝处锯切槽口宽度_____cm，深度_____cm，规范要求是_____，是否满足要求？

(2)板厚中央设的传力杆使用_____钢筋，直径_____mm，长度_____cm，施工时应在_____cm长度范围内涂_____次_____，干后再涂_____，这样做的理由是_____。

**3. 设传力杆平缝型横向施工缝**

(1)横向缩缝处锯切槽口宽度_____cm，深度_____cm，规范要求是_____，是否满足要求？

(2)传力杆施工时应在_____cm长度范围内涂_____次_____，干后再涂_____。

**4. 纵向施工缝**

(1)纵向施工缝处锯切槽口宽度_____cm，深度_____cm，规范要求是_____，是否满足要求？

(2)板厚中央设的拉杆使用_____钢筋，直径_____mm，长度_____cm；

(3)拉杆中部_____cm长度范围内涂_____，可防止_____。

**5. 设传力杆横向胀缝**

(1)横向胀缝处槽口宽度_____cm，深度_____cm，规范要求是_____，是否满足要求？

(2)板厚中央设的传力杆施工时应在_____cm长度范围内涂_____并裹敷_____，端部设置_____cm的小套子，并留_____cm的空隙以填纱头等。

(3)图中固定传力杆的①号钢筋直径_____mm，长度_____cm，间距_____cm；②号钢筋直径_____mm，长度_____cm；③号钢筋直径_____mm，长度_____cm，间距_____cm。

(三)角隅钢筋布置图(图 11-5)

图 11-5 中角隅钢筋直径_____mm，共_____根，每根长_____cm，距面板边缘_____cm。

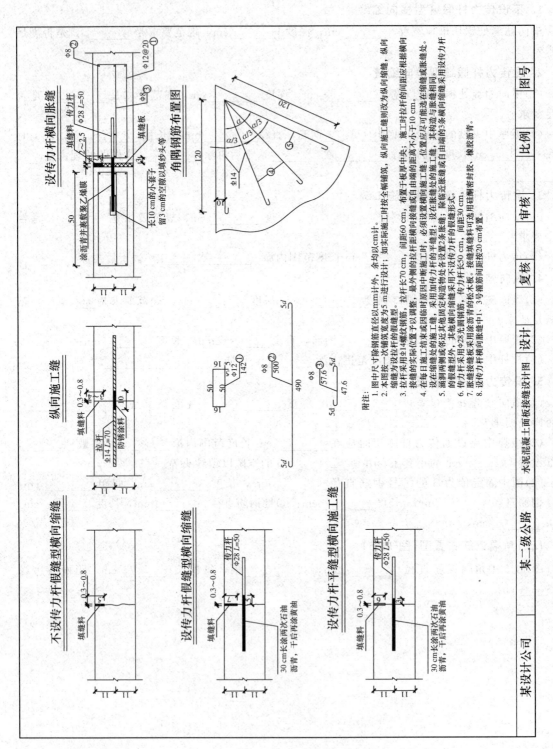

图 11-5 某二级公路水泥混凝土面板接缝设计

# 任务 2　普通水泥混凝土面层施工

## 任务描述

通过学习本任务，学生应具备滑模摊铺机法、三辊轴机组法、小型机具法铺筑水泥混凝土面层的施工管理、现场质量控制及记录的能力，能完成水泥混凝土面层施工细则的编写工作。同时，养成查阅技术规范、科学严谨的职业习惯，树立科技创新意识与环保意识。

## 一、一般规定

（1）高等级公路水泥混凝土面层应采用强制拌合楼（机）集中拌和，滑模摊铺机摊铺的施工工艺。当条件受限时，可采用三辊轴机组方式施工。在滑模摊铺机和三辊轴机组无法作业的局部位置，应采用小型机具施工。

（2）水泥混凝土面层施工前，必须进行混凝土配合比设计。配合比设计过程包括试验室配合比、施工配合比以及施工配合比微调与控制。

（3）在正式施工前，必须铺筑试验段，对施工工艺进行总结；试验段的质量检查频率应是正常路段的两倍。混凝土拌合物应满足可摊铺性、匀质性和质量的稳定性，以利于施工。

（4）水泥混凝土面层施工如遇下述条件之一，不得施工：

1）现场降雨；

2）风力大于 6 级，风速在 10.8 m/s 以上的强风天气；

3）现场气温高于 40 ℃ 或拌合物摊铺温度高于 35 ℃；

4）摊铺现场连续 5 昼夜平均气温低于 5 ℃；

5）最低气温低于 −3 ℃。

## 二、施工工艺流程

滑模摊铺工艺宜用于高速、一级、二级公路普通混凝土面层、配筋混凝土面层、纤维混凝土面层、钢筋混凝土桥面、隧道混凝土面层、混凝土路缘石、路肩石及护栏等的滑模施工。上坡纵坡大于 5%、下坡纵坡大于 6%、半径小于 50 m 或超高超过 7% 的路段，不宜采用滑模摊铺机铺筑。

滑模摊铺混凝土路面（视频）

三辊轴机组铺筑工艺可用于二级及二级以下公路的水泥混凝土面层、桥面和隧道混凝土面层的施工，也可用于高速、一级公路硬路肩、匝道、收费广场边板、封闭式中央分隔带、弯道超高加宽段路肩及局部异形面板等的施工。

小型机具可用于三、四级公路水泥混凝土面层的施工，不得用于隧道水泥混凝土面层与桥面铺装施工。

滑模摊铺机施工工艺流程图如图 11-6 所示，三辊轴机组施工工艺流程图如图 11-7 所示，小型机具法施工工艺流程图如图 11-8 所示。

## 三、施工要点

### （一）施工准备

**1. 路基、基层、封层的检测与整修**

（1）路基应稳定、密实、均质，对路面提供均匀的支承。对桥头、软基、高填方、填挖交界

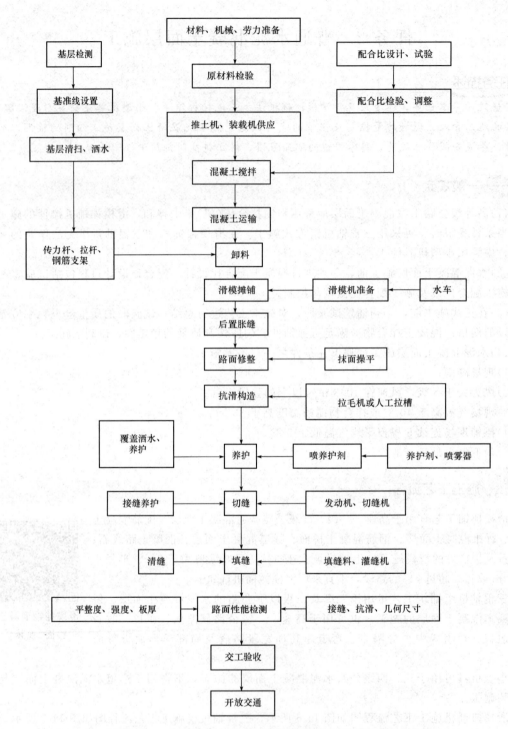

图 11-6 水泥混凝土路面滑模摊铺机施工工艺流程图

等处,应进行连续沉降观测,并采取切实有效的措施保证路基的稳定性。

(2)面层铺筑前,宜至少提供足够机械连续施工 10 d 以上的合格基层。

(3)摊铺水泥混凝土之前,应再次检查下卧层的高程,对超出允许范围的部分应削除并重做沥青下封层;低于允许范围的部分不得使用其他材料填补。

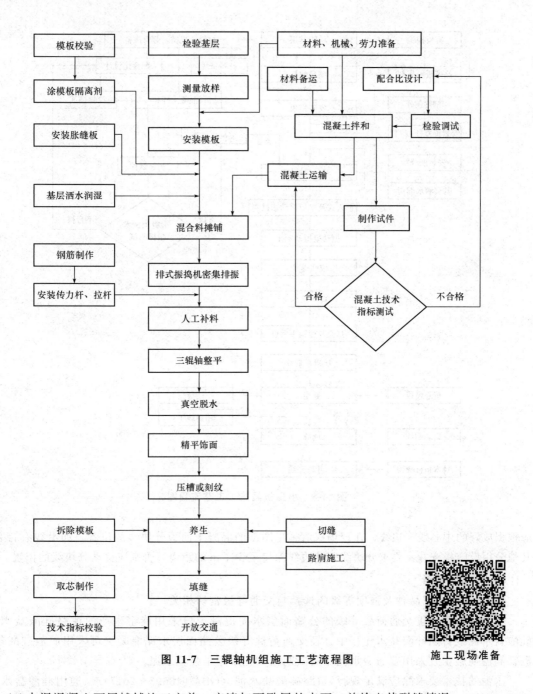

图 11-7 三辊轴机组施工工艺流程图

施工现场准备

(4) 水泥混凝土面层摊铺施工之前，应清扫下卧层的表面，并检查其裂缝情况。

1) 当出现有不规则的严重裂缝时，应将该段基层切割废弃，重新铺筑基层；废弃段基层的切缝断面应整齐，且应与路线中线垂直；

2) 基层的单条裂缝可进行灌缝处理，并骑缝布设加筋玻纤格栅；对布设的加筋玻纤格栅应采用热沥青粘贴，并采用U形钢钉将玻纤格栅钉牢于基层表面；

3) 当基层上存在有横向人为切缝时，该切缝应采用合适的填缝料灌满；铺筑的水泥混凝土路面板上应设一条横向缩缝与基层上的人为切缝对齐。

**2. 施工放样**

根据设计图纸放出中心线及边线，设置缩缝、胀缝、曲线起讫点和纵坡转折点等桩位；同时，

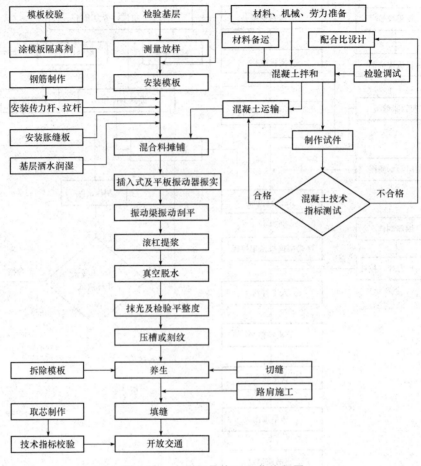

图 11-8 小型机具施工工艺流程图

应根据放好的中心线、边线，在现场核对施工图纸的混凝土面板分块线的位置。如沿线有窨井或其他公用设施检查井，要求分块线距其边线保持至少 1 m 的距离，否则应移动分块线的位置。

**3. 原材料准备**

(1) 水泥。水泥品种及强度等级的选择与交通等级密切相关。

极重、特重、重交通荷载等级的公路面层水泥混凝土应采用旋窑生产的道路硅酸盐水泥、硅酸盐水泥或普通硅酸盐水泥；中、轻交通荷载等级公路面层水泥混凝土可采用矿渣硅酸盐水泥；高温期施工宜采用普通型水泥，低温期施工宜采用早强型水泥。

水泥的技术要求除应满足现行《道路硅酸盐水泥》(GB/T 13693—2017)或《通用硅酸盐水泥》(GB 175—2007)的规定外，各龄期的实测抗折强度、抗压强度应符合表 11-2 的规定。

表 11-2 水泥混凝土面层用水泥各龄期的实测抗折强度、抗压强度

| 水泥混凝土的弯拉强度标准值/MPa | 5.5① | | 5.0 | | 4.5 | | 4.0 | |
|---|---|---|---|---|---|---|---|---|
| 龄期/d | 3 | 28 | 3 | 28 | 3 | 28 | 3 | 28 |
| 抗压强度/MPa ≥ | 23.0 | 52.5 | 17.0 | 42.5 | 17.0 | 42.5 | 10.0 | 32.5 |
| 抗折强度/MPa ≥ | 5.0 | 8.0 | 4.5 | 7.5 | 4.0 | 7.0 | 3.0 | 6.5 |
| ①本栏也适用于设计弯拉强度为 6.0 MPa 的纤维混凝土。 | | | | | | | | |

选用水泥时，还应通过混凝土配合比试验，根据其配制弯拉强度、耐久性和工作性优选适宜的水泥品种、强度等级。

水泥的化学成分、物理指标应符合《公路水泥混凝土路面施工技术细则》(JTG/T F30—2014)的有关规定。

采用滑模摊铺机铺筑时，宜采用散装水泥。高温期施工时，散装水泥的入罐最高温度不宜高于60℃；低温期施工时，水泥进入搅拌缸前的温度不宜低于10℃。

(2)粗集料。粗集料应使用质地坚硬、耐久、洁净的碎石、碎卵石和卵石。

极重、特重、重交通荷载等级公路面层混凝土用粗集料不应低于Ⅱ级的要求；中、轻交通荷载等级公路面层混凝土可使用Ⅲ级粗集料，也可使用再生粗集料。再生粗集料可单独或掺配新集料后使用，但应通过配合比试验验证，确定混凝土性能满足要求以及上述施工细则的规定后方可使用。

粗集料的压碎值、坚固性、针片状颗粒含量、含泥量、碱-集料反应等物理力学指标应符合《公路水泥混凝土路面施工技术细则》(JTG/T F30—2014)的有关规定。

粗集料与再生粗集料应根据混凝土配合比的公称最大粒径分为2~4个单粒级的集料，并掺配使用。不得使用不分级的统料。粗集料与再生粗集料的合成级配及单粒级级配范围宜符合表11-3的规定。

表11-3 粗集料级配范围

| 方筛孔尺寸/mm | | 2.36 | 4.75 | 9.50 | 16.0 | 19.0 | 26.5 | 31.5 | 37.5 |
|---|---|---|---|---|---|---|---|---|---|
| 级配类型 | | 累计筛余(以质量计)/% | | | | | | | |
| 合成级配 | 4.75~16 | 95~100 | 85~100 | 40~60 | 0~10 | 0 | | | |
| | 4.75~19 | 95~100 | 85~95 | 60~75 | 30~45 | 0~5 | 0 | | |
| | 4.75~26.5 | 95~100 | 90~100 | 70~90 | 50~70 | 25~40 | 0~5 | 0 | |
| | 4.75~31.5 | 95~100 | 90~100 | 75~90 | 60~75 | 40~60 | 20~35 | 0~5 | 0 |
| 单粒级 | 4.75~9.5 | 95~100 | 80~100 | 0~15 | 0 | | | | |
| | 9.5~16 | | 95~100 | 80~100 | 0~15 | 0 | | | |
| | 9.5~19 | | 95~100 | 85~100 | 40~60 | 0~15 | 0 | | |
| | 16~26.5 | | | 95~100 | 55~70 | 25~40 | 0~10 | 0 | |
| | 16~31.5 | | | 95~100 | 85~100 | 55~70 | 25~40 | 0~10 | 0 |

(3)细集料。细集料应采用质地坚硬、耐久、洁净的天然砂、机制砂或混合砂，不宜使用再生细集料。机制砂宜采用碎石为原料，并用专用设备生产。

极重、特重、重交通荷载等级公路面层混凝土用细集料不应低于Ⅱ级的要求；中、轻交通荷载等级公路面层混凝土可使用Ⅲ级细集料。

细集料的氯化物、坚固性、含泥量、亚甲蓝MB值等技术指标，应符合《公路水泥混凝土路面施工技术细则》(JTG/T F30—2014)的有关规定。

天然砂的级配应符合表11-4的规定。面层混凝土使用的天然砂细度模数宜为2.0~3.7。同一配合比用砂的细度模数变化范围不应超过0.3；否则，应分别堆放，并应调整配合比中的砂率。

表11-4 天然砂的推荐级配范围

| 砂分级 | 细度模数 | 方筛孔尺寸/mm | | | | | | | |
|---|---|---|---|---|---|---|---|---|---|
| | | 0.075 | 0.15 | 0.30 | 0.60 | 1.18 | 2.36 | 4.75 | 9.5 |
| | | 通过各筛孔的质量百分率/% | | | | | | | |
| 粗砂 | 3.1~3.7 | 0~5 | 0~10 | 5~20 | 15~30 | 35~65 | 65~95 | 90~100 | 100 |
| 中砂 | 2.3~3.0 | 0~5 | 0~10 | 8~30 | 30~60 | 50~90 | 75~100 | 90~100 | 100 |
| 细砂 | 1.6~2.2 | 0~5 | 0~10 | 15~45 | 60~84 | 75~100 | 85~100 | 90~100 | 100 |

(4)水。饮用水可直接作为混凝土搅拌、养护用水。非饮用水应进行水质检验,并符合《公路水泥混凝土路面施工技术细则》(JTG/T F30—2014)的有关规定,还应与蒸馏水进行水泥凝结时间与水泥胶砂强度对比试验;对比试验的水泥初凝时间与终凝时间差均不应大于30 min,水泥胶砂3 d和28 d强度不应低于蒸馏水配制的水泥胶砂3 d和28 d强度的90%。

(5)外加剂。滑模摊铺机施工的水泥混凝土面层应采用引气高效减水剂;高温施工混凝土拌合物的初凝时间短于3 h时,宜采用缓凝引气高效减水剂;低温施工混凝土拌合物终凝时间长于10 h时,应采用早强引气高效减水剂。

有抗冰(盐)冻要求时,各级公路水泥混凝土面层基暴露结构物混凝土应掺入引气剂;无抗冻要求的二级及二级以上公路水泥混凝土面层宜掺入引气剂。

路面水泥混凝土往往需要掺减水剂,以满足施工规范规定的最大单位用水量要求。高温施工宜使用引气缓凝(保塑)(高效)减水剂;低温施工宜使用引气早强(高效)减水剂。选定减水剂品种前,必须与所用的水泥进行化学成分和剂量适应性检验。化学成分不适应,必须更换减水剂品种。剂量不适应,应进行减水剂不同掺量的混凝土试验,找到所用水泥的减水剂最佳掺量。

处在海水、海风、氯离子环境或冬季撒除冰盐的路面或桥面钢筋混凝土、钢纤维混凝土中可掺用或复配阻锈剂。

外加剂的产品质量应符合《公路水泥混凝土路面施工技术细则》(JTG/T F30—2014)的有关规定。供应商应提供有相应资质外加剂检测机构的品质检测报告,检验报告应说明外加剂的主要化学成分,认定对人员无毒副作用。

(6)钢筋。混凝土路面、桥面和搭板所用钢筋网、传力杆、拉杆等钢筋应符合国家有关标准的技术要求。钢筋应顺直,不得有裂纹、断伤、刻痕、表面油污和锈蚀。传力杆钢筋加工应锯断,不得挤压切断;断口应垂直、光圆,用砂轮打磨掉毛刺,并加工成2~3 mm圆倒角。

(7)其他材料。接缝材料见本书项目一中的任务3。

混凝土养护用的养护剂宜选用一级品,喷洒剂量不少于$0.3 kg/m^2$;不得使用易被雨水冲刷掉的和对混凝土强度有影响的养护剂。

夹层与封层的材料要求参见《公路水泥混凝土路面施工技术细则》(JTG/T F30—2014)。

(8)原材料检验与存储要求。将相同料源、规格、品种的原材料作为一批,按表11-5中的检测项目、检测频率、检测方法进行检测,检测合格并经配合比试验确认满足要求后,方可使用。不合格的原材料不得进场。

**表11-5 混凝土原材料的检测项目和频率**

| 材料 | 检查项目 | 检查频度 | | 试验方法 |
| --- | --- | --- | --- | --- |
| | | 高速、一级公路 | 其他公路 | |
| 水泥 | 抗折强度、抗压强度、安定性 | 机铺1 500 t一批 | 机铺1 500 t、小型机具500 t一批 | GB 175 GB 13693 |
| | 凝结时间、标稠需水量、细度 | 机铺2 000 t一批 | 机铺3 000 t、小型机具500 t一批 | |
| | f-CaO、MgO、$SO_3$含量,铝酸三钙、铁铝酸四钙、干缩率、耐磨性、碱度、混合材料种类及数量 | 每合同段不少于3次,进场前必测 | 每合同段不少于3次,进场前必测 | |
| | 温度 | 冬、夏季施工随时检测 | 冬、夏季施工随时检测 | 温度计 |
| 掺合料 | 活性指数、细度、烧失量 | 机铺1 500 t一批 | 机铺1 500 t、小型机具500 t一批 | GB/T 18736 GB/T 1596 |
| | 需水量比、$SO_3$含量 | 每合同段不少于3次,进场前必测 | 每合同段不少于3次,进场前必测 | |

续表

| 材料 | 检查项目 | 检查频度 高速、一级公路 | 检查频度 其他公路 | 试验方法 |
|---|---|---|---|---|
| 粗集料 | 级配,针片状、超径颗粒含量,表观密度,堆积密度,空隙率 | 机铺 2 500 m³ 一批 | 机铺 5 000 m³,小型机具 1 500 m³ 一批 | JTG E42 |
| | 含泥量、泥块含量 | 机铺 1 000 m³ 一批 | 机铺 2 000 m³,小型机具 1 000 m³ 一批 | |
| | 坚固性、岩石抗压强度、压碎指标 | 每种粗集料每合同段不少于 2 次 | 每种粗集料每合同段不少于 2 次 | |
| | 碱-集料反应 | 怀疑有碱活性集料进场前测 | 怀疑有碱活性集料进场前测 | |
| | 含水率 | 降雨或湿度变化随时测 | 降雨或湿度变化随时测 | |
| 砂 | 细度模数,表观密度,堆积密度,空隙率,级配 | 机铺 2 000 m³ 一批 | 机铺 4 000 m³,小型机具 1 500 m³ 一批 | JTG E42 |
| | 含泥量、泥块、石粉含量 | 机铺 1 000 m³ 一批 | 机铺 2 000 m³,小型机具 500 m³ 一批 | |
| | 坚固性 | 每种砂每合同段不少于 3 次 | 每种砂每合同段不少于 3 次 | |
| | 云母含量、轻物质与有机物含量 | 目测有云母或杂质时测 | 目测有云母或杂质时测 | |
| | 硫化物及硫酸盐、海砂中氯离子含量 | 必要时测,淡化海砂每合同段 3 次 | 必要时测,淡化海砂每合同段 2 次 | |
| | 含水率 | 降雨或湿度变化随时测,且每日不少于 4 次 | 降雨或湿度变化随时测,且每日不少于 4 次 | |
| 外加剂 | 减水率、缓凝时间,液体外加剂含固量和相对密度,粉状外加剂的不溶物含量 | 机铺 5 t 一批 | 机铺 5 t、小型机具 3 t 一批 | GB 8076 |
| | 引气剂引气量、气泡细密程度和稳定性 | 机铺 2 t 一批 | 机铺 3 t、小型机具 1 t 一批 | |
| 养护材料 | 有效保水率、抗压强度比、耐磨性、耐热性、膜水溶性、含固量、成膜时间、薄膜或成膜连续不透气性 | 开工前或有变化时,每合同段不少于 3 次,每 5 t 一批 | 开工前或有变化时,每合同段不少于 3 次,每 5 t 一批 | JT/T 522 JG/T 188 |
| 水 | pH 值、含盐量、硫酸根及杂质含量 | 开工前和水源有变化时 | 开工前和水源有变化时 | JGJ 63 |

注:1. 开工前,所有原材料项目均应检验;当原材料规格、品种、生产厂、来源变化时,必检;
2. 机铺是指滑模、三辊轴机组和碾压混凝土摊铺,数量不足一批时,按一批检验。

工地所用散装水泥应使用水泥储罐储存,严禁使用受潮的水泥。当水泥储存时间过长时,应取样检测储存水泥的各项性能,确认合格后使用。在同一路段上铺筑水泥混凝土面层时,不应使用两种或以上不同牌号的水泥。

施工前,应储备正常施工 10~15 d 所需的砂石料,大型滑模摊铺施工宜储备 1 个月以上的砂石料。砂石料场要硬化,不同规格的砂石料应用隔离设施并设标识牌,严禁混杂。在低温天、雨天、大风天及日照强烈的条件下,应在砂石料堆上部架设顶篷或覆盖,覆盖砂石料数量不宜少于正常施工一周的用量。

使用外加剂质量应符合规范要求,且必须保证供应材料性能的稳定,不应中途更换供应商和品种型号。

### 4. 水泥混凝土配合比设计

路面用普通水泥混凝土配合比设计方法以《公路水泥混凝土路面施工技术细则》(JTG/T F30—2014)为依据,应满足弯拉强度、工作性、耐久性要求,兼顾经济性。

各级公路面层水泥混凝土配合比设计宜采用正交试验法;二级及二级以下公路可采用经验公式法。混凝土配合比设计应包括目标配合比设计和施工配合比设计两个阶段。

目标配合比设计应确定混凝土的水泥用量、集料用量、水胶比、外加剂掺量。施工配合比设计应通过拌合楼试拌确定拌合参数。经批准的配合比在施工中不得擅自调整。

目标配合比设计应对混凝土性能进行全面检验,并规定施工配合比设计与目标配合比设计的允许偏差。目标配合比应按下列要求进行:

(1)根据原材料、路面结构及施工工艺要求,通过计算或正交试验拟定混凝土配合比的控制性参数。

(2)按拟定的配合比进行试验室试拌,实测各项性能指标,选择混凝土的弯拉强度、工作性、耐久性满足要求,且经济、合理的配合比作为目标配合比。

(3)根据拌合楼(机)试拌情况,对试拌配合比进行性能检验和调整,直至符合目标配合比要求。

施工配合比应符合目标配合比的实测数据,并应按下列要求进行:

(1)施工配合比中的水泥用量可根据拌合过程中的损耗情况,较目标配合比适当增加 5~10 $kg/m^3$。

(2)根据目标配合比计算各原材料用量,按照实际生产要求进行试拌。

(3)进行混凝土的弯拉强度、工作性、耐久性检验,确定是否满足要求。

(4)总结试验数据,提出施工配合比,确定设备参数,明确施工中根据集料实际含水率调整拌合楼(机)上料参数和加水量的有关要求。

当原材料变化时,应重新进行目标配合比与施工配合比设计与检验。

【主题讨论】 请查阅资料,谈谈橡胶水泥商品混凝土材料的优势及应用。

在水泥商品混凝土中掺入适量的橡胶粉制成橡胶水泥商品混凝土,能够改善水泥与骨料的界面状况,阻止商品混凝土内微裂缝的产生和发展,从而对改善商品混凝土的韧性、抗冲击性具有一定的作用,且橡胶资源丰富,价格低廉,利用其对商品混凝土路面进行改性,无论在保证行车安全、提高道面使用性能和延长道面使用寿命,还是回收利用废旧轮胎,实现经济发展与环境发展相协调方面都具有较现实的意义。

### 5. 施工机械的准备

水泥混凝土路面所用的机械设备与铺筑方式有关,滑模摊铺机施工与小型机具法铺筑具体配备情况见表 11-6、表 11-7。

三辊轴机组中三辊轴整平机应由振动辊、驱动辊和甩浆辊组成,材质为三根等长度同直径无缝钢管,并具有足够的刚度和耐磨性。三辊轴整平机的技术参数应符合表 11-8 的规定,并根据面层厚度、拌合物工作型和施工进度等合理选用。板厚 200 mm 以上宜采用直径为 168 mm 的辊轴;桥面铺装或厚度较小的路面可采用直径为 219 mm 的辊轴。轴长宜比路面宽度长出 600~1 200 mm。振动轴的转速不宜大于 380 r/min。

三辊轴机组铺筑混凝土面板时,必须同时配备振捣机。振捣机应由机架、行走机构和一排振捣棒组成,并配备螺旋布料器和松方控制板,具备行走或推行功能。当一次摊铺双车道路面时,应配备"纵缝拉杆插入机",并配有插入深度控制和拉杆间距调整装置。其他施工辅助配套设备可参照表11-6选配。

**6. 试验段施工**

二级及二级以上公路水泥混凝土施工前，应制订试验路段的施工方案和检测计划，并应铺筑试验路段。其他等级公路施工前宜铺筑试验路段。试验路段长度不应短于100 m。高速公路、一级公路宜在主线路面以外进行试铺。

表11-6 滑模摊铺机施工主要机械和机具配套表

| 工作内容 | 主要施工机械设备 | |
|---|---|---|
| | 名称 | 机型及规格 |
| 钢筋加工 | 钢筋锯断机、折弯机、电焊机 | 根据需要定规格和数量 |
| 测量基准线 | 水准仪、经纬仪、全站仪① | 根据需要定规格和数量 |
| | 基准线、线桩及紧线器 | 300个桩、5个紧线器、3 000 m基准线 |
| 搅拌 | 强制式拌合楼（机） | ≥50 $m^3$/h，数量由计算确定 |
| | 装载机 | 2～3 $m^3$ |
| | 发电机 | ≥120 kW |
| | 供水泵和蓄水池 | ≥250 $m^3$ |
| 运输 | 运输车① | 4～6 $m^3$ 数量由匹配计算确定 |
| | 自卸车 | 4～24 $m^3$ 数量由匹配计算确定 |
| 摊铺 | 布料机①、挖掘机、吊车等布料设备 | 根据需要定规格和数量 |
| | 滑模摊铺机1台 | 技术参数见说明书 |
| | 手持振捣棒、整平梁、模板 | 根据人工施工接头需要定 |
| 抗滑 | 拉毛养护机①1台 | 与滑模摊铺机同宽 |
| | 人工拉毛齿耙、工作桥 | 根据需要定规格和数量 |
| | 硬刻槽机① 刻槽宽度≥500 mm，功率≥7.5 kW | 数量与摊铺进度匹配 |
| 切缝 | 软锯缝机 | 根据需要定规格和数量 |
| | 常规锯缝机或支架锯缝机 | 根据需要定规格和数量 |
| | 移动发电机 | 12～60 kW，数量由施工需要定 |
| 磨平 | 水磨石磨机 | 需要处理欠平整部位时 |
| 灌缝 | 灌缝机或插胶条工具 | 根据需要定规格和数量 |
| 养护 | 压力式喷洒机或喷雾器 | 根据需要定规格和数量 |
| | 工地运输车 | 4～6 t，按需要定数量 |
| | 洒水车 | 4.5～8 t，按需要定数量 |

①可按装备、投资、施工方式等不同要求选配。

表11-7 小型机具施工配套机械、机具配置

| 工作内容 | 主要施工机械机具 | |
|---|---|---|
| | 机械机具名称、规格 | 数量、生产能力 |
| 钢筋加工 | 钢筋锯断机、折弯机、电焊机 | 根据需要定规格和数量 |
| 测量 | 水准仪、经纬仪 | 根据需要定规格和数量 |
| 架设模板 | 与路面厚度等高3 m长槽钢模板、固定钢钎 | 数量不少于3 d摊铺用量 |

续表

| 工作内容 | 主要施工机械机具 ||
|---|---|---|
| | 机械机具名称、规格 | 数量、生产能力 |
| 搅拌 | 强制式拌合楼（机），单车道≥25（m³/h），双车道≥50（m³/h） | 总搅拌产生能力及拌合楼（机）数量，根据施工规模和进度由计算确定 |
| | 装载机 | 2～3 m³ |
| | 发电机 | ≥120 kW |
| | 供水泵和蓄水池 | 单车道≥100 m³，双车道≥200 m³ |
| 运输 | 5～10 t自卸车 | 数量由匹配计算确定 |
| 振实 | 手持振捣棒，功率≥1.1 kW | 每2 m宽路面不少于1根 |
| | 平板振动器，功率≥2.2 kW | 每车道路面不少于1个 |
| 振实 | 振捣整平梁，刚度足够，2个振动器功率≥1.1 kW | 每车道路面不少于1个振动器，每车道面不少于1根振动梁 |
| | 现场发电机功率≥30 kW | 不少于2台 |
| 提浆整平 | 提浆滚杠直径15～20 mm，表面光滑无缝钢管，壁厚≥3 mm | 长度适应铺筑宽度，一次摊铺单车道路面1根，双车道路面2根 |
| | 叶片式或圆盘式抹面机 | 每车道路面不少于1台 |
| | 3 m刮尺 | 每车道路面不少于2根 |
| | 手工抹刀 | 每米宽路面不少于1把 |
| 抗滑构造 | 工作桥 | 不少于3个 |
| | 人工拉毛齿耙、压槽器 | 根据需要定数量 |
| 切缝 | 软锯缝机 | 根据需要定数量 |
| | 手推锯缝机 | 根据进度定数量 |
| 磨平 | 水磨石磨机 | 需要处理欠平整部位时 |
| 灌缝 | 灌缝机具 | 根据需要定规格和数量 |
| 养护 | 洒水车4.5～8.0 t、工地运输车4～6 t | 按需要定数量 |
| | 压力式喷洒机或喷雾器 | 根据需要定规格和数量 |

表11-8 三辊轴整平机的主要技术参数

| 轴直径/mm | 轴速/(r·min⁻¹) | 轴长/m | 轴质量/(kg·m⁻¹) | 行走速度/(m·min⁻¹) | 整平轴距/mm | 振动功率/kW | 驱动功率/kW | 适宜整平路面厚度/mm |
|---|---|---|---|---|---|---|---|---|
| 168 | 300 | 5～9 | 65±0.5 | 13.5 | 504 | 7.5 | 6 | 200～260 |
| 219 | 380 | 5～12 | 77±0.7 | 13.5 | 657 | 17 | 9 | 160～240 |

试验路段铺筑应达到下述目的：
(1)确定拌合楼的拌合参数、实际生产能力和配料精度。
(2)检验混凝土的施工性能、技术参数和实测强度。
(3)检验铺筑机械、工艺参数及拌合能力匹配情况。
(4)检验施工组织方式、质量控制水平和人员配备。

拌合楼应通过动、静态标定检验合格后方可试拌。试拌应确定下列内容：
(1)每座拌合楼的生产能力、施工配合比的配料精度，以及全部拌合楼(机)的总产量。
(2)计算机拌合程序及粗细集料含水率的反馈控制系统满足要求。
(3)合理投料顺序和时间、纯拌合与总拌合时间。
(4)拌合物坍落度、VC值、含气量等工艺参数。
(5)检验混凝土弯拉强度是否满足要求。

用于试验段的拌合楼(机)试拌合格后，方可进行试验路段铺筑。试验路段铺筑时，应确定下列内容：
(1)主要铺筑设备的工艺性能、质量指标和生产能力满足要求；辅助设备的配置合理、适用；模板架设固定方式或基准线设置方式能保证高程和厚度控制要求。
(2)实测试验路段的松铺系数、摊铺速度、振捣时间与频率、滚压遍数、拉杆与传力杆置入精度、抗滑构造深度、摩擦系数、接缝顺直度等。
(3)验证施工各工艺环节操作要领，确定各关键工作岗位的作业指导书。
(4)检验施工组织形式与人员编制。
(5)通信联络和生产调度指挥及应急管理系统满足施工组织要求。

试验路段铺筑后，应按照面层的质量检验项目、技术要求和检查方法进行全面质量评定，并应符合下列规定：
(1)应提交试验路段检查结果的总结报告，报告中应包括试验路段采用的工艺参数、检验结果、存在的问题及改进措施，对正式拟采用的施工参数提出明确的指导书。
(2)试验路段应经建设单位组织的对各项施工质量指标的复检和验收合格后，经批准，方可投入正式铺筑施工。
(3)符合规范各项质量技术要求的施工工艺、流程和参数应固化为标准化的施工工艺模式，并贯穿施工全过程。评定不合格的试验路段，应重新铺筑。

### (二)水泥混凝土拌合物的搅拌

水泥混凝土拌合物搅拌的均匀性关系着混凝土强度的均匀性，因此，水泥混凝土拌合物的搅拌是混凝土面层施工中一个非常重要的环节。

混凝土搅拌站(视频)

**1. 搅拌设备要求**

(1)总拌合生产能力要求。拌合站配置的混凝土总设计标称生产能力可按式(11-1)计算，并按总拌合能力确定拌合楼(机)数量和型号。

$$M = 60\mu \cdot b \cdot h \cdot v_t \tag{11-1}$$

式中　$M$——拌合楼(机)总拌合能力($m^3/h$)；

　　　$b$——摊铺宽度(m)；

　　　$v_t$——摊铺速度(m/min)，($\geqslant 1$ m/min)；

　　　$h$——面层松铺厚度(m)，普通混凝土取设计厚度的1.10倍；

　　　$\mu$——拌合楼(机)可靠性系数，取1.2~1.5，根据下述具体情况确定：拌合楼(机)可靠性高，$\mu$可取较小值；反之，$\mu$取较大值；拌合钢纤维混凝土时，$\mu$应取较大值；坍落度要求较低者，$\mu$应取较大值。

(2)搅拌场最小生产容量。拌合楼(机)最小生产容量应满足表11-9的规定。应根据需要和设备能力确定拌合楼(机)的数量。同一拌合站的拌合楼(机)的规格宜统一，且宜采用同一厂家的设备。

(3)搅拌机机型选择。水泥混凝土拌合应采用间歇强制式拌合楼(机)，或配料计量精度满足要求的连续式拌合楼(机),不宜采用自落式滚筒搅拌机,这是由于自落式滚筒搅拌机体积计量不准,加水量易失控,导致强度失控,混凝土拌合物质量和匀质性无法得到保证。高速、一级及二级公路水泥混凝土面层施工时,应采用配备计算机自动控制的强制式拌合楼(机)。

表 11-9　混凝土路面不同摊铺方式的拌合楼(机)最小配置容量　　　　　　　　　$m^3/h$

| 摊铺宽度\摊铺方式 | 滑模摊铺 | 碾压混凝土 | 三辊轴摊铺 | 小型机具 |
|---|---|---|---|---|
| 单车道 3.75~4.5 m | ≥150 | ≥100 | ≥75 | ≥50 |
| 双车道 7.5~9 m | ≥300 | ≥200 | ≥100 | ≥75 |
| 整幅宽≥12.5 m | ≥400 | ≥300 | — | — |

(4)拌合楼(机)的配套设备。每座拌合楼(机)应根据粗集料级配数加细集料进行分仓,各级集料不得混仓。粗细集料仓顶应设置过滤超粒径颗粒的钢筋筛。每座拌合楼(机)应配备不少于2个用于储存水泥的罐仓,每种掺合料应单独设置储存料仓。

搅拌场应配备适量装载机或推土机供应砂石料。

【主题讨论】　二十大报告指出,要牢固"绿水青山就是金山银山"的发展理念,加快发展方式绿色转型,实施全面节约战略,发展绿色低碳产业。作为一个环保型搅拌站更是提倡绿色生产,这不仅是产业发展的基本要求,更是社会发展的基石。请查阅资料,谈谈绿色环保型混凝土搅拌站有哪些技术创新点。

### 2. 拌合技术要求

(1)拌合楼(机)的标定和校验。每台拌合楼(机)在投入生产前,必须进行标定和试拌。在标定有效期满或拌合楼(机)搬迁安装后,均应重新标定。施工中应每 15 d 校验一次拌合楼(机)计量精确度。拌合楼(机)配料计量偏差不得超过表 11-10 的规定。不满足时,应分析原因,排除故障,确保拌合计量精确度。采用计算机自动控制系统的拌合楼(机)时,应使用自动配料生产,并按需要打印对应路面摊铺桩号的混凝土配料统计数据及偏差。定期测定集料含水率,并进行混凝土的配合比调整。

表 11-10　拌合楼(机)的混凝土拌合计量允许偏差　　　　　　　　　　　　　　%

| 材料名称 | 水泥 | 掺合料 | 纤维 | 细集料 | 粗集料 | 水 | 外加剂 |
|---|---|---|---|---|---|---|---|
| 高速公路、一级公路每盘 | ±1 | ±1 | ±2 | ±2 | ±2 | ±1 | ±1 |
| 高速公路、一级公路累计每车 | ±1 | ±1 | ±2 | ±2 | ±2 | ±1 | ±1 |
| 其他等级公路 | ±2 | ±2 | ±2 | ±3 | ±3 | ±2 | ±2 |

(2)拌合时间。拌合时间应根据拌合物的黏聚性、匀质性及搅拌机类型,经试拌确定,并应符合:单立轴式搅拌机总拌合时间宜为 80~120 s,全部原材料到齐后的纯拌合时间不宜短于 40 s;行星立轴和双卧轴式搅拌机总拌合时间为 60~90 s,纯拌合时间不宜短于 35 s;连续双卧轴拌合楼(机)的总拌合时间宜为 80~120 s,纯拌合时间不宜短于 40 s。

水泥混凝土拌和

(3)砂石料拌和要求。混凝土拌和过程中,不得使用沥水、夹冰雪、表面沾染尘土和局部曝晒过热的砂石料。

(4)外加剂掺加要求。可溶解的外加剂应充分溶解、搅拌均匀后加入搅拌锅,并扣除溶液中的加水量。有沉淀的外加剂溶液,应每天清除一次稀释池中的沉淀物。不可溶解的粉末外加剂加入前应过 0.30 mm 筛。可与集料同时加入,并适当延长纯搅拌时间。

使用间歇拌合楼(机)时,外加剂溶液浓度应根据外加剂掺量、每盘外加剂溶液筒的容量和水泥用量计算得出。连续式拌合楼(机)应按流量比例控制加入外加剂。加入搅拌锅的外加剂溶液应充分溶解,并搅拌均匀。有沉淀的外加剂溶液,应每天清除一次稀释池中的沉淀物。

(5)引气混凝土拌和要求。拌和引气混凝土时,拌合楼(机)一次拌合量不应大于其额定搅拌量的90%。

(6)粉煤灰等掺合料掺加要求。粉煤灰或其他掺合料应采用与水泥相同的输送、计量方式加入。粉煤灰混凝土的纯拌合时间应比不掺的延长15~25 s。

(7)拌和监控。除拌合楼(机)应配备砂(石)含水率自动反馈系统外,每台班应至少检测3次粗、细集料含水率。并根据粗、细集料含水率变化,快速反馈并严格控制加水量和粗、细集料用量。

拌合楼(机)的水泥、粉煤灰或矿渣粉罐仓除应防止拌合期间撒漏外,在水泥罐车输送水泥时,罐仓顶部应设置过滤布。不得使大量水泥粉、粉煤灰或矿渣粉从仓顶飞散入大气中。

当摊铺机械出现故障时,应及时通知拌合楼(机)停止搅拌,防止运到机前的混凝土因超过初凝时间不能铺筑而废弃。

### 3. 拌合物质量检验与控制

混凝土搅拌过程中,拌合物质量检验与控制应符合表11-11的规定。

表11-11 混凝土拌合物的质量检验项目和频率

| 检查项目 | 检查频度 | | 试验方法 |
|---|---|---|---|
| | 高速公路、一级公路 | 其他公路 | |
| 水胶比及稳定性 | 每5 000 m³抽检1次,有变化随时测 | 每5 000 m³抽检1次,有变化随时测 | JTG E30 T0529 |
| 坍落度及其损失率 | 每工班测3次,有变化随时测 | 每工班测3次,有变化随时测 | JTG E30 T0522 |
| 振动黏度系数 | 试拌、原材料和配合比有变化时测 | 试拌、原材料和配合比有变化时测 | JTG/T F30 附录A |
| 钢纤维体积率 | 每工班测2次,有变化随时测 | 每工班测1次,有变化随时测 | JTG/T F30 附录D |
| 含气量 | 每工班测2次,有抗冻要求不少于3次 | 每工班测1次,有抗冻要求不少于3次 | JTG E30 T0526 |
| 泌水率 | 局部大面积出现泌水现象时必测 | 局部大面积出现泌水现象时必测 | JTG E30 T0528 |
| 表观密度 | 每工班测2次 | 每工班测1次 | JTG E30 T0525 |
| 温度、凝结时间、水化发热量 | 冬、夏季施工,气温最高、最低时,每工班至少测1~2次 | 冬、夏季施工,气温最高、最低时,每工班至少测1次 | JTG E30 T0527 |
| 离析 | 随时观察 | 随时观察 | — |
| 改进VC值 | 每工班测3次,有变化随时测 | 每工班测2次,有变化随时测 | JTG E30 T0524 |
| 压实度、松铺系数 | 每工班测3次,有变化随时测 | 每工班测3次,有变化随时测 | JTG E30 T0525 |

拌合物出料温度宜控制在10 ℃~35 ℃。拌合物应均匀一致,有生料、干料、离析或外加剂、粉煤灰成团现象的非均质拌合物不得用于路面摊铺。一台拌合楼(机)的每盘之间,各拌合楼(机)之间,拌合物的坍落度偏差应小于10 mm。拌合坍落度应为最适宜摊铺的坍落度值与当时气温下运输坍落度损失值两者之和。

### (三)运输

水泥混凝土拌合物的运输环节采取一些必要的措施可以有效解决混凝土的离析问题,因此,水泥混凝土拌合物的运输也是混凝土面层施工中的一个非常重要的环节。

**1. 运输设备要求**

混凝土运输车辆可选配车况优良、载重量 5~20 t 的自卸车。自卸车后挡板应关闭紧密，运输时不漏浆撒料，车厢板应平整光滑，其最大运距不应超过 20 km。远距离运输或摊铺钢筋混凝土路面及桥面时，宜选配混凝土罐车。

运输车数量可按式(11-2)计算，且不少于 3 辆，高速、一级公路不应少于 5 辆。

$$N = 2n\left(1 + \frac{S\rho_c m}{v_q g_q}\right) \tag{11-2}$$

式中　$N$——运输车数量(辆)；

　　　$n$——相同产量拌合楼(机)台数；

　　　$S$——单程运输距离(km)；

　　　$\rho_c$——混凝土拌合物视密度(t/m³)；

　　　$m$——一座拌合楼(机)的生产能力(t/m³)；

　　　$v_q$——车辆的平均运输速度(km/h)；

　　　$g_q$——汽车载重能力(t/辆)。

**2. 运输技术要求**

(1)运送混凝土的车辆装料前，应清洁车厢或车罐，洒水润壁，排干积水。

(2)减少拌合物离析：装料时，自卸车每装载一盘拌合物应挪动一次车位，拌合楼(机)出口与车厢底板间的卸料落差不应大于 2 m；车辆起步和停车应平稳；自卸车运输应减小颠簸。

水泥混凝土运输

(3)混凝土运输过程中应防止漏浆、漏料和污染路面，防止拌合物离析。

(4)驾驶员要了解混凝土拌合物出料到运抵现场允许最长时间，见表 11-12，途中不得随意耽搁，混凝土一旦在车内停留超过初凝时间，应采取紧急措施处置，严禁混凝土硬化在车厢(罐)内。使用自卸车运输混凝土最远运输半径不宜超过 20 km。烈日、大风、雨天和低温天远距离运输时，自卸车应遮盖混凝土，罐车宜加保温隔热套。

表 11-12　混凝土拌合物出料到运抵现场允许最长时间

| 施工气温[①]/℃ | 到运输完毕允许最长时间/h | |
|---|---|---|
| | 滑模 | 三辊轴、小型机具 |
| 5~9 | 1.5 | 1.2 |
| 10~19 | 1.25 | 1.0 |
| 20~29 | 1.0 | 0.75 |
| 30~35 | 0.75 | 0.40 |
| ①指施工时间的日间平均气温，使用缓凝剂延长凝结时间后，本表数值可增加 0.25~0.5 h。 | | |

(5)车辆倒车及卸料时，应有专人指挥，卸料应到位，严禁碰撞摊铺机和前场施工设备及测量仪器。严禁碰撞模板或基准线，一旦碰撞，应重新测量纠偏。卸料完毕，车辆应迅速离开。

**(四)滑模摊铺机铺筑**

**1. 基准线的设置**

滑模摊铺混凝土路面的施工应设置基准线。基准线用拉线的方法设

滑模摊铺机施工
基准线设置

置。基准线设置形式有单向坡双线式、单向坡单线式和双向坡双线式三种。基准线架设与保护应符合下列规定：

(1)滑模摊铺高速公路、一级公路时，应采用单向坡双线基准线；横向连接摊铺时，连接一侧可依托已铺成的路面，另一侧设单线基准线。

(2)滑模整体铺筑二级公路的双向坡路面时，应设置双线基准线，滑模摊铺机底板应设置为路拱形状。

(3)基准线桩纵向间距直线段不应大于10 m，桥面铺装、隧道路面及竖曲线、平曲线路段宜为5～10 m，大纵坡与急弯道可加密布置。基准线桩最小距离不宜小于2.5 m。

(4)基层顶面到夹线臂的高度宜为450～750 mm。基准线桩夹线臂夹口到桩的水平距离宜为300 mm。基准线桩应钉牢固。

(5)单根基准线的最大长度不宜大于450 m。架设长度不宜大于300 m。

(6)基准线宜使用钢绞线。采用直径2.0 mm的钢绞线时，张线拉力不宜小于1 000 N；采用直径3.0 mm的钢绞线时，不宜小于2 000 N。

(7)基准线的设置精确度应符合表11-13的规定。

(8)基准线设置后，严禁扰动、碰撞和振动。多风季节施工，宜缩小基准线桩间距。

表11-13 基准线设置精确度要求

| 项目 | 中线平面偏位/mm ≤ | 路面宽度偏差/mm ≤ | 面板厚度/mm ≥ | | 纵断高程偏差/mm | 横坡偏差/% | 连接纵缝高差/mm |
|------|------|------|------|------|------|------|------|
| | | | 代表值 | 极值 | | | |
| 规定值 | 10 | +15 | −3 | −8 | ±5 | ±0.10 | ±1.5 |

架设完成的基准线不得存在眼睛可见的拐点及下垂，并应逐段校验其顺直度及张紧度。

板厚的校验应满足下列规定：

(1)采用垂直于两侧基准线拉线，用直尺或加垂头的方法，对预备摊铺路段的板厚进行复核测量。

(2)单车道铺筑时，一个横断面横向应测不少于3点；双车道及全幅摊铺时，应测不少于5点。纵向每200 m应测不少于10个断面。

(3)横断面板厚值的算术平均值不应薄于设计厚度，极小值不应薄于质量控制的极值。

(4)纵向以200 m为单元，全部板厚总平均值不应薄于设计板厚。

顺直度、张紧度或板厚不满足要求时，应重新测量基准线。

**2. 摊铺准备**

(1)摊铺前应检查并调试施工设备。

(2)基层、封层表面及履带行走部位应清扫干净。摊铺面板位置应洒水湿润，但不得积水，并采取防止施工设备和车辆碾坏封层的措施。检查并平整滑模摊铺机的履带行走区。

(3)横向连接摊铺准备：横向连接摊铺时，前次摊铺路面纵缝的溜肩胀宽部位应切割顺直。侧边拉杆应校正扳直，缺少的拉杆应钻孔锚固植入。纵向施工缝的上半部缝壁应涂覆隔离防水材料。

**3. 滑模摊铺机的施工参数设定及校准**

(1)振捣棒位置设定：应均匀排列，间距宜为300～450 mm；混凝土摊铺厚度较大时，应采用较小间距。两侧最边缘振捣棒与摊铺边沿距离不宜大于200 mm。振捣棒下缘位置应在挤压板最低点以上。

(2)挤压底板前倾角:宜设置为3°左右。提浆夯板位置宜在挤压底板前缘以下5~10 mm。

(3)边缘超铺高度:应根据拌合物稠度确定,宜为3~8 mm,板厚较厚、坍落度较小时,超铺高度宜采用较小值。

(4)搓平梁的设置:搓平梁前沿宜调整到与挤压板后沿高程相同,搓平梁的后沿比挤压底板后沿低1~2 mm,并与路面高程相同。

(5)首次摊铺位置校准:滑模摊铺机首次摊铺路面,应挂线对其铺筑位置、几何参数和机架水平度进行调整和校准,正确无误后,方可开始摊铺。

**4. 布料**

(1)滑模摊铺混凝土机前布料,应采用机械完成,布料高度应均匀一致,不得采用翻斗车直接卸料方式。

(2)卸料、布料速度应与摊铺速度协调一致,不得局部或全断面缺料,缺料时,立即停止摊铺。

(3)布料机布料时,布料机与摊铺机之间施工距离宜为5~10 m;现场蒸发率较大时,宜采用较小值。

水泥混凝土布料

(4)当坍落度为10~30 mm时,布料松铺系数宜控制在1.08~1.15范围内。

(5)应保证滑模摊铺机前的正常料位高度在螺旋布料器叶片最高点以下,最高料位高度不得高于松方控制板上缘。采用布料犁布料时,应按松方高度严格控制料位高度。

(6)当面层传力杆、胀缝与隔离缝钢筋采用前置钢筋支架法施工时,不得在支架顶面直接接料。传力杆以下的混凝土宜在摊铺前采用手持振捣棒振实。

**5. 铺筑作业技术要点**

(1)滑模摊铺机起步时,应先开启振捣棒,在2~3 min内调整振捣到适宜振捣频率,使进入挤压底板前缘的拌合物振捣密实,无大气泡冒出破灭,方可开动滑模摊铺机平稳推进,再缓慢平稳推进。当天摊铺结束,摊铺机脱离混凝土后,应立即关闭振捣棒组。

(2)摊铺过程中应随时调整松方高度板位置控制进料,保证进料充足。起步时宜适当调高,正常摊铺时宜保持振捣仓内料位高于振捣棒100 mm左右,料位高低上下波动宜控制在±30 mm之内。

(3)滑模摊铺机应缓慢、匀速、连续不间断地作业。严禁料多追赶,然后随意停机等待,间歇摊铺。摊铺速度应根据板厚、混凝土工作性、布料能力、振捣排气效果等确定,可在0.75~2.0 m/min之间选择,宜采用1 m/min。

虚方控制、振动密实及挤压成型

(4)振捣频率应根据板厚、摊铺速度和混凝土的工作性确定,以保证不发生混凝土过振、欠振或漏振。振捣频率可在100~183 Hz之间调整,宜为150 Hz。

(5)可根据拌合物的稠度大小采用调整摊铺的振捣频率或速度等措施,保证摊铺质量的稳定。当拌合物的稠度发生变化时,宜先采取调整振捣频率的措施,后采取改变摊铺速度的措施。

(6)配备振动搓平梁时,摊铺过程中搓平梁前方砂浆直径宜控制在100 mm±30 mm,应避免砂浆卷中断、散开或摊展。

(7)应通过控制抹平板压力的方法,使其底部不小于85%长度接触新铺混凝土表面。

(8)在开始摊铺5~10 m内,应在铺筑行进中对摊铺出的路面高程、边缘厚度、中线、横坡度等参数进行复核测量,必要时可缓慢微调摊铺参数,以保证摊铺质量。

(9)滑模摊铺推进应匀速、平稳,滑出挤压底板或搓平梁的拌合物表面应平整、无缺陷,两侧边角应为90°,光滑规则,无塌边溜肩,表面砂浆厚度不宜大于3 mm。

(10)上坡时,挤压底板前仰角宜适当调小,并适当调小抹平板压力;下坡时,前仰角宜适当调大,并适当调大抹平板压力。

(11)摊铺小半径水平弯道时,弯道外侧的抹平板到摊铺边缘的距离应向外调整,两侧的加长侧模应采用可水平转动的铰连接,不得固接。

(12)滑模摊铺采用传力杆插入装置设置传力杆与拉杆时,应符合下列规定:

1)应安排专人负责对中横向缩缝位置,应一次振动插入整排全部传力杆。

拉杆与传力杆设置

2)插入传力杆时,应缓慢插入,防止快速插入导致阻力过大,使滑模摊铺机整体抬升。

3)拉杆插入装置应根据一次摊铺的车道数和设计选用。与未摊铺水泥混凝土面层连接的拉杆应采用侧向拉杆插入装置插入;两个以上车道摊铺时,在摊铺范围内的拉杆应采用拉杆压入装置压入。

4)中央拉杆可自动定位插入或手工操作在规定位置插入,应一次插入到位。

5)边缘拉杆应一次插入到位,不得在脱模后多次插入或手工反复打进。插入就位的拉杆应妥善保护,避免拉杆与混凝土粘结丧失。

滑模摊铺配备传力杆插入装置(DBI)时,应通过试验路段采用非破损方法对传力杆插入深度进行校准,施工中应进行传力杆精度复核。检测时可采用钢筋架保护层厚度测试仪或专用传力杆位置检测仪进行。

(13)抗滑纹理做毕,应立即开始保湿养护。养护龄期不应少于5 d,且混凝土强度满足要求后,方可连接摊铺相邻车道面板。履带在新铺层上行走时,钢履带底部应铺橡胶垫或使用有橡胶垫履带的摊铺机。纵缝横向连接高差不应大于2 mm。

### 6. 摊铺中问题处置

(1)摊铺中应经常检查振捣棒的工作情况和位置。路面出现麻面或拉裂现象时,必须停机检查或更换振捣棒。摊铺后,路面上出现发亮的砂浆条带时,必须调高振捣棒位置,使其底缘在挤压底板的后缘高度以上。

(2)摊铺宽度大于7.5 m时,若左右两侧拌合物稠度不一致,摊铺速度应按偏干一侧设置,并应将偏稀一侧的振捣棒频率迅速调小。

(3)路面一旦出现横向拉裂现象,应从以下几个方面进行检查处理:

1)拌合物局部或整体过于干硬、离析、集料粒径过大,不适宜滑模摊铺;或在该部位摊铺速度过快,振捣频率不够,混凝土未振动液化而拉裂;应降低摊铺速度、提高振捣频率。

2)应检查挤压底板的位置和前仰角设置是否变化,前倒角时必定拉裂,前仰角过大,也可能拉裂,应在行进中调整前2个水平传感器,即改变挤压底板为适宜的前仰角以消除拉裂现象。

3)拌合物较干硬或等料停机时间较长,起步摊铺速度过快,也可能拉裂路面。停机等待时间不得超过当时气温下混凝土初凝时间的4/5,超过此时间,应将滑模摊铺机迅速开出摊铺工作面,并做施工缝。

### 7. 自动抹平板抹面

滑模摊铺过程中应采用自动抹平板装置进行抹面。对少量局部麻面和明显缺料部位,应在挤压板后或搓平梁前补充适量拌合物,由搓平梁或抹平板机械修整。

滑模摊铺的水泥混凝土面层纵缝边缘出现局部倒边、塌边、溜肩现象,或表面局部存在小缺陷时,可用人工进行局部修整。修整作业应符合下列规定:

(1)局部修整后应精确整平,整平用抄平器长度不应短于2 m。

(2)面层边缘应采用设置侧模或上部支方形金属管,控制修整时的变形。

成型表面抹平与处理

(3)纵、横向施工接头处存在明显高差时,可整平后采用手持振捣棒振捣密实和水准仪测量,整平用抄平器长度不应短于3 m。

(4)表面修补作业需要补料时,可使用从摊铺拌合物中筛出的细料进行,不得洒水、洒水泥粉。

(5)不得用薄层贴补的办法进行表面修整。

#### 8. 滑模摊铺结束后的工作

(1)摊铺机开出后,应丢弃摊铺机振动仓内遗留下的纯砂浆,及时清洗、清除摊铺机中的混凝土残留物。

(2)横向施工缝可采用架设端模板的方法施做,并宜与胀缝或隔离缝合并设置,无法与胀缝合并设置时,应与缩缝合并设置。横向施工缝部位应满足面层平整度、高程、横坡的质量要求。

(3)施工缝端部两侧可采用架设端模板的方法,使侧边向内各收进20~40 mm,方便后续连续摊铺。侧边向内收进长度宜比滑模摊铺机侧模板略长。

### (五)三辊轴机组铺筑

#### 1. 模板的安装

模板应采用钢材、槽钢或方木制成。模板的高度应为面层设计厚度,直线段模板长度不宜小于3 m。小半径弯道及竖曲线部位可配备长度小于3 m的短模板。

采用三辊轴机组施工和小型机具施工时,均需要安装侧向模板。

纵向施工缝侧模板应按照设计的拉杆直径和间距钻拉杆插入孔,为了提高模板的架设稳固性,每米模板应设置1处支撑固定装置进行水平固定,如图11-9所示。固定的作用主要是防止振捣机、三辊轴、振捣梁、滚杠振动和重力作用下向外水平位移。模板垂直度用垫木楔方法调整。模板底部的空隙,宜使用砂浆垫实或铺垫塑料薄膜,以防止振捣漏浆。

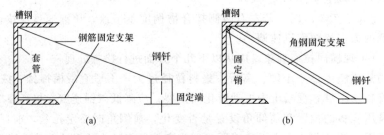

图11-9 (槽)钢模板焊接钢筋或角钢固定示意图
(a)焊接钢筋固定支架;(b)焊接角钢固定支架

模板加工与矫正精度应符合表11-14的规定。

表11-14 模板(加工矫正)允许偏差

| 施工方式 | 高度偏差/mm | 局部变形/mm | 垂直边夹角/° | 顶面平整度/mm | 侧面平整度/mm | 纵向变形/mm |
|---|---|---|---|---|---|---|
| 三辊轴机组 | ±1 | ±2 | 90±2 | ±1 | ±2 | ±2 |
| 小型机具 | ±2 | ±3 | 90±3 | ±2 | ±3 | ±3 |

横向施工缝端模板应按设计规定的传力杆直径和间距设置传力杆插入孔和定位套管。两边缘传力杆到自由边距离不宜小于150 mm。端模板每米设置1个垂直固定孔套。工作缝端模侧立面如图11-10所示。

模板数量应根据施工进度和施工气温确定，并应满足拆模周期内周转需要。模板总量不宜少于两次周转的需要。

模板安装前应进行测量放样，并核对路面标高、面板分块、胀缝和构造物位置。路面中心桩应每 20 m 布设一处；水准点宜每 100 m 布设一处；测量放样的质量要求和允许偏差应符合相应规范的规定。

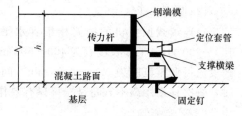

图 11-10 工作缝端模侧立面

安装水平曲线与纵曲线时，应将每块模板中点安装在曲线切点上。

模板应采用三角形木块调整高度。厚度不足时，可会同设计调整设计线，不得在基层上挖槽，嵌入安装模板。

模板应固定牢固，在振捣机、三辊轴整平机、滚杠等设备、机具往复作用下，不得出现偏移、变形、跑模现象。模板固定后底部空隙应采用干硬性水泥砂浆填堵，相邻模板接头应粘贴胶带密封，并不得漏浆。与混凝土拌合物接触的表面应涂脱模剂或隔离剂。

模板安装

模板安装应平整、顺直、稳固，相邻模板连接应紧密平顺，不得错茬与错台。模板安装应在混凝土面层铺筑之前完成，并满足封模砂浆固化要求。

模板安装完毕，应经过测量人员使用与设计板厚相同的测板作全断面检验，其安装精确度应符合表 11-15 的规定。

表 11-15 模板安装精确度要求

| 检测项目 | | 施工方式 | 三辊轴机组 | 小型机具 |
|---|---|---|---|---|
| 平面偏位/mm，≤ | | | 10 | 15 |
| 摊铺宽度偏差/mm，≤ | | | 10 | 15 |
| 面板厚度/mm，≥ | | 代表值 | −3 | −4 |
| | | 极值 | −6 | −8 |
| 纵断高程偏差/mm | | | ±5 | ±10 |
| 横坡偏差/% | | | ±0.10 | ±0.20 |
| 相邻板高差/mm，≤ | | | 1 | 2 |
| 顶面接茬 3 m 尺平整度/mm，≤ | | | 2，合格率不低于 90% | 2.5，合格率不低于 90% |
| 模板接缝宽度/mm，≤ | | | 2 | 3 |
| 模板垂直度/mm，≤ | | | 3 | 4 |
| 纵向顺直度/mm，≤ | | | 3 | 4 |

**2. 三辊轴机组铺筑作业要点**

(1) 基层处理：布料前应将基层清扫干净，并洒水润湿。

(2) 卸料：应有专人指挥车辆均匀卸料。

(3) 布料及松铺控制：布料应与摊铺速度相适应，不适应时应配备适当的布料机械。坍落度为 10~40 mm 的拌合物，松铺系数为 1.12~1.25。坍落度大时取低值，坍落度小时取高值。超高路段，横坡高侧取高值，横坡低侧取低值。

混凝土卸料、布料及密集排振

(4)振捣作业。

1)连续式振捣机的振捣棒组宜水平或小角度布置,直径为80~100 mm,振捣频率宜为100~200 Hz,工作长度宜为400~500 m,振捣棒之间的间距宜为350~500 mm。振捣机的移动速度应可调整范围为0.5~2 m/min。间歇式振捣机的振捣棒可垂直或大角度布置。插入振实时,每次移动距离不宜超过振捣棒有效作用半径的1.5倍,并不得大于0.6 m,振捣时间不应短于20 s。

2)振捣梁应设置在三辊轴整平机前方。铺筑厚度不大于200 mm时,其振动频率宜为60~50 Hz。

3)一次铺筑宽度大于4.5 m时,纵缝拉杆宜使用预设钢筋支架固定。横向连接纵缝处的拉杆应在边模板预留孔中插入,并振实粘牢。松动的拉杆应在连接摊铺时重新植入。

水泥路面三辊轴机组施工(视频)

4)横缝传力杆应采用预制钢筋支架法安装固定,不得手工设置传力杆。宜使用手持振捣棒专门振实传力杆支架范围内的混凝土。振捣机连续振捣时,振捣棒的深度应位于传力杆顶面以上。

5)应根据铺筑时拌合物的实测坍落度初选松铺系数,坍落度为10~30 mm的拌合物,松铺系数为1.2~1.25;坍落度为30~50 mm的拌合物,松铺系数为1.15~1.20;坍落度为50~70 mm的拌合物,松铺系数为1.10~1.15。弯道横坡与超高路段的松铺系数,高侧宜取高值,低侧宜取低值。

6)纵坡方向宜上坡方向铺筑。

7)应全断面布料,松铺高度符合要求后,再使用振捣机开始振捣。排式振捣机应匀速缓慢、连续不间断地振捣行进。振捣后的混凝土面层应成为连续均匀的整体,并达到所要求的密实度。

8)振捣机振实后,料位应高于模板顶面5~15 mm,局部坑洼不得低于模板顶面。过高时应铲除,过低应及时补料。

(5)三辊轴整平机作业。

1)三辊轴整平机应按作业单元分段整平,作业单元长度宜为10~30 m,振捣机振实与三辊轴整平两道工序之间的时间间隔不宜超过15 min。

2)在作业单元长度内,三辊轴整平机应采用前进振动、后退静滚方式作业。

三辊轴滚压振实料位高差宜高于模板顶面5~20 mm,过高时应铲除,过低应及时补料。

人工补料及三辊轴整平

3)三辊轴整平机整平水泥混凝土面层不同料位高差的滚压遍数,可根据表11-16按拌合物坍落度初步设置,并根据试铺效果最终确定。并非滚压遍数越多,平整度越好。

表11-16 整平混凝土表面所需的三辊轴振动不同料位高差的滚压遍数参考表

| 坍落度 $S_L$/mm<br>布料高差/mm | $L=9$ m, $d=168$ mm, $M=2\,095$ kg | | | 国产 $L=12$ m, $d=219$ mm, $M=3\,800$ kg | | |
|---|---|---|---|---|---|---|
| | 2 | 4 | 6 | 2 | 4 | 6 |
| 1.5 | 3 | 5 | 8 | 1 | 2 | 2 |
| 4.0 | 2 | 3 | 5 | 1 | 1 | 2 |
| 6.0 | 1 | 2 | 3 | 1 | 1 | 1 |

4)在三辊轴整平机作业时,应有专人处理轴前料位的高低情况,过高时,应辅以人工铲除,轴下有间隙时,应使用混凝土找补。

5)滚压完成后,应升起振动辊轴,用甩浆辊抛浆整平一遍,再用整平轴前后静滚整平,直到平整度符合要求,表面砂浆厚度均匀为止。

6)路面表层砂浆厚度宜控制在(4±1)mm,过厚的稀砂浆应及时刮除丢弃,不得用于路面补平。

7)三辊轴整平机整平后,应采用3~5 m刮尺,纵、横两个方向进行精平饰面,纵向不少于3遍,横向不少于2遍。也可采用旋转抹面机密实精平饰面2遍,直到平整度符合要求。

8)饰面完成后,应立即开始保湿养护。

精平饰面

### (六)小型机具铺筑

小型机具铺筑宽度不大于4.5 m时,铺筑能力不宜小于20 m/h。

**1. 摊铺**

(1)混凝土拌合物摊铺前,应对模板的位置、精度、支撑稳固情况,传力杆、拉杆的安设等进行全面检查,并洒水湿润底板。应采用厚度标尺板全面检测板厚,与设计值相符方可开始摊铺。

(2)混凝土拌合物的坍落度应控制在5~20 mm之间。松铺系数宜控制在1.10~1.25之间,坍落度高时取低值,横坡高时取高值。

(3)卸料应均匀,人工布料时应用铁锹反扣,严禁抛掷和耧耙。

(4)已铺筑好的面板端头设置施工缝,废弃不能被振实的拌合物。

**2. 振实**

振实是小型机具铺筑的关键环节,振实时应依次采用振捣棒、振动板、振动梁三遍振捣密实。

(1)插入式振捣棒振实。

1)在待振横断面上,每车道路面应使用不少于3根振捣棒,组成横向振捣棒组,振捣棒的功率不应小于1.1 kW,沿横断面连续振捣密实,并应注意路面板底、内部和边角处不得欠振或漏振。

2)振捣棒在每一处的持续时间,应以拌合物全面振动液化、表面不再冒气泡和泛水泥浆为限,不宜过振,也不宜少于30 s。振捣棒的移动间距不应大于有效作用半径的1.5倍,且不宜大于500 mm;边角插入振捣至模板边缘的距离不应大于150 mm。应避免碰撞模板、钢筋、传力杆和拉杆。

3)振捣棒插入深度宜离基层30~50 mm,振捣棒应轻插慢提,不得猛插快拔,严禁在拌合物中平推或拖拉振捣。

4)缩缝传力杆支架与胀缝钢筋笼应预先安装固定,再用振捣棒振捣密实。边缘拉杆振捣时,应有人工扶正拉杆。

5)振捣时,应辅以人工补料,并随时检查振实效果,及时纠正模板、拉杆、传力杆和钢筋的移位、变形、松动、漏浆等情况。

小型机具法施工

(2)振动板振实。

1)在振捣棒已完成振实的部位,可开始用振动板纵横交错两遍全面提浆振实,每车道路面应配备不少于2块振动板,振动板的功率不应小于2.2 kW。

2)振动板须由两人提拉振捣和移位,不得自由放置或长时间持续振动。振动板移位时,应重叠100~200 mm,振动板在一个位置的持续振捣时间不应少于15 s。移位控制以振动板底部和边缘泛浆厚度4 mm±1 mm为限。

3)缺料的部位,应辅以人工补料找平。

(3)振动梁振实。

1)每车道路面应配备 1 根振动梁,长度应比路面宽度每侧宽出 300～500 mm。振动梁上应安装 2 台附着式表面振动器,振动器的功率不应小于 1.1 kW。振动梁底部应焊接或安装深度 4 mm 的粗集料压入齿,保证 4 mm±1 mm 的表面砂浆厚度。

2)振动板振实长度达到 10 m 后,可垂直路面中线纵向人工拖动振动梁,在模板顶面往复拖行 2～3 遍,使表面泛浆均匀平整。

3)拖行过程中,振动梁下间隙应及时用混凝土补平,不得用纯砂浆填补;料位高出模板时,应人工铲除,直到表面泛浆均匀,路面平整。

### 3. 整平

整平应采用滚杠、整平尺或抹面机三遍整平。

(1)滚杠整平。

1)应在每个作业面配备 2 根整平滚杠,一根用于施工,一根浸泡清洗备用。滚杠应使用直径为 100 mm 或 125 mm 的无缝钢管制成,刚度及顺直度应满足施工质量要求,两端设有把手与轴承,能往复拖滚。

2)滚杠应支承在模板顶面,用人工往返拖滚,拖滚遍数为 2～3 遍。第一遍应短距离缓慢拖滚或推滚,以后应较长距离匀速拖滚,并将水泥浆始终赶在滚杠前方。

3)滚杠下有间隙部位应及时找补,多余水泥浆应铲除。

(2)整平尺整平饰面。

1)整平饰面应待水泥混凝土表面泌水基本完成后进行,采用 3 m 刮尺收浆饰面,纵横各 2～3 遍,直到表面平整度符合要求,表面砂浆厚度均匀。

2)整平饰面也可采用叶片式或圆盘式抹面机往返 1～2 遍压实整平饰面。抹面机配备每车道路面不宜少于 1 台。

(3)精平饰面。在抹面机完成作业后,应使用抹刀将抹面机留下的痕迹抹平,并进行清边整缝,清除粘浆,修补缺边、掉角等工作。当烈日曝晒或风大时,应加快表面的修整速度,或在防雨篷下进行。精平饰面后的面板表面应致密均匀,无抹面印痕,无露骨,平整度应达到规定要求,并应立即进行保湿养护。

### (七)接缝施工

### 1. 纵缝施工

(1)纵向施工缝。采用滑模施工时,纵向施工缝的拉杆宜用支架法安设,也可采用侧向拉杆液压装置一次推入。采用固定模板施工方式时,应从侧模预留孔中手工插入拉杆并进行振实。插入的侧向拉杆应牢固,避免松动、漏插。

(2)纵向缩缝。采用假缝拉杆型纵向缩缝,即锯切纵向缩缝。纵缝位置应按车道宽度设置,并在摊铺过程中用专用的拉杆插入装置插入拉杆。

(3)插入的侧向拉杆应牢固,不得松动、碰撞或拔出。若发现拉杆松脱或漏插,应在横向相邻路面摊铺前,钻孔重新植入。当发现拉杆可能被拔出时,宜进行拉杆拔出力(握裹力)检验。

拉杆与传力杆安装

### 2. 横缝施工

(1)横向施工缝施工。每天摊铺结束或摊铺中断时间超过 30 min 时,应设置横向施工缝,其位置宜与胀缝或缩缝重合。横向施工缝在缩缝处采用平缝加传力杆型,与胀缝重合时,应按胀缝施工,胀缝两侧补强钢筋笼宜分两次安装。

(2)横向缩缝施工。缩缝传力杆的施工方法可采用前置钢筋支架法或传力杆插入装置(DBI)法。钢筋支架应具有足够的刚度,传力杆应准确定位,摊铺之前应在基层表面放样,并用钢钎锚固,宜使用手持振捣棒振实传力杆高度以下的混凝土,然后机械摊铺。传力杆无防粘涂层一侧应焊接,有涂料一侧应绑扎。用DBI法置入传力杆时,应在路侧缩缝切割位置作标记,保证切缝位于传力杆中部。

角隅部位的传力杆与拉杆交叉时,应取消交叉部位拉杆,保留传力杆。

(3)胀缝施工。胀缝采用前置钢筋支架法施工时,应预先加工、安装和固定胀缝钢筋支架,并在使用手持振捣棒振实胀缝板两侧的混凝土后再摊铺。也可采用预留一块面板,高温时再铺封。

前置法施工,宜在混凝土未硬化时,剔除胀缝板上部的混凝土,嵌入(20~25)mm×20 mm的木条,整平表面。填缝前,应剔除木条,再粘胀缝多孔橡胶条或填缝。胀缝板应连续完整,胀缝板两侧的混凝土不得相连。

### 3. 拉杆、胀缝板、传力杆及其套帽的设置精度

拉杆、胀缝板、传力杆及其套帽设置精确度应符合表11-17的要求。

表11-17 拉杆、胀缝板、传力杆及其套帽设置精确度

| 项目 | 允许偏差/mm | 测量位置 |
| --- | --- | --- |
| 传力杆端上下左右偏斜偏差 | 10 | 在传力杆两端测量 |
| 传力杆深度及左右位置偏差 | 20 | 以板面为基准测量 |
| 传力杆沿路面纵向前后偏位 | 30 | 以缝中心线为准 |
| 拉杆端及在板中上下左右偏差 | 20 | 杆两端和板面测量 |
| 拉杆沿路面纵向前后偏位 | 30 | 纵向测量 |
| 胀缝传力杆套帽偏差(长度≥100 mm) | 10 | 以封堵帽端起测 |
| 胀缝板倾斜偏差 | 20 | 以板底为准 |
| 胀缝板的弯曲和位移偏差 | 10 | 以缝中心线为准 |

### 4. 切缝

纵、横向缩缝均应采用切缝法施工。切缝作业应符合下列规定:

(1)缩缝的切缝方式有全部硬切缝、软硬结合切缝和全部软切缝三种,应参照表11-18选用适宜的切缝方式、时间和深度,切缝时间以切缝时不啃边为开始切缝的最佳时机,并以铺筑第二天及施工期无断板为控制原则。

表11-18 当地昼夜温差与缩缝适宜切缝方式、时间与深度参考表

| 昼夜温差/℃ | 缩缝切缝方式与时间 | 缩缝切割深度 |
| --- | --- | --- |
| <10 | 硬切缝:切缝时机以切缝时不啃边即可开始,纵缝可略晚于横缝,所有纵横缝最晚切缝时间不得超过24 h | 缝中无拉杆、传力杆时,深度为1/3~1/4板厚,最浅为60 mm;缝中有拉杆、传力杆时,深度为1/3~2/5板厚,最浅为80 mm |
| 10~15 | 软硬结合切缝:每隔1~2条提前软切缝,其余用硬切缝补切 | 硬切缝深度同上。软切深度不应小于60 mm;不足者应硬切补深到1/3板厚,已断开的缝不补切 |

续表

| 昼夜温差/℃ | 缩缝切缝方式与时间 | 缩缝切割深度 |
|---|---|---|
| >15 | 宜全部软切缝，抗压强度为1~1.5 MPa，人可行走。软切缝不宜超过6 h | 软切缝深度不应小于60 mm，未断开的接缝，应硬切补深到≥2/5板厚 |

注：1. 当降雨后刮风引起路面温度骤降时，应提早软切缝或硬切缝。
2. 三种切缝方式均应冲洗干净切缝泥浆，并恢复表面养护覆盖。

(2)纵、横缩缝切缝形状为台阶状时，宜使用磨圆角的台阶叠合锯片一次切成。设备受限时，也可分两次切割，再磨出半径为6~8 mm的圆角。

(3)纵、横缩缝切割顺直度应小于10 mm。相邻板的纵、横缩缝切口应接顺。需调整异形板锐角时，可切成斜缝或小转角折线缝。弯道与匝道面层的横缝应垂直于路中心线。

(4)对分幅摊铺的路面应在先摊铺的混凝土板横缩缝已断开的部位作标记。在后摊铺的路面上应对齐已断开的横缩缝提前软切缝。

切缝与灌缝

**5. 灌缝**

混凝土板养护期满后，应及时灌缝。灌缝技术要求如下：

(1)清缝时，应先采用切缝机清除接缝中夹杂的砂石、凝结的泥浆等，再使用压力大于等于0.5 MPa的压力水和压缩空气彻底清除接缝中的尘土及其他污染物，确保缝壁及内部清洁、干燥。缝壁检验以擦不出水、泥浆或灰尘为灌缝标准。

(2)用双组分或多组分常温填缝料时，应准确按比例将几种原材料混拌均匀后灌缝，每次准备量不宜超过1 h，且不应超过材料规定的操作时间。

(3)使用加热石油沥青、改性沥青或橡胶沥青灌缝时，应加热融化至易于灌缝温度，搅拌均匀，并保温灌缝。

(4)水泥混凝土路面缩缝灌缝的形状系数(即灌缝槽的深宽比)宜为1.5。

(5)高温期灌缝时，顶面应与板面刮齐平；一般气温时，应填刮为凹液面，中心低于板面3 mm。

(6)填缝必须饱满、均匀、厚度一致并连续贯通，填缝料不得缺失、开裂和渗水。

(7)常温施工式填缝料的养护期，低温天宜为24 h，高温天宜为12 h。加热施工式填缝料的养护期，低温天宜为2 h，高温天宜为6 h。在灌缝料养护期间应封闭交通。

(8)路面胀缝应在填缝前，凿去接缝板顶部嵌入的木条，并清理干净，涂胶粘剂后，嵌入胀缝专用多孔橡胶条或灌进适宜的填缝料，当胀缝的宽度与多孔橡胶条宽度不一致或有啃边、掉角等现象时，应采用灌料填缝，不得采用多孔橡胶条。

**(八)抗滑构造施工**

各交通等级混凝土面层交工时的表面构造深度应均匀，耐磨抗冻，不影响路面和桥面的平整度。

常用的抗滑构造有以下几种施工方法。

**1. 细观纹理施工**

(1)软拖细观纹理：摊铺完毕或精整平表面后，宜使用钢支架拖挂1~3层叠合麻布、帆布或棉布，洒水湿润后作拉毛处理。布片接触路面的长度以0.7~1.5 m为宜，细度模数偏大的粗砂，拖行长度取小值；砂较细，取大值。

抗滑构造施工

(2)用抹面机修整过较干硬的光面,可采用较硬的竹扫帚扫出细观纹理。

(3)已经硬化的光滑表面可采用钢刷刷毛、喷砂打毛、喷钢丸打毛、稀盐酸腐蚀、高压水射流等方式制作细观纹理。

**2. 宏观构造施工**

(1)极重、特重和重交通荷载等级水泥混凝土面层宜采用硬刻槽法制作宏观抗滑构造,中、轻交通荷载等级水泥混凝土面层可采用拉槽法制作宏观抗滑构造。

(2)在水平弯道路段宜使用纵向槽。当组合坡度小于3%时,要求减噪的路段可使用纵向槽,组合坡度大于或等于3%的纵坡路段,应使用横向槽。

(3)采用刻槽法制作宏观构造时,刻槽最小宽度不应小于500 mm,衔接距离与槽间距相同。刻槽时不应避免槽口边角损坏,亦不得中途抬起刻槽机或改变刻槽方向。刻槽不得刻穿纵、横缩缝。硬刻槽后表面应冲洗干净,并恢复路面的养护。

(4)软拉宏观构造时,待混凝土表面泌水后,应及时采用齿耙拉槽。衔接距离与槽间距相同,并始终保持一致,不得局部缺失。软拉后的表面砂浆应清扫干净。

(5)矩形槽槽深宜为3~4 mm,槽宽宜为3~5 mm,槽间距宜为12~25 mm。采用变间距时,槽间距可在规定尺寸范围内随机调整。

(6)路面结冰地区,硬刻槽的形状宜使用上宽6 mm、下宽3 mm的梯形槽或上宽6 mm的半圆形槽。

(7)当面层粗集料的磨光值PSV大于42时,可使用露石抗滑构造。

## (九)养护及拆模

**1. 养护**

面层养护应选择合理的养护方式,保证混凝土强度的增长,防止养护过程中产生微裂纹与裂缝。

(1)面层养护应符合下列规定:

1)高速、一级公路混凝土面层宜采用养护剂加覆膜养护。

2)现场养护用水充足的情况下,可采用节水保湿养护膜、土工毡、土工布、麻袋、草袋、草帘等养护。

3)缺水条件下,宜采用覆盖节水保湿养护膜养护,并应洒透第一遍养护水。

水泥混凝土路面养生

(2)养护剂喷洒应符合下列规定:

1)采用喷洒养护剂养护时,喷洒应均匀,喷洒后的表面不得有颜色差异。成膜厚度应足以形成完全密闭水分的薄膜。

2)养护剂的喷洒宜在表面抗滑纹理做完后即刻进行。

3)喷洒高度宜控制在0.10~0.30 m。现场风大时,可采用全断面的喷洒机贴近路面的喷洒方式喷洒。

4)养护剂的现场平均喷洒剂量宜在试验室测试剂量基础上,一等品再增加不小于40%,合格品增加不小于60%。

5)不得使用易被雨水冲刷掉的和对混凝土强度、表面耐磨性有影响的养护剂。

(3)覆盖保湿养护膜应符合下列规定:

1)覆盖养护的初始时间,应为不压坏表面细观构造纹理的最短时间。

2)养护膜材料的最窄幅宽不宜小于2 m。

3)两条膜层对接时,纵向搭接宽度不宜小于400 mm,横向搭接宽度不宜小于200 mm。养护期间应始终保持薄膜完整盖满。

4)应有专人巡查养护膜覆盖完整情况。养护期间被掀起或撕破的养护膜、养护片材均应及时重新洒水,并完整覆盖。

5)当现场瞬间风力大于4级时,宜在养护膜表面罩绳网或土工格栅,并压牢固。

(4)低温期或夏季夜间气温可能低于零度的高原、山区施工水泥混凝土路面时,应采取保温保湿双重养护措施。保温材料可选用干燥的泡沫塑料垫、棉絮片、苇片、草帘等。

(5)实测混凝土强度大于设计强度的80%后,可停止养护。不同气温下混凝土面层的最短养护龄期可参考表11-19。

表11-19 不同气温条件最短养护龄期参考表　　　　　　　　　　d

| 养护期间日平均气温/℃ | 水泥混凝土面层 | 备注 |
| --- | --- | --- |
| 5~9 | 21 | 1. 各级混凝土面层不得在日间零下气温大面积铺筑;<br>2. 面层混凝土掺加粉煤灰时,宜再延长7d;<br>3. 日平均气温在5℃~9℃时,宜采用保温保湿双重养护措施 |
| 10~19 | 14 | |
| 20~29 | 10 | |
| 30~35 | 7 | |

(6)混凝土面板养护初期,严禁人、畜、车辆通行,在达到设计强度40%后,行人方可通行。在路面养护期间,平交道口应搭建临时便桥。面板达到设计弯拉强度后,方可开放交通。

**2. 模板拆除及矫正**

(1)当混凝土抗压强度不小于8.0 MPa方可拆模。当缺乏强度实测数据时,边侧模板的允许最早拆模时间宜符合表11-20的规定。

表11-20 混凝土路面板的允许最早拆模时间　　　　　　　　　　h

| 昼夜平均气温/℃ | -5 | 0 | 5 | 10 | 15 | 20 | 25 | ≥30 |
| --- | --- | --- | --- | --- | --- | --- | --- | --- |
| 硅酸盐水泥、R型水泥 | 240 | 120 | 60 | 36 | 34 | 28 | 24 | 18 |
| 道路、普通硅酸盐水泥 | 360 | 168 | 72 | 48 | 36 | 30 | 24 | 18 |
| 矿渣硅酸盐水泥 | — | — | 120 | 60 | 50 | 45 | 36 | 24 |

注:允许最早拆侧模时间从混凝土面板精整成形后开始计算。

(2)模板拆卸宜使用专用工具。拆模不得损坏板边、板角,不得造成传力杆和拉杆松动或变形。

(3)拆下的模板应将黏附的砂浆清除干净,并矫正变形,矫正精度应符合表11-14的要求。

### 四、施工过程中的质量控制

施工质量的控制、管理与检查应贯穿整个施工过程,应对每个施工环节严格把关,对出现的问题立即进行纠正直至停工整顿。

施工全过程的质量动态检测、控制和管理内容应包括施工准备、铺筑试验路段和施工过程中的各项技术指标的检验,出现施工技术问题的报告、论证和解决等。

施工单位应随时对水泥混凝土的施工质量进行自检。原材料和拌合物的自检项目和频率前面已有介绍。水泥混凝土路面铺筑质量标准、检查项目、频率和方法按表11-21的规定进行,水泥混凝土面层铺筑几何尺寸质量标准及检查项目、频率和方法应符合表11-22的规定,水泥混凝土面层铺筑的质量缺陷质量标准及检查项目、频率和方法应符合表11-23的规定。

当施工、监理、监督人员发现异常情况,应加大检测频率,找出原因,及时处理。

表 11-21 水泥混凝土面层铺筑质量标准及检查项目、频率和方法

| 项次 | 检查项目 | | 质量标准 | | 检查频率 | | 检查方法 |
|---|---|---|---|---|---|---|---|
| | | | 高速、一级公路 | 其他公路 | 高速、一级公路 | 其他公路 | |
| 1 | 弯拉强度① | 标准小梁弯拉强度/MPa | 按《公路水泥混凝土路面施工技术细则》（JTG/T F30—2014)附录 H 评定 | | 每班留 2～4 组试件，日进度<500 m 取 2 组；≥500 m 取 3 组；≥1 000 m 取 4 组，测算 $f_{cs}$、$f_{min}$、$C_v$ | 每班留 1～3 组试件，日进度<500 m 取 1 组；≥500 m 取 2 组；≥1 000 m 取 3 组，测 $f_{cs}$、$f_{min}$、$C_v$ | JTG E30 T0552、T0558 |
| | | 路面钻芯劈裂强度换算弯拉强度/MPa | | | 每车道每 3 km 钻取 1 个芯样，单独施工硬路肩为 1 个车道，测算 $f_{cs}$、$f_{min}$、$C_v$，板厚 h | 每车道每 2 km 钻取 1 个芯样，单独施工硬路肩为 1 个车道，测 $f_{cs}$、$f_{min}$、$C_v$，板厚 h | JTG E30 T0552、T0561 |
| 2 | 板厚度/mm | | 平均值≥-5；极值≥-15；$C_v$ 符合设计规定 | | 路面摊铺宽度内每 100 m 左右各 2 处，连接摊铺每 100 m 单边 1 处，参考芯样 | 路面摊铺宽度内每 100 m 左右各 1 处，连接摊铺每 100 m 单边 1 处，参考芯样 | 板边与岩心尺测，岩心最终判定 |
| 3 | 3 m 直尺最大间隙/mm(合格率应纵向平整度≥90%) | | ≤3 | ≤5 | 每半幅车道 100 m 测 2 处，每处 10 尺 | 每半幅车道 100 m 测 2 处，每处 10 尺 | 3 m 直尺 |
| | $\sigma$③/mm | | ≤1.32 | ≤2.00 | 所有车道连续检测 | 所有车道连续检测 | 车载平整度检测仪 |
| | $IRI$③/(m·km) | | ≤2.20 | ≤3.30 | | | |
| 4 | 抗滑构造深度 TD/mm | 一般路段 | 0.7～1.1 | 0.5～0.9 | 每车道及硬路肩每 200 m 测 2 处 | 每车道每 200 m 测 1 处 | 铺砂法 |
| | | 特殊路段④ | 0.8～1.2 | 0.6～1.0 | | | |
| 5 | 摩擦系数 SFC | 一般路段 | ≥50 | — | 行车道、超车道全长连续检测，每车道每 20 m 连续检测 1 个测点 | 一般路段免检，仅检查特殊路段，每车道每 20 m 连续检测 1 个测点，不足 20 m 测 1 个测点 | JTG E60 T0965 |
| | | 特殊路段④ | ≥55 | ≥50 | | | |
| 6 | 取芯法测定抗冻等级⑤ | 严寒地区⑥ | ≥250 | ≥200 | 每车道每 3 km 钻取 1 个芯样 | 每车道每 5 km 钻取 1 个芯样 | JTG E30 T0552 |
| | | 寒冷地区⑥ | ≥200 | ≥150 | | | |

①标准小梁弯拉强度用于评定施工配合比；钻芯劈裂强度用于评价实际面层施工密实度及弯拉强度。
②$f_{cs}$、$f_{min}$、$C_v$ 分别为平均弯拉强度、最小弯拉强度、统计变异系数。
③$\sigma$ 为平整度仪测定的标准差；$IRI$ 为国际平整度指数。$\sigma$ 与 $IRI$ 可选测一项。
④高速公路、一级公路的特殊路段指立交匝道、平交口、弯道、变速车道、组合坡度不小于 3%、桥面、隧道路面及收费站广场等处；其他公路系指超高路段、加宽弯道段、组合坡度大于等于 4%坡道段、交叉口路段、桥面及其上下坡段、隧道路面及集镇附近路段等处。
⑤取芯法测定抗冻性仅在有冰冻要求的地区必检。
⑥严寒地区指当地最冷月平均气温低于-8 ℃的地区；寒冷地区指当地最冷月平均气温在-8 ℃～-3 ℃的地区。

表 11-22 水泥混凝土面层铺筑几何尺寸质量标准及检查项目、频率和方法

| 项次 | 检查项目 | | 质量标准 | | 检查频率 | | 检查方法 |
|---|---|---|---|---|---|---|---|
| | | | 高速、一级公路 | 其他公路 | 高速、一级公路 | 其他公路 | |
| 1 | 相邻板高差/mm，≤ | | 2 | 3 | 每200 m纵横缝2条，每条3处 | 每200 m纵横缝2条，每条2处 | 尺测 |
| 2 | 连接摊铺纵缝高差/mm，≤ | 平均值 | 3 | 5 | 每200 m纵向工作缝，每条3处，每处间隔2 m测3尺，共9尺 | 每200 m纵向工作缝，每条2处，每处间隔2 m测3尺，共6尺 | 尺测 |
| | | 极值 | 5 | 7 | | | |
| 3 | 接缝顺直度/mm，≤ | | 10 | | 每200 m测6条 | 每200 m测4条 | 20 m拉线 |
| 4 | 中线平面偏位/mm，≤ | | 20 | | 每200 m测6点 | 每200 m测4点 | 全站仪 |
| 5 | 路面宽度/mm，≤ | | ±20 | | 每200 m测6处 | 每200 m测4处 | 尺测 |
| 6 | 纵断高程/mm | | 平均值±5；极值±10 | 平均值±10；极值±15 | 每200 m测6点 | 每200 m测4点 | 水准仪 |
| 7 | 横坡度/% | | ±0.15 | ±0.25 | 每200 m测6个断面 | 每200 m测4个断面 | 水准仪 |
| 8 | 路缘石顺直度和高度/mm，≤ | | 20 | 20 | 每200 m测4处 | 每200 m测2处 | 20 m拉线测 |
| 9 | 灌缝饱满度/mm，≤ | | 2 | 3 | 每200 m接缝测6处 | 每200 m接缝测4处 | 测针加尺测 |
| 10 | 最浅切缝深度 | 缝中有拉杆、传力杆 | 80 | 80 | 每200 m测6处 | 每200 m测4处 | 尺测 |
| | | 缝中无拉杆、传力杆 | 60 | 60 | | | |

表 11-23 水泥混凝土面层铺筑的质量缺陷检查项目、标准、频率和方法

| 项次 | 检查项目 | 检查标准 | | 检查频率 | | 检查方法 |
|---|---|---|---|---|---|---|
| | | 高速公路、一级公路 | 其他公路 | 高速公路、一级公路 | 其他公路 | |
| 1 | 断板率/%，≤ | 0.2 | 0.4 | 数断板面板块数占总块数比例 | 数断板面板块数占总块数比例 | 数断板 |
| 2 | 断角率/%，≤ | 0.1 | 0.2 | 数断角板块数占总块数比例 | 数断角板块数占总块数比例 | 数断角 |
| 3 | 破损率/%，≤ | 0.2 | 0.3 | 计算破损面积与板块面积百分率 | 计算破损面积与板块面积百分率 | 尺测面积 |
| 4 | 路表面和接缝缺陷 | 不应有 | 不应有 | 每块面板坑穴、鼓包和每条接缝啃边、掉角及填缝料缺失、开裂 | 每块面板坑穴、鼓包和每条接缝啃边、掉角及填缝料缺失、开裂 | 眼睛观察 |

续表

| 项次 | 检查项目 | 检查标准 | | 检查频率 | | 检查方法 |
|---|---|---|---|---|---|---|
| | | 高速公路、一级公路 | 其他公路 | 高速公路、一级公路 | 其他公路 | |
| 5 | 胀缝板倾斜/mm，≤ | 20 | 25 | 每块胀缝板两侧 | 每块胀缝板两侧 | 垂线加尺测 |
| | 胀缝板弯曲和位移/mm，≤ | 10 | 15 | 每块胀缝板3处 | 每块胀缝板3处 | 拉线加尺测 |
| | 胀缝板连浆/mm | 不允许 | 不允许 | 每块胀缝板 | 每块胀缝板 | 安装前检查 |
| 6 | 传力杆偏斜/mm，≤ | 10 | 13 | 每车道每公里测4条缩缝，每条测1根 | 测传力杆缩缝1条，每条测3根 | 钢筋保护层仪 |

注：断板率包含断角率，应统计行车道与超车道面板，不计硬路肩板，不计修复后的面板。破损率指水泥混凝土面层施工期间发生的脱皮、印痕、露石、缺边、掉角、微裂纹等缺陷实测面积与总面积之比的百分率。

## 拓展学习1　水泥混凝土路面的防滑处理技术

（1）酸蚀处理工艺：利用工业盐酸，或经稀释三盐酸（原酸：水为1∶1，经济技术性较好），以0.2～0.5 L/m² 的用量喷洒在水泥混凝土路面上，使之与水泥石发生化学反应。约15 min后，用水将氯化物冲洗掉，使砂粒外露，并在路面上形成一定深度的纹理构造。这是提高混凝土路面抗滑性能的一种经济而有效的方法。

（2）露石处理工艺：将配制成一定浓度的缓凝剂溶液，按一定剂量喷洒在新浇筑的水泥混凝土路面上，使缓凝剂作用于几毫米深度范围内的砂浆表层，以延缓其凝结时间；待混凝土面板的其他部分凝结、硬化后，再将表层未凝结的砂浆用水冲刷掉，使粗集料外露，形成露石路面，以增强路面的抗滑能力。

隧道露石混凝土路面施工（视频）

（3）嵌石处理工艺：将抗滑、耐磨碎石或铁钢砂均匀撒布于新浇筑的水泥混凝土路面上，利用钢制滚杠滚压2～4遍，并保留一定的外露高度（约2 mm），借以提高路面的抗滑性能。

（4）冷粘处理工艺：利用各种粘结剂，如改性酚醛胶粘剂、环氧树脂等，将耐磨、抗滑细集料粘结于水泥混凝土路面上，提高其抗滑能力。

（5）沥青罩面工艺：运用结合料同富有棱角的硬质集料在路面上形成一层粗糙层，以增强其抗滑性能（同时也改善了水泥混凝土路面的平整度）。这种技术在美国已趋于标准化。

## 拓展学习2　水泥混凝土路面振动碎石化技术

随着我国公路通车里程的逐年增长，水泥混凝土路面也越来越多。由于交通量增长快，水泥混凝土路面在交通荷载和各种自然因素长时间综合作用下，会出现各种结构性损坏，道路服务水平下降，依靠日常修补已不能解决问题时，就需要进行大中修。

旧水泥混凝土路面碎石化后用作沥青混凝土路面的基层，再按照路面设计方法进行路面结构设计，可以有效地防止反射裂缝的产生。采用多锤式破碎机和共振式破碎机可以实现混凝土的碎石化目的。其中，共振破碎机高频低幅的特点使破碎的颗粒更加符合路面结构受力特性，施工时振动小、噪音低，是一种更理想的碎石化设备。

共振碎石化处理技术采用的共振设备是利用振动梁带动工作锤头振动，调整振动频率使其接近水泥面板的固有频率，激发其共振，然后将水泥面板击碎，共振破碎力发生在整个水泥板块厚度范围内，能使板块均匀破碎，并且使上部的破碎粒较小，下部的破碎粒较大，这样给结构带来了更大的好处，具有较好的透水能力，更好地消除反射裂缝，提高结构的承载力。另外，该技术可以节省天然集料资源、使集料供求矛盾得到缓解，还能解决废弃物的堆放、占地和环境污染，保护集料产地的生态环境。

# 任务3 普通水泥混凝土面层质量评定与工程计量

## 任务描述

水泥混凝土面层施工完毕，施工单位应进行自检，并完成质量评定，才能申请交工验收。验收合格后才能进行计量与支付。通过学习本任务，学生应具备水泥混凝土面层的质量评定与工程计量的能力，能完成水泥混凝土面层的质量评定与工程计量工作。同时，养成诚实守信的职业品质，并树立工程质量责任意识。

## 一、水泥混凝土面层的质量评定

施工单位的自检结果应以1 km为单位进行整理。混凝土路面完工后，施工单位应提交全线检测结果、施工总结报告及全部原始记录等齐全资料，以《标准》为依据，申请交工验收。水泥混凝土面层质量评定的基本要求、实测项目、外观质量要求及质量保证资料整理顺序如下。

### (一)基本要求

(1)基层质量应符合规定并满足设计要求，表面清洁、无浮土。
(2)接缝填缝料应符合规定并满足设计要求。
(3)接缝的位置、规格、尺寸及传力杆、拉力杆的设置应满足设计要求。
(4)混凝土路面铺筑后按施工规范要求养护。
(5)应对干缩、温缩产生的裂缝进行处理。

### (二)实测项目

水泥混凝土面层的检查项目、检查频度、质量要求或允许偏差等见表11-24。

**表11-24　水泥混凝土面层实测项目**

| 项次 | 检查项目 | | 规定值或允许偏差 | | 检查方法和频率 |
|---|---|---|---|---|---|
| | | | 高速、一级公路 | 其他公路 | |
| 1△ | 弯拉强度/MPa | | 在合格标准之内 | | 按《标准》附录C检查 |
| 2△ | 板厚度/mm | 代表值 | −5 | | 按《标准》附录H检查，每200 m测2点 |
| | | 合格值 | −10 | | |
| | | 极值 | −15 | | |

续表

| 项次 | 检查项目 | | 规定值或允许偏差 | | 检查方法和频率 |
|---|---|---|---|---|---|
| | | | 高速、一级公路 | 其他公路 | |
| 3 | 平整度 | σ/mm | ≤1.32 | ≤2.0 | 平整度仪：全线每车道连续检测，每100 m计算σ、IRI |
| | | IRI/(m·km⁻¹) | ≤2.2 | ≤3.3 | |
| | | 最大间隙 h/mm | 3 | 5 | 3 m直尺：每半幅车道每200 m测2处×5尺 |
| 4 | 抗滑构造深度/mm | 一般路段 | 0.7~1.1 | 0.5~1.0 | 铺砂法：每200 m测1处 |
| | | 特殊路段 | 0.8~1.2 | 0.6~1.1 | |
| 5 | 横向力系数 SFC | 一般路段 | ≥50 | — | 按《标准》附录L检查：每20 m测1点 |
| | | 特殊路段 | ≥55 | ≥50 | |
| 6 | 相邻板高差/mm | | ≤2 | ≤3 | 尺量：胀缝每条测2点；纵横缝每200 m抽查2条、每条测2点。 |
| 7 | 纵、横缝顺直度/mm | | ≤10 | | 纵缝20 m拉线尺量：每200 m测4处；横缝沿板宽拉线尺量：每200 m测4条 |
| 8 | 中线平面偏位/mm | | 20 | | 全站仪：每200 m测2点 |
| 9 | 路面宽度/mm | | ±20 | | 尺量：每200 m测4处 |
| 10 | 纵断高程/mm | | ±10 | ±15 | 水准仪：每200 m测2个断面 |
| 11 | 横坡/% | | ±0.15 | ±0.25 | 水准仪：每200 m测2个断面 |
| 12 | 断板率/% | | ≤0.2 | ≤0.4 | 目测：全部检查，数断板面板块数占总块数的比例 |

注：表中 σ 为平整度仪测定的标准差；IRI 为国际平整度指数；h 为 3 m 直尺与面层的最大间隙。

### (三)外观质量要求

(1)不应出现裂缝、空洞、露筋、蜂窝、疏松、夹渣、麻面、外形缺陷及其他表面缺陷。

(2)面板不应有坑穴、鼓包和掉角。

(3)接缝填注不得漏填、松脱，不应污染路面。

(4)路面应无积水。

水泥混凝土面层施工常见质量问题分析

### (四)质量保证资料整理顺序

#### 1. 开工报告及附件

开工报告及附件内容及整理顺序同基层各层要求。

#### 2. 工序报验资料及附件

(1)模板加工矫正及安装。

1)中间检验申请单。

2)施工放样报验单。

3)水泥混凝土路面模板(加工矫正)现场质量检验报告单。

4)模板(加工矫正)检验记录表。

5)水泥混凝土路面模板安装现场质量检验报告单。

6)中线偏位检验记录表。

7)宽度检验记录表纵断高程检验记录表。

8)路面结构厚度检验记录表。

9)横坡检验记录表。
10)水泥混凝土路面模板安装检验记录表。
(2)拉杆、胀缝板、传力杆及其套帽、滑移端设置。
1)中间检验申请单。
2)拉杆、胀缝板、传力杆及其套帽、滑移端设置现场质量检验报告单。
3)拉杆、胀缝板、传力杆及其套帽、滑移端设置检验记录表。
(3)水泥混凝土面层。
1)中间检验申请单。
2)水泥混凝土面层现场质量检验报告单。
3)混凝土浇筑申请单。
4)水泥混凝土施工记录。
5)水泥混凝土路面施工原始记录。
6)路面结构厚度检验记录表。
7)平整度检验记录表。
8)抗滑构造深度检验记录表(铺砂法)。
9)水泥混凝土面层相邻板高差检验记录表。
10)水泥混凝土面层连接摊铺纵缝高差检验记录表。
11)水泥混凝土面层接缝顺直度检验记录表。
12)中线偏位、宽度、纵断高程、横坡检验记录表。
13)水准测量记录。
14)水泥混凝土弯拉强度试验报告单。
15)水泥混凝土弯拉试件断块抗压强度试验报告单。
16)路面用水泥混凝土粗集料技术性能试验、级配试验。
17)路面用水泥混凝土细集料技术性能试验。
18)路面水泥混凝土施工期间微调配合比试验报告单。
19)水泥混凝土拌合物配合比分析试验报告单。
20)水泥混凝土面层现场质量检验报告单。
21)水泥混凝土路面检验记录表。

**3. 分项工程报验资料及附件**

(1)中间交工证书。
(2)工程报验单。
(3)分项工程质量检验评定表(水泥混凝土面层)。
(4)水泥混凝土路面弯拉强度评定表。
(5)路面结构厚度检验评定表。
(6)平整度检验记录表(3m直尺、连续式平整度仪)。
(7)抗滑构造深度检验记录表(铺砂法)。
(8)水泥混凝土面层相邻板高差检验记录表。
(9)水泥混凝土面层纵、横缝顺直度检验记录表。
(10)中线偏位检验记录表。
(11)纵断高程检验记录表。
(12)宽度检验记录表。
(13)横坡检验记录表。
(14)回弹弯沉值测定记录表(验算基层整体模量)。

(15)水泥混凝土圆柱体劈裂抗拉强度试验报告单。
(16)纵断高程检验汇总表。
(17)中线偏位、宽度、横坡、边坡检验汇总表。
(18)平整度、路面厚度检验汇总表。
(19)相邻板高差检验汇总表。
(20)连接摊铺纵缝高差、横缝顺直度检验汇总表。
(21)水泥混凝土路面弯拉强度汇总表。

## 二、水泥混凝土面层的工程计量

### (一)计量规定

(1)水泥混凝土面层应按图纸所示和监理工程师指示铺筑,经监理工程师验收合格的面层,按不同厚度分别以平方米计量。除监理工程师另有指示外,超过图纸所规定的面积,均不予计量。

(2)水泥混凝土路面模板制作安装及缩缝、胀缝的填灌缝材料、高密度橡胶板,均包含在不依据图纸所示厚度和混凝土强度等级,按照铺筑体积以立方米为单位计量。除监理工程师另有指示外,超过图纸所规定的体积,均不予计量。

(3)水泥混凝土路面所需的外掺剂不另行计量。

(4)水泥混凝土拌合厂(站)、贮料场的建设、拆除、恢复均包含在相应工程项目中,不另行计量。

(5)水泥混凝土路面养护用的养护剂、覆盖的麻袋、养护器材等,均包含在浇筑不同厚度水泥混凝土面层的工程项目中,不另行计量。

(6)水泥混凝土路面的补强钢筋及拉杆、传力杆、钢筋网等钢筋按图纸要求设置,经监理人现场验收后以质量千克计量。因搭接而增加的钢筋作为附属工程不予计量。

(7)钢筋的除锈、制作安装、成品运输,均包含在相应工程的项目中,不另行计量。

### (二)支付

按上述规定计量,经监理工程师验收的列入工程量清单的以下工程子目的工程量,其每一计量单位将以合同单价支付。此项支付包括材料、劳力、设备、运输等及其他为完成水泥混凝土面层所必需的所有费用,是对完成工程的全部偿付。

### (三)计量清单及内容

水泥混凝土面层计量清单及内容见表11-25。

表11-25 水泥混凝土面层工程计量清单及内容

| 子目号 | 子目名称 | 单位 | 计量规则 | 工作内容 |
| --- | --- | --- | --- | --- |
| 312-1 | 水泥混凝土面板 | m³ | 依据图纸所示厚度和混凝土强度等级,按照铺筑体积以立方米为单位计量。 | 1. 检查和清理下承层、酒水湿润;<br>2. 模板制作、架设、安装、修理、拆除;<br>3. 混凝土拌合物配合比设计、配料、拌和、运输、浇筑、振捣、真空吸水、抹平、压(刻)纹、养生;<br>4. 切缝、灌缝;<br>5. 初期养生 |
| 312-2 | 钢筋 | kg | 依据图纸所示水泥混凝土路面钢筋按图示质量以千克(kg)为单位计量 | 1. 钢筋的保护、储存及除锈;<br>2. 钢筋整直、连接;<br>3. 钢筋截断、弯曲;<br>4. 钢筋安设、支承及固定 |

# 任务 4  编制普通水泥混凝土面层施工方案

**任务描述**

通过水泥混凝土面层施工方案的编制,学生应进一步熟悉施工方案编制的步骤和方法,巩固和掌握水泥混凝土面层施工的专业知识,并进一步学会综合运用已学到的理论知识,解决专业问题。通过查阅有关的资料,学生可提高独立分析和解决路面施工过程中的复杂问题的能力,为专业知识的积累打下坚实的基础。

请根据项目载体中的工程具体情况,编制普通水泥混凝土面层施工方案。

附:

**1. 现场机构设置及主要职责**

项目部结合混凝土路面施工工程量等实际情况,组建一个水泥混凝土路面施工作业组,加强现场材料、设备、人员等的管理,确保工程优质、安全、快速地完成。具体安排如下:

项目总工程师:×××　　　　质检工程师:×××
施工负责人:×××　　　　　试验负责人:×××
测量负责人:×××　　　　　专职安全员:×××
劳动力及特种机械操作手人数:×××等 30 人

**2. 材料准备**

(1)水泥:采用强度高、收缩性小、耐酸性强、抗冻性好的水泥,不准使用早强水泥。选用××水泥厂生产的 42.5 级水泥。

(2)碎石:采用未风化、质地坚硬(不夹泥土或软石)、颗粒形状方正的××石料场生产的石灰岩或石英岩碎石,最大粒径不超过 31.5 mm。

(3)砂:采用××石料场的棱角好、质地坚硬、洁净的天然中粗砂或石英砂岩机制砂,细度模数 2.0~3.5,小于 0.15 mm 的石粉含量应不超过 1%。

(4)减水剂:采用××公司生产的 FDN-1 缓凝高效减水剂。

(5)钢筋:钢筋不得有裂缝、断伤,表面无油污、锈蚀。经检验各项技术性能均符合国家相关标准的质量要求。

(6)水:符合施工技术规范要求。

(7)工程中采用的电缆支架、穿钉、拉线环、积水罐等直接从当地购买。

**学习检测**

1. 水泥混凝土面层用水泥的品种如何选择?
2. 滑模摊铺水泥混凝土面层应采用什么外加剂?有何作用?
3. 水泥混凝土面层的铺筑方法根据所用的机械分为哪几种?如何采用?
4. 水泥混凝土面层施工遇到哪些条件时,不得施工?
5. 绘制滑模摊铺机铺筑水泥混凝土面层施工工艺流程图。
6. 绘制小型机具铺筑水泥混凝土面层施工工艺流程图。
7. 水泥混凝土配合比设计包括哪几个阶段?应满足哪些要求?
8. 水泥混凝土面层试验段铺筑路段的位置选择与沥青混凝土面层有何区别?

9. 水泥混凝土拌合楼(机)在投入生产前必须进行标定和试拌，规范对标定有何要求？
10. 水泥混凝土拌合物的质量检验项目有哪些？
11. 水泥混凝土运输过程中应注意什么？
12. 滑模摊铺机施工参数设定及校准的内容包括哪些？
13. 滑模摊铺机铺筑水泥混凝土面层时，拉杆如何植入？
14. 小型机具法铺筑水泥混凝土面层前，模板安装时检测项目有哪些？模板拆除时应注意什么？
15. 缩缝传力杆的施工方法有哪几种？有何区别？
16. 水泥混凝土路面抗滑构造施工方法有哪几种？
17. 水泥混凝土面层铺筑时，铺筑质量、铺筑几何尺寸质量以及铺筑的质量缺陷分别应检查哪些项目？
18. 水泥混凝土面层质量评定时，实测项目有哪些？
19. 水泥混凝土面层工程计量有哪些规定？

# 项目十二 其他水泥混凝土面层施工

### 项目描述

普通水泥混凝土面层无疑是最常用的刚性路面面层,但是,有时为了满足特殊要求,需要采用钢筋混凝土、连续配筋混凝土、钢纤维混凝土等面层类型。本项目的学习,旨在使学生了解钢筋混凝土、连续配筋混凝土以及钢纤维混凝土面层的构造与施工要求,并能初步组织施工。

本项目包括钢筋混凝土面层施工、钢纤维混凝土面层施工两个任务。

### 项目载体

表12-1是山西省长安高速公路长治至平顺段(河坪迪至长治东段)路面第LM5合同段收费广场路面结构图。其中,面层采用了30 cm厚的钢筋混凝土,钢筋网距板顶面8 cm,钢筋直径为Φ12,横向间距为25 cm,纵向间距为10 cm。目前,钢筋混凝土面层主要用于高速公路重载交通路段的面层或复合式路面的下面层。

表12-1 收费广场路面结构图

| 车道类型 | 特重交通 |
|---|---|
| 干湿类型<br>层 位 | 中 湿 |
| 面层 | 28 cm 钢筋混凝土路面 |
| 基层 | 30 cm 水泥稳定碎石(5%) |
| 底基层 | 20 cm 水泥稳定碎石(4%) |
| 总厚度/cm | 78 |

请思考：1. 什么是钢筋混凝土路面、连续配筋混凝土路面？二者的主要区别是什么？
2. 钢筋混凝土路面与连续配筋混凝土路面的结构有何要求？
3. 钢筋混凝土路面施工工艺是怎样的？

# 任务1　钢筋混凝土面层施工

## 任务描述

水泥混凝土路面中，钢筋混凝土面层以其优良的路用性能，逐渐应用于高速公路的面层、服务区道路以及机场道路等场合的路面工程中。通过学习本任务，学生应能了解钢筋混凝土面层的特点、原理、适用范围、相对于普通水泥混凝土面层施工的不同点，具备初步进行钢筋混凝土面层的施工管理、现场质量控制的能力，能初步完成钢筋混凝土面层施工细则的编写工作。同时，养成通过查阅技术规范，对比分析解决工程问题的职业素养。

## 一、基本概念

钢筋混凝土路面是指面板内配置有纵、横向钢筋或钢筋网，并设接缝的水泥混凝土路面。如果混凝土面层内配置纵向连续钢筋和横向钢筋，横向不设缩缝的路面称为连续配筋混凝土路面。这些类型的混凝土面面都是在普通混凝土路面施工的基础上发展起来的。当地基有不均匀沉降等情况发生时，混凝土面板有可能出现断裂裂缝，钢筋混凝土路面的原理就是利用路面混凝土内的纵横钢筋把面板拉在一起，使面板依靠钢筋及集料的嵌锁作用获得结构强度，增强面板强度、防止面板裂纹张开，达到保护面板结构不被破坏的目的。

钢筋混凝土路面具有刚度大、承载能力强、耐水性、耐高温性强、弯拉强度高、疲劳寿命强、耐候性、耐久性优良、平整度衰减慢、高平整度维持时间长、粗集料磨光值和磨耗值的要求低、集料易得、路面环保性好等优点。连续配筋混凝土路面还消除了横向接缝，整体性和平整度好，行车平顺舒适。如果设计、施工得当，养护费用很少，虽然初期投资较高，但全寿命效益是经济合理的。但由于钢筋混凝土路面中含有大量的钢筋或单、双层钢筋网片，给机械施工带来了较大的难度，施工中必须预先将钢筋网按设计要求架设牢固，振捣棒在施工过程中不得碰撞钢筋网，另外，施工中严禁车辆驶入钢筋网片上面，以免破坏钢筋网。

钢筋混凝土面层可广泛应用于高速公路上，在基层耐冲刷性不够、强度不足、软土路基、高填方、挖填交接段有可能产生不均匀沉降地段；也可作为板长过大、板平面形状不规则地段路面之用。

## 二、结构要求

### （一）路面厚度

钢筋混凝土路面的厚度，可按普通混凝土路面厚度设计的各项设计参数及规定进行。其基(垫)层面板厚度均与普通混凝土路面相同。

### （二）配筋要求

**1. 钢筋混凝土面层的配筋要求**

钢筋混凝土面层的配筋量按《公路水泥混凝土路面设计规范》(JTG D40—2011)的方法计算。纵向和横向钢筋宜采用相同或相近的直径，其直径差不应大于4 mm。钢筋的最小直径和最大间距,应符合表 12-2 的规定。钢筋的最小间距为集料最大粒径的 2 倍。

表 12-2 钢筋最小直径和最大间距　　　　　　　　　　　　　　　mm

| 钢筋种类 | 最小直径 | 纵向最大间距 | 横向最大间距 |
| --- | --- | --- | --- |
| 光圆钢筋 | 8 | 150 | 300 |
| 螺纹钢筋 | 12 | 350 | 600 |

钢筋布置应符合下列要求:

(1)纵向钢筋设在面层顶面下 1/3～1/2 厚度范围内,在不影响施工的情况下宜设在接近面层顶面下 1/3 厚度处;

(2)横向钢筋位于纵向钢筋之下;

(3)纵向钢筋的搭接长度一般不小于 35 倍钢筋直径,搭接位置应错开,各搭接端连线与纵向钢筋的夹角应小于 60°;

(4)边缘钢筋至纵缝或自由边的距离一般为 100～150 mm。

**2. 连续配筋混凝土面层的配筋要求**

连续配筋混凝土面层的纵向配筋量按下述要求确定:①纵向钢筋埋置深度处的裂缝缝隙平均宽度不大于 0.5 mm;②横向裂缝的平均间距不大于 1.8 m;③钢筋所承受的拉应力不超过其屈服强度。

满足上述要求所需的纵向配筋率,一般为 0.6%～0.7%(中等交通)、0.7%～0.8%(重交通)、0.8%～0.9%(特重交通)或 0.9%～1.0%(极重交通)。冰冻地区路面的配筋率宜高于一般地区 0.1%。所需配筋率的具体计算方法及横向钢筋的用量参见《公路水泥混凝土路面设计规范》(JTG D40—2011)。连续配筋混凝土用于复合式面层的下面层时,其纵向配筋率可降低 0.1%。

连续配筋混凝土面层的纵向和横向钢筋均应采用螺纹钢筋,其直径为 12～20 mm。当钢筋可能受到较严重腐蚀时,宜在钢筋外涂环氧树脂等防腐材料。

钢筋布置应符合下列要求:

(1)纵向钢筋距面层顶面的最小距离为 90 mm,最大深度为 1/2 面层厚度,在不影响施工的情况下宜接近 90 mm;

(2)纵向钢筋的间距不大于 250 mm,不小于集料最大粒径的 2.5 倍;

(3)纵向钢筋的焊接长度一般不小于 10 倍(单面焊)或 5 倍(双面焊)钢筋直径,焊接位置应错开,各焊接端连线与纵向钢筋的夹角应小于 60°;

(4)边缘钢筋至纵缝或自由边的距离一般为 100～150 mm;

(5)横向钢筋位于纵向钢筋之下;横向钢筋间距一般为 300～600 mm,直径大时取大值;

(6)横向钢筋宜斜向设置,其与纵向钢筋的夹角可取 60°;

(7)相邻车道之间或车道与硬路肩之间的纵向接缝内,必须设置拉杆,该拉杆可用加长的横向钢筋代替。

**(三)连续配筋混凝土面层的端部锚固**

连续配筋混凝土面层与其他类型路面或构造物相连接的端部,应设置锚固结构。目前,国内外常用的端部锚固结构主要有钢筋混凝土地梁或宽翼缘工字钢梁接缝等形式。土质情况较好的地段可选择钢筋混凝土地梁,而在土质条件较差或在开挖困难的填石路基时,可采用宽翼缘工字钢梁锚固。《公路水泥混凝土路面设计规范》(JTG D40—2011)推荐了两种端部锚固结构的常用配置和尺寸。

### 三、材料要求

钢筋混凝土面层用混凝土原材料及混合料配合比设计基本与普通混凝土相同,主要区别点如下。

**1. 集料**

粗集料的公称最大粒径取 26.5 mm,不能超过 31.5 mm。相对于普通水泥混凝土,降低 19～26.5 mm 碎石的用量,增加 9.5～19 mm 的用量。粗集料类型的选择考虑温度胀缩系数和粘结强度。水泥中掺入粉煤灰,粗集料采用石灰石。细集料不得使用海砂。砂的用量应适当增加。

**2. 结合料**

国外,粉煤灰对水泥的替代量为 20%～50%。抗冻(盐冻)时掺粉煤灰最小单位水泥用量为 280 kg/m³;代替水泥的粉煤灰掺量:I型硅酸盐水泥宜≤30%;II型硅酸盐水泥宜≤25%;道路水泥宜≤20%;普通水泥宜≤15%,水泥宜≤15%。

综合考虑,粉煤灰掺量宜为 15%～25%(若为普通水泥,包括水泥中的粉煤灰含量)。或者经过配合比试验,综合考虑强度、干缩、温缩等因素确定最佳的粉煤灰掺量。

掺粉煤灰时最小单位水泥用量为 280 kg/m³;不掺粉煤灰时最小水泥剂量为 320 kg/m³;为防止出现过量的干缩和温缩,结合料重量应控制在 350 kg/m³ 以下。

**3. 水**

连续配筋混凝土路面混凝土的用水量,按照规范要求不大于 160 kg/m³。

**4. 外加剂**

连续配筋混凝土路面应使用引气剂,含气量应达到 5%～6%。还应使用高效减水剂,高温施工时宜采用引气缓凝高效减水剂,最大水灰比控制在 0.40。

**5. 钢筋**

钢筋应顺直,不得有裂缝、断伤,表面油污和颗粒状或片状锈蚀应清除。

### 四、施工工艺要点

钢筋混凝土面层的铺筑方法与普通混凝土面层相近,这里主要介绍两者的区别。

#### (一)钢筋的加工与安装

由于间断和连续钢筋混凝土路面中含有大量的钢筋或单、双层钢筋网片,给机械施工带来了较大的难度,施工中必须预先将钢筋网按设计要求架设牢固,振捣棒在施工过程中不得碰撞钢筋网。另外,施工中严禁车辆驶入钢筋网片上面,以免破坏钢筋网。

**1. 施工准备**

铺筑前,应按设计图纸准确放样钢筋网设置位置、路面板块、地梁和接缝位置等。

**2. 钢筋网加工**

(1)钢筋网所采用的钢筋直径、间距,钢筋网的设置位置、尺寸、层数等应符合设计图纸的要求。

(2)钢筋网焊接和绑扎应符合国家相关标准的规定。

(3)可采用工厂焊接好的冷轧带肋钢筋网,其质量应符合国家相关标准的规定。

钢筋混凝土
面层施工

### 3. 钢筋网安装

(1) 钢筋网应采用预先架设安装方式，单层钢筋网的安装，在确保精度的条件下，可采用两次摊铺、中间摆设钢筋网的安装方式。

(2) 单层钢筋网的安装高度应在面板顶面下 1/3～1/2 高度处，外侧钢筋中心至接缝或自由边的距离不小于 100 mm，并在每平方米配置 4～6 个焊接支架或三角形架立钢筋支座，保证在拌合物的堆压下，钢筋网基本不下陷、不变形、不移位。单层钢筋网不得使用砂浆或混凝土垫块架立。

(3) 钢筋网的主受力钢筋应设置在弯拉应力最大的位置。单层钢筋网横筋应安装在纵筋底部，双层钢筋网纵筋应分别安装在上层顶部、下层底部。双层钢筋网上、下层之间，每平方米面积不得小于 4～6 个焊接支架或环形绑扎箍筋，双层钢筋网底部可采用焊接架立钢筋或 30 mm 厚度的混凝土垫块支撑。

(4) 双层钢筋网底部到基层表面应有不小于 30 mm 的保护层，顶部离面板表面应有不小于 50 mm 的耐磨保护层。

(5) 横向连接摊铺的钢筋混凝土路面之间的拉杆数量应比普通混凝土路面加密 1 倍。双车道整体摊铺的路面板钢筋网应整体连续，可不设纵缝。

(6) 对于连续配筋的钢筋混凝土路面，钢筋网支架必须采用活动支架。施工时，将横向钢筋点焊在支架上，并摆放到基层上，然后将纵向钢筋安设在横向钢筋之上，从而形成稳固支撑的钢筋网，而且要求钢筋网纵筋顺直，横筋端正。同时，支架钢筋不得打入基层，以避免支架钢筋阻止面板由于热胀冷缩引起的自由伸缩，并防止面板伸缩造成支架钢筋破坏基层。纵向钢筋的搭接不宜采用全部焊接的方式，宜采用绑扎形式，并应按 100 m 的段落提前绑扎，在浇筑混凝土前再焊接、绑扎成连续网片。绑扎长度为钢筋直径的 50～70 倍。也可以每隔 30～50 m 采用焊接形式，然后在浇筑混凝土前对 10～20 m 进行绑扎。

### 4. 边缘补强钢筋的安装

(1) 在平面交叉口和未设置钢筋网的基础薄弱路段，混凝土面板纵向边缘应安装边缘补强钢筋；横缝为未设传力杆的平缝时，应安装横向边缘补强钢筋。

(2) 预先按设计图纸加工焊接好边缘补强钢筋支架，在距纵缝和自由边 100～150 mm 处的基层上钻孔，钉入支架锚固钢筋，然后将边缘补强钢筋支架与锚固钢筋焊接，两端弯起处应各有 2 根锚固钢筋交错与支架相焊接，其他部位每延米不少于 1 根焊接锚固钢筋。边缘补强钢筋的安装位置在距底面 1/4 厚度处，且不小于 30 mm，间距为 100 mm。

### 5. 角隅补强钢筋的安装

(1) 发针状角隅钢筋应由两根直径为 12～16 mm 的螺纹钢筋按 $\alpha/3$ 的夹角焊接制成（$\alpha$ 为补强锐角角度），其底部应焊接 5 根支撑腿，安装位置距板顶不小于 50 mm，距板边 100 mm。

(2) 角隅钢筋在混凝土路面上应补强锐角，但在桥面及搭板上应补强钝角。双层钢筋混凝土路面、桥面及搭板需进行角隅补强时，可等强互换成与钢筋网等直径的钢筋数量，按需补强。

### 6. 钢筋网及钢筋骨架的质量检验

(1) 搭接焊和帮条焊时，钢筋的搭接长度：双面焊不小于 $5d$（钢筋直径）；单面焊不小于 $10d$，钢筋绑扎搭接长度不应小于 $35d$。同一垂直断面上不得有两个焊接或绑扎接头，相邻钢筋的焊接或绑扎接头应分别错开 500 mm 和 900 mm 以上。连续钢筋网每隔 30 m 宜采用绑扎方式安装。

(2) 摊铺前应检验绑扎或焊接安装好的钢筋网和钢筋骨架，不得有贴地、变形、移位、松脱和开焊现象。

(3)摊铺前必须按上述要求对所有在路面中预埋及后安装的钢筋结构作质量检验,验收合格后,方可开始铺筑。

(二)混凝土铺筑

**1. 混凝土的卸料、布料**

钢筋混凝土路面采用两次布料,以便在中间摆放间断钢筋网。连续配筋混凝土路面可以采用钢筋网预设安装方式,整体一次布料。

(1)卸料:由于足够长的钢筋网片需要提前安设,运输车辆必须从另外路面板块位置倒车到自制卸料平台上,将混凝土料卸到摊铺机前面的钢筋网片中,卸料要均匀、缓慢,防止卸料时推移钢筋网片。

(2)布料:混凝土布料采用长臂挖掘机,将卸好的料均匀摊铺开。

(3)卸料、布料工作流程如下:

1)自卸车通过外侧进入卸料平台,根据板块宽度和厚度,缓缓均匀卸料于平台下方。

2)向前方移动卸料平台,用长臂挖掘机将混凝土料均匀布于摊铺机前方,然后再向后移动卸料平台于上次停机位置,再卸两车料,用挖掘机将混凝土料均匀布于摊铺机前方,直至使混凝土松铺厚度满足要求。

3)平台采用钢轨轨道行走,移动卸料平台时,采取拆后方钢筋轨接于前方钢轨。

4)挖掘机向前行走,滑模摊铺机开始摊铺混凝土。

**2. 摊铺**

(1)开始起步摊铺时的校核调整。在开始摊铺的5~30 m内,必须对所摊铺的路面标高、边缘厚度、中线、横坡度等进行复核测量。机手要根据测量结果及时缓慢地在摊铺机行进中调整传感器,校准挤压底板摊铺的路面的高程和横坡。检查摊铺机左右位置时,在设有方向传感器的一侧,通过钢尺测量钉设的基准线定位钢钎至新铺路面边缘的横向距离,有误差时,缓慢微调前后两个方向传感器架立横梁伸出的水平距离,消除误差。调整好以后将摊铺机工作参数设置固定下来,并随时进行检查。

(2)摊铺过程的操作。螺旋布料器将堆积的混凝土均匀地分布在滑模板的前面,摊铺机匀速缓慢前进,各工作装置启动运行,通过滑模板、搓平梁和抹平器,将密实的混凝土挤压成型,同时按设计要求打入拉杆。

摊铺机起步摊铺施工工艺:放出连续配筋混凝土端部位置→施工缝横向钢筋绑扎(有伸缩缝的预埋连续配筋混凝土内伸缩缝钢筋)→端部横向木模支立→混凝土拌和、运输和卸料、布料→混凝土人工摊铺→混凝土人工振捣→抹面、收边→摊铺机就位继续摊铺。

(3)摊铺工程中的质量控制。

1)摊铺速度控制:操作滑模摊铺机应缓慢、匀速、连续不间断地作业。严禁料多追赶,随意停机等待,间歇摊铺。摊铺速度应根据拌合物稠度、供料多少和设备性能控制为0.8~1.5 m/min,控制在1 m/min左右。拌合物稠度发生变化时,应先调振捣频率,后改变摊铺速度。

2)摊铺料松铺高度控制:摊铺中,机手随时调整松方高度控制板进料位置,开始略高些,以保证进料。正常状态下要保持振动仓内的料位高于振动棒10 cm左右,料位高低上下波动控制在±4 cm之内。

3)摊铺密实度的控制:摊铺时,要保证混凝土振捣密实,防止混凝土过振、漏振和欠振。根据机械设备性能状况,通过试验确定振动频率采用21 000 r/min。同时,在摊铺中机手要随时根据混凝土的稠度大小，调整摊铺的速度和振动频率。当混凝土偏稀时，要适当降低振动频率，加快摊铺速度；当混凝土偏干时，适当提高振动频率，并减慢摊铺速度。操作手和现场技术人员要随时观察振动仓内混凝土的排气情况，特别要求在振动仓后部挤压底板前沿基本没有气泡排除的情况下才能向前推进，要求摊铺速度和振捣频率要满足振动仓内混凝土中的气泡充分排除。

4）高程控制：施工过程中加强高程控制，通过对摊铺成型混凝土用白线挂在两侧基准线上，检测摊铺厚度。

5）平整度：如果摊铺后的路面上发现有气泡、拱包，说明排气不充分，必须降低速度，提高振动频率，降低进料门控制高度，以保证密实度和平整度。摊铺机在开始起步时，先开启振动棒振捣 2～3 min，再推进，当摊铺机摊铺结束，脱离混凝土后，立即关闭振动棒。

6）抹面：滑模摊铺过程中应采用自动抹平板装置进行抹面。对少量局部麻面和明显缺料部位，应在挤压板后或搓平梁前补充适量拌合物，由搓平梁或抹平板机械修整。

7）扶边：为防止溜肩现象的发生，紧随滑模摊铺机进行人工扶边。采用木楔与钢钎固定、铝合金型材扶边，在摊铺后的两侧用 6 m 长的铝合金型材加固混凝土两侧，混凝土初凝后再撤模周转使用。铝合金型材断面长 10 cm，宽 3 cm，厚度为 5 mm，直顺度不大于 3 mm。

8）拉杆压入：为避免机械插入拉杆对刚成型混凝土边部产生冲击而塌边，采用人工压入拉杆，通过支架定位，采用人工一次轻轻压入的方法，避免对边部扰动。

9）试验：前后台对拌和混凝土坍落度及时施测，每工班测 3 次，有变化时随时测，其他项目及检测频率按检验评定标准。

(4) 摊铺机完成摊铺施工工艺。结束连续摊铺及时施作施工缝，放出连续配筋混凝土端部位置→施工缝横向钢筋绑扎(有伸缩缝的预埋连续配筋混凝土内伸缩缝钢筋)→摊铺机移位→端部横向木模支立→混凝土拌和、运输和卸料、布料→混凝土人工摊铺→混凝土人工振捣→抹面、收边。

(5) 连续配筋混凝土面层端部处理。在钢筋网安装之前，应按照设计图纸对锚固结构位置、尺寸进行测量放样。连续配筋混凝土路面的端部采用钢筋混凝土矩形地锚梁形式时，端部矩形锚固地梁钢筋网可在钢筋制作场地加工成钢筋骨架片。应按设计位置和尺寸开挖地槽，并应尽量避免扰动和超挖两侧基层、垫层及路基。按设计位置安装钢筋骨架并固定牢固，然后进行水泥混凝土的浇筑和养护。地锚梁钢筋应与路面钢筋相焊接，地锚梁混凝土采用振捣棒分层振实，并应与面板浇筑成整体。

(三) 喷洒缓凝剂、覆盖养护

混凝土摊铺后，跟随喷洒缓凝剂，缓凝剂采用压入喷洒方式，喷洒量按 0.25 kg/m$^2$，须喷洒均匀。喷洒后及时用塑料布覆盖进行养护保湿。

(四) 刷毛、清扫

实践证明，刷毛处理应在摊铺 9 h 左右进行，采用强力清刷机刷毛，达到边刷毛边清扫的目的。刷毛采用沿路线方向从一侧到另一侧匀速地进行清除表面砂浆，露出石子，调整钢刷至合适深度来回刷几遍，一般刷 4 遍效果最佳。最后对经过刷毛的混凝土路面采用高压水枪冲去表面砂浆，露出石子。

(五) 切缝、灌缝

对纵向缩缝采用硬切缝法施工，切缝时间控制：采取时积 300～500 ℃·h 控制为宜，但最好不超过 48 h，只要不发生啃边现象，切缝越早越好。切缝时先用经纬仪精确测定缝位，并用墨线弹出标记，作为切缝的导向。切缝 4 cm 厚，采用手推式切缝机，切缝后冲水清缝。混凝土板养护期满后及时进行灌缝。

### (六)养护

刷毛后即可开始养护,养护采用喷洒养护剂及保湿覆盖塑料薄膜的方式。若当地施工季节的昼夜温差小,空气蒸发量大,采用韧性好的厚塑料薄膜全断面覆盖养护效果会好些,该种方法蓄水、保温。薄膜厚度合适,宽度大于覆盖面 60 cm,薄膜上加细土或砂盖严实,养护期保持薄膜完整,混凝土表面保持湿润 7 d。覆盖时间不少于 28 d,养护期间禁止一切车辆通行。

## 任务 2 钢纤维混凝土面层施工

❖ 案例导入

某二级公路水泥混凝土路面修补工程段全长 112 m,宽 2×3 m,修补前路面板呈破碎、断裂状,原为一般普通混凝土浇筑,部分板底基层下沉。现用钢纤维混凝土修补路面,基层补强采用 C15 素混凝土浇筑,旧混凝土路面平均凿除深度 25 cm(包括基层松动部分),拟采用 12 cm 厚、C30 钢纤维混凝土浇筑路面。

请思考:1. 什么是钢纤维混凝土?在公路工程中有哪些应用?
2. 钢纤维混凝土路面施工与普通混凝土路面施工的主要区别有哪些?

**任务描述**

水泥混凝土路面中,钢纤维混凝土路面以其良好的抗裂性、抗弯曲性、耐冲击性、耐疲劳性等路用性能,逐渐应用于机场、高等级公路的面层,桥面铺装以及旧路改造等路面工程中。通过学习本任务,学生应能了解钢纤维混凝土面层的特点、适用范围、相对于普通水泥混凝土面层施工的不同点,具备初步进行钢纤维混凝土面层的施工管理、现场质量控制的能力,能初步完成钢纤维混凝土面层施工细则的编写工作。同时,养成通过对比分析解决工程问题的职业素养和科技创新意识。

### 一、基本概念

钢纤维混凝土是指把直径为 0.3~0.6 mm,长度为 20 mm、40 mm 的短钢按某个特定方向或随机方向均匀地掺入到混凝土中的一种新的复合混凝土。钢纤维混凝土路面是指在混凝土面层中掺入钢纤维的水泥混凝土路面。

用钢纤维混凝土修筑路面,目的是将钢纤维均匀地分散于基体混凝土中(与混凝土一起搅拌),并通过分散的钢纤维,减小因荷载在基体混凝土引起的细裂缝端部的应力集中,从而控制混凝土裂缝的扩展,提高整个复合材料的抗裂性。同时,由于混凝土与钢纤维接触界面之间有很大的界面粘结力,因而可将外力传到抗拉强度大、延伸率高的纤维上面,使钢纤维混凝土作为一个均匀的整体抵抗外力的作用,显著提高了混凝土原有的抗弯拉强度和断裂延伸率。因此,钢纤维混凝土广泛应用于机场、高等级公路的面层、桥面铺装以及旧路改造中。桥面铺装中使用钢纤维混凝土与使用一般水泥混凝土相比,可以减薄铺装厚度,加强桥面铺装与伸缩缝的连接强度,延长桥面的使用寿命。

钢纤维混凝土面层

然而,钢纤维混凝土中的钢纤维必须达到一定的体积掺量(体积率的1%,每 m³ 钢纤维混凝土需要钢纤维约 78 kg),才能使钢纤维混凝土的性能发生明显改变,因此,钢纤维混凝土的造价相对较高;另一方面,钢纤维混凝土在施工中不易拌和、振捣困难,阻碍了钢纤维混凝土的进一步推广应用。

下面以旧路改造为例,介绍钢纤维混凝土的铺筑要求。

## 二、原材料的选择及配合比设计

### (一)原材料

**1. 水泥**

一般可采用普通硅酸盐水泥或硅酸盐水泥。由于钢纤维混凝土路面工作条件特殊、厚度小,故路面混凝土应尽可能采用强度高、干缩性小、抗磨性及抗冻性好的水泥。水泥用量不得低于 360 kg/m³(非冰冻地区)或 380 kg/m³(冰冻地区)。

**2. 集料**

粗集料宜采用岩浆岩或未风化的沉积岩碎石,不宜采用石灰岩碎石,公称最大粒径宜为钢纤维长度的 1/2～1/3,并不宜大于 26.5 mm(铣削型钢纤维)或 19 mm(剪切型或熔抽型钢纤维)。细集料可用天然砂,要求颗粒坚硬耐磨、级配良好、表面粗糙有棱角。

**3. 水和外掺剂**

同普通混凝土一样,以饮用水为宜,混凝土用水量为 130～180 kg/m³。为保证混凝土具有足够的强度和密实度,水胶比宜为 0.4～0.55,水胶比低时,混凝土和易性差,可增加减水剂或塑化剂。为使路面提早开放交通,可在混凝土中掺加适量早强剂;为提高混凝土的和易性、抗冻性,可掺加适量加气剂。

**4. 钢纤维**

钢纤维直径为 0.25～1.25 mm,长度宜为 25～60 mm(过长则与混凝土拌和易成团,过短则混凝土强度增高不多)。长度与直径的最佳比值范围为 50～70。钢纤维的抗拉强度标准值不宜小于 600 级(600～1 000 MPa)。

钢纤维掺量按体积率计,取 0.6%～1.0%。

### (二)配合比设计

钢纤维混凝土的配合比设计应基于钢纤维混凝土的性能及使用进行设计,即在进行钢纤维混凝土配合比设计时,以钢纤维混凝土的抗折强度作为配合比设计指标,寻求制约钢纤维混凝土抗折强度的主要因素,如钢纤维掺入量、钢纤维长径比、水泥强度与水胶比之间的比例关系。

## 三、结构要求

### 1. 面板的尺寸

钢纤维混凝土面层的纵向接缝间距(即板宽)要求与普通混凝土面层相同,横向接缝间距(即板长)一般为 6~10 m。钢纤维掺量大,面板尺寸取大值;掺量小,面板尺寸取小值。

### 2. 面板的厚度

钢纤维混凝土面层的厚度按钢纤维掺量确定,钢纤维体积率为 0.6%~1.0%时(过多则混凝土和易性不好),其厚度为普通混凝土面层的 0.65~0.75 倍。特重交通或重交通时,其最小厚度为 160 mm;中等或轻交通时,其最小厚度为 140 mm。

### 3. 接缝要求

钢纤维混凝土路面切开的假纵缝可不设拉杆,纵向施工缝应设拉杆。

## 四、施工要求

### 1. 拌和方法

拌和时,一般先干拌后湿拌。上料干拌,观察钢纤维是否成团,干拌时间应在 1 min 以上,但不宜超过 2 min,如有成团现象,在转盘投料时要调整钢纤维分散程度,可分次投入钢纤维,直到不成团为止,然后确定投料时间及方式;干拌之后要加水、减水剂水溶液湿拌,湿拌时间为 1.5 min 左右。钢纤维混凝土拌合时间要比普通混凝土长 1 min,拌合时间总计 6 min 左右,钢纤维混凝土拌和均匀与否是控制质量的关键。

### 2. 运输

钢纤维混凝土坍落度较小,不宜采用混凝土搅拌车运输,可采用自卸汽车运输,作业时要严格控制运输时间。由于钢纤维混凝土中已经加入减水剂,所以,必须尽量加快施工速度,不能超过钢纤维混凝土拌合料运输、铺筑完毕的允许最长时间。拌合料从搅拌机卸出到浇筑不宜超过 30 min。运输过程中应尽量缩短运送的时间和距离,以免运输中振动使钢纤维下沉,影响拌合料的均匀性,已产生离析的,作二次拌和后方可浇筑。

### 3. 浇筑

当混合料运送至指定地点后,一般直接倒入安装好模板的路槽内,并用人工找平,落料时应避免同一处大堆落下,在规定的连续施工区段内,必须连续进行,不能中断,否则会使钢纤维沿接缝隙表面排列,不能产生增强作用,且易产生裂缝。

### 4. 振捣

钢纤维混凝土宜用平板振捣器。若板厚在 0.2 m 以内可一次摊铺成型,振动时间一般以表面振出砂浆、混合料不再下沉为度(严禁漏振),再用两端置于外侧模板的振动梁,沿摊铺方向振动压平(振动过程中,多余混合料被刮出,低凹处应随时补足),最后用置于两侧模板上的无缝钢管,沿纵向滚压一遍,以确保路面的平整度。

### 5. 表面处理

为防止钢纤维外露或竖直伸出表面,以保证车辆及行人安全,在整平前可用凸棱的金属压滚或其他方法,将竖起或外露的钢纤维压入后再整平,抹面和压纹时也不得将钢纤维带出。抹平的表面应在初凝前进行压纹和拉毛,压纹和拉毛工具宜使用压滚和刷子,不得使用竹扫帚。

由于钢纤维混凝土早期强度较高,故应加强早期湿润养护,养护工作采用覆盖草袋或浇水养护均可。待测试强度分别达到普通混凝土相应强度且不小于 7 d 时,方可安排施工车辆在桥面行驶。

路面切缝宜采用切缝机切出要求深度的槽口,切槽时间不宜过早或过迟,在钢纤维抹面后 12~48 h 左右,抗压强度达到 5~10 MPa 时作为切缝时间。

### 五、质量控制

为保证混凝土的级配准确,集料仓采用电子秤配料,重点对钢纤维混凝土的搅拌、钢纤维的投入以及混凝土振捣加强控制,确保钢纤维在混凝土中分散均匀,达到良好的力学性能。同时严控水灰比,加大坍落度检验频率,按规定对每一工作日浇筑的混凝土作试件与桥面混凝土同条件养护。同时,在施工时严控立模的精度及模板的加固,注意各工序的衔接,有效控制桥面的平整度、厚度等技术指标。

  **学习检测**

1. 什么是钢筋混凝土路面?什么是连续配筋混凝土路面?两者有何区别?
2. 钢筋混凝土路面配筋的目的是什么?
3. 钢筋混凝土面层主要用于什么情况?
4. 钢筋混凝土面层铺筑方法与普通混凝土面层的区别主要体现在什么方面?
5. 什么是钢纤维混凝土?什么是钢纤维混凝土路面?
6. 用钢纤维混凝土铺筑路面的目的是什么?
7. 钢纤维混凝土在公路工程中主要应用于什么场合?其应用有何局限性?
8. 相比普通水泥混凝土路面铺筑而言,钢纤维混凝土面层铺筑的质量控制点主要有哪些?

  **能力提升**

#### 一、单项选择题

1. 公路面层水泥混凝土可采用矿渣硅酸盐水泥的交通等级是(　　)。
   A. 极重交通荷载等级　　　　　　　　B. 特重交通荷载等级
   C. 重交通荷载等级　　　　　　　　　D. 中等交通荷载等级
2. 重交通水泥混凝土路面不宜采用(　　)水泥。
   A. 旋窑道路硅酸盐　B. 旋窑硅酸盐　C. 普通硅酸盐　D. 矿渣硅酸盐
3. 水泥混凝土路面浇筑后,若表面没有及时覆盖和养生,在炎热或大风天气下,表面游离水蒸发过快,体积急剧收缩,容易产生(　　)。
   A. 横向裂缝　　　B. 纵向裂缝　　　C. 龟裂　　　D. 断板
4. 水泥混凝土路面验收时,不需要检验(　　)。
   A. 弯沉　　　B. 厚度　　　C. 平整度　　　D. 摩擦系数
5. 水泥混凝土路面采用小型机具施工时,滚杠所起的作用是(　　)。
   A. 振密材料　B. 提浆整平　C. 避免材料离析　D. 提高表面粗糙度

#### 二、案例分析题

(一)背景材料:某施工单位承接两座单洞分离式隧道施工任务,左线起讫桩号为 ZK10+

308、ZK10+788，右线起讫桩号为 YK10+264、YK10+776，两隧道均为瓦斯隧道，且围岩富含有害矿物质。根据设计要求，隧道洞内路面采用水泥混凝土刚性路面，路面结构自上而下分别为：24 cm 厚 C25 水泥混凝土面层、20 cm 厚 C20 水泥混凝土基层、10 cm 厚 C15 水泥混凝土调平层。水泥混凝土路面施工工艺流程如下图所示。

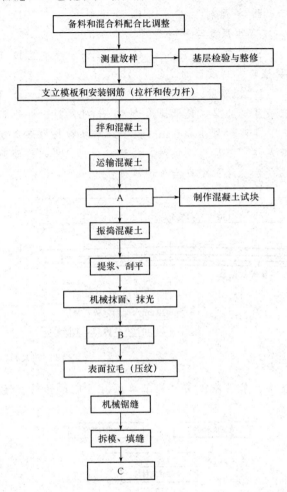

明洞段混凝土面层摊铺后，因表面没有及时覆盖，且天气炎热，表面游离水分蒸发过快，体积急剧收缩，导致出现不规则网状裂缝。

问题：

1. 写出工艺流程图中工序 A、B、C 的名称。
2. 明洞段路面面层摊铺后出现的裂缝通常称为哪种裂缝？

（二）背景材料：某二级公路全长 28.5 km，路面结构为：30 cm 填隙碎石底基层，20 cm 水泥稳定碎石基层，22 cm 水泥混凝土面层（设计弯拉强度 5.0 MPa）。其中 K3+500～K4+020 为路堑段，K6+120～K6+850 为河滨段。为了汇集和排除路面、路肩和边坡的流水，在 K3+500～K4+020 路堑两侧设置了纵向水沟。在路面施工中，为了改善混凝土的耐久性，添加了外加剂。通车一年后，K6+120～K6+850 路段的路面多处出现纵向裂缝。

问题：

1. K3+500～K4+020 路段所设置的纵向水沟是（　　）。

　　A. 边沟　　　　　　B. 截水沟　　　　　　C. 排水沟　　　　　　D. 渗沟

2. 对于K6+120～K6+850路段产生的纵向裂缝，可采取的防治措施是（    ）。
   A. 适当加大基层水泥剂量       B. 适当增加基层厚度
   C. 适当增加面层厚度           D. 加铺沥青混凝土面层
3. 为了改善本路段面层的耐久性，可添加的外加剂是（    ）。
   A. 引气剂       B. 早强剂       C. 膨胀剂       D. 减水剂
4. 面层养护结束时，其弯拉强度至少应达到（    ）MPa。
   A. 2           B. 2.5          C. 4            D. 5
5. 不属于本路段面层检验实测项目的是（    ）。
   A. 弯拉强度     B. 板厚度       C. 抗滑构造深度  D. 弯沉值

（三）**背景资料**：某三级旅游公路，设计速度为 40 km/h，起讫桩号 K0+000～K8+300，项目所在区域湿润、多雨，且年降水量在 600 mm 以上。路基材料为渗水差的细粒土（渗透系数不大于 $10^{-5}$ cm/s），路面底基层、基层由无机结合料稳定材料组成，路面面层为 C30 水泥混凝土，路面结构形式示意如下图所示。施工中发生如下事件：

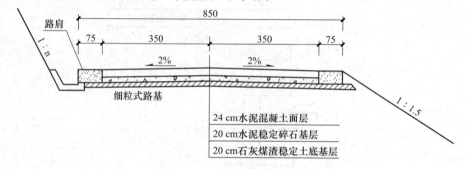

事件一：在路面底基层、基层施工前，施工单位对无机结合料稳定材料组成进行了设计，设计流程如下图所示。

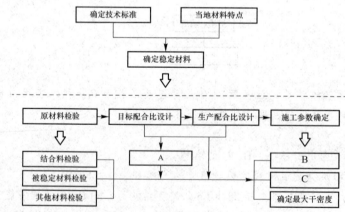

事件二：施工单位在无机结合料稳定材料组成设计中，采用振动压实方法确定最大干密度指标。

事件三：水泥混凝土路面施工过程中，施工单位工地实验室做了水泥混凝土抗压强度试验，试验方法如下：
(1)采用边长为 100 mm 的正方体为标准试件。
(2)发现有蜂窝缺陷，在试验前 1 d 用水泥浆填补修整，并在报告中加以说明。

(3)以试件成型时的正面作为受压面进行压力试验。

事件四：水泥混凝土路面施工前，施工单位做了一段路面试验段。试验段水泥混凝土路面硬化后，施工单位发现路面局部出现龟裂现象。经专家组分析，排除了混凝土过度振捣或抹平、模板与垫层过于干燥，吸水大以及养护不当等原因，主要是混凝土拌制的原因。

问题：

1. 按力学性质划分，该路面的基层属于哪一类？
2. 写出图中 A、B、C 的名称。
3. 写出事件二中施工单位确定最大干密度指标的另外一种方法。
4. 逐条判断事件三中水泥混凝土抗压强度试验方法是否正确，若不正确写出正确做法。
5. 写出事件四中因混凝土拌制造成水泥混凝土路面龟裂的两个可能原因。

# 附录 1　特殊路面

## 一、桥面铺装

桥面铺装虽然没有涉及桥梁本身的安全,但是它对于桥梁上车辆行驶的安全性具有非常重要的意义。

桥面铺装的作用在于保护行车道板,防止雨水侵入结构构件,分散车辆的集中荷载。桥面铺装要求行车舒适,抗车辙,抗滑,刚度好,不透水。

桥面铺装的类型有水泥混凝土、沥青混凝土、水泥混凝土与沥青混凝土组合(面层采用沥青混凝土层,底层采用水泥混凝土层)。水泥混凝土铺装造价低,耐磨性能好,适合重载交通,但养生期长,日后修补较麻烦。沥青混凝土铺装质量较轻,维修养护方便,通车速度快,但易老化和变形。高速公路和一级公路上特大桥、大桥的桥面铺装宜采用沥青混凝土桥面铺装。

桥面铺装结构类型

水泥混凝土桥面铺装施工(视频)

宽幅水泥混凝土桥面铺装层全断面浇施工工法(视频)

桥面沥青铺装施工工艺简介(视频)

桥面铺装也可以采用环氧沥青混凝土,尤其是钢桥面铺装层;还有一种浇筑式沥青混凝土,类似用来浇筑结构的水泥混凝土一样,能自行密实。

桥面铺装结构还应有完善的防水、排水系统。防水体系防止水分下渗到桥面板、导致钢筋腐蚀、钢板腐蚀,同时它也将上下结合成一个整体。

一些工程实践表明,在实际使用过程中铺装层与桥面板之间往往由于粘结强度不足而产生剪切破坏,因此,很多时候要求铺设一些粘结层。随着技术的不断进步,已将防水层与粘结层合二为一,称为防水粘结层。因此,要求防水粘结层具有不透水性、力学强度、耐久性、施工可操作性。防水粘结层可以采用防水卷材、环氧树脂类、碎石封层等。其中,防水卷材在早期公路桥梁常使用,如油毛毡,但其粘结强度不足,桥面铺装容易产生剪切破坏;环氧树脂类粘结强度高、耐久性好,但是施工难度大,而且经济性不好;碎石封层乳化沥青或热沥青与碎石同步或异步施工,应用较广。该结构含有沥青,能将上下结构粘结在一起,同时有一定碎石,使上下结构能嵌锁在一起,能比较好地抵抗剪切破坏。

关于沥青混凝土铺装施工,这里只强调以下两点:

(1)桥面板处理:由于沥青混凝土铺装层与水泥混凝土桥面板或钢桥面板(完全是不同性质的材料)模量差异很大,尤其要关注粘结层。通过一些工艺(如抛丸工艺),使桥面板具有一定的粗糙度,以保证整体粘结性。如果桥面板平整度差,还需要调平(铺水泥胶砂)。

这里的桥面抛丸技术是通过机械的方法把丸料以很高的速度及一定角度抛射到桥面,冲击表面，使表面粗糙（刨面、露骨），同时不在表面造成骨料松动和微裂纹，增强混凝土桥面与沥青混凝土层的粘结。抛丸机应具备同步清除浮浆的（除尘器）、钢丸回收棒（可循环利用）。

钢桥面更需要注重加强粘结，除全面清扫、冲洗外，可能需要做抛丸除锈。已抛丸除锈的钢桥面表面必须用压缩空气吹净表面浮尘，不适合抛丸的部位可使用机械打磨除锈。

桥面铺装的施工方法

（2）沥青层施工：普通沥青路面往往先静压，再振动碾压。但是对桥面铺装施工而言，不允许开振动，防止对桥梁结构造成损坏。因此对于一些重要结构，要保证压实度，可采用振荡压路机。振动压路机是上下振幅；振荡压路机是前后振幅，可减少对桥梁结构的损伤。

【主题讨论】 港珠澳大桥桥面铺装何以花四年之久？请结合以下材料，进一步查阅资料，了解超级工程背后的科技创新故事。

港珠澳大桥桥面铺装层采用GMA浇注式沥青混凝土＋SMA铺装方案，根据"露天工厂化"施工理念，创建了世界一流的集料生产线，首次引进车载式抛丸机，研制了防水层机械化自动喷涂设备，有效提高了施工质量和效率。2014年6月，完成大桥试验段施工，组合梁和钢箱梁桥面铺装随即全面展开，到2017年7月27日，桥梁工程桥面铺装圆满完成，主桥桥面铺装这条战线整整历时四年。

## 二、隧道路面

由于隧道是一个相对封闭、空间狭小的管状环境，没有隧道外日晒雨淋的气候，气温变化也比隧道外小。但隧道内湿度大，比较潮湿，地下水丰富；隧道内空气流动性小，空气易污染；隧道内没有日照，常年处于黑暗中，能见度低。因此，隧道路面与一般道路、桥面铺装结构在使用环境上存在较大的差别。

隧道路面具有如下特点：①隧道穿越地层，其埋置条件、应力条件与洞外路面受力特征方面有较大的不同。②隧道路基处于山体中，地下水水位对隧道路面的影响较外面大。③隧道为管状构造物，空间狭小，存在汽车排放尾气积聚等现象，废气、油烟、粉尘在路面表面的粘附比洞外路段大。油渍的污染、粉尘的粘聚使路面抗滑性能变差，且得不到天然降雨的冲洗，将严重影响路面的抗滑性能。④洞内发生火灾时，其温度对路面的影响比洞外严重。⑤洞内行车条件总体上为光线差、视觉环境差，对行车不利。⑥洞内路面受场地条件影响，施工条件差，维护难度大。⑦行车安全受气候环境影响大。雨天或低温时，洞口段冷空气变换，产生水珠，路面积雾，降低路面抗滑性能。

不同国家选择隧道路面结构形式也存在差别，欧洲隧道多用沥青路面，日本隧道则多用水泥混凝土路面。我国早期隧道多用水泥混凝土路面（含钢纤维水泥混凝土路面、连续配筋混凝土路面）。但是水泥混凝土路面也有一些不足：①因洞内路面潮湿，水泥混凝土表面摩擦系数不足，造成车辆制动效果不佳；②路面噪声大，路面结构接缝造成平整度相对较差，行车舒适程度不如沥青路面，一般路面抗滑性能难以满足技术要求；③颜色浅，路面标线与路面的对比度低，路面标线的效果受到影响；④一旦损坏，养护维修困难。因为隧道内空间狭小、亮度低，不利于作业和交通组织。

近年来，随着我国公路建设的迅速发展，公路隧道尤其是高速公路中的隧道建设越来越多，对隧道路面的安全性与舒适性、表面抗滑性能和噪声要求较一般公路提出了更高的要求，而一般小型机具施工的水泥混凝土路面难以满足这方面的要求。相比之下，沥青路面平整度好，抗滑性能易保证，噪声低，行车舒适、安全，且损坏维修方便，与路面标线颜色对比明显，有利于高速公路中的分道行驶。因此，近年来也有一些隧道使用沥青路面。以前隧道内路面较少采用沥青路面，主要考虑隧道内温差小、相对潮湿，全年保持在一个较低、较恒定的温度，如采用层铺法或路拌法施工的沥青表面处治、沥青贯入式或乳化沥青混合料等，一般不易成型；而潮湿的使用环境影响沥青路面的使用性能与耐久性，容易产生水损坏，耐久性不如水泥混凝土路面；沥青路面颜色黑，反射率低，直接影响路面的亮度（照明度）。

因此，两种路面各有优缺点。目前，比较多的采用沥青路面，并通过一些技术手段限制其缺点。但是单就模量而言，差异比较大，就如同水泥混凝土桥面沥青铺装层一样，会产生比较大的剪应力。因此，我们更提倡复合式路面，即上面层采用沥青混合料，下面层与基层采用水泥混凝土，这样既能发挥沥青路面行车舒适的优势，又能使模量逐渐过渡，更好地减少剪切作用。

这里需强调的是，沥青路面施工中会产生大量烟尘，对于短隧道，烟尘可能能自然消散，但是对于长大隧道呢？烟尘很难消散。更为严重的是，如果沥青路面发生火灾呢？虽然沥青的闪点在300 ℃左右，即便是燃烧了，也不会产生明火。但是随着沥青的起燃过程，会有很多苯酚类物质的释放，而这些物质是致癌的。因此，还应该关注沥青路面的阻燃问题。沥青路面施工过程中产生的烟尘在很短时间（15 s）内，就会大量聚集，对现场施工技术人员而言，也会很快感觉到烟尘进入呼吸系统。基于此，我们提出温拌减排技术。这种技术相对传统热拌沥青混合料，可以降低20 ℃～30 ℃，从而减小有害气体的排放。这种技术在普通路面也有应用，但是特别适合像隧道这种相对封闭的环境。

隧道路面

在隧道运营期间，会有汽车尾气的排放，尾气中有大量的CO和氮氧化合物，这都是有害气体，那么能否让路面降解、吸收汽车尾气呢？这方面也已经有了一些研究与应用。

对于隧道运营过程中突发火灾的问题，对于明火还不是最可怕的，可怕的是沥青起燃过程中产生的有害气体，因此强调阻燃抑烟，抑制有害气体的排放，哪怕抑制10 s，就可以让更多的人逃生。这些新技术很多是需要新材料的发展来实现的，而且这些技术用在普通路面中也是有意义的。

隧道路面温拌沥青混合料施工（视频）

## 三、环保型路面

近些年来，缺乏环保意识的经济发展模式和基础设施建设方式使自然环境问题变得愈来愈突出，与此同时，人们对生活质量的要求却愈来愈高。尤其在中国城市化进程中，道路交通基础设施建设和维护过程中面临着人与自然的和谐、交通安全与效率、环境污染、人居条件等突出问题，传统的密实型路面一方面满足了车辆和行人的通行要求，但另一方面也带来了与节能环保等社会发展方向相悖的系列问题。

传统的密实路面铺装材料在城市带来的问题突出表现在四个方面：一是城市地下水补充不足和地表洪水泛滥；二是道路交通噪声问题日益严重；三是城市热岛效应加剧；四是汽车尾气路面净化难以高效实现。

通常对路面提出的传统要求是承重、平整、安全和耐久，而现代路面除要有满足上述基本要求外，还应该从改善人居环境的角度出发，具有透水、降噪、低吸热、除冰雪、反光以及减小汽车尾气污染等新的环保功能。因此，近年来也出现了一些透水、低噪声、低吸热、除冰雪及分解尾气等环保型路面。

**1. 具有透水功能的路面**

采用空隙率为18%～25%的多孔开级配材料能够使路面具有良好的透水性。雨水降落至路面后通过连通孔隙下渗，从而可以保证雨天时路表没有积水。

与传统的密实路面材料相比，多孔路面材料集料和集料之间由全面积接触变成点接触状态。胶结料通常采用 SBS 改性沥青、橡胶沥青或高黏度沥青。由于采用了改性沥青和稳定骨架结构，透水沥青混合料一般具有良好的高温稳定性，车辙动稳定度及水稳定性均有较大幅度的改善。

透水路面　　排水沥青路面（视频）

### 2. 具有降噪功能的路面

这种路面材料内部具有很多的孔隙，且大多通过表面与外界相通，因此在轮胎与路面作用时，极大地减弱了泵吸作用；另外，多孔路面材料改变了路面结构的声阻抗，使得轮胎与路面产生的噪声在路面内部发生传递和干涉，消耗了部分能量，从而实现了路面降低噪声的功能。

低噪音路面

【主题讨论】请结合以下材料，进一步查阅资料，谈谈废旧轮胎橡胶粉在公路工程中的应用。

近年来，随着轮胎的污染问题日渐突出，人们对废旧轮胎造成"黑色污染"的关注度也逐渐增加，而废旧轮胎能真正进行环保处理的还不足10%。

针对废旧轮胎的再利用这一难题，我们采用 SBS 和废胶粉粒子复合改性的方法，通过采用不同种类的 SBS 与加工处理工艺不同的废胶粉粒子，研究开发出能够大规模生产，且储存稳定性高的高黏度改性沥青胶结料，主要适用于如排水降噪沥青路面、白加黑复合路面、SMA 等高等级沥青路面，具备优异的路用性能，同时解决了固体垃圾的处理，节约了自然资源。

将废旧轮胎橡胶粉作为原材料制备的高黏度改性沥青，已被成功应用于 SMA 沥青路面及排水降噪沥青路面中，废旧轮胎橡胶粉的回收再利用，不仅有利于对社会环境的保护，而且经测算，成本至少降低 20%~30%（相比其他高黏度改性沥青）。

### 3. 具有降温功能的路面

常规的路面材料热容小，吸热快，在太阳辐射下，升温迅速，是城市热岛效应日益加剧的主要原因。通过改变路面材料的热物理性质以及路面与环境的热交换方式，可以得到具有降温功能的路面。具体的实现途径为，以多孔路面材料为基体，在其孔隙中灌注吸水保水性材料，在雨天或者洒水时，能够吸收水分，当环境温度较高时，利用路面材料中持有的水分蒸发来降低路面温度，减弱热量在沥青路面中的积累，改善沥青路面的热辐射效应，可以降低路表和路域的环境温度，起到缓解城市"热岛效应"的作用。

低吸热路面

### 4. 具有分解汽车尾气功能的路面

路面材料是汽车尾气的直接承受者，若能够将从排气管道排出的汽车尾气净化成对人体无害的物质，将会有效地减少空气污染。其实现路径可以通过在路面材料表面涂刷光催化涂料，在日光或可见光的照射下，通过把光能转化为化学能，将汽车尾气中的主要污染物质（碳氧化物和氮氧化物）催化、氧化为无害物质。这种光催化涂料在雨水或人工洒水的作用下，能够活化再生，重复使用。

### 5. 主动融雪路面

(1) 能量转化的：可利用的能量还有工业电能、太阳能、地热等。即将这些能量吸收到路面内部储存起来，下雪时，这些能量转化为热能，给路面加热，融化积雪。另外，还有土壤源热泵融冰雪技术。

(2)自应力弹性路面:路面铺装材料中添加一定量的弹性颗粒材料(如橡胶颗粒)。这种技术更多处理的是路面结冰情况。路面结冰时,在表面形成一薄层硬壳。在荷载作用下,弹性路面会产生比较大的变形,这种变形在卸载完后会瞬时恢复,这称为弹性破冰路面。

(3)环保型融冰雪涂层技术:使用粘结材料将温控智能型的融雪物质附着在路面表面。可持续三个月至半年。低温冰雪天气,使路面无法结冰。

主动融雪路面

环保型路面材料的应用实现了对路面从单一的通道功能到综合的通道加环境友好功能认识的改变,其意义不仅在于拓展路面的功能,而且还在于引发路面技术的变革。环保型路面是在建设"资源节约型、环境友好型"社会的大背景下,为了满足日益增长的环境保护需求,从道路工作者的角度,尽量减少由于公路建设、由于交通运输对环境带来的不良影响而采取的技术措施。

## 四、彩色路面

彩色路面是指路面颜色呈现彩色的路面,可分为水泥类彩色路面、高分子聚合物类彩色路面、沥青类彩色路面。彩色路面不仅具有优良的服务功能,如优异的抗滑性能、良好的色彩提示作用,美化环境、达到色彩和谐的效果等,还有道路分区、渠化管理、诱导交通的作用。目前,彩色路面常用于公路工程中旅游公路、主线服务区广场及停车区ETC车道、隧道出入口、弯道、长下坡路段、加减速车道等位置;市政工程中的公交专用道、自行车道、人行道、园林道路、停车场、运动场、广场等位置。许多国家已广泛使用彩色路面,我国许多地区对其使用也逐渐增多。彩色路面的具体类型比较多,这里简要介绍一下其基本概念。

(1)彩色水泥混凝土路面:采用普通硅酸盐水泥(或白色硅酸盐水泥、彩色硅酸盐水泥)、砂、集料、水、颜料以及外加剂等材料经搅拌、摊铺形成的一种色泽鲜艳、装饰性强的路面。其中,彩色硅酸盐水泥是由水泥熟料及适量石膏(或白色硅酸盐水泥)、混合材料及着色剂磨细或混合制成的带有彩色的水硬性胶凝材料。

(2)彩色高分子聚合物路面:采用高分子聚合物胶结料辅以着色剂和耐磨集料、其他助剂等材料经喷涂、滚涂、刮涂等方式铺装在既有道路或钢桥表面,固化后形成的彩色面层。其中,高分子聚合物胶结料是以高分子化合物为主体的一类胶黏材料,也称高分子黏合剂或高分子粘结剂,具有粘结集料的功能。彩色高分子聚合物路面是一种功能型路面,开放交通时间短、色泽丰富持久、高低温性能好,可以形成良好的防滑、耐污垢、耐磨、耐腐蚀的表面,透气、防滑性能好,可以显著增加雨天抗滑能力,降低交通事故率。

(3)颗粒防滑型彩色高分子聚合物路面:将撒布的彩色防滑集料通过预先刮涂的高分子聚合物胶结料粘结固化在既有道路或钢桥表面形成的具有防滑功能的彩色层。颗粒防滑型彩色高分子聚合物路面主要是一类靠彩色高分子聚合物粘结材料将集料黏合在一起形成的表面结构。面层厚度主要靠集料直径来调节,防滑功能主要靠不同粒径的集料实现,集料形状宜呈颗粒状,不宜呈扁平状。颗粒防滑型彩色高分子聚合物路面可在新铺的沥青、水泥、钢桥面上直接铺筑,也可对旧的沥青、水泥、钢桥面进行修复,并清扫、处理、抛光、除锈后铺筑。彩色防滑层具有防滑、耐久、警示、美观的作用,一般不考虑对原路面或桥面结构强度的影响。

(4)涂装防滑型彩色高分子聚合物路面:通过将着色的高分子聚合物胶结料、防滑集料和其他辅助材料,以喷涂、刮涂或滚涂方式直接铺装在既有道路或钢桥表面的彩色层。

(5)透水型彩色高分子聚合物路面:通过铺设均匀包裹了高分子聚合物胶结料的特殊级配集料,固化后粘结形成的具有连通空隙结构的彩色面层。

(6)彩色高分子聚合物压痕路面：通过在既有沥青路面上压印设计图案，再通过喷涂和涂刷高分子聚合物胶结料，固化后形成的彩色面层。这种路面是利用先进的高分子聚合物技术，将高强度的聚合物与柔性极佳的沥青路面结合为一体的道路保护和装饰工艺。一般通过红外线加热车等加热设备对原有或新铺的沥青路面进行烘烤，待路面温度达到 $80℃\sim100℃$ 后，将特制的压痕网膜或模具准确定位铺设在已软化的路面上，再用振动夯板设备将定位好的网膜或模具压入沥青面层，压纹后撤走网膜或模具，待路面冷却后，在已压好的沥青路面上喷刷彩色高分子聚合物涂料，涂料干燥后喷刷封层罩面成型，罩面干燥后即可开放交通。

(7)彩色高分子聚合物造型路面：通过在既有路面上安放设计图案模板，再将高分子聚合物胶结料、防滑集料及其他辅助材料混合后喷涂或刮涂在图案处，形成设计要求的表面造型，固化后形成的彩色层。

(8)彩色沥青路面：采用矿料与彩色沥青或普通沥青颜料、添加剂等材料经拌和运输、摊铺、碾压等施工工艺制成的路面。其中，彩色沥青是指由石油、化工产品等加工制成，并可由颜料着色的胶结料。改性彩色沥青是指掺加橡胶树脂、高分子聚合物或者其他材料等外掺剂（改性剂）制成的彩色沥青结合料。

彩色路面设计包括色彩设计、结构设计、材料选择，应突出安全、美化环境等功能，并考虑社会、环境与经济效益以及交通标志标识系统的协调统一。彩色路面的设计和施工技术应满足相应的环保要求，突出"绿色、环保、节能"的建设理念。

# 附录 2 路面工程安全生产与文明施工

## 一、路面工程安全生产的一般规定

(1)施工中,拌合楼、发电站(机)、运输车、滑模摊铺机、沥青混合料摊铺机等大型机械设备及其辅助机械(具)操作手不得擅自离开操作台。

(2)施工现场出入口、沿线各交叉口等处应设明显警示、警告标志,并应设专人指挥。

(3)机械设备停放位置应平整,周围应设置明显的警示标志,夜间应设警示灯。

(4)开挖下承层沟槽或施作伸缩缝应设置明显的安全警示标志。

(5)夜间施工时,现场作业人员应身穿反光服,路口、危险路段和桥头引道应设置警示灯或反光标志,施工设备均应有照明设备和明显的警示标志,照明应满足夜间施工要求。

(6)隧道内摊铺沥青混凝土路面应符合下列规定:
1)应采用机械通风排烟,隧道内空气中各有毒气体和可燃气体的浓度不得超过相关规定。
2)隧道内作业人员应佩戴符合要求的防毒面具。
3)隧道内应有照明和排风等设施,作业人员应穿反光服。

## 二、基层与底基层安全生产的规定

(1)消解石灰时,浸水过程中不得投料、翻拌,人员应远避并采取个体防护措施。

(2)拌和作业开机前应警示,拌合机前不得站人,拌和过程中人员不得跨越皮带或调整皮带运输机。

(3)混合料运输应按指定路线行走,不得超载、超速。卸料升斗时,人员不得在车斗的正下方停留。

(4)整平和摊铺作业应临时封闭交通、设明显警示标志,下承层内的各类检查井应稳固封盖,辅助作业人员应面向压路机方向作业,设备之间应保持安全距离。

(5)碾压作业应符合下列规定:
1)多台压路机作业时,各机械之间应保持安全距离。
2)作业人员应在行驶机械后方清除轮上黏附物。
3)碾压区内人员不得进入,确需人员进入的应安排专人监护。

## 三、沥青面层安全生产的规定

(1)封层、透层、黏层施工应符合下列规定:
1)喷洒前,应做好检查井、闸井、雨水口的安全防护。
2)沥青洒布车行驶中不得使用加热系统。洒布地段不得使用明火。
3)小型机具洒布沥青时,喷头不得朝上,喷头10 m范围内不得站人,不得逆风作业。
4)大风天气,不得喷洒沥青。

(2)沥青储存地点应配备灭火器、消防砂等消防设施,并应设警示标志。

(3)沥青脱桶、导热油加热沥青作业,应采取防火、防烫伤措施。

(4)沥青混合料拌和作业除应符合基层混合料拌和作业的规定外,还应符合下列规定:
1)拌合机点火失效时,应关闭喷燃器油门,并应通风清吹后再行点火。
2)拌和过程中,人员不得在石料溢流管、升起的料斗下方站立或通行。
3)沥青罐内检查不得使用明火照明。
4)沥青拌合站应配备灭火器、消防砂等消防设施。
(5)沥青路面摊铺、碾压的规定同前述基层混合料摊铺、碾压的规定。

### 四、水泥混凝土面层安全生产的规定

(1)拌和、运输应符合下列规定:
1)混凝土拌和前应确认搅拌、供料、控制系统运行正常。
2)维修保养或检查清理搅拌系统、供料系统时应封闭下料口,切断电源,锁定安全保护装置,悬挂"严禁合闸"安全警示标识牌,并派专人看守。
3)水泥隔离垫板的刚度及稳定性应满足要求。袋装水泥应交错整齐码放,高度不得超过10袋,且不得靠墙。砂石料堆放不得超过规定高度。
4)混凝土浇筑的顺序、速度应符合施工方案的要求,不得随意更改。
5)吊斗灌注混凝土应设专人指挥起吊、运送、卸料,人员、车辆不得在吊斗下停留或通行,不得攀爬吊斗。
6)泵送混凝土应符合下列规定:
①混凝土输送泵应安装稳固、管道布设应平顺,安装应固定牢靠,接头和卡箍应密封、紧固。
②泵送前应检查泵送和布料系统。首次泵送前应进行管道耐压试验。泵送混凝土时,操作人员应随时监视各种仪表和指示灯,发现异常应立即停机检查。
③输送泵出料软管应设专人牵引、移动,布料臂下不得站人。
④混凝土输送管道接头拆卸前,应释放输送管内剩余压力。
⑤清理管道时应设警戒区,管道出口端前方10 m内不得站人。
7)混凝土浇筑过程中应检查模板、支架、钢筋骨架的稳定、变形情况,发现异常,应立即停止作业,并应整修加固。
8)混凝土振捣不得用电缆线、软管拖拉或吊挂振捣器。装置振捣器的构件模板应坚固牢靠。检修或停止作业时应切断电源。
9)混凝土采用覆盖养护时,预留孔洞周围应设置安全护栏或盖板,并应设安全警示标志,不得随意挪动。洒水养护时,应避开配电箱和周围电器设备。
(2)摊铺作业布料机与整平机应保持安全距离。
(3)切缝、刻槽作业范围应设警戒区。

路面施工安全
重大危险源防控表

### 五、路面工程文明施工要求

(1)路面施工的驻地建设、标志标牌设置等,应按标准化施工的要求执行。
(2)施工作业人员应统一着装。
(3)在正式施工前,应对所有进场工作人员进行环保教育,以增强环保意识。
(4)为推行路面施工"零"污染目标,路面工程施工中,应作好与机电、房建、绿化、安全设施、防护等工程交叉施工的协调,减少对路面和其他已完工程的污染。当房建、绿化等工程的施工车辆无法避免与路面工程交叉施工时,必须在进出口处设置轮胎冲洗设施。
(5)严禁在路面结构层上堆放砂石、拌和砂浆。必须要堆放时,应采取隔离措施。

(6)施工材料运输车辆应采取有效的封闭措施,防止材料沿途泄漏和扬尘。施工便道、场区道路应洒水,以保持湿润,避免扬尘。

(7)施工废料、废水和生活垃圾应按指定地点堆放、排放,避免污染环境。

(8)应严格控制机械设备废气、粉尘的排放,使其符合国家规定的环保标准。

(9)对环境有污染的设施和材料,应设置在远离人员居住且较为空旷的地点。在临近村镇、居民区的施工区域,应减少夜间施工。

(10)各种机械设备应停放整齐;砂石料应分类堆放整齐。

(11)应处理好与当地群众的关系,树立施工企业和工程项目的良好形象。

# 参考文献

[1] 中华人民共和国交通运输部. JTG B01—2014 公路工程技术标准[S]. 北京：人民交通出版社，2014.

[2] 中华人民共和国交通运输部. JTG D50—2017 公路沥青路面设计规范[S]. 北京：人民交通出版社，2017.

[3] 中华人民共和国交通运输部. JTG D40—2011 公路水泥混凝土路面设计规范[S]. 北京：人民交通出版社，2011.

[4] 中华人民共和国交通部. JTG F40—2004 公路沥青路面施工技术规范[S]. 北京：人民交通出版社，2004.

[5] 中华人民共和国交通运输部. JTG/T F30—2014 公路水泥混凝土路面施工技术细则[S]. 北京：人民交通出版社，2014.

[6] 中华人民共和国交通运输部. JTG/T F20—2015 公路路面基层施工技术细则[S]. 北京：人民交通出版社，2015.

[7] 中华人民共和国交通运输部. JTG F80/1—2017 公路工程质量检验评定标准 第一册 土建工程[S]. 北京：人民交通出版社，2017.

[8] 中华人民共和国交通运输部. JTG/T 3450—2019 公路路基路面现场测试规程[S]. 北京：人民交通出版社，2008.

[9] 交通运输部公路局. 高速公路施工标准化技术指南（第三分册 路面工程）[M]. 北京：人民交通出版社，2012.

[10] 中华人民共和国交通运输部. JTG E20—2011 公路工程沥青及沥青混合料试验规程[S]. 北京：人民交通出版社，2011.

[11] 中华人民共和国交通部. JTG E42—2005 公路工程集料试验规程[S]. 北京：人民交通出版社，2005.

[12] 中华人民共和国交通运输部. JTG E51—2009 公路工程无机结合料稳定材料试验规程[S]. 北京：人民交通出版社，2009.

[13] 中华人民共和国交通部. JTG 3420—2020 公路工程水泥及水泥混凝土试验规程[S]. 北京：人民交通出版社，2005.

[14] 中华人民共和国交通部. JTG 3430—2020 公路土工试验规程[S]. 北京：人民交通出版社，2007.

[15] 中华人民共和国交通运输部. JTG F90—2015 公路工程施工安全技术规范[S]. 北京：人民交通出版社，2015.

[16] 中华人民共和国交通运输部. 公路工程标准施工招标文件（2018 年版）[S]. 北京：人民交通出版社，2018.

[17] 中华人民共和国交通运输部.JTG/T 5521—2019公路沥青路面再生技术规范：北京：人民交通出版社，2019.

[18] 中路高科(北京)公路技术有限公司等.T/CECS G：D54－03－2021彩色路面技术规程[S].北京：人民交通出版社，2021.

[19] 陕西交通控股集团有限公司.JTG/T 2321－2021公路工程利用建筑垃圾技术规范[S].北京：人民交通出版社，2021.

[20] 余继凤.路面施工技术[M].北京：北京邮电大学出版社，2014.

[21] 栗振锋，李素梅.路基路面工程[M].3版.北京：人民交通出版社，2018.

[22] 黄晓明.路基路面工程[M].6版.北京：人民交通出版社，2019.

[23] 何兆益，杨锡武.路基路面工程[M].2版.北京：人民交通出版社，2019.